beck'sche reihe

W0051493

b

Diese Kulturgeschichte Großbritanniens umfaßt den gesamten Zeitraum von der ersten Besiedlung bis zur Gegenwart. Jede Epoche – ab 1500 jedes Jahrhundert – beginnt mit einer Zeittafel und einer kurzen Darstellung des gesamten Jahrhunderts. Dann folgen Kapitel zur Stilgeschichte, zur wirtschafts- und sozialgeschichtlichen Einbettung und zu den einzelnen Kulturphänomenen: Religion, Erziehung, bildende Kunst, Musik, Literatur und Philosophie. Neben den „Gipfeln der Kultur" wird auch die Alltagskultur berücksichtigt. Vergleichende Ausblicke auf die deutsche und europäische Kultur begleiten die Darstellung. Abbildungen und Karten veranschaulichen das Gesagte, und eine umfangreiche kommentierte Bibliographie gibt dem Leser Hinweise auf weiterführende Literatur.

Hans-Dieter Gelfert ist Professor für englische Literatur und Landeskunde an der FU Berlin. Bei C. H. Beck ist von ihm erschienen: „Typisch englisch. Wie die Briten wurden, was sie sind" (1995); „Kleine Geschichte der englischen Literatur" (1996); „Max und Monty. Kleine Geschichte des deutschen und englischen Humors" (1998).

Hans-Dieter Gelfert

Kleine Kulturgeschichte Großbritanniens

Von Stonehenge bis zum Millennium Dome

Verlag C.H. Beck

Mit 52 Abbildungen

Die Deutsche Bibliothek – CIP-Einheitsaufnahme

Gelfert, Hans-Dieter:
Kleine Kulturgeschichte Großbritanniens : Von Stonehenge
bis zum Millennium Dome / Hans-Dieter Gelfert. –
Orig.-Ausg. – München : Beck, 1999
  (Beck'sche Reihe ; 1321)
  ISBN 3-406-42121-0

Originalausgabe

ISBN 3 406 42121 0

Umschlagentwurf: + malsy, Bremen
Umschlagabbildung: Geschnitzter Löwe aus dem Wappen
der Howards, nach:
Robert Blake: Die englische Welt, München: C. H. Beck 1983
© C. H. Beck'sche Verlagsbuchhandlung (Oscar Beck), München 1999
Satz: Kösel, Kempten
Druck und Bindung: C. H. Beck'sche Buchdruckerei, Nördlingen
Gedruckt auf säurefreiem, alterungsbeständigem Papier
(hergestellt aus chlorfrei gebleichtem Zellstoff)
Printed in Germany

Inhalt

Frühgeschichte und Altertum
Zeittafel 8000 v. Chr. bis 432 n. Chr.
Britannien wird westeuropäisch
Seite 15

Frühmittelalter
Zeittafel 400–1066
Britannien wird englisch
Seite 29

Hochmittelalter
Zeittafel 1066–1350
England wird feudalistisch
Seite 43

Spätmittelalter
Zeittafel 1350–1485
Vom Feudalismus zur englischen und schottischen Nation
Seite 67

Das 16. Jahrhundert
Zeittafel 1500–1600
Großbritannien wird protestantisch
Seite 81

Das 17. Jahrhundert
Zeittafel 1600–1700
Großbritannien wird parlamentarisch
Seite 125

Das 18. Jahrhundert
Zeittafel 1700–1800
England wird englisch und Schottland schottisch
Seite 157

Das 19. Jahrhundert
Zeittafel 1800–1900
Großbritannien wird britisch
Seite 223

Das 20. Jahrhundert
Zeittafel 1900–2000
Großbritannien wird – widerstrebend – europäisch
Seite 293

Anhang

Vorwort

Wer eine Kulturgeschichte schreibt, ist Rechenschaft darüber schuldig, was er unter Kultur versteht. In einer Zeit, in der die *cultural studies* ihren unaufhaltsamen Siegeszug durch die neueren Philologien angetreten haben, hängt am Kulturbegriff ein so komplexes Pilzgeflecht von Theorie, daß allein schon dessen Entwirrung ein ganzes Buch erfordern würde. Für eine Beschreibung der Gegenwartskultur ist es sicher sinnvoll, Kultur im Sinne dieser Theorie als die Gesamtheit sozialer Interaktion zu verstehen und sie in erster Linie als gesellschaftliches Handeln zu betrachten. Wer aber die Geschichte der englischen Kultur seit der letzten Eiszeit aufrollen will, wird mit einem solchen Ansatz nicht weit kommen. Für den Historiker ist Kultur zunächst einmal das, was von der Vergangenheit übriggeblieben ist; denn nur das kennt er. Alles andere ist die Rekonstruktion eines Körpers aus erhaltenen Knochen. Folglich muß die Darstellung von diesen Knochen ausgehen. Deshalb stehen in Kulturgeschichten traditionell die Erzeugnisse im Vordergrund, während der gesellschaftliche Organismus, der sie hervorgebracht hat, weit weniger Beachtung findet. Zumal in Kulturgeschichten, die sich ausschließlich auf die Künste konzentrieren, nimmt sich der gesellschaftliche Wurzelboden neben den Erzeugnissen so unansehnlich aus, daß er oft ganz ignoriert wird. Wollte man auch ihn darstellen, würde man für die Geschichte einer so alten Kultur wie der englischen selbst bei geraffter Darstellung etliche Bände benötigen. Dennoch sollte auch eine „kleine Kulturgeschichte" es nicht bei einem Gang durch das Museum bewenden lassen. Vielmehr sollte sie versuchen, die „übriggebliebenen" Schätze dort aufzusuchen, wo sie entstanden sind. Zuvor aber stellt sich die Frage, welche dieser Schätze so wichtig sind, daß sie in unserer Kulturgeschichte vorgestellt werden sollen. Daß eine Auswahl nach Qualitätskriterien nicht möglich ist, dürfte unstrittig sein. Als pragmatisches Kriterium bietet sich an, *die* Dinge vorzustellen, die in der heutigen Kultur noch lebendig sind, also alles, was an bildender Kunst, Literatur, Musik, Philosophie und Religion von heutigen Briten als ihr kulturelles Erbe empfunden wird.

Außerdem gehört dazu die historisch gewachsene Infrastruktur sowie das System der tradierten Normen und Rituale, die das gesellschaftliche Handeln bestimmten. Was den Wurzelboden betrifft, aus dem die Phänomene hervorgegangen sind, so sollte vor allem die ökonomische und soziale Dynamik aufgezeigt werden, die den Kulturprozeß vorangetrieben hat. Ein deutscher Leser wird zudem erwarten, daß von Zeit zu Zeit ein vergleichender Blick auf die Kultur des eigenen Volkes geworfen wird und daß, soweit dies möglich ist, erklärt wird, worin und weshalb sich die englische Entwicklung von der deutschen unterscheidet. Manche dieser Ausblicke hat der Verfasser in anderen Büchern dieser Reihe ausführlicher abgehandelt, vor allem in *Typisch englisch. Wie die Briten wurden, was sie sind.* Aber auch in seiner *Kleinen Geschichte der englischen Literatur* und in *Max und Monty. Kleine Geschichte des deutschen und englischen Humors* findet sich einiges davon. Leser, die diese Bücher kennen, mögen dem Verfasser die Wiederholung von schon Bekanntem verzeihen. Die andern bittet er um Verständnis, wenn die Wiederholungen zwecks Vermeidung von Selbstzitaten allzu gerafft ausfallen. Im übrigen lag dem Verfasser daran, das Buch so zu gestalten, daß es für jeden Laien verständlich, aber auch für Schüler und Studenten von Nutzen ist. Deshalb sind jeder Epoche bzw. jedem Jahrhundert eine Zeittafel und eine Epochencharakteristik vorangestellt. Wer sich zu den einzelnen Epochen und Sachgebieten gründlicher informieren will, findet in der ausgewählten Bibliographie weiterführende Literatur.

Frühgeschichte
und
Altertum

Zeittafel

8. Jt. v. Chr.	Ende der letzten Eiszeit.
6. Jt.	Landbrücke zum Kontinent ist überflutet; Großbritannien wird Insel. Jäger und Sammler. Mittlere Steinzeit.
4. Jt.	Jungsteinzeit. Beginn des Ackerbaus. Megalithkultur: Steinkreise, Dolmen, Stonehenge I.
18. Jh.	Einwanderer von der iberischen Halbinsel bringen die Glockenbecherkultur nach Britannien. Frühe Bronzezeit. Weitere Großsteinbauten. Stonehenge II.
16.–14. Jh.	Wessex-Kultur. Stonehenge III.
8.–4. Jh.	Mittlere Bronzezeit. Urnenkultur.
ab 6. Jh.	Eisenzeit. Keltische Einwanderer der Hallstattkultur.
ab 3. Jh.	Keltische Einwanderer der fortgeschritteneren La-Tène-Kultur.
ab 2. Jh.	Einwanderung der Belgae.
55 u. 54	Caesar setzt zweimal nach Britannien über, verzichtet aber auf die Eroberung.
43 n. Chr.	Unter Claudius setzen die Römer mit ca. 40 000 Mann nach Britannien über und besiegen die Briten in der Schlacht am Medway.
ab 57	Aufstände gegen die Römer.
61	Unter Führung Boadiceas plündern die Iceni Colchester, St. Albans und London. Nach der Niederlage gegen den Gouverneur Paulinus begeht Boadicea Selbstmord.
79	Eburacum (York) wird größte römische Stadt in Britannien und zeitweilig Verwaltungssitz.
80	Agricola erreicht die Clyde-Forth-Linie.
um 100	Tacitus erwähnt London als wichtigen Handelsplatz.
122–27	Bau des Hadrianwalls.
140–42	Bau des Antoninuswalls.
286	Carausius, der Befehlshaber der Kanalflotte, rebelliert gegen die römische Regierung und macht sich zum Herrscher über Britannien; wird 293 ermordet.
4. Jh.	Vordringen des Christentums.
368	Einfälle der Pikten und Skoten sowie der Sachsen werden von Kaiser Theodosius nur vorübergehend abgewehrt.
383	Theodosius verlegt römische Truppen nach Gallien.
391	Christentum wird römische Staatsreligion.
402–07	Römer ziehen ihre Legionen ab.
432	Der Hl. Patrick bringt das Christentum nach Irland.

Britannien wird westeuropäisch

Die *englische* Kultur beginnt mit der Ankunft der Angeln und Sachsen im heutigen England, die *britische* dagegen schon mit der ersten Besiedlung jener Insel, die seit dem Mittelalter Großbritannien heißt, was später im Ausland oft als Ausdruck britischer Arroganz empfunden wurde. Dabei soll das ‚Groß-‘ die Insel nur von *little Brittany*, der Bretagne, unterscheiden, wohin sich viele Einwohner Britanniens vor den eindringenden Angeln und Sachsen geflüchtet hatten. Brittani (in älteren Texten auch Prittani) hießen die Bewohner der Insel schon in der Antike, was auf ein keltisches Wort zurückgeht, das möglicherweise soviel heißt wie ‚die Tätowierten‘. Genauso bezeichneten die Römer später die Bewohner Schottlands, die sie Picti, ‚die Bemalten‘, nannten. Auch die Kelten waren nicht die ersten Siedler. Als vor etwa zehntausend Jahren die letzte Eiszeit zu Ende ging, eroberten sich über die noch bestehende Landbrücke zum Kontinent erst einmal Pflanzen und Tiere den neuen Lebensraum, denen bald die ersten Jäger und Sammler folgten. In den nächsten dreitausend Jahren hob sich das vom Eis entlastete Land im Norden, während es sich im Süden senkte, so daß durch den steigenden Meeresspiegel die heutige Insel entstand. Wann die ersten Menschen folgten und woher sie kamen, läßt sich nicht genau sagen. Doch bereits um 4000 v. Chr. gab es auf der Insel Landwirtschaft und die ersten Zeugnisse einer Megalithkultur, die wahrscheinlich aus Nordafrika über die iberische Halbinsel und die Westküste des heutigen Frankreich auf die britische Insel gelangt war, wo im Laufe der nächsten Jahrtausende gewaltige Großsteinbauten entstanden. Schon damals war Großbritannien Teil eines westeuropäischen Kulturraums. Das setzte sich fort, als ab ca. 1800 v. Chr. die vermutlich ebenfalls von der iberischen Halbinsel stammenden Glockenbecherleute ins Land kamen und die Technik der Bronzeherstellung mitbrachten. Ihren Namen verdanken sie einer häufig gefundenen Grabbeigabe in Gestalt eines glockenförmigen Bechers. Daneben gibt es aber auch Spuren der bronzezeitlichen Streitaxtkultur, die ihren Schwerpunkt in Mitteleuropa hatte. In der Mitte des zweiten vorchristlichen Jahrtausends blühte im Südwesten Britanniens die sogenannte Wessexkultur, von der reiche Grabfunde erhalten sind. Ab ca. 1400 weichen die Großsteingräber Urnengräbern, was auf eine Veränderung in der Religion schließen läßt, von der man aber sonst nichts weiß. In der späten Bronzezeit kamen die ersten Kelten, die ab 300 v. Chr. auf dem Höhepunkt der sogenannten La-Tène-Kultur verstärkt eindrangen und die Technik der Eisenherstellung mitbrachten. Mit ihnen tritt Britannien in das Licht der Geschichte; denn sie sind das erste Kulturvolk auf der Insel, das sprachlich faßbar ist.

Erste Zeugnisse britischer Kultur

Wenn Kultur, wie das Vorwort behauptet, das ist, was von einer Epoche übrigbleibt, dann hat vermutlich keine Epoche pro Kopf der Bevölkerung soviel Kultur hinterlassen wie die frühgeschichtliche; denn von der Südküste bis hinauf zu den Orkneys sind die britischen Inseln übersät mit steinzeitlichen Kulturdenkmälern von oft kolossalem Ausmaß. Die ältesten Zeugnisse sind Werkzeuge, Fundamente von Siedlungen und Steingräber. Sie reichen bis ins 6. vorchristliche Jahrtausend zurück. Ab 4000 v. Chr. gab es bereits in vielen Teilen des Landes Feuersteinbergwerke und fabrikartige Produktionsstätten von Steinwerkzeugen. Wie weit der Handel mit Steinäxten entwickelt war, ist daraus zu ersehen, daß auf britischem Boden über 100 solcher Werkzeuge gefunden wurden, deren Stein aus den Alpen stammen muß. Die charakteristischsten Kulturdenkmäler aus jener Zeit sind aber die Großsteinbauten. Bis zum 3. Jahrtausend handelt es sich offensichtlich um gemeinschaftliche Grabanlagen einzelner Stämme. Danach überwiegen Bauten mit sakraler Funktion, was auf eine Veränderung der Religion schließen läßt. Jetzt scheint nicht mehr die Beschwichtigung der Geister der Ahnen, sondern die Kommunikation mit den Göttern im Zentrum des Ritus gestanden zu haben.

Die Großsteinanlagen sind entweder als Steinkreise mit großem Durchmesser oder als kompaktere, tempelartige *henges* überliefert. Die beiden berühmtesten Beispiele, der Steinkreis von Avebury und die eindrucksvolle Anlage von Stonehenge (Abb. 1), liegen nicht weit voneinander in Wiltshire. Doch auch im Norden gibt es zahlreiche Steinkreise, so bei Castlerigg in Cumbria. Bei Windmill-Hill in der Nähe von Avebury wurden die Überreste eines neolithischen Lagers gefunden, nach dem diese früheste Ackerbaukultur Windmill-Hill-Kultur genannt wird. Stonehenge war über einen Zeitraum von anderthalb Jahrtausenden Zentrum des religiösen Lebens der Region. Die Anfänge der Anlage reichen bis etwa 3000 v. Chr. zurück. In zwei weiteren Bauphasen, deren letzte in die Zeit um 1500 v. Chr. und damit bereits in die Bronzezeit fällt, entstand das Monument in seiner heute erkennbaren und in Teilen erhaltenen Form. Da die tonnenschweren Steine aus dem entfernten Wales herangeschafft wurden, stellt die Anlage eine ganz unglaubliche technische Leistung dar. Zu den rätselhaftesten Bauten

Abb. 1: Stonehenge. Das berühmteste Bauwerk der Steinzeit
auf britischem Boden (3000 bis 1500 v. Chr.)

Abb. 2: Der Hügel von Silbury. Das größte von Menschen
geschaffene Bauwerk der europäischen Frühgeschichte

der Jungsteinzeit gehört Silbury Hill nicht weit von Avebury (Abb. 2). Dieser künstliche Hügel ist das größte von Menschenhand errichtete Bauwerk im frühgeschichtlichen Europa. Da er kein Grab enthält, weiß man nicht, wofür er angelegt wurde. Ebenso rätselhaft sind die über dreißig *cursus*. Es sind parallel laufende Gräben, die bis zu 10 km auseinander liegende Steinmonumente verbinden.

Auch in der Bronze- und Eisenzeit entstanden noch riesige Kulturdenkmäler, die bis heute überdauert haben. Das bedeutendste davon ist Maiden Castle. Seine Anfänge reichen ebenfalls bis zur Windmill-Hill-Kultur zurück, doch wurde es erst durch Siedler in der Eisenzeit zu einer mächtigen Befestigungsanlage ausgebaut. Schwer zu datieren sind die als Touristenattraktion besonders beliebten Hügelzeichnungen. Da in den ausgedehnten Kalksteinregionen Englands der weiße Kalk nur von einer dünnen Grasnarbe bedeckt ist, lassen sich durch Entfernen des Grases riesige Zeichnungen in die Hügel ritzen. England hat eine ganze Reihe davon aufzuweisen, doch sind viele davon erst im 18. und 19. Jahrhundert entstanden. Das Weiße Pferd von Uffington scheint dagegen sehr viel älter zu sein. Die Datierungen schwanken zwischen 600 v. Chr. und dem 1. Jahrhundert n. Chr. Ebenso schwer datierbar ist der Riese von Cerne Abbas in der Nähe von Maiden Castle (Abb. 3). Manche sehen in der 55 Meter hohen Figur mit dem erigierten Phallus ein keltisches Fruchtbarkeitssymbol aus dem 2. Jahrhundert v. Chr., andere eine Herkulesfigur aus dem 2. Jahrhundert n. Chr., als der Kaiser Commodus einen Herkuleskult einführte und sich selbst als einen Nachfahren des griechischen Heros ausgab. Wieder andere datieren die Figur um 500 n. Chr. Jahrhundertelang pflegten Frauen, die sich Nachwuchs wünschten, den Riesen aufzusuchen und sein Fruchtbarkeit verheißendes Glied zu berühren. Hier ging die frühgeschichtliche Kultur bruchlos in die spätere Volkskultur ein.

Das keltische Britannien

Die ersten Einwanderer, von denen mehr als nur materielles Kulturgut erhalten geblieben ist, sind die Kelten; denn einige ihrer Nachfahren in Wales, Westschottland und Irland sprechen noch heute

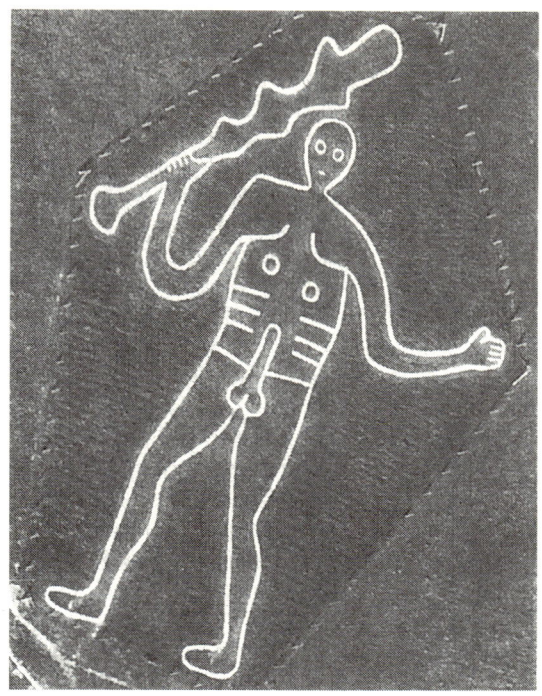

Abb. 3: Der Riese von Cerne Abbas

keltisch. Lange Zeit galten die Kelten (griech. *keltoi*) als ein über ein Siedlungsgebiet von der Donaumündung bis nach Frankreich verstreutes Volk, das als Galater bis nach Kleinasien vordrang, als Gallier 387 v. Chr. beinahe Rom vernichtet hätte und dessen spätere Heimat jenes Gallien war, das Cäsar eroberte, wodurch die schon Jahrhunderte früher begonnene Auswanderung der Kelten nach Britannien einen neuen Schub erhielt. Die ersten Berichte über die britischen Inseln stammen von dem weitgereisten Griechen Pytheas, der sie um 330 v. Chr. in Marseille aufzeichnete. Cäsar, unter dessen Führung die Römer zum erstenmal britischen Boden betraten, wußte, daß jenseits des Kanals Gallier lebten, die denen des Kontinents sehr ähnlich waren. Heute sind Historiker allerdings im Zweifel, ob es die Kelten als Volk überhaupt gab. Möglicherweise handelt es sich um sehr verschiedene Volksgruppen, die der gleichen Sprachfamilie angehörten und eine Reihe kultureller Gemeinsamkeiten ausgebildet hatten. Die beiden frühen Kulturen, als deren Träger man sie ansieht, sind die um 500 v. Chr. florierende Hallstattkultur mit dem Zentrum in Österreich und die um etwa 350 v. Chr. einsetzende La-Tène-Kultur, die sich zwischen Donau, Obermain, Mittelrhein und Mosel bis nach Ostfrankreich erstreckte.

Wann die ersten Keltisch sprechenden Stämme auf die britische Insel kamen, ist ungewiß. Allerdings lassen die linguistischen Verhältnisse auf mindestens zwei Haupteinwanderungswellen schließen. Schon im Altertum unterschied man zwischen den britischen Brythonen und den irischen Goidelen. Sprachlich unterscheiden sie sich dadurch, daß die Brythonen ein p sprechen, wo die Goidelen ein q haben. Zur Gruppe des q-Keltischen gehören das irische und westschottische Gälisch, zu der des p-Keltischen das Walisische und das seit 1777 ausgestorbene Cornisch. Cäsar berichtet, daß die Priesterkaste der Kelten, die Druiden, ihr Kulturmonopol argwöhnisch hüteten und bewußt jede schriftliche Aufzeichnung ihres Geheimwissens unterbanden. Statt dessen gaben sie es an Schüler weiter, die bis zu 20 Jahre damit beschäftigt waren, dieses Wissen in Versform auswendig zu lernen. Vieles von dem, was bis ins Hochmittelalter weitergegeben wurde, ging verloren, als Eduard I. die walisischen Barden hinrichten ließ, um den keltischen Separatismus auszurotten. Deshalb stammt das Wenige, was man über die Kelten weiß, von antiken Autoren, allen voran von Cäsar, der 55 und 54 v. Chr. zweimal auf die Insel übersetzte, doch auf eine Eroberung verzichtete. Er beschreibt Britannien als ein dichtbevölkertes Land, reich an Vieh, Holz und Zinn. Weiter schreibt er: „Die Einwohner meinen, es sei frevelhaft, Hasen, Hühner oder Gänse zu verzehren, doch halten sie sie zum Vergnügen. … Alle Britannier reiben sich mit Waid ein, was eine Blaufärbung bewirkt, so daß sie im Kampf dadurch noch schrecklicher aussehen … Sie haben je zehn oder auch zwölf Frauen gemeinsam, vor allem unter Brüdern, aber auch unter Vätern und Söhnen. Wenn eine Frau ein Kind zur Welt bringt, gilt dieses als das Kind desjenigen, dem die Mutter als Jungfrau zugeführt wurde" (*Der Gallische Krieg*, 5. Buch, Abs. 12 u. 14).

Da die Kelten die Pioniere der Eisenzeit waren, haben sich die meisten ihrer Werkzeuge in Rost aufgelöst. Was aber an Schmuck und kultischem Gerät aus Gold und Bronze erhalten ist, zeugt von großem handwerklichen Können und ausgeprägter ornamentaler Phantasie. Ihre pflanzenhafte Ornamentik wirkt noch in den Buchillustrationen nach, die unter irischem Einfluß in den Klöstern Northumbriens entstanden. Rätselhaft ist, weshalb sie trotz ihrer hochentwickelten Kultur und ihrer mächtigen Kriegerkaste nicht imstande waren, größere politische Einheiten auszubilden. Wie es scheint, hinderte sie ihr ausgeprägter Stammesindividualismus an der Staatenbildung, zu der Römer und Germanen fähig waren. Was aus ihrer Kultur in die britische einging und zum Teil bis heute fortlebt, stammt im übrigen nicht aus jener frühgeschichtlichen Zeit, sondern aus den späteren Wechselbeziehungen zwischen dem angelsächsischen Britannien und dem *celtic fringe*, d. h. Wales und Irland.

Das römische Britannien

So wenig man über die Kelten weiß, so gut dokumentiert ist die Geschichte Britanniens unter den nächsten Einwanderern, den Römern. Als Kaiser Claudius 43 begann, die Insel dem Römischen Reich einzuverleiben, machte die Eroberung rasch Fortschritte, da die keltische Bevölkerung in zu viele Stämme zersplittert war, um sich erfolgreich zur Wehr setzen zu können. Erst im Jahre 61 unternahmen sie unter der sagenumwobenen Anführerin Boadicea einen vergeblichen Versuch, das römische Joch abzuschütteln. Danach war Roms Herrschaft fest etabliert und dehnte sich rasch bis an die Grenze Schottlands aus, wo Hadrian den nach ihm benannten, 73 Meilen langen Schutzwall errichten ließ, der sich vom Tyne im Osten bis zum Solway Firth im Westen erstreckte (Abb. 4). Jenseits des Walls war die Gegenwehr der Pikten so stark, daß die Römer den später von Antoninus errichteten Wall vom Clyde zum Forth bald wieder aufgeben und die Grenze zum Hadrianswall zurückverlegen mußten. Die Pikten sind ein noch rätselhafteres Volk als die Kelten, da sich in ihnen offenbar vorkeltische und keltische Bevölkerungsteile vermischt haben. Von ihrer Sprache weiß man so gut wie nichts.

Den durch Einfälle der Waliser und Pikten stark gefährdeten Westen und Norden stellten die Römer unter Militärregierung, während sie den Süden und Osten zivil verwalteten. Hier blühte bald

Abb. 4: Der Hadrianswall im Norden Englands (122–27)

eine römisch-keltische Mischkultur auf, die sich von der urbanen Kultur des übrigen Reiches kaum unterschied. In den römischen Stadtgründungen entstanden Tempel, Theater, Arenen, Aquädukte und Thermen. Die Badeanlagen in Bath sind bis heute erhalten. Im frühen 4. Jahrhundert erreichte die römische Kultur in Britannien ihre höchste Blüte. Überall im Lande schmückten die Grundherren ihre Villen mit herrlichen Mosaiken, was auf eine ertragreiche Landwirtschaft schließen läßt. In den sechziger Jahren unseres Jahrhunderts wurden in Fishbourne die Fundamente der größten römischen Palastanlage nördlich der Alpen entdeckt. Da sie zur Hälfte unter Häusern und einer Straße liegen, konnte nur die andere Hälfte ausgegraben werden, wobei auch hier ein künstlerisch eindrucksvolles Mosaik freigelegt wurde. Dank reicher Bleivorkommen erhielten die Städte Wasser- und Abwasserversorgungssysteme, die erst im 18. Jahrhundert wieder ein vergleichbares Niveau erreichten. London wuchs mit vermutlich über 20000 Einwohnern zur fünftgrößten Stadt des Römischen Reiches nördlich der Alpen an und hatte mehr Häuser aus Stein als danach bis zum großen Brand von 1666. Die dauerhafteste Hinterlassenschaft der Römer waren die Straßen. Auch hier haben erst Metcalf und Macadam, die beiden berühmtesten Straßenbauer des 18. Jahrhunderts, die Römer übertroffen.

Unter römischer Herrschaft kam auch das Christentum erstmals auf die Insel, das anfangs Mühe hatte, sich gegen die Konkurrenz des Mithraskults zu behaupten, der vor allem bei römischen Soldaten Anhänger fand, wie archäologische Funde belegen. Daß es sich am Ende durchsetzte, hat vermutlich damit zu tun, daß es den Frauen mehr Beteiligung einräumte, während der Mithraskult eine reine Männerreligion war. Am Konzil von Arles 314 nahmen schon drei englische Bischöfe teil. 391 wurde das Christentum schließlich zur Staatsreligion erklärt. Wie sehr christliche und heidnische Motive in der materiellen Kultur verschmolzen, ist an den Hortfunden von Mildenhall, Canterbury und Corbridge und an vielen Mosaiken abzulesen. Das abgebildete (Abb. 5) zeigt in der Mitte Bellerophon, der die Chimäre tötet, während das Fischmotiv und das Chi-Rho-Zeichen auf einen christlichen Kontext hindeuten. Daß sich die ersten Christen nicht offen bekennen durften, lassen zwei kuriose Funde aus Manchester und Cirencester erkennen. Dort fand sich auf einer Tonscherbe bzw. an einer Wand das folgende, auch aus anderen Regionen des Römischen Reiches bekannte Kryptogramm, dessen Buchstaben sich zu einem Kreuz mit den ersten Worten des Vaterunser anordnen lassen, das an den Enden die Buchstaben A und O hat, die symbolisch für Christus stehen.

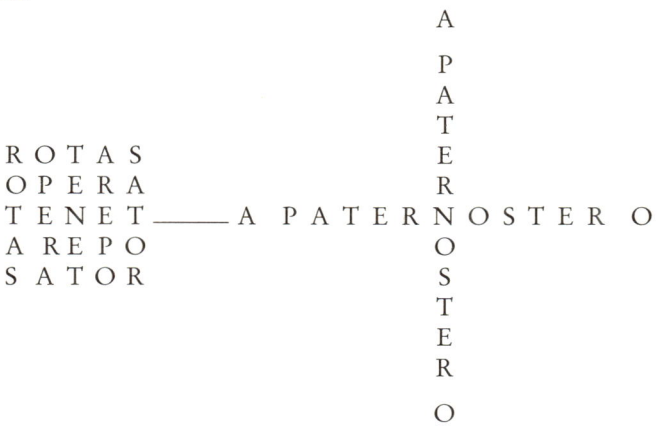

Der kryptische Spruch, der horizontal und vertikal sowie vorwärts und rückwärts den gleichen Text ergibt, bedeutet soviel wie: „Der Sämann Arepo hält mit Mühe die Räder." Dies könnte ein bloßes Spiel sein. Wahrscheinlicher ist aber, daß es als Tarnung für ein christliches Bekenntnis gemeint war. In der Spätzeit des römischen Christentums meldete sich der britische Theologe Pelagius (gest. 418) zu Wort, der gegen Augustinus die Existenz eines freien Willens behauptete und dafür exkommuniziert wurde. Auch wenn es Zufall ist, hat es doch etwas Bezeichnendes, daß dies Bekenntnis zur geistigen Freiheit des Menschen ausgerechnet aus dem späteren Mutterland des politischen Liberalismus kam.

Irland

Irland blieb während des ganzen Altertums außerhalb des Römischen Reiches. Damit blieb es von der ersten großen Aufklärungswelle Europas ebenso unberührt wie später von der zweiten und dritten, der Reformation und der Aufklärung, so daß die Rationalität des römischen Staatswesens auf das irische Denken genauso wenig Einfluß ausüben konnte wie später die mit der Reformation einhergehende Ausbildung des bürgerlichen Bewußtseins und die aufgeklärte Gesellschafts- und Staatstheorie des 18. Jahrhunderts. Dies könnte der Grund dafür sein, daß die bevölkerungsreichere und viel leichter zu verteidigende Insel dem englischen Druck nicht standhielt, während Schottland trotz seiner offenen Grenze zum mächtigen Nachbarn lange Zeit seine Unabhängigkeit bewahrte und sie auch nach der Vereinigung mit England nie ganz verlor.

Dem römischen Druck hielt Irland aber noch ganz entschieden stand; denn nicht die Römer bedrohten Irland, sondern die Iren das römische Britannien. Immer wieder kam es zu Raubzügen marodierender Iren, die im hochzivilisierten Großbritannien reiche Beute fanden. Für Irland waren die Jahrhunderte der römischen Hochkultur auf britischem Boden eine Zeit von archaischem Heroismus, vergleichbar dem Griechenland vor Homer. Die Bevölkerung bestand aus einer keltischen Herrenschicht und einer duchgängig keltisierten Unterschicht nichtkeltischen Ursprungs. Ihre wichtigsten gesellschaftlichen Institutionen hießen auf Irisch *fine* und *tuath*. Das erste bezeichnet den Familienverband, das

Abb. 5: Römisches Mosaik, das neben einer heidnischen Szene aus dem Bellerophon-Mythos das christliche Chi-Rho-Monogramm enthält

zweite ein Kleinkönigtum. Da die Familienverbände innerhalb eines Königreichs ständig um die Vorherrschaft rivalisierten, kam es zu fortwährenden Fehden, die oft in einem *fingal,* der Tötung eines Blutsverwandten, gipfelten, was damals das äußerste an Verbrechen war, da es weder durch legale Rache noch durch Geldzahlung gesühnt werden konnte. Eine so archaische Gesellschaftsorganisation ließ kein stabiles Staatswesen aufkommen, bereitete aber den Boden für die partikularistische Klosterkultur, die in Irland eine frühe Blüte erlebte.

Es mutet wie Ironie an, daß der Initiator dieser Kultur, der Hl. Patrick, Sohn eines romanisierten Briten war, den marodierende Iren als Gefangenen nach Irland verschleppt hatten. Patrick, der vermutlich im Jahr 389 geboren wurde, verbrachte sechs Jahre in irischer Gefangenschaft, floh dann auf den Kontinent, wo er in einem Kloster auf einer Mittelmeerinsel vor Cannes und später in Auxerre eine theologische Ausbildung erhielt. 432 ließ er sich vom Papst beauftragen, die Iren von der Irrlehre des Pelagianismus zurückzuholen. Ob die überlieferten Daten richtig sind, ist strittig. Möglicherweise landete Patrick erst 456 in Irland, um dort zu missionieren. Auf jeden Fall begann mit seiner Tätigkeit eine monastische Kultur, die das ganze Land mit Klöstern von beachtlicher Größe überzog. Zeitgenössische Berichte, die von 3000 Mönchen in den Klöstern Clonard und Bangor sprechen, dürften zwar übertrieben sein, doch sind sie ein Indiz dafür, daß die klösterliche Lebensform einen beträchtlichen Teil der Bevölkerung erfaßte. Dadurch wurde Irland zum Refugium des Christentums in den *Dark Ages,* in denen Großbritannien unter den Angelsachsen ins Heidentum zurückfiel. Die soziale Organisation in Kleingruppen, die für Irland politisch zum Verhängnis wurde, erwies sich kulturell, zumindest in der Zeit der Klosterkultur, als um so fruchtbarer.

Frühmittelalter

Zeittafel

ab 402	Abzug der Römer.
ab 440	Angeln, Sachsen und Jüten kommen nach Britannien.
565	Gründung des Klosters Iona durch den Hl. Columba. Beginn der irischen Mission.
597	Papst Gregor der Große entsendet den Mönch Augustinus nach Britannien, der das Land von Süden her missioniert.
664	Synode von Whitby. Der Streit zwischen der irischen und der römischen Mission wird zugunsten der letzteren beigelegt.
673–735	Beda; schreibt *Historia Ecclesiastica Gentis Anglorum* (731). Beginnende Blüte der Klöster Lindisfarne und Jarrow.
757–96	Offa d. Gr., König von Mercien; wird von den Fürsten in Südengland als Oberkönig anerkannt.
768	Die walisisch-keltische Kirche ordnet sich Rom unter.
793	Erster Einfall der Wikinger. Plünderung des Klosters Lindisfarne.
um 800	Vormacht geht auf Wessex über.
844	Kenneth MacAlpine vereinigt Pikten und Skoten zu einem Königreich. Beginn der schottischen Geschichte.
871–99	Alfred der Große
878	Alfred besiegt den Dänenführer Guthrum und legt im Vertrag von Wedmore die Grenzen zwischen Wessex und dem Gebiet des Danelaw fest. Kulturelle Blüte im Süden.
884	Alfred macht London zu seiner Hauptstadt.
937	Athelstan siegt über ein Heer von Dänen, Schotten und Walisern bei Brunanburgh.
939–46	Edmund I. Nennt sich Beherrscher Englands und Oberkönig von Schottland.
959–75	Edgar. Wird vom Hl. Dunstan, Erzbischof von Canterbury, zum König gesalbt. Beginn der Klosterreform.
1002	*St. Brice's day massacre*. Aethelred läßt alle Dänen in seinem Herrschaftsbereich umbringen.
1016	Edmund II. Ironside
1016	Schlacht von Ashingdon. Edmund wird von Knut entscheidend geschlagen und muß den ganzen Norden des Landes abtreten.
1016–35	Knut ist König von Dänemark und England in Personalunion.
1040–42	Harthaknut König von Dänemark und England in Personalunion.
1042–66	Eduard der Bekenner.
1066	Harold schlägt bei Stamford Bridge die Dänen zurück und fällt in der Schlacht bei Hastings gegen Wilhelm den Eroberer.

Britannien wird englisch

In seiner um 731 abgeschlossenen *Historia Ecclesiastica Gentis Anglorum* berichtet Beda Venerabilis, der berühmteste englische Gelehrte seiner Zeit, daß der Britenkönig Vortigern im Jahr 449 die Angeln und Sachsen unter ihren Anführern Hengest und Horsa ins Land gerufen habe, damit sie ihn gegen die Einfälle der Pikten und Skoten verteidigten. Inwieweit dieser Bericht den historischen Tatsachen entspricht, ist fraglich, zumal die beiden Namen, die ‚Hengst‘ und ‚Pferd‘ bedeuten, eher nach einer Legende klingen. Archäologen haben inzwischen nachgewiesen, daß es schon lange vorher angelsächsische Einwanderer gegeben haben muß. Die um 800 entstandene *Historia Brittonum* des Nennius datiert die Ankunft der Angelsachsen auf 428, was der Wahrheit wohl näherkommt. Über die 150 Jahre bis zur Christianisierung weiß man fast nichts, weshalb man sie *the Dark Ages* nennt. In dieser Zeit müssen Angeln, Sachsen und Jüten in immer größerer Zahl ins Land geströmt sein, während die britische Bevölkerung nach Cornwall, Wales und Irland abgedrängt wurde. Im Süden zogen sich die Briten auf den Kontinent zurück, wo sie sich in der nach ihnen benannten Bretagne ansiedelten. Die Sagen, die sich um den Britenkönig Artus rankten, deuten auf eine gewaltsame Verdrängung der keltischen Bevölkerung hin. Andererseits ist schwer vorstellbar, daß die Zahl der Eindringlinge ausgereicht haben sollte, ein so großes Territorium vollständig zu besetzen. Falls ein größerer Teil der britischen Bevölkerung im angelsächsischen aufgegangen sein sollte, muß dies allerdings mit vollständiger Unterdrückung ihrer Kultur geschehen sein; denn das Altenglische enthält außer Fluß- und Ortsnamen nur ein knappes Dutzend Wörter aus dem Keltischen. Nach der Christianisierung bildete sich in Northumbrien ein konsolidiertes Königreich mit hochentwickelter Kultur aus. Im Ringen um die Vorherrschaft verlagerte sich das politische Gewicht in der zweiten Hälfte des 8. Jahrhunderts nach Mercien, wo Offa eine machtvolle Herrschaft entfaltete. Danach ging die Vorherrschaft auf Wessex über, das unter Alfred die Führung übernahm und seine Herrschaft unter Athelstan auf fast ganz England ausdehnte. Die Verlagerung der Hegemonie vom Nordosten in den Südwesten war eine Folge der ab 793 einsetzenden Überfälle skandinavischer Wikinger. Unter Alfred kam es zu einer weitgehend friedlichen Koexistenz zwischen den Angelsachsen und den Dänen im Gebiet des Danelaw, das diesen vertraglich garantiert worden war. Erst durch das Massaker Aethelreds an den Dänen brachen neue Feindseligkeiten aus, die zur völligen Inbesitznahme Englands durch den Dänenkönig Knut führten. Die Skandinavisierung Großbritanniens fand ein jähes Ende, als Wilhelm der Eroberer die Insel zurück in den westeuropäischen Kulturraum holte.

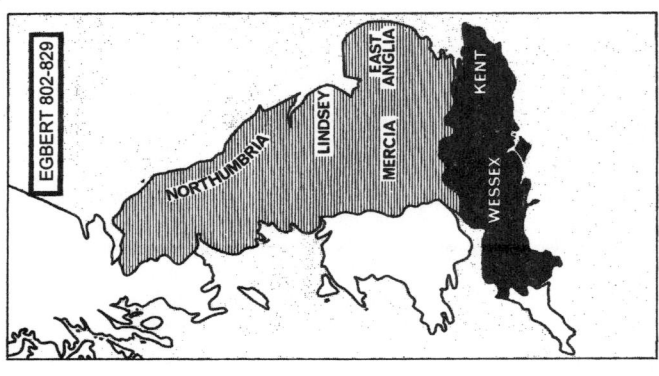

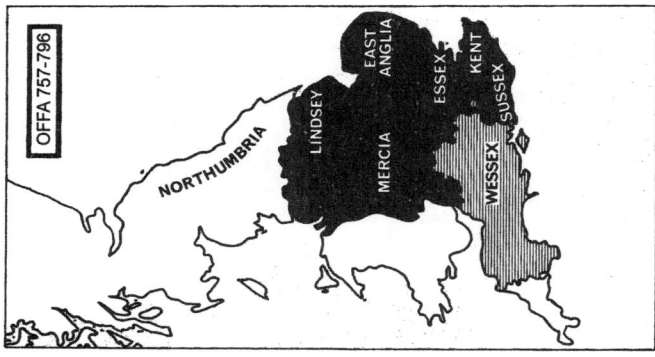

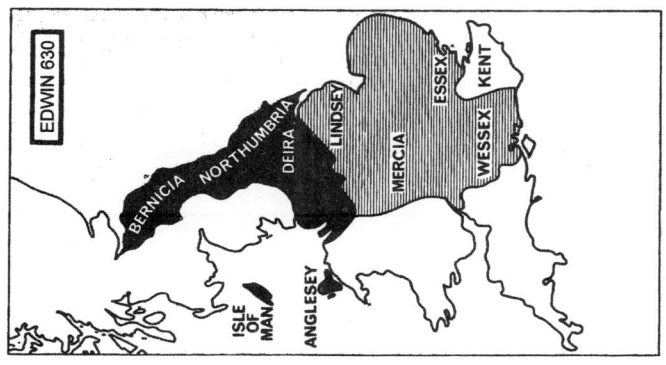

Abb. 6: Die Nord-Süd-Verlagerung des politischen und kulturellen
Schwergewichts im angelsächsischen England

Schon unter den Römern hatten große Teile der romanisierten Kelten das Christentum angenommen. Konstantin der Große, der in York zum Kaiser proklamiert wurde, hatte die christliche Religion bereits begünstigt und sich selber 337 auf dem Sterbebett taufen lassen. 391 wurde das Christentum dann durch Theodosius zur Staatsreligion erklärt. Von England aus missionierten der Hl. Ninian ab 400 die Pikten in Schottland und der Hl. Patrick ab 432 Irland. Britannien selber fiel aber nach dem Abzug der Römer erst einmal ins Heidentum zurück. Doch schon bald nach Abschluß der angelsächsischen Einwanderungsphase setzte, nun umgekehrt von Irland ausgehend, die Rechristianisierung Englands ein. St. Columban der Ältere, der 565 auf der westschottischen Insel Iona ein Kloster gründete, betrieb von dort aus die Missionierung Schottlands und Nordenglands. Wenig später schickte 597 Papst Gregor der Große den Mönch Augustinus nach Britannien, um, wie es bei Beda heißt, die Engländer (*Angli*) zu Engeln (*angeli*) zu bekehren. Die beiden Missionen trafen sich in der Mitte des Landes und machten sich gegenseitig das Feld streitig, da sie in einigen theologischen Punkten abweichende Lehrmeinungen vertraten. Doch inzwischen war die Macht Roms bereits so gewachsen, daß sich die irischen Missionare 664 auf der Synode von Whitby dem Führungsanspruch des Papstes beugen mußten.

Bemerkenswert an der Christianisierung Englands ist ihr rascher und weitgehend gewaltloser Verlauf. Der Grund dafür könnte sein, daß sich im Lande die Erinnerung an das frühere Christentum gehalten hatte. Wahrscheinlicher ist aber, daß, anders als bei den kontinentalen Sachsen, das Christentum für die Angelsachsen nicht die Religion einer Besatzungsmacht war. Im Gegenteil, sie selber mußten gespürt haben, daß die hierarchisch organisierte Kirche ihnen, den Eindringlingen, half, ein stabiles Gemeinwesen aufzubauen. Für den friedlichen Verlauf der Christianisierung gibt es noch heute allgegenwärtige Indizien, nämlich die englischen Namen für den Mittwoch und den Samstag. Die Wochentage sind in allen europäischen Sprachen nach römisch-griechisch-babylonischem Vorbild nach den damals bekannten bzw. als solche angesehenen sieben Planeten benannt. Bei den größten dieser Gestirne, Sonne und Mond, gab es keine Probleme. Beim Marstag hätte es

Abb. 7: Das Chi-Rho-Blatt des Lindisfarne-Evangeliars mit der charakteristischen irisch-keltischen Ornamentik

sie geben können, wenn der Gott Tiu, der durch die hochdeutsche Lautverschiebung zu Ziu wurde, noch der germanische Hauptgott gewesen wäre, der er einmal war. Aus letztgenanntem Grund wurde er als Schutzgott der germanischen Ratsversammlung, des Thing, betrachtet. Deshalb nannten die Deutschen den dritten Tag Thingstag, woraus Dienstag wurde, während die Angelsachsen den Tiu-Tag *Tuesday* nannten. Da Tiu inzwischen das Ressort des Kriegsgottes übernommen hatte, war er für den christlichen Gott keine Konkurrenz mehr. Anders beim Wotanstag, dessen Namenspatron der neue Hauptgott war. Seinen Namen versuchten die Missionare in Deutschland aus dem Gedächtnis der Germanen zu löschen, indem sie den Tag Mittwoch nannten. In England scheint man dafür keine Notwendigkeit gesehen zu haben. Dort blieb der Wotanstag als *Wednesday* erhalten. Thor, der als Gott des Donners auch Donar genannt wurde, behielt ebenfalls in beiden Sprachen seinen Tag, ebenso die Göttin Freya, die der Venus gleichgesetzt wurde. Problematisch wurde es wieder beim siebenten Tag. Sein Planet war nach Saturn, dem römischen Gott der Bauern, benannt, dem um die Weihnachtszeit die Saturnalien gewidmet waren. Da er ein Fruchtbarkeitsgott war und damit den bäuerlichen Vorstellungen der Germanen entgegenkam, hatten diese ihn von den Römern übernommen. Doch in Deutschland spürten die Missionare in den Saturnalien die Konkurrenz zum christlichen Weihnachtsfest, weshalb sie den Wochentag unverfänglich Sonnabend oder Samstag (von griech. *sambaton* = Sabbath) nannten, während ihre angelsächsischen Kollegen die heidnischen Reminiszenzen offenbar nicht mehr als Gefahr empfanden und den *Saturday* beibehielten.

Schon bald nach der Übernahme des Christentums entwickelte sich in Britannien eine Klosterkultur, die sich im 8. Jahrhundert in Northumbrien zu solcher Blüte entfaltete, daß diese Region zeitweilig das höchstentwickelte Kulturzentrum nördlich der Alpen war. Zwei Klöster taten sich besonders hervor: das durch seinen Abt Beda berühmt gewordene Jarrow und das auf einer Insel nahe der Küste gelegene Lindisfarne, von dessen kultureller Bedeutung noch heute die Illustrationen des Lindisfarne-Evangeliars (Abb. 7) zeugen. Das Charakteristische dieser Illuminationen ist die nonfigurale lineare Ornamentik, die offensichtlich keltischen Ursprungs ist. In Northumbrien kam es auch zur ersten Blüte einer christlichen Dichtung, wenngleich von dem Dichter Caedmon, von dem Beda in seiner Kirchengeschichte berichtet, mit Sicherheit nur der neunzeilige Schöpfungshymnus überliefert ist, den Beda wörtlich zitiert. Bedas eigenes Werk, die lateinisch geschriebene *Historia Ecclesiastica Gentis Anglorum*, ist das bedeutendste Zeugnis northumbrischer Gelehrsamkeit aus jener Zeit. In der zweiten Hälfte des 8. Jahrhunderts verlagerte sich das kulturelle Zentrum Englands nach Mercien und dann nach Wessex. Wie vorher Jarrow und Lindisfarne wurden nun Klöster des Südens wie Malmesbury und Glastonbury zu Zentren des religiösen und kulturellen Lebens. Im 10. Jahrhundert kam es unter dem Einfluß der cluniazensischen Reform zur Erneuerung der alten Benediktinerklöster, so in Canterbury durch Dunstan, in Winchester durch Aethelwold und in Worcester durch Oswalt. Wulfstan, Bischof von Worcester, setzte die Reformbemühungen im 11. Jahrhundert fort.

Von den Klostergebäuden, Kirchen und Kathedralen der angelsächsischen Zeit sind nur spärliche Reste erhalten geblieben, da diese Bauten nach Ankunft der Normannen bald erweitert wurden, wobei die fortschrittlichere Bautechnik der neuen Herren den Stil durchgängig bestimmte. Das Prunkstück unter den erhaltenen angelsächsischen Kirchen ist die Basilika von Brixworth in Northamptonshire. Mit ihren aus den Ziegeln römischer Ruinen errichteten Rundbögen gilt die um 670 gegründete Kirche als der größte Bau des 7. Jahrhunderts nördlich der Alpen. Sie ist zugleich ein monumentales Zeugnis für die frühe Christianisierung der Insel.

Angelsächsische Literatur

Die frühesten Zeugnisse angelsächsischer Kultur sind neben den Resten von Bauwerken liturgische Geräte und Handschriften der Evangelien in lateinischer Sprache. Letztere entstanden zuerst in den Klöstern Northumbriens, wo unter dem Einfluß irischer Missionare nicht nur theologische Gelehrsamkeit, sondern auch eine kunstvolle Buchmalerei aufblühte. Es ist schwer zu sagen, was davon noch irisch und was schon angelsächsisch ist. Das bereits erwähnte, um 698 entstandene Lindisfarne-Manuskript ist zwar nach Entstehungsort und Schrifttypus angelsächsisch, ähnelt aber doch sehr der berühmtesten illuminierten Handschrift jener Zeit, dem etwa hundert Jahre älteren irischen *Book of Kells.* Der insulare, aus keltischen und angelsächsischen Elementen geformte Stil wurde im damaligen Westeuropa als so neuartig empfunden, daß er von Schreibern und Buchillustratoren vieler kontinentaler Klöster imitiert wurde. Bis in die Schweiz läßt sich seine Spur verfolgen, wobei northumbrische Missionare die Vermittler waren.

Der reichste kulturelle Schatz aus altenglischer Zeit ist aber das Schrifttum. Das ist vor allem dem Umstand zu verdanken, daß ca. 20 000 von insgesamt 30 000 erhaltenen Verszeilen in vier Handschriften aufgezeichnet sind, die von gelehrten Mönchen im späten 10. oder frühen 11. Jahrhundert angefertigt wurden. Das *Beowulf*-Manuskript enthält neben einigen kürzeren Texten und einer unvollständigen *Judith*-Dichtung das einzige vollständig erhaltene Versepos aus altgermanischer Zeit. Um genau zu sein, die Dichtung wirkt nicht wie ein Epos nach Art der *Ilias*, sondern eher wie zwei zusammengefügte Heldenlieder, die die Taten eines skandinavischen Heros namens Beowulf besingen. Im ersten Teil befreit der Held den Dänenkönig Hrothgar von dem Unhold Grendel, der Nacht für Nacht aus einer Moorhöhle aufsteigt und sich einen Mann aus der königlichen Halle holt, um ihn zu verspeisen. Im zweiten Teil besiegt der greise Beowulf einen Drachen und stirbt danach an den Folgen von dessen giftigem Atem. Obwohl sich die Handlung in einem durchgängig christianisierten Milieu abspielt, stammt der Stoff aus heidnischer Zeit, und auch das Heldenethos entspricht noch der vorchristlichen Tradition.

Anders verhält es sich mit den epischen Dichtungen, die im Junius-Manuskript und im Vercelli-Buch zusammengetragen sind. Dies sind durchgängig christliche Dichtungen über biblische Stoffe und das Leben von Heiligen, wobei die Werke des erstgenannten Manuskripts lange Zeit dem schon erwähnten Caedmon zugeschrieben wurden, von dem Beda in seiner Kirchengeschichte berichtet, er sei ein einfacher Viehhirte gewesen, der plötzlich, von Gott inspiriert, zu dichten angefangen habe. Die Werke des Vercelli-Buchs stammen von einem nicht minder geheimnisvollen Autor, den man Cynewulf nennt, weil die Runen dieses Namens in die Anfänge einiger seiner Werke eingearbeitet sind. Das vierte Manuskript, das Exeter-Buch, enthält neben einem weiteren authentischen Werk Cynewulfs und einigen ihm nicht länger zugeschriebenen religiösen Dichtungen noch sechs Elegien, die zu den Glanzstücken altgermanischer Lyrik zählen. Auch hier ist unter der christlichen Oberfläche noch ein Nachklang des heidnischen Lebensgefühls zu spüren. Das Eindrucksvollste an den Elegien, zumindest am *Seefahrer* und am *Wanderer*, sind die Naturschilderungen.

Neben dieser Fülle an Versdichtung ist eine noch größere Menge an Prosatexten überliefert. Darunter befinden sich einige Übersetzungen lateinischer Texte, die König Alfred in Auftrag gab, vielleicht sogar selber in Teilen anfertigte. Die wichtigsten dieser Übersetzungen sind Bedas Kirchengeschichte, Gregors des Großen *Cura Pastoralis*, Boethius' *De consolatione philosophiae*, Augustinus' *Soliloquia* und die Reisebeschreibung des Orosius, die das geographische Standardlehrbuch der damaligen Zeit war. Im 10. Jahrhundert schrieb Aelfric eine Sammlung von Homilien und der Erzbischof Wulfstan seine berühmte Predigt *Sermo lupi ad Anglos (Die Predigt des Wolfes*, in Anspielung auf seinen Namen), in der er seinen Landsleuten die Leviten liest. Zu diesem Zeitpunkt hatte das Altenglische bereits eine erstaunliche Geschmeidigkeit erlangt. Während es sich bei der großen Masse der Prosaschriften um belehrende Texte oder um historische Dokumente wie die bis 1154 fortgeführte *Angelsächsische Chronik* handelt, findet sich daneben als Kuriosum sogar die Übersetzung eines griechischen Romans mit dem Titel *Apollonius von Tyrus*. Auch dies bezeugt das hohe Niveau der angelsächsischen Kultur jener Zeit.

Daß die christlichen Mönche in England nichts dabei fanden, die im Exeter-Buch überlieferten heidnischen Zaubersprüche oder das noch von heidnischem Geist durchwehte Epos *Beowulf* aufzuschreiben, ist ein weiteres Indiz dafür, daß die Christianisierung hier problemloser verlief als in Deutschland, wo Ludwig der Fromme (814–40) es für nötig hielt, die heidnische Überlieferung mit allen Mitteln zu unterdrücken, weshalb den 30000 altenglischen Verszeilen kaum 300 althochdeutsche gegenüberstehen. Wie zentral das an der Peripherie Europas gelegene England für das christliche Abendland jener Zeit war, geht daraus hervor, daß sowohl Alkuin, der am Hof Karls des Großen die karolingische Renaissance einleitete, als auch Bonifatius, der „Apostel der Deutschen", von dort kamen.

Die skandinavische Bedrohung

Gegen Ende des 8. Jahrhunderts wurde in Skandinavien der Siedlungsraum knapp, was die dort ansässigen seefahrenden Völker zu Raub- und Eroberungszügen antrieb. In Rußland nannte man die einfallenden Schweden Waräger, im Westen hießen die aus Norwegen und Dänemark kommenden Eindringlinge Normannen (von Nordmannen) oder Wikinger. 793 tauchten sie zum erstenmal im Norden Britanniens auf, wo sie die Klöster von Iona, Lindisfarne und Jarrow plünderten. Während sich die Norweger vor allem auf den Norden der Insel und besonders auf die Westküste Schottlands konzentrierten, wo sie sich an den Küstenstreifen festsetzten, richteten sich die Angriffe der Dänen auf die leicht zugängliche Ostküste südlich des Humber. Hier nahmen sie immer mehr Land in Besitz und wurden für die Angelsachsen zu einer ernsten Gefahr. Erst Alfred gelang es 878, sie bei Edington zu schlagen und den Dänenkönig Guthrum zum Vertrag von Wedmore zu zwingen, in dem die Dänen das Christentum annahmen und zusicherten, sich auf ihr Gebiet, das sog. Danelaw, zu beschränken. Darauf herrschte für längere Zeit Frieden zwischen den Völkern, bis der unkluge Aethelred II. aus Angst, daß die Fremden zu stark werden könnten, am St.-Brice-Tag 1002 ein Massaker an den Dänen in seinem Herrschaftsbereich anordnete. Im Gegenzug eroberte der Dänenkönig Knut ganz England und beherrschte es von 1016 bis 1035 in Personalunion mit Dänemark.

Der hohe Anteil von Dänen an der Bevölkerung Englands und die zeitweilige politische Verbindung mit Dänemark prägten die englische Kultur nachhaltig. Im Gebiet des Danelaw zeugen noch heute Ortsnamen auf -by, -holm und -thorp von dänischen Siedlungen. Auch in der englischen Sprache hat der skandinavische Einfluß zahlreiche Spuren hinterlassen. So stammen die meisten Wörter mit sk wie *sky, skull, skill, skirt, flask, bask* usw. aus dem Skandinavischen. Wo das Englische ein westgermanisches Wort aus der gleichen etymologischen Wurzel besaß, trat eine Bedeutungsdifferenzierung ein wie z. B. bei *shirt* (Hemd) und *skirt* (Rock). Das gleiche gilt für Synonyme aus unterschiedlichen Wurzeln. So wurde das skandinavische Wort *sky* auf den physikalischen und das angelsächsische *heaven* auf den geistlichen Himmel eingeschränkt. Durch den Zustrom skandinavischer Lehnwörter erhielt der engli-

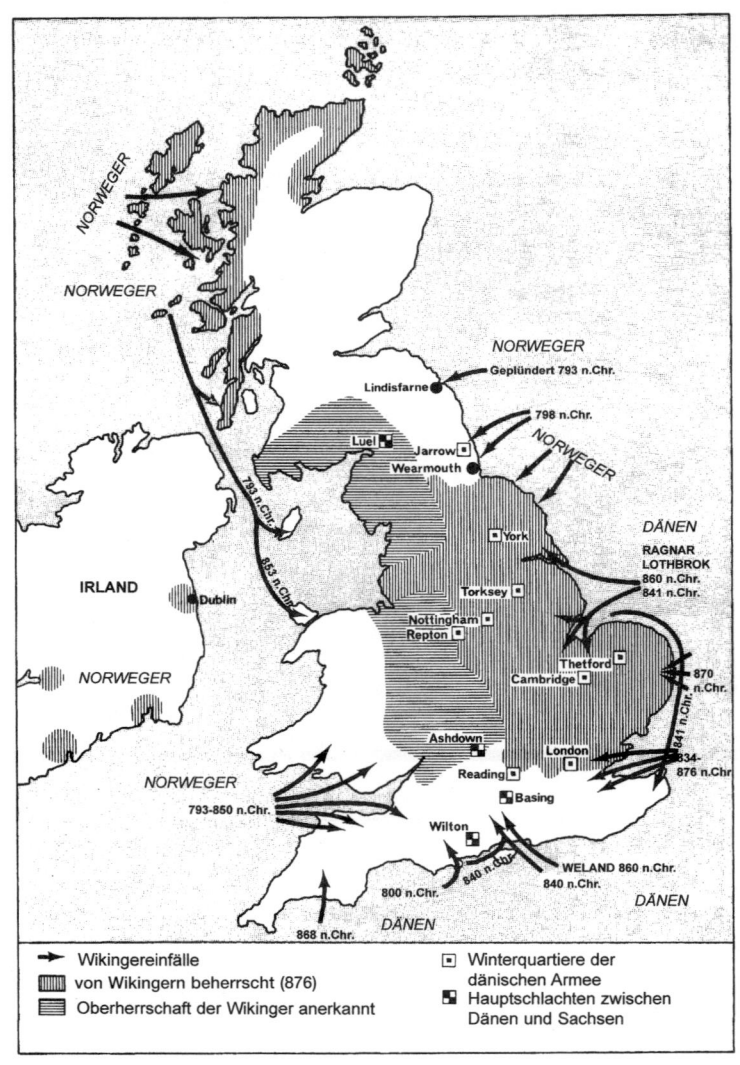

Abb. 8: Einfälle der Wikinger...

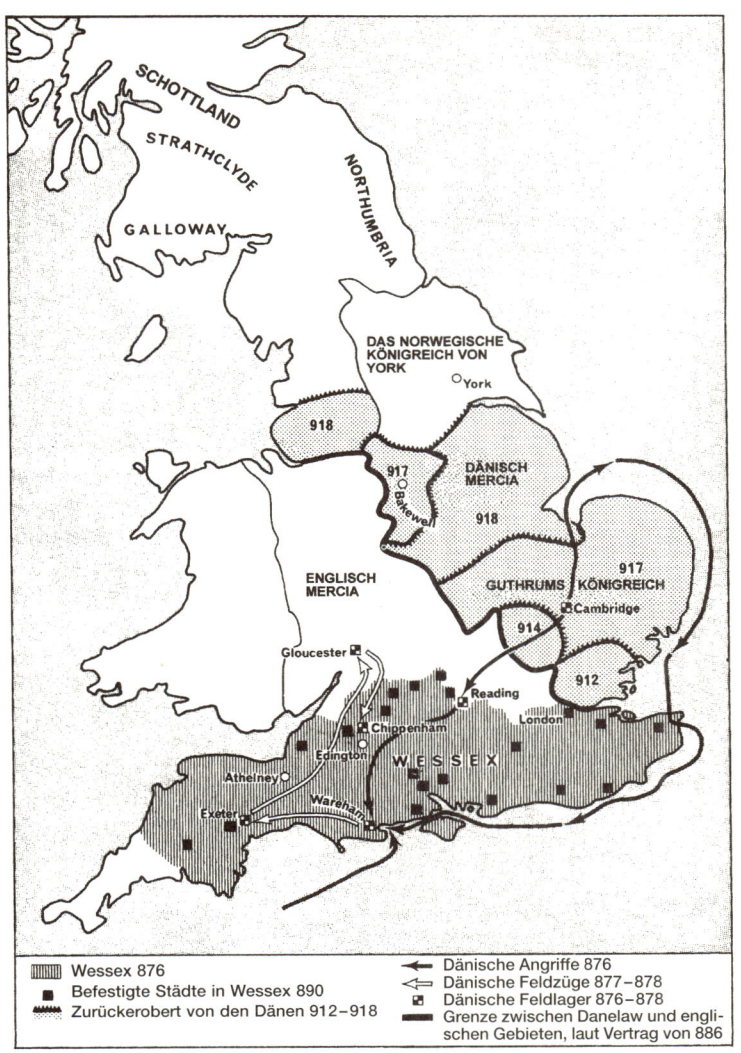

SCHOTTLAND

STRATHCLYDE

GALLOWAY

NORTHUMBRIA

DAS NORWEGISCHE
KÖNIGREICH VON
YORK
○ York

918

917
○ Bakewell

DÄNISCH
MERCIA

918

ENGLISCH
MERCIA

GUTHRUMS KÖNIGREICH

917

⊠ Cambridge

Gloucester ⊠

914

912

Reading

London

○ Chippenham

Edington ○

WESSEX

Atheley ○

Exeter ○

Wareham

Wey

▤ Wessex 876	← Dänische Angriffe 876
■ Befestigte Städte in Wessex 890	⇐ Dänische Feldzüge 877–878
∿∿ Zurückerobert von den Dänen 912–918	⊠ Dänische Feldlager 876–878
	▬ Grenze zwischen Danelaw und engli-schen Gebieten, laut Vertrag von 886

... und ihre Zurückdrängung
durch Alfred den Großen und seine Nachfolger

sche Wortschatz neben seinem angelsächsischen Grundbestand und dem aus dem Kirchenlatein stammenden Lehngut eine dritte Schicht, zu der wenig später noch weitere hinzukommen sollten.

Damals begann sich England geopolitisch und kulturell mehr und mehr nach Skandinavien auszurichten. Wäre Wilhelms Invasion fehlgeschlagen, dann wäre die seit der steinzeitlichen Megalithkultur bestehende und durch die Christianisierung verstärkte Einbindung in den westeuropäischen Kulturkreis wahrscheinlich einer nordeuropäisch-skandinavischen gewichen. Die Engländer wären dann wohl schon ein halbes Jahrtausend vor dem Sieg über die Armada zur Seefahrernation geworden und hätten die Entdeckung Amerikas vielleicht nicht dem unter spanischer Flagge segelnden Genueser Kolumbus überlassen.

Hochmittelalter

Zeittafel

1066–87	Wilhelm I. (*1028)
1066	Wilhelm, Herzog von der Normandie, erobert England.
1083–86	*Domesday Book.* Erstes Grundkataster und Steuerbuch.
1087–1100	Wilhelm II. Rufus (*1060). Wilhelm muß einen Aufstand der Barone niederschlagen.
1100–35	Heinrich I. (*1068). Heinrich erläßt die *Leges Henrici.* Ausbau der Zentralgewalt.
1135–54	Stephan von Blois (*1097?). Das Land versinkt in Anarchie.
1154–89	Heinrich II. (*1133). Stellt die Ordnung wieder her und entfaltet eine machtvolle Herrschaft.
1157/62	Zwei Feldzüge gegen Wales.
1164	*Constitution of Clarendon:* gibt dem König Prärogativrechte bei der Ernennung von Äbten und Bischöfen.
1165	Dritter Feldzug gegen Wales, das unterworfen und mit England vereinigt wird.
1170	Ermordung des Erzbischofs Thomas Becket im Dom von Canterbury.
1189–99	Richard I. Löwenherz (*1157)
1192	Richard wird auf dem Rückweg von einem Kreuzzug gefangen genommen und muß durch hohes Lösegeld freigekauft werden.
1199–1216	Johann Ohneland (*1166)
1204	Johann verliert das Herzogtum Normandie.
1215	Barone trotzen Johann die Magna Charta ab.
1216–72	Heinrich III. (*1207)
1265	Simon de Montfort beruft ein Parlament aus Baronen, Rittern und Bürgern nach London. Wird von Prinz Eduard geschlagen.
1272–1307	Eduard I. (*1239)
1290	Eduard unterwirft Wales erneut und gliedert es endgültig dem Königreich an. Vertreibung der Juden aus England.
1295	Eduard beruft ein Parlament ein, das zum erstenmal die Zusammensetzung aller späterer Parlamente hat, weshalb es von Historikern des 19. Jahrhunderts als *Model Parliament* bezeichnet wurde.
1314	Der schottische König Robert Bruce schlägt Eduard II. bei Bannockburn und sichert die Unabhängigkeit Schottlands.
1327–77	Eduard III. (*1312)
1337	Beginn des Hundertjährigen Krieges gegen Frankreich.
1346	Engländer schlagen die Franzosen bei Crecy.
1348/49	Schwarzer Tod in England.

England wird feudalistisch

Die Eroberung Englands durch die Normannen war das einschneidendste Ereignis in der englischen Geschichte seit Ankunft der Angelsachsen. Dabei kam sie nur durch glückliche Umstände zustande. Als die Normannen im Herbst 1066 an der Südküste Englands landeten, hatte der angelsächsische König Harold gerade den norwegischen König Harald Hardrada im Norden bei Stamford Bridge zurückgeschlagen. Jetzt mußte er seine Armee in Gewaltmärschen nach Süden führen, um auch den zweiten Eindringling abzuwehren. Trotz des geschwächten Zustands seiner Soldaten hatte er die günstigere Ausgangsposition; denn er hatte seine Truppen auf einer Hügelkuppe postiert. Als Wilhelm aber einen Rückzug vortäuschte und die Angelsachsen dazu verleitete, ihm zu folgen, konnte er sie dank seiner Reiterei schlagen. Die Finte hatte für England Auswirkungen, die damals niemand ahnen konnte; denn das Land bekam dadurch nicht nur einen neuen König, sondern eine neue Sprache, eine neue Kultur und ein neues politisches System. Als Eroberer war Wilhelm der Besitzer des ganzen Landes geworden, das er nun in Lehen für seine Gefolgsleute aufteilte. Dabei sorgte er von Anfang an dafür, daß diese keine zusammenhängenden Territorien, sondern nur weit verstreute Güter erhielten. Eine Ausnahme machte er nur an den Grenzen zu Wales und Schottland. Dort mußten die zuständigen Vasallen das Land gegen mögliche Angriffe von außen verteidigen und deshalb mit Territorialmacht ausgestattet sein. Allerdings war Wilhelm klug genug, die Grenzmark im Norden dem Bischof von Durham anzuvertrauen, der als zölibatärer Kirchenmann keine Dynastie begründen konnte. Zwei weitere kluge Maßnahmen bestanden darin, daß er dem Land kein neues Rechtssystem aufzwang, sondern das ungeschriebene Gewohnheitsrechts der Angelsachsen fortbestehen ließ, aus dem sich das spätere *common law* entwickelte, und daß er auch von den Subvasallen des Hochadels einen Treueid auf den König verlangte, so daß sich ohne Treubruch kein Baron mit einer eigenen Armee gegen die Krone erheben konnte. Schon früh begannen die normannischen Adligen sich stärker mit England als mit der Normandie zu identifizieren. 1215 trotzten sie dem schwachen König Johann die Magna Charta ab, die ihnen Mitsprache bei allen wichtigen Entscheidungen zusicherte. Die im 17. Jahrhundert aufkommende Wendung vom „normannischen Joch" ist historisch kaum zu begründen; denn es waren Normannen, die den Weg zum Parlament ebneten. Simon de Montforts Versuch, mit Unterstützung der Barone, des niederen Adels und der Städte 1265 eine liberale, fast schon demokratische Verfassung durchzusetzen, war zwar verfrüht und mußte scheitern, doch schon 30 Jahre später berief Eduard I. ein Parlament, dem Historiker des 19. Jahrhundert die Bezeichnung *model parliament* gaben.

Dorf und Manor

Das Feudalsystem beruhte auf dem Prinzip eines doppelten Tausches. Der König lieh einem Gefolgsmann Land, wofür dieser im Kriegsfall Waffendienst versprach. Der König wiederum verpflichtete sich gegenüber dem Vasallen zu dessen Schutz, während dieser dem König Treue gelobte. Daraus entwickelte sich ein System vertikaler Abhängigkeit. An der Spitze der Pyramide stand der König, gefolgt von den Kronvasallen, die ihr Lehen direkt vom König erhielten, und den Rittern, die als Subvasallen der Barone diesen Kriegsdienst schuldeten. Darunter gab es eine Schicht von nichtadligen, aber freien Männern, die ein Stück Land als erbliches Lehen hatten, für das sie dem Lehnsherrn Kriegsdienst, aber keine körperliche Arbeit auf der Domäne schuldeten. Unter den Freien stand die zahlenmäßig größte Schicht, die der Unfreien, die entweder als *villeins* in den Dörfern an den Boden gebunden oder als *serfs* auf den Domänen der Grundherren zum Dienst verpflichtet waren. Die hier skizzierte Hierarchie ist ein Idealtyp, der in dieser Form in der Realität wohl nie existiert hat. Vielmehr erweist sich das Feudalsystem bei näherem Zusehen als so verwirrend vielfältig, daß manche Historiker sich bereits dafür ausgesprochen haben, den Begriff ganz aus dem Verkehr zu ziehen. Für exakte historische Forschung mag er in der Tat untauglich sein, für die Kulturgeschichte ist er dagegen unverzichtbar, da die Feudalpyramide vom kollektiven Bewußtsein der damaligen Gesellschaft vollständig verinnerlicht und als Abbild der kosmischen Ordnung empfunden wurde.

Die politische und ökonomische Grundeinheit des Feudalsystems war das Manor. Man versteht darunter ein Rittergut mit mindestens einem dazugehörigen Dorf, das die Aufgabe hatte, den *Lord of the manor*, den Ritter, zu ernähren. Die Dorfbewohner *(villeins)* waren Leibeigene ihres Grundherrn. Zu jedem Dorf gehörten in der Regel drei Felder, von denen abwechselnd eines mit Winterfrucht und eines mit Sommerfrucht bestellt wurde, während das dritte zur Erholung des Bodens brachlag. Die Felder standen der gesamten Dorfgemeinschaft zur Verfügung und wurden halb privat und halb genossenschaftlich bewirtschaftet. Zu diesem Zweck waren sie in schmale Streifen geteilt, wovon jedem Bauern in jedem Feld mindestens einer gehörte. Dadurch stand bei unterschiedlicher Bodenqualität jedem ein Anteil am guten, am mittleren und am schlechten Feld zur Verfügung. Gepflügt wurden die Felder mit dem gemeinschaftlichen Gespann, da keiner allein die sechs bis acht Ochsen halten konnte, die nötig waren, den schweren Eisenpflug zu ziehen. Aussaat und Ernte besorgte jeder auf seinen Streifen allein. Nach der Ernte wurde dann wieder gemeinsam das Vieh auf die Stoppelfelder getrieben, teils, um die Tiere für den Winter zu mästen, teils, um die Felder zu düngen. Deshalb mußte auf jedem Feld immer das gleiche angebaut werden, damit die Streifen zur gleichen Zeit als Weide zur Verfügung standen.

Dieses *open field-system* hielt sich in vielen Gegenden Englands bis ins 18. Jahrhundert und verschwand erst, als die industrielle Revolution eine Effektivierung der Landwirtschaft erzwang, wofür die Einhegung *(enclosure)* der offenen Felder die Voraussetzung war. Da die Felder nur für das nötige Brotgetreide ausreichten, gab es keine Möglichkeit, Futterpflanzen anzubauen. Das bedeutete, daß nur eine beschränkte Menge Vieh gehalten werden konnte, was wiederum chronischen Mangel an Dünger bewirkte. Infolgedessen war der Durchschnittsertrag sehr gering. Wenn ein Saatkorn im Schnitt vier Körner brachte, war dies normal; sechs bis acht Körner waren eine Rekordernte. Bedenkt man, daß von den vier Körnern immer eins als Saatgut zurückgelegt werden mußte, wird klar, daß eine so wenig effektive Landwirtschaft immer hart am Rande der Hungersnot stand, zumal von der gesamten landwirtschaftlichen Nutzfläche wegen der notwendigen Brache immer nur zwei Drittel genutzt werden konnten. Von ihren mageren Erträgen mußten die Bauern zudem einen von Manor zu Manor unterschiedlichen Anteil an den Grundherrn abliefern. Darüber hinaus waren sie zu Frondiensten auf dem Gut verpflichtet.

Die Domäne *(demesne)* wurde unmittelbar vom Gutsherrn durch eigenes Personal bewirtschaftet, wobei die Oberaufsicht in den Händen eines *steward* lag. Ihm unterstand ein *bailiff*, dessen Hauptaufgabe das Eintreiben von Pachtgeldern war, und diesem ein *reeve*, der für die Bewirtschaftung der Domäne zuständig war. Er hatte den engsten Kontakt zu den Bauern, weshalb er zuweilen von diesen gewählt wurde. Seine Aufgabe bestand vor allem darin, die lästigen Frondienste einzufordern, die besonders während der Erntezeit anfielen, wo die Dörfler mit der eigenen Ernte beschäftigt waren. Wegen dieses Interessenkonflikts kam schon früh der

Wunsch auf, sich durch erhöhte Abgaben oder durch Geld freizukaufen. Letzteres konnten sich natürlich nur Bauern leisten, die im Laufe von Generationen die Streifen verarmter oder ausgestorbener Bauernfamilien durch Kauf oder Erbschaft hinzuerworben und es damit zu einem gewissen Wohlstand gebracht hatten. Neben den Ernteanteilen und den Frondiensten wurden bei zahlreichen Anlässen weitere Abgaben fällig, so z.B. zu Ostern, bei Heiraten oder beim Erbfall.

Der *lord of the manor* war nicht nur Eigentümer des Landes und damit Arbeitgeber, sondern auch Richter in erster Instanz für viele anfallenden Rechtsstreitigkeiten. Außerdem wurde an seinem Gerichtshof, dem *court leet* oder *court of the manor*, eine Art Grundbuch geführt, in das die Rechtstitel der einzelnen Bauern eingetragen wurden. Aus diesen Eintragungen entstanden im Lauf von Generationen Rechte von sehr unterschiedlicher Art. Wer seine Ansprüche auf bestimmte Feldanteile durch eine Kopie aus den *rolls of the manor* nachweisen konnte, hatte als *copyholder* einen Rechtstitel, der gleich hinter dem des *freeholders* kam, was später wichtig wurde, als sich das Feudalsystem aufzulösen begann. Jetzt traten an die Stelle des erblichen, wenngleich unfreien Landbesitzes befristete Pachtverhältnisse. Solche *leaseholders* hatten Verträge für eine bestimmte Anzahl von Jahren zu einem höheren Pachtzins als dem der *copyholders*, der oft schon vor Jahrhunderten festgeschrieben worden war und sich durch die Geldentwertung auf einen unbedeutenden Betrag reduziert hatte. *Tenants-at-will* mußten sogar jederzeit mit der Kündigung rechnen und obendrein einen noch höheren Pachtzins entrichten. Die Rechtstitel der *copyholders* bestanden bis 1926 und wurden erst dann in *freehold*-Besitz umgewandelt. Zu dem beschriebenen System kommt noch hinzu, daß ein Dorf in der Regel auch eine Kirchengemeinde war, die den Dörflern ein Zehntel ihrer Erträge *(tithe)* abverlangte, wovon ein Viertel für den Bischof, eins für die Armen, eins für die Instandhaltung der Kirche und das vierte für den Priester vorgesehen war. Das Recht zu dessen Einsetzung hatte gewöhnlich der Grundherr, was bis ins 19. Jahrhundert so blieb und in einigen Fällen noch heute gilt.

Betrachtet man das Feudalsystem aus großer Distanz, so stellt es sich als das Zusammenwirken eines vertikalen Herrschafts- und eines horizontalen Genossenschaftssystems dar, was sich in einer

Zeit, in der es noch keine Verwaltungsbürokratie gab und noch keine Geldwirtschaft den freien Austausch von Gütern erlaubte, als nützlich für die Herrschenden wie für die Beherrschten erwies. Den Begriff ‚Feudalismus‘ und die damit assoziierte negative Bedeutung prägte erst die Aufklärung im 18. Jahrhundert. Die Normannen kannten zwar das Wort *feudum* für ‚Lehen‘, doch was Feudalismus ist, hätten sie nicht gewußt. Interessant ist übrigens, daß feudum nur die latinisierte Form des germanischen Wortes *feoh* ist, von dem das deutsche ‚Vieh‘ und das englische *fee* (‚Gebühr‘) abstammen. Umgekehrt geht das englische Wort *cattle* (Vieh) auf lateinisch *capital* zurück. Dieser kurze Blick in die Wortgeschichte zeigt wie in einem Brennspiegel die Nahtstelle zwischen feudalistischer Naturalwirtschaft und frühkapitalistischer Geldwirtschaft an.

Auch in Schottland hatte sich eine Art Lehnssystem ausgebildet, doch beschränkte sich dieses auf das Abhängigkeitsverhältnis zwischen dem Lehnsherrn und seinen Vasallen. Es gab dort kein Manorialsystem. Das hatte zwar die positive Auswirkung, daß die Leibeigenschaft noch früher verschwand als in England, doch stand dem als Negativum gegenüber, daß sich keine langfristig gesicherten Formen von Grundbesitz unterhalb der Ebene der *lairds* (das schottische Wort für ‚Lord‘) ausbilden konnte, was die Entwicklung einer effizienten Landwirtschaft verhinderte. Welch fatale Folgen die unsicheren Pachtverhältnisse im 18. und 19. Jahrhundert hatten, zeigte sich bei den sogenannten *highland clearances*, als die Grundherren ihre Pächter vom Land vertrieben, um daraus Schafweiden oder Jagdreviere zu machen.

Obwohl sich der Feudalismus in England rund drei Jahrhunderte früher auflöste als auf dem Kontinent, wirkte er sehr lange, z.T. bis heute, nach. Noch im 18. Jahrhundert lag die Lokalverwaltung und die niedere Gerichtsbarkeit auf dem Lande in den Händen des Landadels, der *squires*, wofür der Ausdruck *squirearchy* geprägt wurde. Auch die offenen Felder blieben größtenteils bis zur industriellen Revolution erhalten. Sofern sie danach in Schafweiden umgewandelt wurden, zeigen diese noch heute die alte Streifeneinteilung, die auf Luftbildern als Waschbrettmuster zu erkennen ist. Das offensichtlichste Relikt des Feudalismus ist natürlich der englische Adel, der immer noch vier Fünftel des Landes besitzt.

Wilhelm hatte England mit einer kleinen Armee von kaum mehr als 5000 Mann erobert. Selbst wenn man annimmt, daß danach die Angehörigen der Soldaten und weitere Normannen nachfolgten, werden es nach einer wahrscheinlich noch immer viel zu hohen Schätzung nicht mehr als 100000 gewesen sein, die einer Mehrheit von anderthalb Millionen Angelsachsen gegenüberstanden. Deshalb mußte Wilhelm mit harter Hand durchgreifen und eine Besatzungsmacht etablieren, gegen die jeder Widerstand aussichtslos war. Zu diesem Zweck ließ er an strategisch wichtigen Punkten des Landes Burgen bauen. Das gleiche taten seine Barone. Aus den anfangs nur provisorisch aus Holz errichteten Wehrbauten wurden später gewaltige Befestigungsanlagen, die heute noch in Windsor, Dover und im sogenannten White Tower in London zu besichtigen

Abb. 9: Ruine der Burg von Caerphilly in Wales (1268–1326)

Abb. 10: Ruine der Abtei von Rievaulx in Yorkshire

sind. Eine zweite Welle des Burgenbaus setzte ein, als Eduard I.
Wales eroberte und dort Zwingburgen von kolossalem Ausmaß
errichten ließ, zu deren bekanntesten Conway, Caernarfon, Har-
lech und Caerphilly (Abb. 9) gehören.

Parallel zu den Befestigungsanlagen des weltlichen Adels entstanden teils neugegründete, teils durch Erweiterung aus älteren
Anlagen hervorgegangene Klöster. Die Klosterkultur der Angelsachsen erlebte nach der normannischen Eroberung durch Kon-
fiszierung von Ländereien anfangs Rückschläge. Doch Lanfranc,
Wilhelms kirchlicher Vertrauter, den er zum Erzbischof von Canterbury machte, sorgte bald für neue Impulse, die durch die clu-
niazensische Gründung einer Priorei bei Lewes noch verstärkt
wurden. Einen starken Reformschub erhielt das Klosterwesen in
ganz Europa durch die Gründung des Klosters von Citeaux. Der
sich von dort ausbreitende Zisterzienserorden gründete 1128 in
der Nähe von Waverley (Surrey) sein erstes englisches Kloster,
dem bald Tintern und Rievaulx folgten. Während die Benediktiner
die fruchtbaren Ebenen bevorzugt hatten und dadurch reich und

auf religiösem Gebiet schlaff geworden waren, sahen die Zisterzienser ihre Herausforderung darin, vor allem unwirtliche Regionen zu kultivieren. Um die Mitte des 12. Jahrhunderts besaßen sie bereits 40 Häuser in England und über 300 in ganz Europa. Ihr besonderes Verdienst war die Verbesserung der Schafzucht, womit sie wesentlich zum Aufblühen dieses für England so wichtigen Wirtschaftszweiges beitrugen. Heute wird ihre einstige Macht vor allem durch imposante Ruinen bezeugt, die von ihren Klöstern übrig blieben, nachdem Heinrich VIII. sie auflöste. Tintern Abbey, Rievaulx (Abb. 10), Fountains Abbey und Melrose in Schottland sind eindrucksvolle Klosteranlagen, bei deren Anblick sich nur wenige klarmachen, welch kargem Land sie abgerungen wurden. In ihrem Ethos haben die Zisterzienser schon im Mittelalter einen puritanischen Zug ausgebildet, der manches vom späteren Puritanismus vorwegnahm. Die von Richard Morris erstellte Graphik (Abb. 11) zeigt, wie sich die einzelnen Orden in ihrer Bautätigkeit ablösten. Zuletzt wurden sogar die Bettelmönche als Bauherren tätig, die sich ursprünglich von den Mönchsorden gerade dadurch unterschieden, daß sie nicht in Klöstern lebten, sondern durchs Land zogen.

Englands eindrucksvollste Kulturleistung im Hochmittelalter sind ohne Zweifel seine Kathedralen. Zwar gab es in jener Zeit nur siebzehn Diözesen, doch von den über vierzig Kirchen, die später zu Kathedralen erhoben wurden, stammt die Hälfte aus dem Mittelalter. Nimmt man Abteikirchen wie die Westminster Abbey und die größten Pfarrkirchen hinzu, von denen manche wie Kathedralen wirken, so erhält man ein Bauvolumen, bei dem es schwerfällt sich vorzustellen, wie ein Volk, das von 1066 bis 1350 von nur anderthalb auf dreieinhalb Millionen Einwohner anwuchs, neben den schon erwähnten Burgen und Klöstern eine solche Leistung zustande bringen konnte, noch dazu ohne besondere Hilfsmittel. Die Graphik (Abb. 12) vermittelt einen Eindruck vom Umfang dieser Bautätigkeit und von deren Abhängigkeit von den politischen Umständen. Ließe sich die Arbeitsleistung quantifizieren, würde man wahrscheinlich feststellen, daß der Kathedralbau in den drei Jahrhunderten einen viel größeren Anteil am Bruttosozialprodukt hatte als heutzutage die Rüstungsausgaben. Welcher Aufwand dabei getrieben wurde, ist daraus zu ersehen, daß z. B. die Steine für die Kathedrale von Canterbury per Schiff aus der Normandie her-

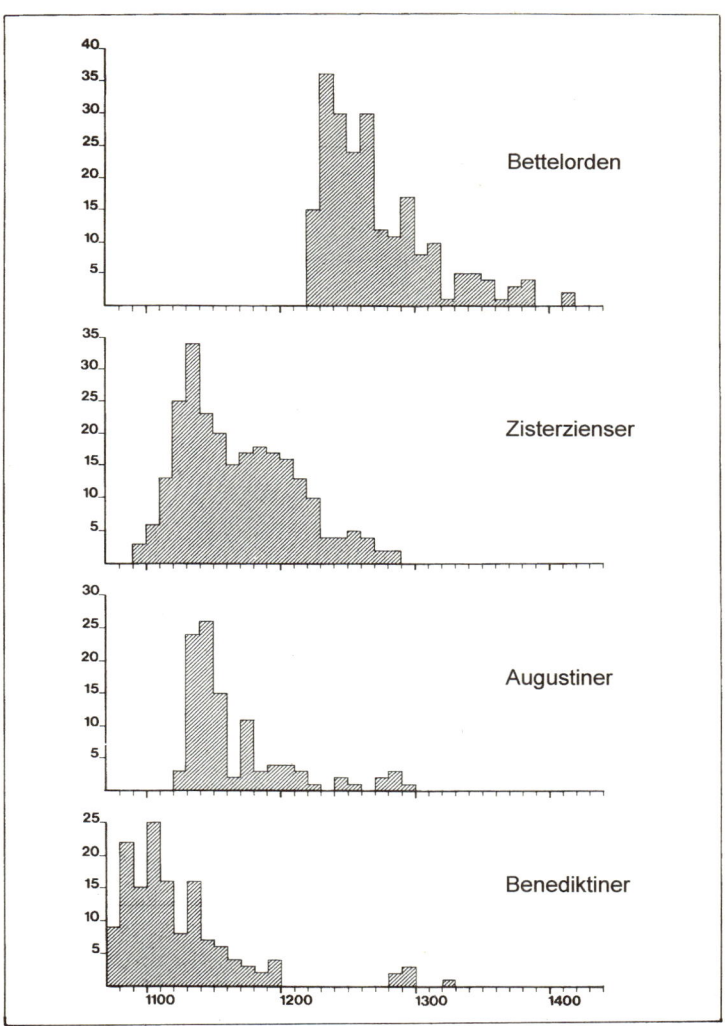

Abb. 11: Klosterbau im Hochmittelalter

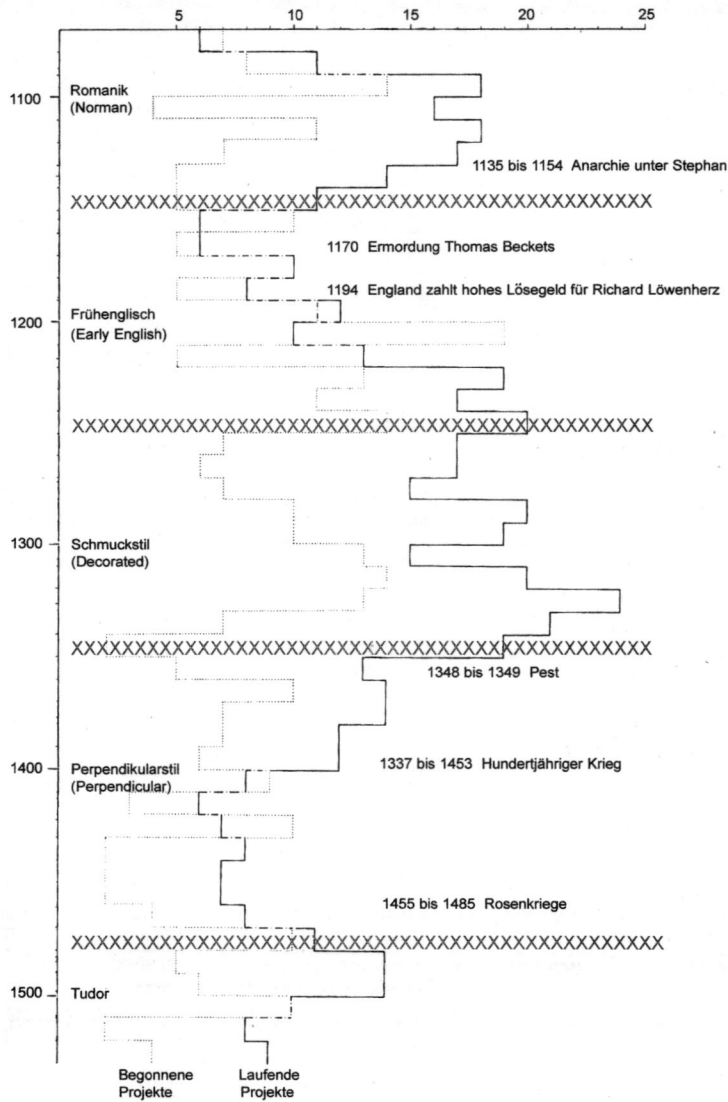

Abb. 12: Bauvorhaben an Kathedralen und großen Kirchen

angeschafft wurden, wofür erst ein Kanal angelegt werden mußte, was technisch immer noch einfacher war als der Transport heimischer Steine über Land.

Englische Kathedralen unterscheiden sich von kontinentalen durch eine Reihe von Besonderheiten. Während letztere im Zentrum einer Stadt stehen, wo sie von Häusern umringt sind, liegen die englischen entweder abseits der Stadt oder in klösterlicher Abgeschiedenheit inmitten eines weiträumigen *cathedral close*, der durch eine Mauer von der Stadt abgegrenzt ist. Dafür gibt es zwei Gründe. Zum einen sind viele von ihnen tatsächlich aus Klöstern hervorgegangen, und zum anderen waren ihre Herren, die Bischöfe, anders als in Deutschland keine Territorialfürsten. Ihr Bischofssitz war also nicht zugleich Regierungssitz, weshalb sie auf die Repräsentationsfunktion einer Hauptstadt verzichten konnten. Der zweite auffällige Unterschied ist die extreme Länge der englischen Kathedralen. Auch dies hat etwas mit der klösterlichen Herkunft zu tun. Da nur der westliche Teil des Längsschiffs für die Laiengemeinde zugänglich war, während der Teil östlich der Vierung, der Chor, dem Klerus reserviert blieb, mußte dieser bei einer Klosterkirche größer sein als bei einer gewöhnlichen Bischofskirche, weil ein Kloster mehr Mönche hatte als ein Domkapitel Kanoniker. Das erklärt, weshalb englische Kathedralen östlich der Vierung oft ebenso lang sind wie westlich davon.

Für den nächsten auffälligen Unterschied, die deutlich geringere Höhe, gibt es keine schlüssige Erklärung. Wer meint, daß sich darin die größere Erdnähe der Briten ausdrücke, kann dies glauben, aber nicht beweisen. Ein anderer Unterschied ist der massige Zentralturm dort, wo französische Dome nur einen leichten Dachreiter haben. Bautechnisch wäre bei den viel höheren französischen Bauten ein schwererer Turm gar nicht möglich gewesen. Das erklärt aber nicht, weshalb der englische Turm so sehr zum Zentrum des Baukörpers gemacht wurde. Möglicherweise sollte er die Trennlinie zwischen der Laiengemeinde und dem Klerus markieren. Auffällig sind ferner die stumpfen, quadratischen Türme. Doch waren diese meist als Basis für eine daraufzusetzende Spitze gedacht. Einige Kathedralen wie die von Norwich, Lichfield und Salisbury haben solch eine Spitze aus Stein. Andere hatten eine aus Holz mit Bleiverkleidung, die dann irgendwann einem Sturm oder Blitzschlag zum Opfer fiel. So hatte Lincoln bis ins 16. Jahrhundert den

Abb. 13: Mittelschiff der Kathedrale von Ely im romanischen Stil
(Norman Style) mit Holzdecke (Baubeginn 1083)

mit 160 Metern höchsten Kirchturm Europas, dessen Holzkonstruktion durch einen Sturm zerstört wurde.

Die ersten Kathedralen nach Ankunft der Normannen wurden im romanischen Stil gebaut, der deshalb in England als *Norman* bezeichnet wird. Beispiele hierfür sind St. Albans, Ely, Peterborough, Norwich, Hereford, Chichester, Rochester und Durham. Die übrigen haben meist eine romanische Krypta, doch der Rest des Baukörpers ist gotisch. Dabei unterscheidet man in England

Abb. 14: Kathedrale von Salisbury; frühenglisch (Early English)
aus einem Guß

drei Phasen: den frühenglischen Stil (*Early English*, ca. 1140–1260),
den Schmuckstil (*Decorated*, 1250–1360) und den Perpendikularstil (*Perpendicular*, ca. 1340–1600). Der mittlere dieser Stile kommt
der französischen *gotique flamboyante* sehr nahe, während die beiden anderen spezifisch englisch sind.

Der frühenglische Stil zeichnet sich durch nüchterne Strenge aus,
die durch die regelmäßige Wiederholung gleicher Bauelemente
noch verstärkt wird. Wo der Schmuckstil im Spitzbogen der Fen-

Abb. 15: Der Engelschor der Kathedrale von Lincoln (1256–80),
Übergang vom frühenglischen zum Schmuckstil (Decorated)

Abb. 16: Westfront der Kathedrale von York; bis zum Turmansatz Schmuckstil
(1281–1350), darüber Perpendikularstil

ster üppiges Maßwerk hat, finden sich im frühenglischen meist nur einfache Kreise, die mit einer Drei- oder Vierblattfigur ausgefüllt sind. Ein anderes Erkennungsmerkmal des Stils ist die Verwendung eines harten, dunklen Kalksteins, der in poliertem Zustand wie dunkler Marmor wirkt und deshalb nach seinem Herkunftsort *Purbeck marble* genannt wird. Als Prunkstück des frühenglischen Stils gilt die Kathedrale von Salisbury (Abb. 14), die in den Jahren 1220–60 aus einem Guß entstand. Aber auch Lincoln, Wells sowie der Chor und die Apsis von Canterbury weisen diesen Stil auf.

Den Schmuckstil trifft man hauptsächlich in solchen Bauteilen an, die erst später vollendet wurden, so in der Westfront, den oberen Fenstern, seitlichen Kapellen und in der an die Apsis angefügten Lady Chapel. Prunkstücke dieser Stilphase sind die Kathedrale von Exeter, die Westfront von York Minster (Abb. 16), die Kathedrale von Lichfield sowie in Ely die achteckige Vierung und die Lady Chapel. Manche Fassaden wie z. B. Exeter, Wells und Lichfield weisen einen üppigen Figurenschmuck auf, was insofern überrascht, als die Skulptur ansonsten in der englischen Kunstgeschichte auffällig fehlt. Allerdings sind heute die Nischen der unteren Reihe oft leer oder ihre Figuren kopflos, da protestantische Bilderstürmer während des Bürgerkriegs versuchten, möglichst alle figürlichen Darstellungen religiöser Inhalte zu vernichten. Auffällig ist ferner das fast vollständige Fehlen von Wandfresken. Möglicherweise hat dies damit zu tun, daß Fresken im feuchten England nicht fest genug an der Wand hafteten, zumal es meist sehr lange dauerte, bis alle Fenster verglast waren.

Universitäten, Bettelmönche, früher Empirismus

Im 12. Jahrhundert erlebte ganz Westeuropa eine Blüte der Kultur und Gelehrsamkeit, weshalb man schon hier von einer Renaissance spricht. Ausdruck dieser Entwicklung in England ist die Gründung der Universität von Oxford, für die es allerdings kein genaues Datum gibt. Die Anfänge akademischer Aktivitäten in der Stadt gehen auf das Jahr 1167 zurück, als es wegen des Streits zwischen Heinrich II. und dem französischen König Philip Augustus für englische Studenten nicht länger möglich war, die Universität von Paris zu besuchen. Aus dem Jahr 1186 ist bereits die Lehrtätigkeit des Gerald von Wales belegt. 1209 gab es schon so viele Studenten, daß ein blutiger Streit zwischen diesen und den Stadtbürgern ausbrach, worauf ein Teil der Akademiker nach Cambridge auswich und dort eine zweite Universität gründete. Im Lauf der nächsten drei Jahrhunderte wurden nach und nach all die Colleges gegründet, deren Namen bei Eingeweihten einen fast mythischen Klang haben. Die ältesten in Oxford sind University College (1249), Balliol (1263), Merton (1264), St. Edmund Hall (1270), Exeter (1314), Oriel (1326) und Queen's (1340); in Cambridge Peterhouse (1284), Clare (1326), Pembroke (1347), Gonville und Caius (1348), Trinity Hall (1350) und Corpus Christi (1352). Welch kühne Gedanken schon in der Gründungszeit gedacht wurden, lehrt das Beispiel des Robert Grosseteste (ca. 1170–1253), des ersten Kanzlers der Universität von Oxford. Er stellte die These auf, daß das Universum aus einem einzigen uranfänglichen Lichtblitz entstanden sei, eine Annahme, die im Licht der modernen Urknalltheorie erstaunlich aktuell klingt.

Einen starken Impuls erhielten die Universitäten durch die Bettelmönche. 1209 hatte Franz von Assisi den Franziskanerorden gegründet, der 1221/23 seine endgültige Verfassung als Bettelorden erhielt. Etwa um die gleiche Zeit gab sich auch das Generalkapitel des vom Hl. Dominikus gegründeten Dominikanerordens eine Verfassung. Von da an breiteten sich die beiden miteinander konkurrierenden Orden in kurzer Zeit über ganz Westeuropa aus. Während es den Franziskanern hauptsächlich um die Beförderung der Frömmigkeit ging, verschrieben sich die Dominikaner vor allem dem Kampf gegen die Ketzerei. Deshalb waren sie, die sich stolz die *canes Domini* (Hunde des Herrn) nannten, dem Papst direkt unterstellt und hielten sich theologisch an die von ihm vorgegebene Linie. 1245 kamen zu beiden noch die Karmeliter und 1256 die Augustiner-Eremiten hinzu. Die ersten Dominikaner *(black friars)* kamen schon 1221 nach England, die Franziskaner *(grey friars)* drei Jahre später. Die Karmeliter *(white friars)* und die Augustiner *(Austin friars)* folgten etwa um die Mitte des Jahrhunderts. Da diese Mönche nicht in festen Häuser lebten, sondern bettelnd und predigend umherzogen, wirkten sie bald wie eine Art intellektueller Hefe im Volk.

Von besonders nachhaltiger Wirkung waren in England die Franziskaner, deren Zentrum Oxford wurde. Anders als die Dominikaner gestatteten sie sich Freiheiten des Denkens, die einigen von ihnen ein päpstliches Schreibverbot sowie Hausarrest und die Androhung der Exkommunikation einbrachten. In jener Zeit wurde unter den philosophierenden Theologen der sogenannte Universalienstreit ausgetragen. Es ging dabei um die Frage, ob die Allgemeinbegriffe eine in den Dingen real existierende Wesenheit bezeichnen oder nur Namen für eine strukturelle Ähnlichkeit seien. Die herrschende Lehre der Kirche schloß sich Aristoteles an und bekannte sich zum Realismus, d.h. zu der Annahme, daß z.B. das Wort ‚Tisch‘ etwas Tischhaftes bezeichne, das als substantiale Form real in jedem Tisch anwesend sei. Die englischen Franziskaner hingegen, zumindest ihre profiliertesten Vordenker, bekannten sich überwiegend zum Nominalismus, der bereits eine frühe Form des Empirismus darstellt; denn er geht davon aus, daß die Begriffe bloße Namen seien, während reale Existenz nur den individuellen Dingen zukomme.

Die Hauptvertreter dieser Ansicht waren Roger Bacon (1214–92) und Wilhelm von Ockham (1285–1349). Bacon zählt zu den Begründern der experimentellen Naturwissenschaft, was ihn in Gegensatz zur herrschenden Lehre der Kirche brachte und schweren Pressionen aussetzte. Es dürfte kein Zufall sein, daß seine Hauptschaffensperiode in die Zeit fällt, in der Simon de Montfort gegen die Krone die Forderung nach einem Parlament durchzusetzen versuchte. Die Vermutung liegt nahe, daß der Empirismus, der seitdem die spezifisch englische Erkenntnistheorie blieb, dem gleichen individualitätsbetonten Denken entsprang wie das politische Verlangen nach den Rechten des *freeborn Englishman*, das sich bereits in der Magna Charta artikulierte. Der in Europa berühmteste englische – um genau zu sein: schottische – Franziskaner, nämlich Duns Scotus (ca. 1265–1308), war zwar kein Nominalist, doch trug auch er mit seiner klaren Scheidung zwischen Vernunft und Glauben dazu bei, daß sich die Vernunft in England früher als auf dem Kontinent aus den Fesseln des Glaubens befreite.

In *Typisch englisch* äußert der Verfasser die Vermutung, daß das frühe Aufkommen des Empirismus in England etwas mit der Wollwirtschaft zu tun haben könnte. Während Ackerbauern von den unkontrollierbaren Mächten der Natur abhängig sind und deshalb zu Irrationalität und Magie neigen, können Wollproduzenten mit ihrem Produkt rational umgehen. Bei Überangebot werden sie die

Ware zurückhalten und so das Verhältnis (ratio) von Angebot und Nachfrage zugunsten möglichst hoher Preise beeinflussen. So wie der Allgemeinbegriff nichts Reales in den Dingen ist, so stellt auch der Preis einer Ware nicht deren realen Wert dar. Er wird vielmehr auf ähnlich empirische Weise durch Vergleichen gebildet wie, nach Ansicht der Nominalisten, der Begriff. Ob diese Annahme richtig ist, läßt sich nicht beweisen. Tatsache ist aber, daß das englische Geistesleben seit dem Hochmittelalter durch ein hohes Maß an Rationalität gekennzeichnet ist, was auch dadurch bestätigt wird, daß die für das deutsche Mittelalter so charakteristische Mystik in England schwach entwickelt war. Auch später hielten die Engländer an ihrer empiristischen Rationalität fest, die von der Realität des individuellen Phänomens ausgeht und jede Spekulation auf metaphysische Universalität ablehnt. *Ihre* Form der Spekulation war die am Einzelfall orientierte des Marktes, während die deutsche Spekulation von Meister Eckart über Jakob Böhme bis hin zu Hegel und Heidegger immer auf das Beschwören von Totalität aus war. Strukturell hat bereits die bloße Existenz eines Parlaments etwas Empiristisches; denn so wie nach der Erkenntnistheorie des Empirismus die Sinne der einzige Erkenntnisquell sind, ist das Parlament der entscheidende Quell der politischen Willensbildung. Diesen Gedanken werden wir später wieder aufnehmen, wenn vom Puritanismus und vom elisabethanischen Zeitalter der Tragödie die Rede ist.

Rationalität prägte auch sonst das englische Gesellschaftsleben des Mittelalters. Die großen Wellen von Massenhysterie, die den Kontinent überrollten, scheinen an der Insel entweder vorbeigegangen zu sein oder dort wenige Anhänger gefunden zu haben. Flagellanten und Veitstänzer traten hier nur sporadisch auf. Auch chiliastische und messianische Bewegungen spielten keine große Rolle. Wenn sich das englische Volk als Masse erhob, dann, wie beim Bauernaufstand von 1381, um handfeste Interessen durchzusetzen. Auch später blieb England von den schlimmsten Irrationalismen verschont. Zwar wurden auch hier Hexen verbrannt, doch hielt sich der Fanatismus in engen Grenzen.

Drei Kulturen des Hochmittelalters

Das England der Normannen war durch drei Kulturen geprägt, die allein schon dadurch klar voneinander getrennt waren, daß sie sich in unterschiedlichen Sprachen ausdrückten. Die unterste davon war die Volkskultur, die sich anfangs weiterhin des Angelsächsischen bediente und dann in einem langsamen Prozeß der Sprachverschmelzung zuerst wohl eine Art von Pidgin-Französisch entwickelte, aus dem dann das Mittelenglische, die Vorstufe des Neuenglischen, hervorging. Von der Volkskultur ist anfangs nur wenig in die Überlieferung eingegangen. Schriftliche Zeugnisse setzen erst gegen Ende des 12. Jahrhunderts ein, wobei allenfalls die schwer datierbaren volksliedhaften *Harley Lyrics* als unmittelbarer Ausdruck der Volkskultur angesehen werden können, während es sich bei den übrigen Zeugnissen nur um indirekte Einblicke in das Volksleben handelt. Das gilt z. B. für das um 1300 entstandene *Handbuch der Sünden (Handlyng Synne)* des aus Lincolnshire stammenden Robert Mannyng, das zwar die erweiterte Übersetzung einer französischen Vorlage ist, aber so viel Anekdotisches enthält, daß sich daraus ein anschauliches Bild des englischen Alltagslebens der Zeit ergibt.

Die zweite Kultur war die der Französisch sprechenden Oberschicht. Auch hier gab es eine eher volkssprachliche und eine literarische Variante. Die Normannen sprachen untereinander einen nordfranzösischen Dialekt, während sich Hof und Adel für literarische Zwecke der zentralfranzösischen Hochsprache bedienten. Auch an den königlichen Gerichtshöfen blieb Französisch bis zum Ende des 14. Jahrhunderts Amtssprache, wobei die Protokolle auf Latein niedergeschrieben wurden. Dieses war die Sprache der dritten Kultur, der kirchlichen. Bevor sich gegen Ende des 12. Jahrhunderts das Mittelenglische als neue Hochsprache ausgebildet hatte, konnten Engländer nur auf Französisch oder Latein am Kulturleben teilnehmen. Da es leichter war, dem Klerus beizutreten als in die Adelskaste der Eroberer aufzusteigen, liegt das Schrifttum von Engländern aus dem ersten Jahrhundert nach der Eroberung hauptsächlich in lateinischer Sprache vor. Wichtig sind vor allem die historischen Darstellungen zur Frühgeschichte Großbritanniens. Zwei davon, William of Malmesburys (ca. 1095–1143) *De gestis regum anglorum* und Geoffrey of Monmouths (ca. 1100–1155)

Historia regum Britanniae, sind von besonderer Bedeutung, weil sie die erste literarische Erwähnung des Artus-Stoffes enthalten. Auch Henry of Huntington (?1084–1155) muß genannt werden, da er in seiner *Historia Anglorum* zum erstenmal den Humor als ein Merkmal der Engländer beschreibt. John of Salisbury (ca. 1120–80) gebührt das Verdienst, mit seinem *Polycraticus* die lange Reihe politischer Schriften auf englischem Boden eröffnet zu haben.

Die englische Sprache

Mit der normannischen Eroberung verschwand das Angelsächsische aus der Überlieferung. Nur in der bis zum Jahr 1154 fortgeführten *Angelsächsischen Chronik* ist es noch anzutreffen. Danach ging es in den Untergrund. Als es von dort eine Generation später wieder auftauchte und mit dem *Poema morale* (um 1180) zum erstenmal als Sprache der Dichtung erscheint, ist es eine neue Sprache, die nur mit Einschränkungen noch als germanisch bezeichnet werden kann. Zwar enthält sie noch den größten Teil des angelsächsischen Wortschatzes, doch die Grammatik hat sich von Grund auf gewandelt. Das Flexionssystem, das im Deutschen weitgehend erhalten ist, hatte sich auf die Plural- und Genitivmarkierung reduziert. Obgleich es noch geraume Zeit dauerte, bis die neue Sprache ihre endgültige Form fand, läßt sich doch sagen, daß mit dem Wiederauftauchen der Muttersprache das heutige Englisch geboren war; denn was sich danach noch änderte, beschränkte sich hauptsächlich auf die Aussprache und auf die Weiterentwicklung von Tendenzen, die schon am Anfang zu beobachten sind.

Die neue Sprache war aus der Verschmelzung des Angelsächsischen mit dem Französischen entstanden. Da aber das Angelsächsische schon vorher große Teile des skandinavischen Wortschatzes aufgenommen hatte und da die Umgangssprache der Normannen ein nordfranzösischer Dialekt war, der sich von dem bei Hofe gepflegten Zentralfranzösisch stark unterschied, entstand eine Mischung aus mindestens vier Bestandteilen, zu denen als fünfter noch das Latein der Kirche kam. Das führte zu dem außerordentlich reichen Wortschatz, der das heutige Englisch auszeichnet. Für viele Sachverhalte hat es Bezeichnungen aus drei, vier oder fünf Sprachen. So hat es für die Bedeutung ‚groß‘ das angelsächsische *great*, das wahrscheinlich skandinavische *big*, die französischen Wörter *grand* und *large* sowie *tall*, dessen Herkunft unklar ist. Außerdem gibt es in Wortableitungen das lateinische Element *magn-*, z. B. in *magnify*. Von der germanischen Wurzel *ward*, aus der das deutsche ,warten' und ,Wärter' hervorgegangen ist, hat das Englische das angelsächsische *ward* und zwei aus dem Germanischen ins Französische übernommene Wörter, das zentralfranzösische *guardian* und das nordfranzösische *warden*. Dazu kam in der Zeit des Humanismus noch aus dem Lateinischen das Wort *custodian*. Das zentralfranzösische *gu-*, das auf ein fränkisches *w-* zurückgeht, ist im Nordfranzösischen als *w-* erhalten, weshalb franz. *guerre* im Englischen als *war* erscheint. Beides geht auf ein germanisches Wort zurück, das dem deutschen ,Wirren' entspricht.

Für sehr viele Bedeutungen gibt es im Englischen neben dem alten germanischen Wort mindestens ein romanisches Synomym wie in den Wortpaaren *hearty – cordial, help – aid, child – infant, freedom – liberty, hide – conceal* usw. Von kulturgeschichtlichem Interesse ist vor allem die Differenzierung des Wortschatzes in bestimmten Bereichen. So hat das Englische für die lebenden Haustiere die angelsächsischen Bezeichnungen *ox, sheep, swine* (bzw. skandinavisch *pig*) beibehalten, während sich für das Fleisch der Tiere die französischen Wörter *beef, mutton* und *pork* durchgesetzt haben.

Durch den Wegfall der meisten Flexionsendungen ist aus der ursprünglich synthetischen Sprache, die ihre grammatischen Beziehungen durch Anfügen von Endungen markierte, eine analytische geworden, die die grammatische Funktion der Wörter durch die Stellung im Satz ausdrückt. Damit trennte sich das Englische von den übrigen germanischen Sprachen Westeuropas, die das synthetische Prinzip beibehalten haben, und entwickelte sich zu einem neuen Sprachtyp. So hat es heute grammatische Phänomene, die dem deutschen Sprachgefühl zuwiderlaufen, z. B. das indirekte Objekt in Sätzen wie *I was given the book* für ,Mir wurde das Buch gegeben' oder Genitivbildungen wie *the Queen of England's palace*. Als dann im späten Mittelalter auch noch die Endvokale der Wörter verstummten, erhielt das Englische seine charakteristische Knappheit.

Spätmittelalter

Zeittafel

1327–77	Eduard III.
1348/49	Der Schwarze Tod reduziert die englische Bevölkerung um ca. ein Drittel (Schätzungen reichen von 15 bis 50 Prozent).
1353	Das *Statute of Praemunire* verbietet dem englischen Episkopat die Anrufung geistlicher und päpstlicher Gerichte.
1360	Eduard verzichtet auf die französische Krone und erhält dafür den Südwesten Frankreichs sowie Poitou und Calais.
1362	Englisch wird Gerichtssprache (neben Latein).
1377–99	Richard II.
1381	Aufstand der Bauern. Unter Führung Wat Tylers pressen sie dem König Zugeständnisse ab, verlassen sich auf sein Wort und werden grausam bestraft.
1383	Wiclifs Bibelübersetzung.
1399–1413	Heinrich IV.
ab 1400	Rebellion der Percies von Northumberland.
1403	Heinrich schlägt die Rebellen bei Shrewsbury.
1413–22	Heinrich V.
1417	Schlacht bei Agincourt (Azincourt). Dank seiner Langbogenschützen besiegt Heinrich ein dreifach überlegenes französisches Ritterheer.
1420	Vertrag von Troyes sichert Heinrich die Herrschaft über Frankreich.
1422–61	Heinrich VI. (aus dem Hause Lancaster)
ab 1422	Unter dem bei seiner Thronbesteigung erst zehn Monate alten Heinrich VI. verliert England seine kontinentalen Besitzungen und gerät innenpolitisch an den Rand des Chaos.
1429	Niederlage der Engländer bei Orleans. Jeanne D'Arc.
1440	Gründung von Eton College.
1450	Rebellion des Abenteurers Jack Cade.
1453	Ende des Hundertjährigen Krieges. England verliert alle kontinentalen Besitzungen mit Ausnahme von Calais.
1455–85	Rosenkriege. Das Haus Lancaster (weiße Rose) und das Haus York (rote Rose) kämpfen um die Thronfolge innerhalb der Dynastie der Plantagenets.
1461–83	Eduard IV. (aus dem Hause York)
1483–85	Richard III. (aus dem Hause York)
1485	Schlacht bei Bosworth. Henry Richmond aus dem Haus Tudor besiegt Richard III. und besteigt als Heinrich VII. den englischen Thron. Damit beginnt für England die Neuzeit.

Vom Feudalismus zur englischen und schottischen Nation

Der durch die Pest verursachte Mangel an Arbeitskräften verstärkte die Tendenz, feudale Dienstleistungen und Naturalabgaben durch Geldzahlungen zu ersetzen. Das führte im Laufe des 15. Jahrhunderts zum Verschwinden der Leibeigenschaft. Mit der Hörigkeit schwand nicht nur das wirtschaftliche, sondern auch das politische System des Feudalismus. An seine Stelle trat der neuzeitliche Nationalstaat. Der Wandel läßt sich bereits an der Kriegführung ablesen. In der berühmten Schlacht bei Agincourt im Jahre 1415, in der 9000 Engländer ein dreifach überlegenes französisches Ritterheer vernichtend schlugen, zeigte sich, daß die gepanzerten Ritter des Mittelalters ausgedient hatten. Sie waren gegen die englischen Langbogenschützen ebenso machtlos wie später gegen die Feuerwaffen professioneller Musketiere. Das englische Heer war bereits ein Volksheer so wie kurz darauf das französische, das sich hinter die Jungfrau von Orleans scharte. Beide Völker hatten den Hundertjährigen Krieg als Feudalstaaten begonnen; als Nationalstaaten gingen sie aus ihm hervor. Zum Abschluß kam diese Entwicklung, als sich der feudale Anspruch des englischen Königs auf den französischen Thron durch den Rückzug vom Kontinent erledigt hatte. Auch die lange Abwesenheit des kriegführenden Adels trug zur Entfeudalisierung bei. Die zwei Jahre später einsetzenden Rosenkriege waren gleichsam die Todeszuckungen des Feudalismus. Als Henry Richmond aus dem Hause Tudor 1485 Richard III., den letzten Plantagenet, auf dem Schlachtfeld von Bosworth besiegte und sich als Heinrich VII. die englische Krone aufsetzte, begann für England die nationalstaatlich geprägte Neuzeit. Da Heinrichs Thronanspruch nach altem Feudalrecht höchst zweifelhaft war, mußten er und seine Nachfolger bestrebt sein, Rückhalt im ganzen Volk zu finden. Zu diesem Zweck führte er ein straffes Regierungssystem ein, das schon Züge eines frühen Absolutismus trug. Eine parallele Entwicklung vollzog sich in Schottland. Seit Robert Bruce 1314 bei Bannockburn die Engländer vernichtend geschlagen und Eduard II. zur Anerkennung der schottischen Unabhängigkeit gezwungen hatte, war auch hier ein Nationalbewußtsein entstanden, obgleich die Bevölkerung aus drei verschiedenen Teilen mit höchst unterschiedlichen Kulturen bestand. An der Westküste sowie auf den Orkneys und Shetlands war die Bevölkerung skandinavischen Ursprungs, im unterentwickelten Hochland lebten die Gälisch sprechenden Nachfahren der Skoten, während im Südosten in den fruchtbaren Lowlands englischsprachige Abkömmlinge von Angelsachsen siedelten, die einst als Eroberer und Kolonisten ins Land gekommen waren. Doch diese empfanden sich inzwischen als Schotten. Erst die Reformation kehrte den Entfremdungsprozeß zwischen Engländern und Schotten wieder ein wenig um.

Der Schwarze Tod und die Auflösung des Feudalsystems

Im August 1348 erreichte die in Europa wütende Pestepidemie London. Der Erreger der Seuche war ein in Zentralasien bei Nagetieren endemischer Bazillus, der durch den Rattenfloh auf Menschen übertragen werden konnte. Durch Schiffsratten war die Krankheit 1347 nach Konstantinopel und wenig später in die italienischen und spanischen Hafenstädte gelangt, von wo aus sie sich in Windeseile ausbreitete. Beim Menschen trat sie in zwei Formen auf, als Beulenpest mit einer 75 prozentigen und als Lungenpest mit einer 100 prozentigen Mortalität. Man nimmt an, daß ihr von den geschätzten 60 Millionen Europäern jener Zeit etwa ein Drittel zum Opfer fiel. In England schwanken die Schätzungen zwischen 15 und 50 Prozent. Während einige Regionen fast gänzlich verschont blieben, wurden andere regelrecht entvölkert. Einer der Gründe für die hohe Mortalität war der schlechte Ernährungszustand der Bevölkerung, der durch Übervölkerung und dadurch bedingte Hungersnöte verursacht worden war. Kaum war die Epidemie im Herbst 1349 abgeklungen, machten sich ihre ökonomische Folgen bemerkbar. In der Landwirtschaft fehlten überall die Arbeitskräfte, es fehlten aber auch die Esser, so daß sich die Ernährungslage schlagartig entspannte. Da sich das umlaufende Geld auf weniger Menschen verteilte, entfiel auf jeden einzelnen mehr davon, so daß der Mangel an Arbeitskräften eigentlich zu einer inflationären Lohnsteigerung hätte führen müssen, zu der es aber wegen der gesunkenen Nachfrage nach Nahrungsmitteln und Kleidung nicht kam. Allerdings begünstigte der vermehrte Geldumlauf die Umwandlung von feudalen Dienstleistungen in Geldzahlungen.

Die Grundherren spürten, daß ihre Macht über das hörige Landvolk zu schwinden begann. Das führte bei ihnen zu zwei gegensätzlichen Reaktionen. Einerseits versuchten sie, die alten Feudalabgaben und Dienstleistungen mit Gewalt einzufordern, andererseits war es bequemer für sie, diese Forderungen in Geldabgaben umzuwandeln. Mit Geld konnte man Tagelöhner anheuern, die nach der Ernte wieder entlassen wurden und keine Kosten mehr verursachten. Außerdem ließ sich Geld bequemer einsammeln und aufbewahren als Naturalabgaben. Auch die *villeins* in den Dörfern zogen es vor, sich um ihre eigenen Felder zu kümmern und dem Herrn lieber Geld zu zahlen als immer dann für ihn arbeiten zu müssen, wenn sie ihre Arbeitskraft für die eigene Ernte brauchten. Aus diesem Grund waren die *commutations*, wie man die Umwandlungen in Geldabgaben nennt, nicht aufzuhalten, was zur Folge hatte, daß das feudale System persönlicher Abhängigkeit in ein geldwirtschaftliches Pachtverhältnis überging. Die bei diesem Umwandlungsprozeß auftretenden Spannungen entluden sich 1381 in einem Aufstand der Bauern, die unter ihrem Anführer Wat Tyler anfangs erfolgreich waren und den König zu Zugeständnissen zwangen. Doch in ihrem blinden Vertrauen auf dessen Wort ließen sie sich den Sieg wieder aus der Hand nehmen und wurden grausam bestraft. Der Niedergang des Feudalismus war dennoch nicht aufzuhalten, auch wenn er vorerst als sogenannter *bastard feudalism* fortbestand.

Eine der nachhaltigsten Auswirkungen der Pest war die Umwandlung des für die Ernährung der Bevölkerung nicht mehr erforderlichen Ackerlands in Schafweide. Die Wollproduktion erforderte weniger Arbeitskräfte und war außerdem viel besser zu kalkulieren. Wolle verfaulte nicht und wurde nicht von Ratten gefressen, so daß man mit ihr spekulieren konnte. Waren die Preise niedrig, hielt man sie zurück, waren sie hoch, verkaufte man. Wolle verlangte zudem nach Weiterverarbeitung. So wurden durch die Zunahme der Schafzucht Spinner, Weber und Betreiber von Walkmühlen ins Brot gesetzt. Letztere waren eine englische Besonderheit. Das englische Schaf, das auf windigen Hügeln weidete, hatte eine sehr feine krause Wolle von gleichmäßiger Länge. Wenn das daraus gewebte Tuch eine Zeitlang in einer Lösung aus Urin und bestimmten Mineralien gewalkt wurde, verfilzte die Wolle zu einem außerordentlich strapazierfähigen Tuch, dem englischen *broadcloth*, das in ganz Europa berühmt war. Das Walken besorgten wassergetriebene Mühlen, die die Rotation des Mühlrades in eine Stampfbewegung übersetzten.

Da die Schafzucht zunächst nur in hügeligen Regionen betrieben wurde, die für Ackerbau nicht geeignet waren, gab es dort auch genug Gefälle für Wassermühlen. Die Umwandlung von Ackerland in Schafweide führte aber dazu, daß nun auch in den fruchtbaren Tiefebenen Schafzucht betrieben wurde. Hier scheint sich auf den satteren Weiden ein neuer Schaftyp ausgebildet zu haben, der eine lange, nicht gekräuselte Oberwolle und eine krause Unterwolle lieferte. Für die Weiterverarbeitung mußten die beiden Wolltypen durch Kämmen getrennt werden. So entstand in der flachen Region um Worstead in Norfolk das Kammgarn, das nach diesem Ortsnamen auf Englisch *worsted* heißt. Es konnte nicht gewalkt werden, ließ sich aber zu ganz neuen Tucharten verweben, die im 16. Jahrhundert als ‚New Draperies' bezeichnet wurden. Insgesamt läßt sich sagen, daß die von der Pest bewirkte Ausweitung der Wollproduktion schon den Keim für die spätere industrielle Revolution enthielt.

Der Perpendikularstil

Mit dem Beginn des Hundertjährigen Krieges nahm die englische Kultur immer mehr eigene, nationale Züge an. Am auffälligsten zeigt sich dies in der Architektur. Bis etwa zur Mitte des 14. Jahrhunderts war die als *decorated* bezeichnete Form der englischen Gotik dem französischen Flamboyantstil sehr ähnlich. Danach aber entwickelte sich ein spezifisch englischer Stil. Seine Kennzeichen sind der extrem flache Spitzbogen und die senkrechten Fensterstreben, die durch horizontale Streben so geteilt werden, daß der Eindruck eines Gitters entsteht. Nikolaus Pevsner, der in seiner Buchreihe zu den Architekturdenkmälern der englischen Grafschaften die umfangreichste Dokumentation englischer Baukunst zusammengetragen hat, sieht in diesem *grid* einen typisch englischen Zug. Da zum Zeitpunkt des Beginns des neuen Stils die großen Kathedralen in ihren Hauptbaukörpern bereits fertiggestellt waren, zeigt sich der Perpendikularstil bei ihnen meist nur in später hinzugefügten Kapellen, Fenstern und Türmen. Um so häufiger trifft man ihn dagegen in Dorfkirchen, die erst im 15. oder 16., gelegentlich sogar noch im 17. Jahrhundert gebaut wurden.

Das früheste Beispiel des neuen Stils scheint der Chor der Kathedrale von Gloucester zu sein (ca. 1330). Zu den wenigen bedeutenden Kirchen, die ganz darin erbaut sind, zählen die Abteikirche von Bath, die St. Georgs-Kapelle in Windsor und das Prunkstück des Stils, die Kapelle des King's College in Cambridge (Abb. 17), die 1515 vollendet wurde. Hier ist die gesamte Baumasse auf das statisch notwendige Steinskelett reduziert, dessen Zwischenräume mit Glasfenstern ausgefüllt sind. Damit sich das fast horizontal herab-

Abb. 17: Kapelle von King's College in Cambridge (1446–1515).
Glanzstück des Perpendikularstils

gezogene Deckengewölbe selbst tragen kann, mußten die von den Pfeilern ausgehenden Bögen zur gleichmäßigen Verteilung der Last palmenartig ausgefächert werden, wobei die zwischen den halbkreisförmig aufeinanderstoßenden Fächern entstehenden, statisch funktionslosen Zwischenräume mit kunstvollen *pendants* gefüllt wurden, die wie steinerne Zapfen von der Decke herabhängen. Wenn der Betrachter erfährt, daß das Gewölbe sich ohne Balken und sonstige Stützen selber trägt, wird er dies angesichts der geringen Wölbung und der enormen Spannweite kaum glauben wollen. Das Gebäude ist eine virtuose Verbindung aus technischer Finesse und architektonischer Kunst, zugleich aber hat es eine fast nüchterne Strenge. Daneben gibt es aber auch Bauten wie die Kapelle Heinrichs VII. in der Westminsterabteil, die in ihrer üppigen Ornamentik geradezu orientalisch wirkt.

Die Chaucerzeit

Anders als die deutsche Dichtung des Mittelalters, die ihren Höhepunkt bereit um 1200 in der Stauferzeit erreichte, hatte die englische erst zwei Jahrhunderte später ihre höchste Blüte. Das bedeutete, daß sich in ihr nicht mehr nur die Kultur des höfischen Adels, sondern auch die des Bürgertums widerspiegelte. Die Literatur dieser Zeit verkörpern drei Dichter, von denen nur einer als Person greifbar ist, Geoffrey Chaucer. Daß die wichtigsten Daten seiner Biographie überliefert sind und daß er an prominenter Stelle, nämlich in der Westminsterabtei, begraben wurde, verdankt er allerdings nicht seinem Ruhm als Dichter, sondern der Tatsache, daß er ein hoher Staatsbeamter war. Sein literarisches Werk teilt man nach der Herkunft der Stoffe in drei Perioden ein, die italienische, die französische und die englische. Nach einer Reihe von Übersetzungen und eigenen, noch nicht voll ausgereiften Werken schuf er mit dem Versepos *Troilus und Criseyde* (1385) sein formal vollkommenstes Werk. Doch im Gedächtnis der Nachwelt lebt er nicht durch diese höfisch ausgerichtete Dichtung, sondern durch die *Canterbury Tales*. Das Werk war geplant als ein Zyklus von 120 Geschichten, die sich 30 Pilger während einer Pilgerreise zum Grab des Thomas Becket in Canterbury gegenseitig erzählen sollten. In den 83 Handschriften sind aber nur 24 Geschichten überliefert, von denen vier unvollendet blieben. Obwohl das Werk ein Torso ist, liest es sich wie ein Musterbuch fast aller mittelalterlichen Formen von Erzähldichtung. In ihm finden sich Beispiele für die Ritterromanze, das derbe Fabliau, das moralisierende Exemplum, die Tierfabel, die Verserzählung nach Art der Novellen des Boccaccio, die Ballade und – mit offensichtlich ironischer Absicht – die knochentrockene Moralpredigt. Was dem Werk seine Modernität verleiht, durch die es noch heute den Leser fesselt, ist sein Realismus. An den einzelnen Erzählungen und mehr noch am Prolog und an den einleitenden Zwischentexten läßt sich eine exemplarische Sozialgeschichte der damaligen Zeit ablesen. Schon die Pilger selber stellen einen Querschnitt durch die Gesellschaft ihrer Zeit dar, wobei neben dem einzigen Ritter nur Angehörige des Bürgertums vertreten sind. Auch in der Art, wie erzählt wird, drückt sich bereits der Geist eines urbanen Humanismus aus. Chaucer war ein außerordentlich belesener Mann, der Cicero, Ovid, Boethius, den arabischen Astronomen Messahala, Boccaccio und viele andere Klassiker kannte. Doch er paradiert dieses Wissen nicht, noch schlägt er den hohen Ton höfischer Epik an, statt dessen mokiert er sich mit warmem Humor über die Schwächen des gewöhnlichen Menschen. Das ist Literatur nicht für eine aristokratische Elite, sondern für ein aufgeklärtes, humanistisch gebildetes Bürgertum. Dafür spricht auch die große Zahl der erhaltenen Manuskripte.

Ganz anders verhält es sich mit dem zweiten herausragenden Dichter der Epoche, von dem man so gut wie gar nichts weiß, weshalb er nach den Titeln von zwei seiner drei Werke entweder als der *Pearl poet* oder als der Dichter des *Gawain* in die Literaturgeschichte einging. Sein drittes Werk trägt den Titel *Purity*. Alle drei sind nur in einer einzigen Handschrift überliefert. Ihr charakteristisches Merkmal ist, daß sie auf die altgermanische Form des Stabreims zurückgreifen, über die sich Chaucer beiläufig lustig machte. Zur Wiederbelebung dieser altertümlichen, an heroische Zeiten erinnernden Versform kam es im westlichen Mittelland, also abseits von London, dem Zentrum des modernen, humanistisch gesinnten Bürgertums. Die dem Artus-Sagenkreis entstammende Ritterdichtung *Sir Gawain und der grüne Ritter* ist die letzte und zugleich die bedeutendste englische Dichtung dieses Typs. Daß sie der Verherrlichung des im Schwinden begriffenen Ritterideals gewidmet ist, läßt sich schon daraus ersehen, daß sie mit dem Wahlspruch des 1348 gegründeten Hosenbandordens schließt: „Honi soit qui mal y pense". Sowohl der Inhalt als auch die geringe Verbreitung zeigen an, daß die Dichtung sich an eine kleine, konservative Minderheit richtete, die das Ritterideal gegen die unaufhaltsame Verbürgerlichung hochzuhalten versucht.

Auch von dem dritten herausragenden Dichter der Chaucerzeit weiß man nichts. Aus seiner ebenfalls in Stabreimen verfaßten allegorischen Dichtung *The Vision of William Concerning Piers the Plowman (Die Vision Wilhelms, betreffend Peter den Pflüger)* hat man den Verfassernamen William Langland herausgelesen. Doch selbst der ist ungewiß. Neben der zum Teil sehr dunklen und in sich widersprüchlichen religiösen Allegorie enthält die Dichtung eine massive Sozialkritik, an der sich ablesen läßt, unter welchem Druck die Unterschicht zur Zeit des ersten Bauernkriegs 1381 stand. Diese Schicht muß unter Intellektuellen, vor allem solchen aus den Orden der Bettelmönche, viele Sympathisanten gehabt haben, da sie deren potentielle Massenbasis war. So verwundert es nicht, daß Langlands Werk in über 60 Handschriften erhalten ist. Die drei wichtigsten Dichter der Chaucerzeit repräsentieren somit drei Kulturen, die sich nicht mehr, wie zur Zeit der Normannen, durch Herkunft und Sprache, sondern nur noch durch den Status und die soziale Interessenlage unterscheiden.

Wiclif und die Lollarden

Nicht nur das weltliche System des Feudalismus wurde durch den Schwarzen Tod erschüttert, auch das geistliche zeigte Risse, in denen sich bereits die kommende Reformation ankündigte. Der Hauptunruheherd war John Wiclif (ca. 1329–84), der als akademischer Lehrer, Diplomat und Priester gegen kirchliche Mißstände aller Art zu Felde zog. Er war der erste namhafte Reformator, der ausschließlich die Autorität der Bibel anerkannte, weshalb er nicht nur die des Papstes bestritt, sondern zugleich wesentliche Herrschaftsinstrumente der Kirche wie das Sakrament der Beichte und die Transsubstantiationslehre. Englische Theologen hatten sich schon immer mehr Freiheiten herausnehmen dürfen als ihre Kollegen auf dem Kontinent, da sie weit weg von Rom waren und auf den Schutz eines Königs vertrauen konnten, der bestrebt war, die größtmögliche staatliche Kontrolle über die Kirche zu behalten. Wiclif erfreute sich zudem der besonderen Protektion John of Gaunts, des ersten Herzogs von Lancaster, der als mächtigster Territorialfürst die politischen Fäden in der Hand hielt und den schwachen, kinderlosen Richard II. stützte, um seinem eigenen Sohn, dem späteren Heinrich IV., den Thron zu sichern. So konnte Wiclif seine ketzerischen Lehren lange Zeit ungestört verbreiten. Erst seine kompromißlose Kritik am Abendmahl verscherzte ihm die Gunst seiner Protektoren. Inzwischen hatte sich um ihn aber schon eine Gefolgschaft gesammelt, die seine Lehren weiterverbreitete. Diese sogenannten Lollarden (von niederl. *lollaerd* = ‚Murmler‘) waren noch jahrzehntelang ein ständiger Unruheherd und darum schwersten Verfolgungen ausgesetzt.

In England haben Wiclifs Lehren die Reformation eher blockiert als befördert. Seine kompromißlose Radikalität, die wie eine Frühform des späteren Puritanismus anmutet, zog mehr Feindschaft als Gefolgschaft auf sich. Dennoch ging von ihm ein Funke aus, der mithalf, auf dem Kontinent das Feuer der Reformation zu entfachen. Als nämlich Anna von Böhmen, die Gemahlin Richards II., 1294 starb, kehrte der Troß ihrer böhmischen Geistlichen mit Wiclifs Lehren im Gepäck nach Böhmen zurück, wo die Ketzerei auf fruchtbaren Boden fiel und von Jan Hus weiterverbreitet wurde. Hus wurde zwar auf dem Konzil von Konstanz 1415 verbrannt, doch die Hussitenstürme, die daraufhin einsetzten, halfen mit, den Boden für Luthers Reformation zu bereiten.

Mit Luther hatte Wiclif noch etwas anderes gemein; denn auch er betätigte sich, zusammen mit einer Gruppe von Lollarden, als Bibelübersetzer. Allerdings war seine Vorlage nicht das griechisch-hebräische Original, sondern die lateinische Vulgata, die er so wörtlich übersetzte bzw. übersetzen ließ, daß ein nur schwer lesbarer Text herauskam. Der üble Ruf, in dem die Lollarden standen, führte dazu, daß Bibelübersetzungen in der Folgezeit mit großem Mißtrauen betrachtet wurden, weshalb erst auf der Hampton-Court-Konferenz von 1604 der Auftrag zu einer *Authorized Version* der englischen Bibel erteilt wurde, die schließlich 1611 herauskam. Wiclifs Beitrag zur Reformation wird heute eher kritisch eingeschätzt. Seine Hauptleistung dürfte darin zu sehen sein, daß er das Interesse an eigener Bibellektüre weckte, was einen Alphabetisierungsschub auslöste, an dem, wie man inzwischen weiß, auch Frauen beteiligt waren.

Mysterienspiele und bürgerliche Stadtkultur

Während die urbanen Zentren des Kontinents Manufakturen für qualitativ hochwertiges Kunstgewerbe hatten, widmete sich das englische Stadtbürgertum hauptsächlich dem Handel mit Rohwolle und ungefärbtem Tuch, das zum Färben lange Zeit nach Flandern exportiert wurde. Diese halbindustrielle Exportwirtschaft brachte so viel ein, daß man arbeitsintensivere Erzeugnisse vom Kontinent importieren konnte. Deshalb verwundert es nicht, daß im größten englischen Kunstgewerbe-Museum, dem Victoria & Albert Museum in London, die meisten Ausstellungsstücke des Spätmittelalters und der Frühen Neuzeit aus Norditalien, Spanien, Süddeutschland, Frankreich, Flandern und den Niederlanden stammen. In England gab es zwar Handwerker aller Sparten, doch wie es scheint, produzierten sie nur für den alltäglichen Bedarf. Auch dies hat die frühe Industrialisierung begünstigt; denn zum einen gab es dadurch eine Tradition des Herstellens und Vertreibens von Massenware, eben der Wolle, und zum anderen hatten die Handwerkszünfte wenig Veranlassung, zum Schutze ihrer Monopole und Betriebsgeheimnisse jenen extremen Zunftzwang zu praktizieren, der auf dem Kontinent lange Zeit der Industrialisierung im Wege stand.

Kulturell wichtig waren die Zünfte in anderer Hinsicht. In den größeren Städten hatten sie die Aufgabe übernommen, bei alljährlich stattfindenden kirchlichen Umzügen, meist zu Ostern oder am Fronleichnamstag, ein Mysterienspiel innerhalb eines Zyklus aufzuführen. Der Ursprung dieser Spiele läßt sich nur erahnen. Vermutlich war die Keimzelle eine Passage in der Ostermesse, wo die Frage „Quem quaeritis" (Wen sucht ihr?), die der auferstandene Christus an die Frauen auf dem Friedhof richtet, in einen anfangs wortlosen Tropus der Messe aufgenommen und szenisch dargestellt wurde, woraus sich im Laufe der Zeit ein ganzes Osterspiel entwickelte. Als Papst Urban IV. 1264 den Fronleichnamstag zum kirchlichen Festtag erklärte, boten die Stationen der Fronleichnamsprozession weitere Gelegenheit für szenische Darstellungen.

Die einzelnen Stücke eines Zyklus wurden an verschiedenen Plätzen der Stadt aufgeführt, wobei jede Zunft für ein Stück zuständig war, das auf einer fahrbaren Bühne aufgeführt und dann auf dem nächsten Platz wiederholt wurde. Die Pausen zwischen zwei Stücken wurden schon früh durch komische Zwischenspiele, *interludes*, gefüllt, die zur elisabethanischen Komödie hinführten. Aus vier Städten sind umfangreiche Zyklen erhalten, aus York (48 Stücke), Chester (25 Stücke), Wakefield (32 Stücke) und einer unbekannten Stadt in Mittelengland (42 Stücke).

Zu den Mysterienspielen im engeren Sinne, die Stoffe aus der Bibel darstellten, kamen bald auch *miracle plays*, die die Taten von Heiligen dramatisierten, und Moralitäten wie das von Hugo von Hofmannsthal nachgedichtete *Jedermann*-Stück, worin allgemein moralische Probleme des Alltagslebens allegorisch veranschaulicht wurden. Die Moralitäten wurden bereits von professionellen Schauspielertruppen aufgeführt. Das englische *Everyman*-Stück geht übrigens auf ein niederländisches Original zurück. Auch darin kündigt sich schon etwas von der professionellen Theaterkultur an, die in der elisabethanischen Zeit ihre höchste Blüte erreichte. Die von Bürgern aufgeführten Mysterienspiele sind die kulturelle Hauptleistung des 15. Jahrhunderts in England, das sich in den übrigen Künsten durch große Dürre auszeichnet, da hier die finanzkräftigen Auftraggeber fehlten, die in Frankreich mit Kriegführen beschäftigt waren.

Buchdruck

Bis fast zum Ende des 15. Jahrhunderts mußten Bücher einzeln mit der Hand abgeschrieben werden. Da im Früh- und Hochmittelalter vor allem Kleriker Bücher lasen, wurde deren Buchbedarf durch Schreiber in Klöstern gedeckt. Daneben bildeten sich mit der Zeit kommerzielle Skriptorien heraus, die auf Bestellung Bücher abschrieben. In einigen wohlhabenden Städten wie London, Bristol und Worcester gab es bereits öffentliche Bibliotheken, wo Laien Bücher lesen durften. Wie kostbar diese waren, zeigt sich daran, daß sie angekettet wurden. Der Buchdruck mit beweglichen Lettern, der von Johannes Gutenberg etwa um 1440 in Mainz erfunden wurde, kam erst 36 Jahre später durch William Caxton nach

England. Caxton, der die neue Technik in einer Druckerei in Köln erlernt hatte, gründete 1476 die erste englische Druckerpresse und produzierte bis zu seinem Tode 1491 insgesamt fast 100 Bücher, darunter 20 von ihm selbst angefertigte Übersetzungen aus dem Französischen. Zu den ersten von ihm gedruckten Büchern gehörten die Hauptwerke Chaucers, der Artusroman *Morte D'Arthur* von Thomas Malory sowie Werke von Chaucers Zeitgenossen Lydgate und Gower. Das mutet wie ein Programm zur Wiederbelebung der englischen Nationalliteratur an, die im Lauf des 15. Jahrhunderts ihren Tiefpunkt erreicht hatte.

Welch dramatische Auswirkungen der Buchdruck auf den Buchmarkt hatte, läßt sich in zeitgenössischen Zeugnissen nachlesen, wo schon 1467 behauptet wird, daß die Buchpreise auf ein Fünftel gesunken seien. In England kann der Preisverfall nicht ganz so dramatisch gewesen sein, denn es ist zumindest ein Fall bekannt, wo ein gedrucktes Buch von einem Schreiber abgeschrieben wurde. Nach der anfangs noch bestehenden Konkurrenz mit den kommerziellen Skriptorien setzte sich der Buchdruck jedoch bald durch. Trotz der enormen Verbilligung blieben Bücher aber auch jetzt noch für die große Masse unerschwinglich. Die Herstellung von Papier aus Leinen war teuer, und bei niedrigen Auflagen war das Setzen oft fast so aufwendig wie das Abschreiben. Dennoch wäre ohne den Buchdruck der Humanismus als gesamteuropäische Bewegung nicht denkbar gewesen. Für das neue Lesepublikum waren die alten Bibliotheken weitgehend uninteressant; denn sie enthielten entweder lateinische Lehrbücher, Florilegien lateinischer Klassiker und Schriften der Kirchenväter oder aber alt- und mittelenglische Texte, die wegen des Sprachwandels zum Neuenglischen nur noch schwer verstanden wurden. Die neue Nachfrage richtete sich auf die europäische Literatur der jüngsten Vergangenheit und auf griechische Texte. Letztere hatten bis dahin keine Rolle gespielt, da Griechisch kaum gelehrt wurde. Einen mächtigen Schub erhielt der Buchdruck durch die Reformation; denn jetzt wollte eine wachsende Zahl von Menschen die Bibel selber lesen. Außerdem waren gedruckte Traktate wirksame Waffen im Kampf für die neue Religion.

Das 16. Jahrhundert

Zeittafel

1485–1509	Heinrich VII.
1504	Heinrich richtet neben den alten Common Law Courts neue königliche Gerichte ein und stärkt damit die Zentralgewalt.
1509–47	Heinrich VIII.
1512–14	Krieg mit Schottland und Frankreich.
1532	Lordkanzler Thomas Morus wird hingerichtet, weil er sich Heinrichs Scheidungsplänen widersetzt.
1534	*Act of Supremacy.* Bruch mit Rom, Heinrich macht sich zum Oberhaupt der englischen Staatskirche.
1536–40	Auflösung der Klöster.
1536	Erlaß der *Six Articles.*
1541	Das irische Parlament bestätigt Heinrich als König von Irland.
1547–53	Eduard VI.
1549	Erzbischof Cranmer führt das *Book of Common Prayer* ein.
1553–58	Maria I.
1554	Heiratsvertrag Marias mit Philipp II. von Spanien.
1554–58	Ca. 800 Protestanten fliehen auf den Kontinent. 288 Märtyrer werden verbrannt.
1555	Cranmer wird als Erzbischof abgesetzt und 1556 hingerichtet.
1556	Ansiedlung von Engländern in Irland *(plantations).*
1558	Verlust von Calais.
1558–1603	Elisabeth I.
ab 1558	Elisabeth betreibt die Konsolidierung des Staates und die innere Befriedung *(Elizabethan Settlement).*
1559	Erneuerung der Supremats- und der Uniformitätsakte.
1563	*Statute of Apprentices* und *Statute of Artificers* regeln Arbeitszeiten, Löhne und Verfahren der Lehrlingsausbildung.
ab 1564	Kartoffelanbau; rasche Verbreitung.
1569–70	Aufstand im Norden. 800 Rebellen werden exekutiert.
1570	Pius V. erklärt Elisabeth für exkommuniziert und abgesetzt.
1571	Bestätigung der *39 Articles* durch das Parlament.
1577–80	Francis Drake umsegelt die Erde.
1587	Hinrichtung Maria Stuarts.
1588	Sieg über die spanische Armada.
1592	Pest in London.
1593	Erlaß des *Conventicle Act* gegen die Puritaner. Mißernte.
1595–1602	Rebellion der Iren unter Hugh O'Neill, Graf Tyrone.
1597	Hungersnot zwingt zur Verbesserung der Armenfürsorge.
1601	*Poor Law Act.*
1603	Tod Elisabeths.

Großbritannien wird protestantisch

Für England begann das 16. Jahrhundert mit der Konsolidierung des Staates durch den sparsamen Heinrich VII., der neben den ineffizienten Gerichtshöfen des Common Law ein System königlicher Gerichtshöfe einrichtete und eine straff organisierte Verwaltung schuf. So erbte sein Sohn Heinrich VIII. nicht nur eine gefüllte Kasse, sondern auch einen Machtapparat, ohne den er den späteren Bruch mit Rom nicht hätte vollziehen können. Anfangs hatte Heinrich nichts weniger im Sinn als England zum Protestantismus zu führen. Erst als er einsehen mußte, daß seine Frau, die spanische Prinzessin Katharina von Aragon, ihm keinen männlichen Erben gebären und der Papst wegen seiner engen Beziehung zum spanischen König einer Scheidung nicht zustimmen würde, entschloß er sich zum Bruch, wobei er die religiösen Inhalte weitgehend unangetastet ließ. Durch den wenig später erfolgenden Übertritt Schottlands zum Protestantismus wurde ein kulturelles Band zwischen den beiden Nationen geknüpft, das die Voraussetzung für die spätere Vereinigung der beiden Königreiche werden sollte. Das zwischen kriegerischen Auseinandersetzungen und kulturellem Austausch schwankende englisch-schottische Verhältnis hätte im 16. Jahrhundert eine dramatische Zuspitzung erfahren können, wenn nicht John Knox die Mehrheit der Schotten zum Calvinismus bekehrt hätte. Damit schwand für England die bis dahin latente Gefahr, daß Frankreich, der natürliche Verbündete Schottlands, von Norden in das Land einfallen könnte. Zwar geriet Schottland danach unter die kulturelle Hegemonie Englands, doch stellte der Protestantismus trotz des Unterschieds zwischen der anglikanischen und der presbyterianischen Kirche ein einigendes Band dar. Außerdem profitierte Schottland von der fortgeschritteneren Entwicklung des Nachbarn im Süden. Hier vollzog sich im Laufe des 16. Jahrhunderts der stetige Aufstieg der Gentry, während der schon durch die Rosenkriege stark dezimierte Hochadel durch die säkulare Inflation zusätzlich getroffen wurde. Das spanische Gold und Silber sowie Silberfunde in Mitteleuropa ließen den Geldumlauf so ansteigen, daß sich die Preise im Lauf des Jahrhunderts vervierfachten. Während der niedere Adel und die Freibauern, die ihr Land selber bewirtschafteten, durch höhere Markterlöse mit der Inflation Schritt halten konnten, hatte der Hochadel seine Ländereien langfristig zu niedrigem Pachtzins vergeben. Zudem hatte sich durch die Auflösung der Klöster die Gentry zahlenmäßig vergrößert, da jetzt auch reiche Stadtbürger Landgüter erwerben konnten. Das Verschwinden der Äbte aus dem Oberhaus führte dort zum Übergewicht der erblichen Peers, während die Verbreiterung der Gentry das Unterhaus stärkte, das gegen Ende des Jahrhunderts bereits die politische Initiative an sich riß. Mit dem Sieg über die Armada beginnt Englands Vormacht zur See. Da die Kolonien und die reichen Goldschätzen vergeben waren, blieb den Briten zunächst nur die Piraterie. Doch schon bald warfen sie sich ganz auf den Welthandel, wo nicht die Spanier, sondern die Holländer ihre Hauptkonkurrenten waren. Francis Drakes Weltumsegelung hatte den englischen Blick für den gesamten Erdkreis geöffnet.

Das 15. Jahrhundert, das in Italien als *Quattrocento* das Jahrhundert der Renaissance war, hatte England mit Kriegführen verbracht. Erst als Heinrich VII. mit dem Neuaufbau eines geordneten Staatswesens begann, hatte auch die Kultur wieder eine Chance. Mit Eifer machten sich jetzt die englischen Gelehrten daran, einen Rückstand von fast hundert Jahren aufzuholen. Anfangs blieben sie noch ganz unter dem Einfluß des Italiener. Das gilt vor allem für die beiden Gründungsväter des englischen Humanismus, William Grocyn (ca. 1446–1519), der in Florenz studierte, und Thomas Linacre (ca. 1460–1524), der in Padua ein Medizindiplom erwarb. Die nächste Generation leistete bereits ihren eigenen Beitrag zum europäischen Humanismus. Thomas Morus (ca. 1477–1535) war sogar persönlich mit dem großen Erasmus von Rotterdam befreundet, der einige Zeit in seinem Hause zubrachte und dort, mit Anspielung auf den Namen des Gastgebers, sein *Lob der Torheit (Morias enkomion seu laus stultitia)* schrieb. Morus seinerseits verfaßte 1516 eine lateinisch geschriebene Erzählung, die ganz vom Geist erasmischer Ironie geprägt ist, seine *Utopia*. Das Buch beschreibt keineswegs, wie Generationen von Lesern glaubten, eine ideale Gesellschaft; denn der Katholik Morus hätte gewiß nicht der Ehescheidung und der milden Form von Euthanasie zugestimmt, die er seinen Utopiern gestattet. Es handelt sich hier vielmehr um ein ironisches Gedankenspiel, dessen Hauptzweck darin liegt, die Mißstände in der realen Gesellschaft deutlicher erkennen zu lassen.

Auf Morus, der als Lordkanzler seinen Widerstand gegen Heinrichs VIII. Scheidungspläne mit dem Leben bezahlen mußte, folgte eine lange Reihe bedeutender Humanisten, die den geistigen Boden bereiteten, auf dem die elisabethanische Kultur gedeihen konnte. So schrieb Sir Thomas Elyot (ca. 1490–1546) *The Boke Named the Governour (Das Buch vom Herrscher, 1531)*, das an die alte Tradition der Fürstenspiegel anknüpft und diese im Geist der Renaissance fortsetzt. Roger Ascham (ca. 1515–68), der zeitweilig Tutor der späteren Königin Elisabeth war, verfaßte das Buch *The Scholemaster (Der Schulmeister)*, worin er in amüsanter Form seine Ansichten über Erziehung darlegt. Weitere einflußreiche Schriften waren Thomas Wilsons *The Arte of Rhetorique (Die Kunst der*

Rhetorik, 1553) und George Puttenhams *The Arte of English Poesie* (*Die Kunst der englischen Poesie*, 1589).

Wichtiger noch als diese theoretischen Schriften waren die zahlreichen Übersetzungen, durch die der englischen Bildungsschicht die antiken Klassiker und die wichtigsten Autoren der italienischen und französischen Literatur zugänglich gemacht wurden. 1557 erschien die noch unvollständige Übersetzung der *Aeneis*, die Graf Surrey nach einer italienischen Vorlage anfertigte. Das Epochemachende daran war die Wiedergabe der Hexameter in reimlosen fünfhebigen Jamben. Damit war der Blankvers in die englische Literatur eingeführt, der danach bei Shakespeare und Milton zum Standardvers des Dramas und des Epos wurde. Eine besonders folgenreiche Übersetzung war die des Plutarch (1579) durch Thomas North, die Shakespeare die Stoffe für seine Römerdramen lieferte. Unter den modernen Autoren war es vor allem Montaigne, dessen skeptische Essays die englischen Leser faszinierten. John Florios Übersetzung erschien zwar erst 1603, doch waren die Essays schon vorher bekannt. Auch Machiavellis *Il Principe*, dessen gedruckte Übersetzung erst 1640 veröffentlicht wurde, kursierte handschriftlich bereits vor 1584.

Spätestens in den 80 er Jahren hatte England den vollen Anschluß an die kontinentale Renaissance gefunden. Diese befand sich inzwischen aber schon im Übergang zum Barock. Als ihr Ende wird allgemein das *Sacco di Roma*, die Plünderung Roms durch die kaiserlichen Truppen im Jahre 1527, angesehen. Danach folgte eine Stilepoche, die als Manierismus bezeichnet wird. Da aber die englische Renaissance mit gut hundert Jahren Verspätung einsetzte, ging sie auch später zu Ende. In den 80 er Jahren weist aber auch sie in allen Bereichen manieristische Züge auf, so daß es aus europäischer Sicht fraglich ist, ob man die Shakespearezeit noch der Renaissance zurechnen darf. Das Besondere an der englischen Entwicklung ist, daß hier dem kulturellen Rückstand ein ebenso großer sozialgeschichtlicher Vorsprung entsprach. Wie oben dargelegt wurde, war das Land durch den Aufstieg der Gentry und des Unterhauses bereits auf dem Wege zur bürgerlichen Mittelklassengesellschaft und zum Parlamentarismus, was durch die Reformation entscheidend befördert wurde. Um so auffälliger ist das lange Nachwirken des mittelalterlichen Weltbildes, das noch in den Werken Shakespeares und seiner Zeitgenossen als Grundstruktur zu erkennen ist.

Während Luther in Deutschland eine Situation vorfand, die nach Reformation förmlich schrie, war im England Heinrichs VIII. davon wenig zu spüren. 150 Jahre früher zur Zeit Wiclifs, als die Bauern gegen ihre Grundherren aufstanden, wäre eine Reformation viel eher zu erwarten gewesen. Jetzt aber befand sich das Land in einer Phase der Konsolidierung, in der sich die Massen kaum für eine Abspaltung von der Kirche hätten gewinnen lassen. 1521, vier Jahre nach Luthers Thesenanschlag, setzte sich Heinrich VIII. in seiner gegen Luther gerichteten Schrift *Assertio septem sacramentorum* höchstpersönlich für die Beibehaltung der sieben Sakramente ein, wofür ihm der Papst den Titel *fidei defensor* verlieh, der noch heute zu den offiziellen Titeln des englischen Staatsoberhaupts zählt. Weder Unzufriedenheit mit der Kirche noch ein neues Bibelverständnis führten zur englischen Reformation – obgleich es auch in England eine durch Luther inspirierte evangelische Bewegung gab –, vielmehr kam es zum Bruch mit Rom, weil der Papst Heinrich die Scheidung verweigerte. Seine Gemahlin, die spanische Königstochter Katharina von Aragon, hatte ihm zwar die Tochter Maria geboren, doch den erhofften männlichen Thronerben blieb sie ihm schuldig. Deshalb suchte er nach einem Scheidungsgrund und fand ihn in der Tatsache, daß Katharina vorher die Frau seines verstorbenen Bruders Arthur war, was nach damaligem Verständnis Inzest bedeutete. Allerdings war er von diesem Ehehindernis durch päpstlichen Dispens entbunden worden, weil die erste Ehe nicht vollzogen wurde. Er deutete aber die Kinderlosigkeit als Strafe Gottes und forderte deshalb den Papst auf, die Ehe zu annullieren. Doch dieser konnte dem Begehren unmöglich stattgeben, ohne seinen treuesten Verbündeten, den König von Spanien, vor den Kopf zu stoßen. So blieb Heinrich nichts weiter übrig, als den Bruch mit Rom zu vollziehen und sich selbst zum Oberhaupt der Kirche in England zu machen. Die geringsten Auswirkungen hatte der Bruch auf theologischem Gebiet. Obwohl Thomas Cranmer, der Erzbischof von Canterbury, den rein politischen Akt religiös begleitete und die englische Kirche in gewissem Umfang reformierte, blieben die zehn Artikel von 1536 und die sechs von 1539 so nah am katholischen Dogma, daß den Menschen der neue Glaube nicht viel anders als der alte erschienen sein mußte. Zu einer weitergehenden theologischen Reformation kam es erst unter Heinrichs minderjährigem Sohn Eduard VI., in dessen kurzer Regierungszeit Cranmer durch Einführung der beiden *Books of Common Prayer* (1549, 1552) und durch die 1553 erlassenen 42 Artikel einen konsequenten Protestantismus durchsetzte, der aber noch im selben Jahr durch die Thronbesteigung Marias I. ein abruptes Ende fand. Die katholische Tochter Katharinas von Aragon machte unverzüglich den Versuch, das Rad der Geschichte zurückzudrehen und das Land zu rekatholisieren. Damit erreichte sie paradoxerweise das Gegenteil. Nicht nur, daß die 288 von ihr auf den Scheiterhaufen geschickten Märtyrer den Glaubenseifer der Protestanten buchstäblich anfeuerten statt ihn zu dämpfen, sie erreichte außerdem, daß moderate Protestanten auf den Kontinent flüchteten und später als radikale Puritaner zurückkehrten.

Marias blutiges Regiment dauerte nur fünf Jahre. Dann folgte ihr ihre protestantische Halbschwester Elisabeth auf den Thron, deren Legitimität allerdings von vielen bezweifelt wurde. Dennoch gelang ihr der historische und bis heute andauernde Kompromiß zwischen römischem Katholizismus und puritanischem Radikalismus. Dieses *Elizabethan Settlement* erreichte sie durch die Schaffung einer Staatskirche, die sich von der katholischen Mutter inhaltlich wenig und äußerlich nur dadurch unterschied, daß statt des Papstes der König bzw. die Königin das Oberhaupt war und daß Priester heiraten durften. Letzteres sah sie selber nicht gern. Vor allem bei ihren Bischöfen mußte sie feststellen, daß diese ihre hohen Einkünfte vor allem dazu benutzten, für ihre Söhne Landgüter zu erwerben, damit diese standesgemäß leben konnten. Während die zölibatären Bischöfe vor der Reformation sich ihren Nachruhm durch Verschönerung der Kathedrale und des bischöflichen Palastes sicherten, verewigten sich ihre postreformatorischen Nachfolger in leiblichen Nachkommen, denen sie erst einmal eine Existenzgrundlage verschaffen mußten. Auch im niederen Klerus wurde der seelsorgerische Eifer dadurch gebremst, daß die Pfarrer, die nur ein lebenslanges Nutzungsrecht des Pfarrhauses und des dazugehörigen Ackerlands hatten, sich um Nebeneinkünfte kümmerten, um ihren Kindern etwas hinterlassen zu können.

Obwohl die anglikanische Kirche sich nicht weit von der katholischen Mutter entfernt hatte, gab es dennoch in konservativen, stadtfernen Regionen, vor allem im Norden des Landes, eine noch immer große Zahl von Anhängern des alten Glaubens. Sie wurden 1569 von den Grafen von Northumberland und Westmorland zu einer Rebellion angestachelt, die rasch niedergeschlagen wurde, worauf 800 Rebellen gehenkt wurden. Der Katholizismus hielt sich auch danach noch in vielen Teilen des Landes. Solange Maria Stuart noch lebte, mußte Elisabeth befürchten, daß das katholische Lager versuchen würde, sie zu stürzen und Maria auf den Thron zu heben. Nach der Exekution der schottischen Königin war diese Gefahr gebannt und Elisabeth konnte sich den Katholiken gegenüber nun toleranter verhalten, was ihrem pragmatischen Naturell weit eher entsprach.

Auf theologischem Gebiet hat der frühe englische Protestantismus niemanden hervorgebracht, der an Luther, Melanchthon, Calvin oder Zwingli heranreicht. Sein größter Geist, Richard Hooker (1554–1600), schrieb ein monumentales Werk mit dem Titel *Of the Laws of Ecclesiastical Politie (Von den Gesetzen der Kirchenregierung)*, das kaum theologisch im strengen Sinn zu nennen ist, das aber den anglikanischen Mittelweg zwischen Katholizismus und Calvinismus theoretisch rechtfertigt und so zum ersten großen Dokument des *English sense of compromise* wurde, mit einem kräftigen Schuß Toleranz und Liberalität.

Die Auflösung der Klöster

Gleich nach dem Bruch mit Rom machte sich Heinrich, beraten von seinem Kanzler Thomas Cromwell, an die systematische Aneignung der nun schutzlos gewordenen Klöster. Nach einer Bestandsaufnahme ihrer Wirtschaftskraft (*valor ecclesiasticus*, 1535) ließ er 1536 alle Klöster mit Einkünften unter 200 Pfund konfiszieren. In den Jahre bis 1540 kamen auch die reicheren an die Reihe, bis schließlich alle aufgelöst waren. So gering die religiösen Auswirkungen dieser Maßnahme waren, so dramatisch und folgenschwer waren die ökonomischen und sozialen. Ihre religiöse Ausstrahlung hatten die Klöster zu jener Zeit längst verloren, aber sie waren noch immer ein wichtiger Wirtschaftsfaktor für die umliegende Region. Vor allem aber waren sie die einzige soziale Fürsorgeeinrichtung, von der die Armen Unterstützung erwarten durften. Die Kirche allgemein und die Klöster im besonderen waren durch ihren christlichen Auftrag und durch Gesetz verpflichtet, ein Viertel ihrer Einkünfte auf die Armenfürsorge zu verwenden. Zudem trug die Auflösung der Klöster selber zur Vergrößerung der Zahl derer bei, die auf Unterstützung angewiesen waren; denn die meisten entlassenen Mönche waren erst einmal arbeitslos.

Die so entstandene Lücke im sozialen Sicherungssystem mußte nun durch Armengesetze seitens des Staates geschlossen werden. Wirksame *poor laws* gab es aber erst unter Elisabeth. 1563 verpflichtete ein Gesetz die Gemeinden dazu, durch Arbeitsbeschaffungsmaßnahmen der drohenden Armutswanderung entgegenzuwirken. 1572 wurde eine Armensteuer als Zwangsabgabe verfügt, und 1576 kamen weitere Maßnahmen zur Arbeitsbeschaffung hinzu. Doch erst zwischen 1597 und 1601 kam es zu einer umfassenden Regelung von Armenfürsorge und Lehrlingsausbildung, die im *Poor Law Act* von 1601 ihren Abschluß fand. Die Reformation trug noch auf andere Weise zur Verschärfung des sozialen Problems bei. Bis zum Bruch mit Rom glaubten die Menschen an das Fegefeuer und pflegten deshalb in ihren Testamenten eine gewisse Summe auszusetzen, die an bedürftige Arme verteilt werden sollte unter der Bedingung, daß sie für den Erblasser beteten; denn die Fürbitte von Armen wurde als besonders wirksam angesehen. Als der Protestantismus das Fegefeuer als katholischen Aberglauben abtat, schwanden solche Legate aus den Testamenten.

Für die Unterschicht bedeutete die Auflösung der Klöster einen schweren Verlust, für Adel und Gentry war sie ein goldener Regen; denn nun konnten reichgewordene Kaufleute Landsitze erwerben und in den niederen Adel aufrücken. Historische Quellen belegen, daß die konfiszierten Ländereien sehr schnell ihre Besitzer wechselten. Da Heinrich dringend Geld brauchte, um den Krieg gegen Frankreich zu finanzieren, mußte er die Beute oft unter Wert verschleudern. So verkaufte er beispielsweise das Rittergut von Longleat für ganze 53 Pfund an Sir John Thynne, der darauf das imposante, heute noch zu besichtigende Schloß im elisabethanischen Stil errichtete. Die Folge dieser größten Landtransaktion seit der normannischen Eroberung war ein stärkeres Zusammenrücken der *landed gentry* und des städtischen Bürgertums, die politisch bereits seit langem Seite an Seite im Unterhaus saßen, das nun weiter an Gewicht gewann. Da nach dem Verschwinden der Äbte aus dem Oberhaus dort der weltliche Erbadel die Mehrheit hatte, auf den der König wenig Einfluß ausüben konnte, mußte die Krone mit dem Unterhaus paktieren, um den Hochadel in Schach zu halten. Auch dies ließ das Gewicht der Commons steigen.

Kulturell bedeutete die Auflösung der Klöster den Verlust großer Kunstschätze, die sich dort angesammelt hatten. Manches wurde verkauft, vieles vernichtet. Vor allem alt- und mittelenglische Bücher, die niemand mehr lesen konnte, dürften in großer Zahl verlorengegangen sein. Die Klostergebäude selber wurden entweder in Herrenhäuser umgewandelt oder von der Umgebung als Steinbruch genutzt. Ein weiterer kultureller Aderlaß folgte, als 1547 auch die Chantries aufgelöst wurden. Dies waren Kapellen, die reiche Leute gestiftet hatten, damit in ihnen für ihre Seele gebetet würde. Die dazugehörigen Priester waren Bettelmönche, die neben den Gebeten und der allgemeinen Seelsorge in der Regel auch eine Art Elementarschule für bedürftige Kinder der Umgebung anboten. Auch viele Klöster unterhielten sogenannte *almonry schools* für die Kinder der Armen. Doch da sie gewöhnlich abseits lagen, während die Chantries sich in den Städten befanden, war die Auflösung der letzteren ein größerer Verlust für die Volksbildung. Die bessergestellten Schichten waren dagegen bereits gut mit *grammar schools* versorgt. Zu den altehrwürdigen, aus Kathedralschulen hervorgegangenen kamen unter dem Einfluß des Humanismus solche, die von reichen Handwerkern und Kaufleuten für die Kinder ihrer Zünfte gestiftet wurden. Einige der berühmtesten Public schools stammen aus dieser Zeit, so z. B. Shrewsbury (1551), Repton (1559), Rugby (1567), Harrow (1590) und Charterhouse (1611). Zu den interessantesten Stiftungen gehört das heute noch als Public School existierende Dulwich College, dessen Startkapital von 10 000 Pfund von Edward Alleyn, einem der berühmtesten Schauspieler der Shakespearezeit, stammt. Damals gab es in England pro Kopf der Bevölkerung mehr Schulplätze als in viktorianischer Zeit.

Puritanismus

Kaum hatte Elisabeth das Land zum Protestantismus zurückgeführt, da kehrten auch die rund 800 Protestanten zurück, die sich unter Maria auf den Kontinent geflüchtet hatten. Als vergleichsweise moderate Anhänger des neuen Glaubens hatten sie Zuflucht in calvinistischen Zentren wie Leiden, Frankfurt, Straßburg und Genf gesucht; als radikale Puritaner kehrten sie von dort zurück.

Trotz ihrer kleinen Zahl wirkten sie als religiöse Hefe, aus der im nächsten Jahrhundert Cromwell und sein Regime hervorgehen sollten.

In einigen Hauptpunkten teilten die Puritaner die Überzeugungen der übrigen Protestanten. So waren sie wie Luther der Ansicht, daß nicht gute Werke, sondern allein der Glaube selig mache, daß die Bibel die einzige Autorität sei und daß jeder Mensch ein unmittelbares, individuelles Verhältnis zu Gott habe. Schon dieser antiautoritäre Individualismus mußte den Interessen all jener entgegenkommen, die nicht mehr wie der mittelalterliche Bauernstand in einem gottgegebenen Status verharrten, sondern sich im Wettbewerb mit anderen auf dem Weg nach oben befanden. In England war die Freisetzung ausgeprägter als auf dem Kontinent; denn hier war nicht nur die Hörigkeit bis auf wenige Reste verschwunden, der Bauernstand selber verlor im Laufe des 16. Jahrhunderts an Bedeutung. Während der Adel und die Gentry ihren Landbesitz durch Zukauf vermehrten, sanken die Kleinbauern unter die Armutsgrenze und mußten sich als Tagelöhner oder als Arbeiter in den neu entstehenden Manufakturen verdingen. Zwischen dieser Unterschicht und der landbesitzenden Oberschicht bildete sich eine immer größer werdende Mittelschicht aus, die vor sich die Möglichkeit sah, durch Erfolg im ökonomischen Wettbewerb aufzusteigen. Für Bauern ist Wettbewerb uninteressant, da gute und schlechte Ernten alle gleichermaßen treffen. Ihnen liegt mehr an einer stabilen Ordnung. Für Kaufleute und Handwerker ist dagegen jeder Mißerfolg des Konkurrenten ein Wettbewerbsvorteil. Folglich mußten sie für ein ideologisches Angebot empfänglich sein, das individuelles Handeln rechtfertigt.

Das Gesagte würde erklären, weshalb der Protestantismus in der frühbürgerlichen Zeit auf so fruchtbaren Boden fiel. Noch nicht erklärt ist damit aber das, was den Calvinismus vom übrigen Protestantismus trennt, nämlich der Glaube an die Prädestination. Seit Max Weber den Zusammenhang zwischen der protestantischen Wirtschaftsethik und dem Aufkommen des Kapitalismus aufgezeigt hat, ist seine These immer wieder diskutiert worden. Weber blieb vorsichtig und vermied es, einen monokausalen Zusammenhang zu behaupten, obwohl viele ihm dies unterstellten. Daß der Calvinismus den Kapitalismus hervorgebracht habe, ist durch historische Fakten leicht zu widerlegen; denn kapitalistische Wirtschaftsformen hatten sich schon vor der Reformation und außerhalb des Protestantismus entwickelt, z. B. in Oberitalien und Flandern. Daß aber frühkapitalistische Gesellschaften für das calvinistische Denken empfänglich waren, scheint auf der Hand zu liegen. Was aber ist es, das ausgerechnet die Prädestinationslehre für aufstiegswillige Bürger so attraktiv macht?

Wenn jeder Mensch schon zum Zeitpunkt seiner Geburt durch Gottes unerforschlichen und unumstößlichen Ratschluß entweder für den Himmel oder die Hölle bestimmt ist, weshalb sollten sich die Menschen dann noch anstrengen? Hätte das nicht zu einem passiven Fatalismus führen müssen? Da aber niemand wußte, ob er zu den Erwählten oder Verdammten gehörte, waren alle in der gleichen Situation. Damit lag im Puritanismus trotz der elitären Doktrin der vorbestimmten Gnadenwahl ein egalitäres Moment, das das Aufkommen demokratischer Ideen begünstigte. Gleichzeitig war durch die Prädestinationslehre aber auch ein Ansporn gegeben, herauszufinden, ob man zu den Erwählten oder den Verdammten gehört. Als sicherstes Indiz wurde der wirtschaftliche Erfolg empfunden; denn weshalb sollte Gott einem Menschen Reichtümer zukommen lassen, den er für die Hölle bestimmt hatte? So wurde daraus ein Anreiz, möglichst erfolgreich im ökonomischen Wettbewerb zu sein. Da der Puritanismus außer der theologischen Prädestinationslehre auch noch eine Ethik der „innerweltlichen Askese" vertrat – wie Max Weber es nannte –, war den Puritanern verboten, den erworbenen Reichtum in Muße zu genießen. So entfiel für sie die Versuchung zum Luxus. Statt dessen investierten sie ihre Gewinne in neue Unternehmungen, so daß ihre Askese zum Quell weiteren Reichtums wurde.

Damit ist die ideologische Anziehungskraft des Puritanismus aber erst zur Hälfte erklärt; denn er wurde nicht nur von erfolgreichen Kaufleuten, sondern auch von armen Menschen vertreten, die ihre Armut eigentlich als Zeichen der Verdammnis hätten deuten müssen. Das Askesegebot ließ sie aber auf Reichtum mit Mißtrauen schauen. Ehrgeiz und Habsucht waren in den Augen der Puritaner schwere Sünden. Wer sich mit seiner Armut abfand, konnte sich damit trösten, daß er von diesen Sünden frei war. Was die scheinbar so schwer erklärliche Anziehungskraft des Puritanismus ausmacht, ist also, wie es scheint, seine Ambivalenz. Er rief in den Menschen Verunsicherung hervor und reflektierte insofern das unsichere Lebensgefühl des freigesetzten Bürgers. Gleichzeitig bot er zwei einander widersprechende Tröstungen an. Die Erfolgreichen ließ er glauben, daß der Erfolg das Zeichen ihrer Erwähltheit sei; den Erfolglosen bestätigte er ihre Tugend der Askese.

Wie sehr ein solcher Glaube geeignet ist, eine Wettbewerbswirtschaft voranzutreiben, zeigt nicht nur Englands wirtschaftliche Entwicklung, sondern auch die der USA. Es dürfte weder Zufall noch angelsächsisches Erbgut sein, daß in beiden Nationen das Wetten eine so große Rolle spielt. Obwohl es aus puritanischer Sicht eine Sünde ist, stellt es doch zugleich einen Testfall dar, der das gleiche ambivalente Resultat hat wie wirtschaftlicher Erfolg. Gewinnt man die Wette, ist es ein Zeichen Gottes; verliert man sie, hat man durch den Verlust des Einsatzes bereits die Sünde gebüßt. Amerika ist durch diese Einstellung durchgängig geprägt. In England dagegen stand dem puritanischen Lager immer ein konservativ-aristokratisches gegenüber, das einen stabilen, ohne Schweiß errungenen Besitz am höchsten schätzt. Hier wurde der Aufstieg des puritanisch-presbyterianischen Bürgertums bis heute von einem Prozeß der *gentrification* begleitet.

Auch kulturell hatte der Puritanismus sehr widersprüchliche Auswirkungen. Auf der einen Seite stand die Theaterfeindlichkeit der puritanischen Stadtväter Londons, die keine Theater innerhalb der Stadtgrenzen duldeten und jede Epidemie als willkommenen Vorwand nutzten, auch die Häuser vor den Stadttoren zu schließen. 1642 setzten sie sogar ein achtzehn Jahre währendes Totalverbot durch. Auf der anderen Seite bildete sich im 17. Jahrhundert in puritanischen Kreisen die Neigung aus, über den eigenen Seelenzustand in sogenannten *spiritual autobiographies* Buch zu führen. Während aus dem 16. Jahrhundert nur 14 solcher Autobiographien überliefert sind, waren es im 17. schon über 200. Die sich darin ausdrückende Kultur der Introspektion dürfte nicht unerheblich zur Entwicklung des psychologischen Romans im 18. Jahrhundert beigetragen haben.

Der schottische Presbyterianismus

Als Heinrich VIII. zum Protestantismus übertrat, schien das mit Frankreich verbündete Schottland das Bollwerk des alten Glaubens gegen die neue Ketzerei zu sein. Die Bindung an Frankreich wurde noch enger, als 1542 der erst dreißigjährige schottische König Jakob V. starb und seine Witwe Maria von Guise die Regentschaft für die sechs Tage alte Maria Stuart übernahm. Das änderte sich schlagartig, als die Regentin 1560 starb, worauf Schottland die Allianz mit Frankreich löste und dauerhaften Frieden mit England schloß. Schon vorher war John Knox, der in England unter Eduard VI. zum königlichen Kaplan ernannt worden und unter Maria I. zuerst nach Frankfurt und später nach Genf gegangen war, nach Schottland zurückgekehrt und hatte damit begonnen, sein Volk zum Protestantismus zu bekehren. Als er angesichts der Verfolgung der Protestanten schon fast verzweifeln wollte, brach mit dem Tod der Guise der entscheidende Damm, und die Schotten gingen mit fliegenden Fahnen zum neuen Glauben über. Unmittelbar darauf hob das schottische Parlament die Autorität des Papstes auf und verbot das Abhalten von Messen. Knox und seine Mitarbeiter wurden beauftragt, die neuen Glaubensartikel zu formulieren, was sie in kürzester Zeit mit *The First Book of Discipline* taten.

Das Episkopat ließ Knox anfangs fortbestehen, stellte aber der Kirchenleitung Laienräte zur Seite, woraus sich die für die schottische Kirche charakteristische Presbyterialverfassung entwickelte, die nach seinem Tod im *Second Book of Discipline* 1581 festgeschrieben und 1592 vom Parlament bestätigt wurde. Der gesamte Besitz der alten Kirche ging auf die Kirk über, wie die Church of Scotland schon bald genannt wurde. Dabei wurde festgelegt, daß aus dem Kirchenvermögen in jeder Gemeinde das Gehalt und die Wohnung des Priesters, ein Armenfonds und eine Schule zu finanzieren seien. Das Letztgenannte sollte sich für Schottland als segensreich erweisen; denn trotz seiner Armut hatte das Land bis ins 19. Jahrhundert ein besseres Schulsystem als England, was einer der Gründe dafür war, daß schottische Einwander in England es meist in kurzer Zeit zu bescheidenem Wohlstand brachten.

Auf theologischem Gebiet war die schottische Kirche calvinistisch, betonte aber im Gegensatz zu den auf Unabhängigkeit bedachten englischen Puritanern ein staatlich organisiertes Gemeindeleben. Im Zentrum des Gottesdienstes stand die Predigt. Auch dies trug zur allgemeinen Volksbildung bei. Die Abwesenheit von Schmuck und die starke Betonung des Wortes im Gottesdienst gaben der schottischen Kultur mit der Zeit eine nüchterne Intellektualität. Seitdem gelten Schotten als phantasiearme Verstandesmenschen im Gegensatz zu den phantasievollen Iren, denen eine Neigung zur Unvernunft nachgesagt wird.

Tudorarchitektur und Miniaturmalerei

Am deutlichsten sichtbar ist die Verspätung der englischen Renaissance in der Architektur. Als die italienische Renaissance längst ihren Kulminationspunkt überschritten hatte, erreichte in England der spätgotische Perpendikularstil seine höchste Blüte. Die Kapelle von King's College, das wohl vollkommenste Bauwerk in diesem Stil, wurde erst 1515 vollendet. Noch später, erst 1519, wurde die von Heinrich VII. in Auftrag gegebene und nach ihm benannte Kapelle in der Westminsterabtei fertig, die den Perpendikularstil in seiner exuberantesten Form zeigt. Als nach der Reformation der Kirchenbau zum Erliegen kam, setzte sich die Gotik in weltlichen Bauten fort. Hier bezeichnet man den Perpendikularstil als Tudorstil, dessen charakteristisches Merkmal aber der gleiche herabgezogene Spitzbogen, der sogenannte Tudorbogen, ist. Der ältere Teil von Hampton Court, dem königlichen Landsitz im Südwesten Londons (Abb. 18), und St. James' Court, der noch immer gültige Amtssitz der britischen Monarchen, sind typische Beispiele dafür. An den unter den Tudors entstehenden Bauten läßt sich beobachten, wie im Laufe des 16. Jahrhunderts der Renaissancecharakter stetig zunimmt, ohne daß die gotischen Elemente gänzlich verschwinden. An Schlössern wie Longleat (1559–80) und Burghley House (1560–87) wird man bei näherem Zusehen in den scheinbar rechteckigen Fenstern immer noch den Tudorspitzbogen erkennen. Auch das sehr renaissancehaft anmutende Schloß Wollaton Hall (1580–88) ist eher gotisch konzipiert. Allenfalls die Ruine von Kirby Hall (1570–75) läßt sich als reines Beispiel der Renaissance ohne gotische Beimischung ansehen (Abb. 19).

In der europäischen Renaissancemalerei glänzt England durch Abwesenheit. Erst als Raffael bereits tot war, entstanden auf englischem Boden die ersten Bilder von kunsthistorischer Bedeutung. Doch sie stammten von keinem Engländer, sondern von Hans Holbein, der 1526, versehen mit Empfehlungsschreiben von Erasmus von Rotterdam und Thomas Morus, nach England kam und dort einige Porträts malte, dann aber wegen mangelnder Aufträge 1528

Abb. 18: Hampton Court (begonnen 1514). Größtes Backsteinbauwerk in England seit den Römern (Tudorstil)

Abb. 19: Loggia von Kirby Hall (1570–75).
Die gut erhaltene Ruine ist eines der reinsten Beispiele
für Renaissancearchitektur auf englischem Boden

enttäuscht auf den Kontinent zurückkehrte. 1532 kehrte er auf Einladung der deutschen Hansekaufleute nach London zurück und avancierte 1536 durch Vermittlung des Politikers Thomas Cromwell zum Hofmaler Heinrichs VIII. Schon 1543 starb er in London, erst 45 Jahre alt und, wie es scheint, enttäuscht darüber, daß seine Kunst nicht wirklich geschätzt wurde. Die große Porträtmalerei, die er auf die Insel gebracht hatte, schlug hier keine Wurzeln. Erst ein Jahrhundert später entstanden wieder Porträts von Rang, und wieder war es ein Gast vom Kontinent, der sie schuf, nämlich van Dyck.

Etwas anderes dagegen, was ebenfalls ein Immigrant, nämlich Lucas Hornebolte, nach England gebracht hatte und was Holbein von diesem lernte, fiel hier auf fruchtbaren Boden und entwickelte sich zu einem spezifisch englischen Beitrag zur europäischen Kunst: die Miniaturmalerei. Holbein zeigte auch auf diesem Feld seine geniale Begabung als Porträtmaler; doch wirken seine Miniaturen noch wie kleine Versionen seiner großen Porträts. Zur vollen technischen Entfaltung gelangt die Miniaturmalerei erst bei Nicholas Hilliard (1547–1619), wenngleich die porträtierten Gesichter bei Holbein mehr Individualität ausstrahlen. Bei Hilliard aber sieht man auf den Miniaturen kostbare Geschmeide, wo Perlen, die man ohne Lupe kaum unterscheiden kann, noch ihren Glanzpunkt haben. Hilliard hat sich selber ausführlich zur Technik dieser Malerei geäußert. Wer je ein solches Bild von Pfenniggröße gesehen hat, wird kaum begreifen können, wie man mit einem dünnen Pinsel aus den Haaren eines Eichhörnchenschwanzes auf feinstem Pergament einen so klaren Bildaufbau und eine so leuchtende Farbigkeit erzielen konnte (Abb. 20).

Das Aufblühen der Miniaturmalerei gerade in England ist nicht schwer zu erklären. Das Großporträt war hier nach der Reformation in den Verdacht geraten, Ausdruck von Eitelkeit zu sein. Allenfalls ein König durfte es zu staatlichen Repräsentationszwecken in Auftrag geben. Die sparsame Elisabeth zog sich aber aus dem Geschäft des Mäzenatentums fast ganz zurück. Da die englischen Aristokraten, anders als die deutschen, keine Territorialfürsten waren, hatten sie nicht die Entschuldigung, repräsentieren zu müssen. So kamen auch sie nur als private Auftraggeber in Frage. Privatheit ist aber gerade das, was durch die Miniaturen beispielhaft ausgedrückt wird; denn diese winzigen Bilder wurden

Abb. 20: Miniatur von Nicholas Hilliard. Das Bild zeigt einen jungen Mann in der modischen Pose des Melancholikers (13,5 × 7,3 cm)

nicht an die Wand gehängt, sondern in Kästchen aufbewahrt und, wie heutzutage Fotos, an enge Freunde oder hochgestellte Persönlichkeiten zum Zeichen der Verehrung verschenkt. Deshalb erwartete man vom Künstler auch nicht, daß er ein würdiges Porträt mit allen Statusattributen schuf, sondern daß er die Person mit großer Lebendigkeit, geradezu schnappschußartig, erfaßte. Wie sehr man diese Kunst von der traditionellen Malweise unterschied, ist schon daran abzulesen, daß sich die Miniaturmaler nicht als *painter*, sondern als *limner* bezeichneten, was soviel wie ,Hersteller von Bildnissen' bedeutet. Insofern gehört die Miniaturmalerei zu den Indizien, die auf die frühe Entwicklung bürgerlicher Privatheit in England hinweisen.

Blütezeit der englischen Musik

England ist oft als das „Land ohne Musik" bezeichnet worden. Der deutsche Diplomat Oscar A. H. Schmitz schrieb vor dem Ersten Weltkrieg sogar ein ganzes Buch mit diesem Titel. Dabei hatte England bereits im frühen 15. Jahrhundert einen Komponisten, der in ganz Europa als kühner Neuerer geschätzt wurde, John Dunstable (ca. 1390–1453). Ein Vierteljahrtausend später folgte mit Henry Purcell (1659–95) ein zweiter, der zu den ganz Großen zählt und sich trotz seiner kurzen Schaffenszeit nicht hinter Bach und Händel zu verstecken braucht. Ihre reichste Blütezeit aber hatte die englische Musik in der Shakespearezeit. Die Formen, in denen englische Musiker damals exzellierten, waren auf dem Gebiet der geistlichen Musik die Motette und das Solostück für Orgel, auf dem der weltlichen Musik das Madrigal, das Lautenlied und das Solostück für Laute und Virginal. Das letztgenannte Instrument ist ein Spinett, also die Vorform des Klaviers. Die Etymologie des Namens ist ungeklärt. Manche führen ihn auf lat. *virga* = ,Schlagstock' zurück, so wie ,Spinett' von lat. *spina* kommt, dem Dorn, mit dem die Saiten angerissen werden. Andere meinen, er komme von *virgo* = ,Jungfrau'. Für letzteres spricht der Titel des ersten Buches mit Kompositionen für das Instrument. Er lautet *Parthenia, or the Maidenhead of the first music that ever was printed for the virginals* (1611). Während die Motette als *A-cappella*-Chormusik in England seit Dunstable heimisch war und im 16. Jahrhundert von John Taverner (ca. 1490–1545), Thomas Tallis (1505–85), William Byrd (1543–1623) und John Bull (1562–1628) gepflegt wurde, kam ihr weltliches Gegenstück, das Madrigal, durch Italiener wie Alfonso Ferrabosco ins Land, der in den 60er Jahren am Hof Elisabeths tätig war. Zu den bekanntesten englischen Komponisten von Madrigalen zählen neben dem schon genannten Byrd noch Thomas Morley (1557–1603), Thomas Weelkes (ca. 1576–1623) und John Wilbye (1574–1638). Morley war zugleich einer der begabtesten und produktivsten Komponisten von Lautenliedern. Da Elisabeth ihm das Monopol für den Druck von Liederbüchern überlassen hatte, war er prägend für den Liedstil seiner Zeit. Übertroffen wurde er nur von John Dowland (1563–1626), dem bekanntesten Sänger und Lautenspieler der Epoche. Dowland ist zugleich auch der wichtigste Komponist von Lautenmusik und einer der bedeutendsten auf diesem Felde überhaupt. Von den „englischen Virginalisten", die als Pioniere in der Geschichte der Klaviermusik einen bedeutenden Platz einnehmen, ist neben Byrd, Bull und Morley noch Giles Farnaby (1563–1640) zu nennen.

Für die elisabethanische Musik gilt, was schon über die Miniaturmalerei gesagt wurde. Auch die Vorliebe für Lieder, Laute und Virginal deutet auf eine zunehmende Intimisierung hin. Das englische Virginal war im Vergleich mit dem kontinentalen Cembalo ein sehr einfaches und daher billiges Instrument, das in vielen Haushalten anzutreffen war. Selbst bei Konzertmusik beschränkte man sich auf kleine Besetzung, die als Consort (eine andere Schreibweise für *concert*) bezeichnet wurde. Beliebt waren Consorts aus Blockflöte und Streichinstrument. Größere Consorts brauchte man nur, um bei Festen zum Tanz aufzuspielen. Während Heinrich VIII. ein begabter Musiker war, der selber komponierte, ist von seiner Tochter Elisabeth nichts derartiges überliefert. Sie liebte Musik und in ihrer Jugend den Tanz, doch scheint sie den finanziellen Aufwand dafür, etwa im Vergleich mit dem französischen Hof, gering gehalten zu haben.

Schon bei der allgemeinen Charakterisierung der englischen Renaissance wurde gesagt, daß sie im Kontext der europäischen Kulturgeschichte eigentlich dem Manierismus zuzurechnen ist, der in Italien den Zeitraum von 1530 bis 1590 umfaßt. Auch wenn sich wegen der erörterten Verspätung die kontinentalen Verhältnisse nicht einfach auf England übertragen lassen, trägt der hier betrachtete Zeitraum ganz ohne Zweifel manieristische Züge. Das trifft besonders auf die Literatur zu, wo England den Anschluß an den Kontinent am schnellsten schaffte. Spätestens mit dem Aufkommen der elisabethanischen Sonettdichtung zeigt sich, daß die englischen Dichter die gleiche Vorliebe für elaborierte und über mehrere Ebenen durchgespielte Vergleiche hatten wie der Spanier Góngora (1561–1627) und der Italiener Giambattista Marino (1569–1625), die beide als typische Vertreter des europäischen Manierismus gelten. Solche Vergleiche hießen auf Italienisch *concetto* und auf Spanisch *concepto*, woraus im Englischen *conceit* wurde. Die ganze Manier wird deshalb oft als Konzeptismus bezeichnet. Nachdem Sir Thomas Wyatt (1503–42) das italienische Sonett in England eingeführt hatte, setzte mit Sir Philip Sidney (1554–86) und John Lyly (1554–1606) eine wahre Sonettflut ein, die in Shakespeares Sonetten ihren künstlerischen Gipfel erreichte. Bei weniger bedeutenden Dichtern wird das *conceit* oft zum Selbstzweck und stellt dann nur noch die Virtuosität des Verfassers zur Schau. Bei Shakespeare aber geben die komplexen Vergleiche gerade dadurch, daß sie durch verschiedene Realitätsebenen hindurchgeführt werden, den Sonetten ihre unvergleichliche Dichte und gedankliche Tiefe.

Das zweite literarische Erkennungszeichen des Manierismus ist der elaborierte Prosastil, der sich im Laufe des Jahrhunderts ausbildete und der durch John Lylys vielgelesenen Roman *Euphues* (1578/80) so zur Mode wurde, das man ihn als Euphuismus bezeichnet. Allerdings geriet die Mode schon bald so hart an den Rand des Lächerlichen, daß Shakespeare sich in seiner frühen Komödie *Love's Labour's Lost* (ca. 1594) darüber lustig machen konnte. Gespreizte Phrasen und gestelzte Ausdrucksweise hat er in seinen Stücken oft parodiert. Das hinderte ihn aber nicht, sich selber einer extrem komplexen Rhetorik zu bedienen, die dem heutigen Leser durchaus manieristisch erscheint. Daran ist abzulesen, daß in den siebziger und achtziger Jahren eine noch viel elaboriertere Rhetorik gepflegt worden sein muß.

Es ist klar, daß dieser Stil nicht den Geschmack bürgerlicher Leser widerspiegelt, sondern den einer Klasse von aristokratischen Müßiggängern, die sich eine gute Bildung leisten konnten und genügend Zeit hatten, Sätze voller Parallelismen und Chiasmen zu drechseln. Man könnte darin den Versuch der kulturellen Elite sehen, sich vom aufsteigenden Bürgertum abzusetzen; denn noch waren Dichter und Intellektuelle auf aristokratische Gönner angewiesen. Um von publizierten Büchern leben zu können, war der Markt viel zu klein. Weniger als die Hälfte der Männer und höchstens ein Drittel der Frauen konnten lesen. Auch war der Preis von Papier viel zu hoch und die zu erwartende Auflage viel zu niedrig, um einen Buchmarkt zu ermöglichen. Deshalb mußte es im Interesse der Literaturproduzenten liegen, ihrem Produkt den Charakter des Preziösen und Exklusiven zu geben, um es für die winzige Oberschicht attraktiv zu machen. Das sollte sich schlagartig ändern, als mit dem Theater das erste Massenmedium aufkam.

Elisabeth und ihre Zeit

Das elisabethanische Zeitalter stellt sich in den Augen der meisten so dar, wie es sich selbst in seiner Kultur widerspiegelte: als das goldene, das durch Spenser in *The Faerie Queene* zum Reich der Feenkönigin Gloriana mythisiert wurde. Die Realität entsprach aber ganz und gar nicht diesem Bild. Das erste Regierungsjahrzehnt der Königin konnte im Vergleich mit den vorangegangenen Wirren noch als eine Phase der Konsolidierung empfunden werden, wenngleich auch hier schon die zunehmende Inflation, die Thronansprüche Maria Stuarts und der Aufstand im Norden 1569/70 genügend Grund zur Besorgnis boten. Die Hinrichtung Marias 1587 löste zumindest das eine Problem, und der im Jahr darauf erkämpfte Sieg über die spanische Armada ließ für kurze Zeit das nationale Triumphgefühl zu einer mächtigen Woge anschwellen. Doch Elisabeths Schatztruhe war so leer, daß sie ihren Seehelden den versprochenen Lohn schuldig bleiben mußte, was deren Begeisterung merklich abkühlte. Ein Jahr später endete der englische Versuch, Portugal von den Spaniern zu befreien, mit einer

Abb. 21: Das Armada-Porträt Elisabeths I. von George Gower;
im Hintergrund zwei Szenen der Seeschlacht

verlustreichen Niederlage, und auch die übrigen Angriffe gegen die
spanische Flotte schlugen fehl. 1592 wütete in London die Pest, die
schon 1563 mindesten 25 Prozent der Bevölkerung hinweggerafft
hatte und die 1603 noch einmal zuschlug. Die von 1594 bis 1598
anhaltenden Mißernten verschärften das soziale Elend, und auch in
den Jahren danach fielen die Ernten nicht viel besser aus. Zwischen
1597 und 1601 rang das Parlament um eine Reihe von Arbeits- und
Armengesetzen, die dringend erforderlich waren, um das Land vor
sozialen Unruhen zu bewahren. Das Problem lag vor allem darin,
daß die Großgrundbesitzer an niedrigen Löhnen für Landarbeiter
interessiert waren, weshalb sie immer wieder Gesetze durchsetz-
ten, die das Zahlen höherer Löhne unter Strafe stellten. Die
Höchstlöhne waren aber wegen der Inflation längst unter die
Armutsgrenze gesunken. Statt nun die Löhne anzuheben, wälzte
der Hochadel die Fürsorgepflicht für die Armen in Gestalt einer
Armensteuer auf die Gemeinden ab. De facto bedeutete dies, daß

101

die Stadtbürger die niedrigen Löhne der Landarbeiter subventionierten. Gleichzeitig wurden harsche Gesetze gegen das Betteln und Vagabundieren erlassen, so daß Arbeitslose es sich nicht einmal leisten konnten, außerhalb ihrer Gemeinde Arbeit zu suchen.

Von Expansion und wirtschaftlichem Fortschritt war in dieser Zeit wenig zu spüren. Der erste, von Sir Walter Raleigh unternommene Versuch, im nach der jungfräulichen Königin benannten Virginia eine Kolonie zu gründen, endete mit deren mysteriösem Verschwinden, was als *the Lost Colony* in die Gründungsmythologie der USA einging. Daß mit der Gründung der East India Company 1599 bereits der Grundstein für das zweite britische Empire mit dem Zentrum Indien gelegt wurde, konnte damals niemand ahnen. Da England keinen Zugang zu Gold- und Silberminen hatte und auch die landwirtschaftliche Nutzung Nordamerikas noch nicht begonnen hatte, konnten die Engländer im Welthandel nicht als Verkäufer, sondern nur als Zwischenhändler auftreten. Das erwies sich in den nächsten zwei Jahrhunderten als Trumpfkarte, doch zur Zeit Elisabeths konnte von Handel noch keine Rede sein. Vielmehr betätigten sich die englischen Seefahrer hauptsächlich als Piraten, die spanische Galeonen kaperten, was stets mit Kriegsgefahr verbunden war und deshalb von Elisabeth nur halbherzig und ohne offizielle Genehmigung geduldet wurde.

An der Spitze dieses Landes, das seine eiserne Realität mit einem Mythos vergoldete, stand eine Königin, die zu den faszinierendsten Herrscherpersönlichkeiten der Weltgeschichte zählt. Aufgewachsen unter dem Damoklesschwert, jederzeit, wenn schon nicht auf Befehl ihrer Halbschwester Maria, so doch vielleicht auf Betreiben von deren spanischen Ratgebern aus dem Weg geräumt zu werden, entging sie mit knapper Not den Vergeltungsaktionen, die die katholische Seite nach dem gescheiterten Aufstand von 3000 Protestanten unter Führung von Sir Thomas Wyatt ausgelöst hatte. Schon bald darauf bestieg sie selber den Thron und wurde Königin eines Landes, in dem sich drei Lager teils mißtrauisch, teils feindlich gegenüberstanden: die Katholiken, die moderaten Anglikaner und die Puritaner. Hinzu kam, daß Elisabeths Legitimität bestritten wurde und Maria Stuart, die zweite in der Erbfolge, als Spielball des katholischen Lagers Ansprüche auf den Thron erhob. Dank ihrem klugen Ratgeber William Cecil und ihrem eigenen politischen Instinkt überlebte sie die ersten Jahre und wurde danach zu einer charismatischen Herrscherin, die ihre größten politschen Erfolge dadurch errang, daß sie nichts tat. Sie haßte den Krieg und suchte ihn zu vermeiden, ließ aber dennoch ihre Admirale auf Kaperfahrt gehen und strich einen Teil der Beute ein. Sie hielt den Hochadel in Schach, indem sie dem Unterhaus entgegenkam. Doch wenn die Commons zu dreist wurden, kehrte sie die strenge Königin heraus und stauchte sie zusammen. Ihre stärkste Trumpfkarte war, daß sie nicht heiratete; denn mit der Aussicht auf ihre Hand konnte sie Bewerber hinhalten und denjenigen drohen, die eine Allianz Englands mit einer anderen Macht fürchteten. Freilich blieb sie dadurch ihrem Land den erhofften Thronerben schuldig, was sich mit der Zeit wie eine dunkle Wolke über ihr zusammenzog. Doch nach dem Sieg über die Armada, als sie längst über das gebärfähige Alter hinaus war, hatte sich die Frau aus Fleisch und Blut in den Augen des Volkes bereits in eine Ikone verwandelt, der man eine geradezu religiöse Verehrung entgegenbrachte, was das Murren über den ausbleibenden Sohn verstummen ließ. Ihre Gleichgewichtspolitik im Innern wie nach außen übertrifft an Staatskunst noch die von Bismarck. Allerdings teilte sie mit diesem das Schicksal, daß der Nachfolger die kunstvolle Schaukelpolitik nicht beherrschte und auch nicht fortzusetzen bereit war, so daß das Aufbrechen der eingedämmten Konflikte nur eine Frage der Zeit war.

Als Person war Elisabeth eine hochgebildete Frau, die Latein und Französisch beherrschte, über eine brillante Rhetorik verfügte und Musik und Theater schätzte. Dennoch tat sie wenig für die Förderung der Künste, sondern überließ dies dem Adel und den Kräften des Marktes. Im Laufe der Jahre war aus der jungen Frau, von der nach zeitgenössischen Berichten trotz einer nur knapp überlebten Pockenerkrankung ein starker Zauber ausging, eine Königin geworden, die ihre Rolle nach außen perfekt spielte, während sie sich im privaten Umgang zum Teil recht grob benommen haben soll. So wird berichtet, sie spucke ungeniert aus, fluche wie ein Kutscher und trinke erhebliche Mengen Bier. Nichts von alledem hat der Ikone auch nur einen Kratzer zugefügt. Die „jungfräuliche Königin", zu der sie sich selbst stilisierte, ersetzte dem Volk die Jungfrau Maria, die ihm durch die Reformation genommen worden war. Was ihre eigene Jungfräulichkeit betrifft, so glauben die Historiker – allen heutigen Skandalerwartungen zum Trotz –, daß sie kein sexuelles Verhältnis hatte, nicht einmal mit Robert Dudley, dem späteren Grafen Leicester, den sie wirklich geliebt zu haben scheint. Graf Essex und ihre anderen Günstlinge in den reiferen Jahren waren nur noch Puppen, die ihre Eitelkeit befriedigten. Wenn moderne Menschen solche Enthaltsamkeit nicht glauben wollen, sollten sie bedenken, daß Elisabeth in ihrer Jugend durch die Ehedramen ihres Vaters die traumatische Erfahrung gemacht hatte, daß nicht allein die Ehe mit einem Mann, sondern schon eine bloße Liaison eine lebensgefährliche Sache ist, die eine Frau den Kopf kosten kann. Zugleich aber hatte sie von ihrem Vater den Machtinstinkt geerbt, der bei ihr sicher stärker war als der sexuelle.

Das elisabethanische Weltbild

Shakespeare wurde 1564 geboren, im gleichen Jahr wie Galilei. Das war 21 Jahre nach dem Erscheinen der Schrift des Kopernikus, deren Titel für die Nachgeborenen schon auf ihre revolutionäre Wirkung hinzuweisen scheint: *De revolutionibus orbium coelestium libri VI (Über die Umschwünge der himmlischen Kugelschalen)*. Weitere 21 Jahre später, nämlich 1585, kehrte Giordano Bruno von London auf den Kontinent zurück, nachdem er in der englischen Hauptstadt seine drei Hauptwerke veröffentlicht hatte: die kosmologischen Schriften *Von der Ursache, dem Urgrund und dem Einen* (1584) und *Vom Unendlichen, dem All und den Welten* (1584) sowie die erkenntnistheoretische Studie *Von den heroischen Leidenschaften* (1585). Eine Epoche mit diesen Repräsentanten stellt man sich als ein Treibhaus neuer Ideen vor. Und doch war im elisabethanischen England wenig davon zu spüren. Bruno hat dort keine Spuren hinterlassen. Das kopernikanische Weltbild war den Intellektuellen zwar bekannt, wurde aber nur von wenigen akzeptiert. Die fortschrittlichsten unter ihnen kannten Macchiavellis *Il Principe* und Montaignes skeptische *Essais*, doch im ganzen war das intellektuelle Klima viel stärker dem Mittelalter verhaftet als auf dem Kontinent. Der Grund dafür wurde bereits genannt; es war die rund hundertjährige Verspätung der englischen Renaissance. Wohl spürt man bei ausgeprägten Renaissancemenschen wie Christopher Marlowe die Modernität, die ihm den Vorwurf des Atheismus einbrachte, doch selbst er läßt seinen *Doctor Faustus* noch auf sehr mittelalterliche Weise in die Hölle fahren.

Eine andere Art von Modernität gab es im Lager der Puritaner, deren religiöser Individualismus bereits den politischen einschloß und damit zu einem Treibsatz für egalitär-demokratisches Denken wurde. Die große Masse des Volkes aber und ebenso die Mehrheit der Gebildeten trug weiterhin die Vorstellung einer hierarchisch gestuften Welt im Kopf, wie sie Shakespeare, den man in dieser Hinsicht zu den Konservativen zählen muß, in seinem Stück *Troilus und Cressida* durch Odysseus ausdrücken läßt. Dessen lange Rede an das griechische Heer kreist geradezu obsessiv um den Begriff *degree*, der dem mittelalterlichen *ordo*-Begriff entspricht. Vier analog strukturierte Hierarchien prägten das elisabethanische Weltbild: die ontologische, die von Gott über die Engel, den Menschen, die Tiere und Pflanzen hinab zum Mineralreich reichte; die kosmologische, die vom ewigen Feuer (dem *empyreum*) über die Fixsterne, die Sonne, die Planeten und den Mond bis hinab zur sublunaren Welt auf der Erde den Makrokosmos darstellte; der *body politique* vom König über die Kronvasallen, die Ritter und Gentlemen hinab zum gewöhnlichen Volk; und der Mikrokosmos im Innern des Menschen, der vom Gehirn als dem Sitz der Vernunft über das Herz, den Sitz der edlen Leidenschaften, hinab zur Leber reichte, die aus den vier Körpersäften die niederen Leidenschaften zusammenbraute.

Es ist offensichtlich, daß diese hierarchischen Pyramiden ideologische Homologien der feudalen Gesellschaftsordnung sind. Für den mittelalterlichen Menschen war die Stabilität der vertikalen Ordnung durch Gott garantiert. Menschen konnten gegen sie verstoßen, doch ereilte sie über kurz oder lang das göttliche Strafgericht. Boccaccio hat in seiner Schrift *De casibus virorum illustrium* zahlreiche Beispiele dafür gegeben, wie große Menschen, die sich über den ihnen von Gott zugewiesenen Platz erhoben, zu Fall kamen. Solche *exempla* oder *De-casibus*-Geschichten gibt es in der mittelalterlichen Literatur in großer Zahl. Chaucer, der sie in seinen *Canterbury Tales* einem Mönch in den Mund legt, bezeichnet sie dort als ‚Tragödien‘, obwohl sie mit Tragik nichts zu tun haben.

Äußerlich scheint das elisabethanische Weltbild exakt diesen mittelalterlichen Hierarchien zu entsprechen. In einem Punkt aber unterscheidet es sich davon ganz wesentlich: Seine Stabilität ist nicht mehr durch Gott verbürgt; denn in der ontologischen Pyramide gibt es eine Bruchstelle, die jetzt eine ganz andere Bewertung erfährt. Sie geht quer durch den Menschen, der mit seiner Vernunft dem Reich der Engel und mit seinen Leidenschaften dem Reich der Tiere angehört. Wenn die Leidenschaften über die Vernunft triumphieren, droht nicht nur der einzelne Mensch zu fallen, der ganze Kosmos droht auseinanderzubrechen. Strukturell hatte es das Mittelalter genauso gesehen, doch da hielt man die Leidenschaften noch für etwas so Niedriges, daß niemand sich ihre Herrschaft wünschen konnte. Jetzt aber sahen die vom Geist der Renaissance erfüllten Menschen in den Leidenschaften den notwendigen Antrieb zu großen Taten. Damit war das vertikale Verhältnis in die Horizontale gewendet. Die Vernunft sollte zwar weiter der Leitstern sein, doch die Leidenschaften waren für ruhmreiches Handeln von gleicher Wichtigkeit. Nirgendwo wird dieses Dilemma so deutlich wie im Werk Shakespeares.

Melancholie

Die dunkle Seite des Lebens hat die Künstler von jeher stärker angezogen als die lichte. Doch zu einem regelrechten Kult wurde das Schwelgen in Trauer und Schwermut erst gegen Ende des 16. Jahrhunderts. Jetzt bevölkerten Melancholiker wie Shakespeares Jaques in *Wie es euch gefällt* und sein Hamlet die Bühne. In der Lyrik häuften sich schwermütige Sonette, und die jungen Herren der elisabethanischen Schickeria liebten es, sich in der Pose des Melancholikers malen zu lassen (Abb. 20). Auch in der Musik scheinen schwermütige Melodien beliebter gewesen zu sein als heitere Tanzweisen. Ähnliche Wellen sind auch später in der europäischen Kultur zu beobachten, so das Ossianfieber, der Byronische Weltschmerz, Baudelaires *ennui* und die *tristesse* der Existenzialisten. Ob es sich dabei um bloße Moden oder um Reflexe sozialer Krisen handelt, ist schwer zu sagen. Die Vermutung liegt nahe, daß sich darin das Unbehagen ausdrückt, das Menschen mit empfindlicher Antenne, also in erster Linie Künstler, bei jedem neuen Schub der Vereinzelung empfanden. Der erste dieser Schübe war die Freisetzung des Bürgers aus den Bindungen der Feudalgesellschaft. Es folgte im späten 18. Jahrhundert die soziale Freisetzung des Künstlers durch den Autonomieanspruch der romantischen Kunst. Mit dem Beginn der Moderne wurde der Künstler schließlich in die absolute Freiheit entlassen; denn anders als frühere Blütezeiten, die alle in gewissem Sinne Renaissancen waren, verweigerte die Moderne diesen Rückgriff auf die Tradition.

Wenn diese Deutung richtig ist, kann es kaum verwundern, daß in England die erste Welle der Schwermut besonders hoch ging; denn hier war der Prozeß der Verbürgerlichung am weitesten fortgeschritten. Der Puritanismus mit seiner Betonung der Individualität hatte die Vereinzelung zudem noch ideologisch verstärkt. Jedenfalls war die Melancholie im letzten Jahrzehnt Elisabeths ein Grundton der englischen Kultur. Wenig später widmete Robert Burton ihr sein enzyklopädisches Werk *Anatomy of Melancholy* (1621). Auch die nächste Welle im 18. Jahrhundert setzte in England früher ein als auf dem Kontinent, nur nannte man es jetzt nicht *melancholy*, sondern *spleen*, wovon ein späteres Kapitel handelt. Für die Elisabethaner war Melancholie eine Störung im Stoffwechsel der vier Körpersäfte Blut *(sanguis)*, Lymphe *(phlegma)*, gelbe Galle *(chole)* und schwarze Galle *(melaina chole)*. Je nachdem, welcher der Körpersäfte dominierte, war der Mensch entweder Sanguiniker, Phlegmatiker, Choleriker oder Melancholiker. Verantwortlich für die richtige Mischung der Säfte war die Leber. Wenn dort das natürliche Gleichgewicht durcheinander geriet, bildeten sich schädliche Extreme aus. Während nun die ersten drei Temperamente ihren Überschuß durch Handeln bzw. im Fall des Phlegmatikers durch Nichthandeln abarbeiten konnten, sammelte sich die schwarze Galle des Melancholikers im Organismus und wurde dort „verbrannt", aber nicht abgeführt. Folglich war nach elisabethanischer Psychologie und Physiologie *melancholy adust* (verbrannte schwarze Galle) die Hauptursache seelischer Störungen. Daß von allen tragischen Helden Shakespeares gerade Hamlet als Melancholiker dargestellt wird, ist nur konsequent; denn sein Problem ist die Unfähigkeit zu handeln aufgrund eines Mangels an Leidenschaft, weshalb sich in ihm *melancholy adust* ansammelt, die ihn schwermütig macht.

Unfähigkeit zu handeln muß ein weitverbreitetes Gefühl unter den Intellektuellen gewesen sein. Sie hatten das Ethos der Renaissance verinnerlicht und mußten sich danach sehnen, wie Marlowes Tamberlaine große Taten zu vollbringen, doch eben das war ihnen verwehrt. Waffentaten wurden von gelernten Kriegern, Entdeckungen von gelernten Seeleuten und politische Taten von hochgestellten Personen bei Hofe vollbracht. So mußte sich unter

Künstlern das Gefühl breitmachen, zur Tatenlosigkeit bloßer Wortproduzenten verdammt zu sein. Aus dem gleichen Gefühl heraus hatten die deutschen Romantiker Hamlet zu ihrer Identifikationsfigur erkoren. Noch Stephen Dedalus in Joyces *Ulysses* wird dem Leser als eine Hamlet-Figur vorgeführt. Alles dies unterstützt die These, daß Hamlets Melancholie die Grundbefindlichkeit des freigesetzten Bürgers der Neuzeit ist.

Das Theater

1576 baute der Schauspieler und Theaterunternehmer James Burbage im Nordosten Londons das erste Theater, *The Theatre*, wie es schlicht hieß. Ein Jahr später folgte ganz in der Nähe das *Curtain Theatre*, das nicht etwa wegen eines Theatervorhangs so hieß, den es damals gar nicht gab, sondern wegen des Grundstücks, das diesen Namen trug. 1587 ließ der Theaterunternehmer Philip Henslowe am Südufer der Themse *The Rose* errichten, das die Spielstädte der Admiral's Men war, jener Truppe, die mit ihrem Starschauspieler Edward Alleyn und ihrem wichtigsten Autor Christopher Marlowe die schärfste Konkurrenz für die Lord Chamberlain's Men war, die im *Theatre* spielten und die durch ihren Schauspieler, Autor und Aktionär Shakespeare berühmt wurden. Als die Pacht des *Theatre* auslief, ließ die Truppe es 1599 abreißen und aus dem Bauholz ein neues Haus bauen, das berühmte *Globe*. Zuvor war ganz in der Nähe bereits 1595 *The Swan* entstanden. Ein weiteres, *The Fortune*, kam 1600 hinzu. 1605 folgte *The Red Bull*, wo bis 1629 die Queen Anne's Men spielten. Das letzte der großen *public theatres* war *The Hope* (1614). *Public* hießen sie, weil in ihnen unter offenem Himmel gespielt wurde, im Unterschied zu den *private theatres* in geschlossenen Räumen. Von letzteren gab es insgesamt vier: *The Paul's Boys Playhouse*, das erste *Blackfriars* (1576–84), das zweite *Blackfriars* (1596) und das *Whitefriars* (1606?) (Abb. 22).

Das Erstaunliche an all diesen Theatern war ihr enormes Fassungsvermögen. Bedenkt man, daß es für die Beleuchtung nur Kerzen und Fackeln gab, sind bereits die 700 Plätze des geschlossenen *Blackfriars* beachtlich. Noch schwerer vorstellbar sind die rund 3000 Plätze des *Globe* und *Swan*, zumal diese Theater äußerlich so

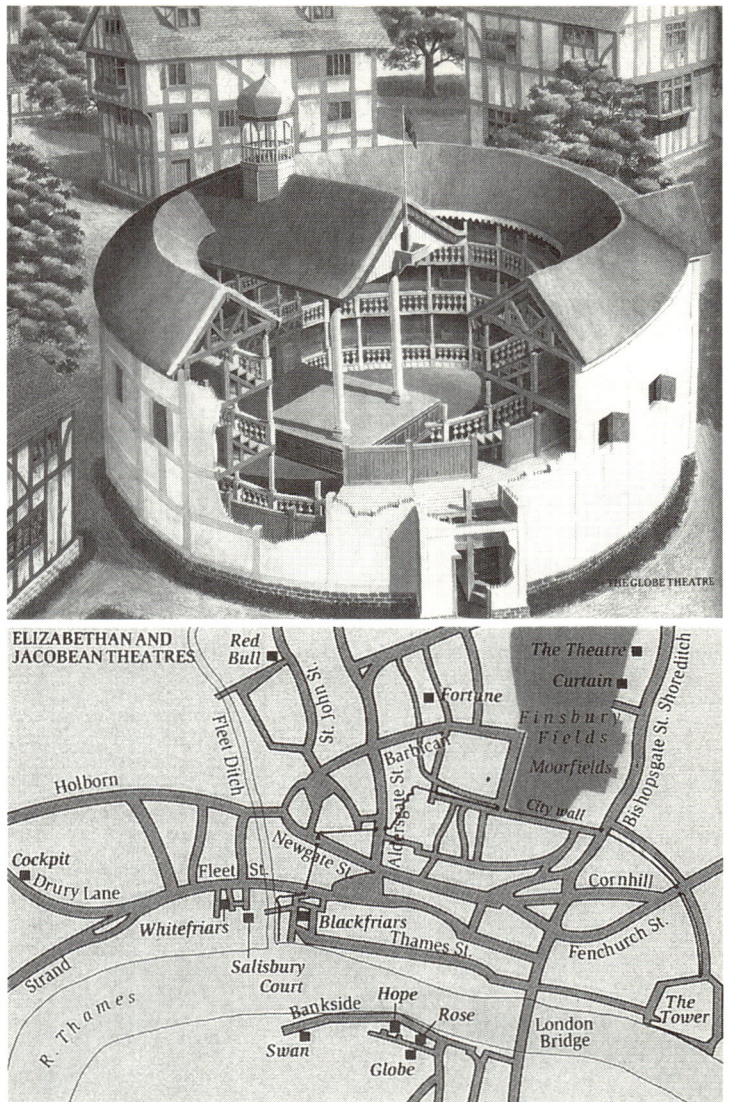

Abb. 22: Rekonstruktion des Globe-Theaters mit einem Plan
der elisabethanischen Theater in London

klein waren, daß sie bequem im Bühnenhaus eines modernen Stadt-theaters Platz gehabt hätten. Das Fassungsvermögen läßt sich nur verstehen, wenn man sich klar macht, mit welch bescheidenem Komfort sich das Publikum begnügte. Im *pit*, was dem heutigen Parkett entspricht, standen für einen Penny die *groundlings*. Wer einen Sitzplatz wollte, zahlte einen weiteren Penny und durfte auf den dicht besetzten Bänken der *gallery* Platz nehmen. Für noch einen Penny mehr bekam man einen gepolsterten Sitz. Für die betuchte Prominenz gab es zusätzlich einige Logen und die Mög-lichkeit, auf einem Stuhl auf der Bühne zu sitzen. Die Bühne bestand aus einer Rampe, die in den Zuschauerraum hineinragte. Sie war also von drei Seiten einzusehen. An der hinteren Seite befand sich das *tiring house*, in das sich die Schauspieler zurück-ziehen konnten (= *to retire*). Neben der Hauptebene auf der Bühne gab es einen Balkon, der bekanntlich in *Romeo und Julia* eine wich-tige Rolle spielt, und eine durch eine Falltür zugängliche Unter-welt, aus der z.B. der Geist von Hamlets Vater aufstieg und in der Hamlets Streit mit Laertes im Grab der Ophelia stattfand. Da es keinen Vorhang und keine Kulissen gab, konnte der Schauplatz eines Dramas nur durch die Magie des Wortes beschworen werden. Allerdings wurde die sprachliche Evokation durch aufwendige Kostüme unterstützt, die oft ein Vielfaches dessen kosteten, was der Autor für sein Stück erhielt. Das übliche Autorenhonorar belief sich auf ca. sechs Pfund. Das war immer noch mehr, als der Autor von einem Verleger bekommen hätte, wenn er diesem das Stück zum Druck angeboten hätte; der hätte kaum mehr als zwei Pfund gezahlt. Mit etwas Glück hätte der Autor vielleicht noch einen Mäzen finden können, dem er das Stück gegen ein Honorar von weiteren zwei Pfund hätte widmen können. Es war also nicht sonderlich einträglich, Bücher zu publizieren oder Stücke zu schreiben, es sei denn, man hatte zusätzliche Einnahmequellen, z.B. dann, wenn man als Schauspieler selber in dem Stück spielte und dafür Gage bezog. Am günstigsten war es aber, wenn man zusätzlich noch Aktionär der Schauspieltruppe war, dann war man entsprechend seinem Kapitalanteil am Nettogewinn beteiligt. Alles dies traf auf Shakespeare zu, der offensichtlich nicht nur der ge-nialste Autor seiner Zeit, sondern obendrein noch ein cleverer Geschäftsmann war. Das wenig einträgliche Geschäft des Bücher-schreibens betrieb er nur zwischen 1592 und 1594, als wegen der

Pest die Theater mit kurzen Unterbrechungen geschlossen waren. Da schrieb er seine Verserzählungen *Venus und Adonis* (1593) und *Die Schändung der Lukrezia* (1594), wobei er auch hier seine Einkünfte dadurch erhöhte, daß er diese Bücher dem Grafen Southampton widmete. Wie einträglich das Theater sein konnte, wenn man es als Unternehmer betrieb, zeigt das Beispiel des Schauspielers Edward Alleyn und seines Managers und Schwiegervaters Henslowe. Als Alleyn sich 1604 endgültig zur Ruhe setzte, war er so reich, daß er in seinem Testament – wie schon früher erwähnt – ein Vermögen von 10000 Pfund für eine zu gründende Schule stiften konnte.

Das bisher Ausgeführte macht deutlich, daß das Theater ein kommerzielles Unterhaltungsmedium war, vergleichbar dem Kino im 20. Jahrhundert. Man tut Shakespeare wohl kaum unrecht, wenn man annimmt, daß er unter heutigen Bedingungen wohl eher für den Film oder das Fernsehen geschrieben hätte. Da wir nur die künstlerischen Spitzenleistungen des elisabethanischen Theaters kennen, neigen wir dazu, der Epoche ein höheres Kulturbewußtsein zuzuschreiben, als sie tatsächlich hatte. Von den oben genannten Theatern mit ihren bis zu 20000 Plätzen dienten weniger als die Hälfte der hohen Kunst, und das auch nur zeitweilig. Manche zogen ein riesiges Publikum an, indem sie Hunde auf Bären oder Bullen hetzten, letzteres deswegen, weil dies die Qualität des Fleisches verbesserte. Andere zeigten volkstümliche Stücke voll von Akrobatik, Komik und kruden Sensationen. Selbst seriöse Autoren wie Shakespeare kamen dem Publikumsgeschmack weit entgegen. In einem Punkte allerdings muß selbst das Publikum aus den unteren Schichten eine erstaunlich hohe Bildung gehabt haben, nämlich was das Verstehen komplexer Rhetorik angeht. Wenn heute selbst gebildete Theatergänger Schwierigkeiten haben, dieser Rhetorik zu folgen – und das noch in modernisierten Textfassungen bzw. Übersetzungen –, ist kaum zu fassen, daß einfache Handwerker verstanden haben sollen, was auf der Bühne verhandelt wurde. Man muß aber bedenken, daß diese Menschen jeden Sonntag zur Kirche gingen und dort einer Predigt ausgesetzt waren, die aus dem Munde eines Absolventen von Oxford oder Cambridge im Zeitalter des Manierismus mit rhetorischen Figuren nur so gespickt gewesen sein muß. Da zudem viele Theaterbesucher Analphabeten waren und eben deshalb ein für Sprache besonders trainiertes Gedächtnis hatten, waren sie besser auf elaborierte Rhetorik vorbereitet als selbst die Gebildeten in heutiger Zeit.

Was das Theater grundsätzlich von allen anderen Kunstformen jener Zeit unterschied, war die Tatsache, daß es ein Publikum quer durch alle Schichten erreichte, vom Hochadel bis hinunter zum Handwerksburschen. Folglich spiegelt sich in den Stücken das Denken und Fühlen der Gesellschaft in größtmöglicher Vielfalt und Komplexität. Demgegenüber erreichte die gedruckte Literatur nur eine kleine Minderheit. Die Belletristik – vor allem die Sonettdichtung und Versepen wie Edmund Spensers *Fairie Queene* (1590–96), aber auch höfisch-pastorale Romane wie Sir Philip Sidneys *Arcadia* (1581) und Lylys *Euphues* – richtete sich nahezu ausschließlich an die Oberschicht, während das zunehmend puritanisch gesinnte Bürgertum die poetische Literatur als Verführung zum Müßiggang ablehnte und statt dessen religiöse Traktate las. Zwar gab es schon damals Ansätze einer auf Unterhaltung abzielenden realistischen Erzählkunst, doch war deren Publikum verschwindend klein im Vergleich mit den Massen, die ins Theater strömten.

Marlowe und Shakespeare

Sieht man das universalistische Ordnungsdenken des Mittelalters, den elitär-individualistischen Geist der Renaissance und den egalitär-individualistischen Puritanismus als die ideologischen Haupttendenzen der elisabethanischen Zeit an, dann werden zwei davon beispielhaft durch Dramatiker verkörpert, die im gleichen Jahr geboren wurden und vielleicht sogar ein Werk von gleicher Bedeutung geschaffen hätten, wenn der eine nicht bereits in dem Jahr gestorben wäre, in dem der andere gerade an die Öffentlichkeit trat. Die Rede ist von Marlowe und Shakespeare.

Christopher Marlowe (1564–93) ist der Inbegriff eines Renaissancemenschen, und seine dramatischen Helden sind es noch mehr. Wie ihr Schöpfer streben sie nach dem Höchsten, nach Macht (Tamberlaine), Wissen (Faust), Geld (Barabas) und Liebe (Dido). Dabei halten sie jedes Mittel für erlaubt, auch das Verbrechen. Das Wenige, das über Marlowes kurzes wildes Leben bekannt ist, deutet auf eine ähnlich amoralische Haltung hin. Zeitgenossen bezeichneten ihn als Atheisten. Mit hoher Wahrscheinlichkeit war er homosexuell, und als Mitarbeiter des Geheimdienstes agierte er auf einem Felde, das die Amoral zum Prinzip hat. An Sprachkraft stand er dem großen Rivalen nicht nach, wenngleich ihm offensichtlich dessen Tiefblick in die menschliche Seele und vor allem der Humor fehlten. Aber möglicherweise hätte er dies durch die Radikalität seines Entdeckertums wettgemacht. Obgleich es immer fragwürdig ist, aus den Aussagen von Dramenfiguren auf die Ansichten des Autors zu schließen, klingt doch die folgende Rede Tamburlaines so, als sei sie dem Dichter aus dem Herzen gesprochen:

> Der Durst nach Macht, die Süße einer Krone,
> das, was den ält'sten Sohn des hohen Ops
> antrieb, den Vater von dem Thron zu stoßen,
> um selbst zum Himmelskaiser sich zu krönen,
> das trieb mich, Krieg dem Staate zu erklären.
> Welch bessres Vorbild gibts als Zeus dort oben?
> Natur schuf uns aus Elementen vier,
> die in uns ständig um die Herrschaft ringen;
> sie lehrt uns, nach dem Höchsten stets zu streben:
> Der Geist in uns, der fähig ist zu fassen
> das wunderbare Bauwerk dieser Welt,
> der der Planeten Bahn berechnen kann
> und weiter strebt nach grenzenlosem Wissen
> und ruhelos durch alle Sphären schweift,
> er will, daß wir uns mühen unermüdlich,
> bis wir die reifste Frucht von allen pflücken,
> vollkommnes Glück und einz'ge Seligkeit,
> die höchste Süße: eine irdsche Krone.
> (1. Teil, Akt II, Szene VII; übers. vom Verf.)

Dies klingt wie das Credo eines machiavellistischen Renaissancemenschen, wie man es in Shakespeares Werken vergeblich suchen würde. Zwar sagt auch Hamlet:

> Gewiß, der uns mit solcher Denkkraft schuf,
> Vorauszuschaun und rückwärts, gab uns nicht
> Die Fähigkeit und göttliche Vernunft,
> Um ungebraucht in uns zu schimmeln.
> (Akt IV, Szene IV; übers. von A. W. Schlegel)

Doch er sagt es, während er sich seine Tatenlosigkeit vorwirft, die dem Bestreben entspringt, das zu tun, was die Vernunft – und nicht der *aspiring mind* bei Marlowe – gebietet. In Shakespeare – soweit sein Werk als Spiegel seiner selbst gelten darf – steht uns kein Renaissancemensch gegenüber, sondern einer, der in sich das alte Ordnungsdenken gegen einen an Montaigne erinnernden Skeptizismus aufrechtzuerhalten versucht und der dies innere Ringen in seinem Werk dadurch sichtbar werden läßt, daß er auf jede eindeutige Festlegung verzichtet und eben deshalb die ganze Wahrheit der *conditio humana* zum Ausdruck bringt.

Von Shakespeare als Person wissen wir nur wenig mehr als von Marlowe. Er wurde am 26.4.1564 in Stratford getauft, was auf ein Geburtsdatum um den 23.4. schließen läßt. Mit 18 Jahren heiratete er die acht Jahre ältere Anne Hathaway, die ihm sechs Monate später die Tochter Susanna gebar. Zwei Jahre darauf wurde er Vater des Zwillingspaars Hamnet und Judith. Für die Zeit von 1585 bis 1592 gibt es so gut wie keine Lebensdaten. Danach ist er in London als Schauspieler, Stückeschreiber und Theateraktionär so fest etabliert, daß sich aus verstreuten Erwähnungen seines Namens in Kaufverträgen und Aufzeichnungen von Zeitgenossen ein grobes Mosaik seines Lebensweges ergibt. Schon 1597 erwirbt er ein großes Haus in Stratford, in das er sich 1610 zurückzieht. 1616 stirbt er und hinterläßt ein Testament, in dem er seiner Frau „sein zweitbestes Bett" vermacht, was den Forschern Anlaß zu der Vermutung gab, daß seine Ehe nicht sehr glücklich war. Doch andere Hinweise darauf gibt es nicht.

Eine innere Biographie hat die Forschung aus seinen Sonetten herauslesen wollen, die 1609 mit einer kryptischen Widmung an einen gewissen Mr. W. H., den „only begetter" dieser Gedichte, erschienen. Unter „begetter" ist vermutlich derjenige zu verstehen, an den die Sonette gerichtet sind, der sie also ins Leben gerufen hat. Da man aber weder das Entstehungsdatum der Sonette noch den Namen des Adressaten kennt, läßt sich nicht mehr aus ihnen herauslesen, als daß darin ein Dichter die Schönheit eines jungen Freundes preist, um seine Liebe wirbt, ihn zur Heirat auffordert und ihm Vorwürfe wegen seines Lebenswandels macht. Zuletzt folgen Sonette, die an eine Frau von dunklem Teint gerichtet sind. Diese *dark Lady* reißt den Dichter zu heftiger Leidenschaft hin und bereitet ihm wegen ihrer Untreue Seelenqualen. Ob all dies einen realen Hintergrund hat oder vielleicht nur eine romanhaft ausgesponnene Fiktion ist, läßt sich bei der gegenwärtigen Datenlage nicht entscheiden.

Während die Sonette vor allem von privaten Gefühlen handeln, geht es in den Dramen um Handlungen, weshalb sich aus ihnen schon eher so etwas wie eine Weltdeutung herauslesen läßt. Alle Stücke folgen dem gleichen Muster: Sie beginnen mit einer Störung der Ordnung, bringen die Störung zur Krise und enden mit der Wiederherstellung der Ordnung, was in den Tragödien durch die Katastrophe und die dadurch herbeigeführte Vernichtung des Störers, in den Komödien durch das komische Dénouement geschieht. Man könnte nun einwenden, daß dies das Bauprinzip jedes Dramas sei. Doch bei Shakespeare ist die Ordnung nicht nur der Zielpunkt für die Auflösung der dramatischen Spannung, sie wird vielmehr in den Stücken selber immer wieder als der höchste Wert thematisiert. Wo Marlowes Sympathie der maßlosen Selbstentfaltung seiner Helden gilt, zeigt Shakespeare mit obsessiver Beharrlichkeit, welche verheerenden Folgen es hat, wenn ein Mensch gegen die Ordnung verstößt und wie ein Planet aus seiner Bahn tritt. Für Marlowe ist Krieg der Sinn der Schöpfung, für Shakespeare ist er nur das Mittel zur Wiederherstellung des Friedens. Damit wirkt Shakespeare neben Marlowe geradezu mittelalterlich. Seine Historiendramen thematisieren das Ordnungsproblem politisch, indem sie mit einer planvoll anmutenden Systematik verschiedene Fragestellungen durchdeklinieren: Was bewirkt politische Unordnung *(Heinrich VI.)*? Was bewirkt die Unrechtsordnung eines Tyrannen *(Richard III.)*? Wann darf ein legitimer, aber schwacher König gestürzt werden *(Richard II.)*? Wie soll ein guter König beschaffen sein *(Heinrich V.)*? In dem letztgenannten Stück präsentiert Shakespeare einen *model king*, der Autorität ausübt, ohne Tyrann zu sein, und volksnah ist, ohne sich beim Volk anzubiedern und dadurch die Würde des Amtes zu verletzen. Die politische Haltung, die sich in allen Stücken ausdrückt, ist ein konservativer Paternalismus.

In den Tragödien wird das Ordnungsproblem in die moralische Sphäre übersetzt. Jetzt geht es um die Bewahrung der Ordnung im Innern des Menschen, und zwar dadurch, daß er der sittlichen Vernunft gehorcht und seine Leidenschaften unter Kontrolle hält. *Passion* und *reason* sind bei Shakespeare regelmäßig die Pole, zwischen denen sich die tragische Spannung entfaltet. Nur ganz am Anfang experimentiert er noch mit anderen literarischen Modellen. So übernimmt er in *Titus Andronicus* die Form der Senecaschen Rachetragödie, während er in *Romeo und Julia* die Schicksalstragödie zweier *star-crossed lovers* zeigt. Einen dritten Typus, den der Konflikttragödie, stellt *Julius Cäsar* dar. Das Stück beginnt zwar schon wie die späteren Tragödien, die nach dem *De-casibus*-Schema von Aufstieg und Fall einer hochgestellten Person gebaut sind. Doch der Titelheld stirbt schon im dritten Akt, und von da an haben wir es mit dem tragischen Konflikt im Herzen des Brutus zu tun.

Auf diese frühen Tragödien folgen die, in denen Shakespeare seine Form gefunden hat; denn in ihnen gehen die Helden zugrunde, weil ein Übermaß an Leidenschaft ihre Vernunft überspült. Bei Macbeth ist es der Ehrgeiz, bei Othello die Eifersucht, bei Antonius der verblendete Liebeswahn, bei König Lear Jähzorn als Folge von verletzter Eitelkeit und bei Coriolan der Stolz. Bei allen Genannten läßt sich der tragische Sturz schon zu Beginn des Dramas ahnen; denn bereits im ersten Akt geschieht etwas, was ihnen den Haken der Leidenschaft ins Fleisch treibt. Eine Ausnahme macht nur Hamlet. Er bleibt bis zum fünften Akt der vernunftgeleitete Mensch, der eben dadurch alle Fäden in der Hand behält, aber nicht zur entscheidenden Tat fähig ist; denn für diese braucht er Leidenschaft. Als er dann aber ins Grab der Ophelia springt und zum erstenmal wirklich leidenschaftlich wird, ist es auch bei ihm mit der Vernunft vorbei, was dem Zuschauer handgreiflich vor Augen geführt wird; denn Hamlet steht im Grab, von dem aus er die Welt nur noch aus der Maulwurfsperspektive wahrnimmt. Jetzt hat er den bis dahin souverän bewahrten Überblick verloren und geht in das von Claudius und Laertes geknüpfte Netz. Hier führt Shakespeare das Problem mit äußerster Schärfe vor: Der Vernunft zu folgen ist zwar moralisch geboten, doch zum Handeln braucht man Leidenschaft.

Was in den Tragödien tödlich endet, wird in den Komödien bei gleicher Problemstellung zu einem glücklichen Ausgang gebracht. Dabei geht es auch hier um übermäßige Leidenschaften wie Ehrgeiz *(Wie es euch gefällt)*, Eifersucht *(Viel Lärm um nichts; Ein Wintermärchen)*, stolze Halsstarrigkeit *(Kaufmann von Venedig)* und Liebeswahn *(Ein Sommernachtstraum)*. Nur wird das Problem hier nicht durch den tragischen Bruch, sondern durch ein sanftes Biegen gelöst, was meist von Frauenhand bewerkstelligt wird.

Seit Shakespeare im 18. Jahrhundert in den Rang des größten Dramatikers des Abendlands erhoben wurde, hat man immer wieder darüber gerätselt, worin seine Größe besteht. Gewiß ist es zuerst einmal sein unvergleichliches poetisches Ausdrucksvermögen. Da er das Glück hatte, in einer Zeit geboren zu werden, in der die Dichter noch wenig über den neuzeitlichen Menschen gesagt hatten, konnte er selbst solche Dinge aussprechen, die man später als Platitüden empfunden hätte. Doch das, was seinem Werk noch heute unverminderte Aktualität verleiht, ist nicht nur die Form, sondern eine bei ihm besonders ausgeprägte Fähigkeit, die Grundgegebenheiten der menschlichen Existenz in ihrer ganzen Ambivalenz aufzuzeigen. Der Romantiker John Keats hat diese Fähigkeit als *negative capability* bezeichnet. Shakespeare konnte wie kein anderer Dichter ja und nein zur gleichen Zeit sagen. Genau das aber ist die spezifische Form der Wahrheitsaussage des Dichters. Er zeigt uns Macbeth als großen Menschen und zugleich als Verbrecher, er läßt uns die Liebe als Glück und Verblendung erfahren, er stellt Natur als eine pastorale Gegensphäre zur höfischen Welt der Machtintrigen dar und läßt zugleich aus ihr das Übernatürliche und Dämonische hervorbrechen. Wo Dichter wie Milton sich für eine Deutung der Welt entschieden, läßt er die Welt in ihrer ganzen Unausdeutbarkeit erscheinen und zeigt dennoch ein moralisches Koordinatensystem auf, an das sich der Mensch halten kann.

Zeit der Tragödie

Die Shakespearezeit ist nach dem 5. vorchristlichen Jahrhundert in Athen die zweite Blütezeit tragischer Dichtung. Weshalb waren die Athener unter Perikles und die Elisabethaner um 1600 begierig darauf, den Helden tragisch untergehen zu sehen, während der heutige Kinogänger das genaue Gegenteil erwartet, nämlich den Sieg des Guten und die Bestrafung des Bösewichts? Um dies zu verstehen, muß man sich klarmachen, wie die Tragödie auf den Zuschauer wirkt. Aristoteles hat dies in seiner Poetik analysiert. Hintergrund seiner Analyse ist Platons Verbannung der Tragödie aus dem Staat, weil sie angeblich die Emotionen aufrühre und damit eine Gefahr für das Gemeinwesen darstelle. Aristoteles versuchte diese Ansicht dadurch zu widerlegen, daß er die Tragödie geradezu als Therapie zur emotionalen Entlastung und damit als Stabilisator des Gemeinwesens deutet. Er tut es, indem er das tragische Erleben als einen emotionalen Ablauf beschreibt, bei dem durch *phobos* (Schrecken) Erregung aufgebaut wird, die – nach einer plötzlichen Wendung, der Peripetie – durch *eleos* (Jammer) wieder abgebaut und in ein lustvolles Gefühl von *katharsis* (Reinigung) überführt wird. Damit dieser Ablauf zustande kommt, bedarf es eines Helden, der weder ein Verbrecher noch ein Engel sein darf; denn im ersten Fall würde seine Gefährdung keinen *phobos* und im zweiten Fall keine kathartische Lust aufkommen lassen.

Wenn nun aber alle Menschen nach Lust verlangen, weshalb wird dieses Verlangen dann so selten auf tragische Weise befriedigt? Der tragische Ablauf zeichnet sich durch eine in sich widersprüchliche Reaktion aus. Auf der einen Seite wird einem herausragenden Helden Bewunderung entgegengebracht, auf der anderen hinterläßt sein Sturz lustvolle Befriedigung. In einer aristokratischen Gesellschaftsordnung ist nur das erste zu erwarten, in einer demokratisch-egalitären nur das letzte. Folglich wird die Bereitschaft zur tragischen Reaktion am ehesten da auftreten, wo ein aristokratisches Ethos noch und ein egalitäres schon besteht. Dies war im Athen des Perikles und im London Elisabeths der Fall. Sowohl die Athener wie die Elisabethaner konnten mit der einen – sozusagen alten – Hälfte ihres Herzens den Helden bewundern und mit der neuen, demokratischen aus seiner Nivellierung lustvolle Befriedigung ziehen. Das erklärt, weshalb es in einer durchgängig demokratischen Gesellschaft wie der amerikanischen keine Tragödien gab, was in einem vielzitierten Aufsatz in der Zeitschrift *Life* auf die Formel „untragic America" gebracht wurde.

Tragische Epochen sind demnach wie geologische Bruchzonen, in denen sich zwei ideologische Platten gegeneinanderschieben: eine vertikal-aristokratische Wertordnung gegen eine horizontal-egalitäre. Für den kurzen Zeitraum, in dem beide nebeneinander bestehen, ist die Gesellschaft imstande, sich mit beiden emotional zu identifizieren. Das ist die Spannung, die das Publikum zur tragischen Reaktion disponiert; und die Tragödie ist der Seismograph, der die Spannung anzeigt. Über einen sehr viel längeren Zeitraum hinweg läßt sich eine solche Bruchzone auch in Deutschland beobachten, wo das Ringen um die Demokratie von der Aufklärung bis zur Mitte des 20. Jahrhunderts von einem Ringen um die Tragödie begleitet wird, das sich von Lessing bis zu Gerhart Hauptmann hinzieht.

Im elisabethanischen England ist die Bruchzone allerdings sehr viel klarer zu erkennen; denn hier sehen wir zwei Prozesse, die durch die Titel zweier Schriften angesehener Historiker paradigmatisch bezeichnet werden: Lawrence Stones Buch *The Crisis of the Aristocracy (Die Krise der Aristokratie)* und R. H. Tawneys Aufsatz *The Rise of the Gentry (Der Aufstieg der Gentry)*. Auch wenn die Aristokratie keinen Niedergang erlebte, verlor sie doch durch den Aufstieg der Gentry relativ an Bedeutung. Einen kräftigen ideologischen Schub erhielt die Gentry zusätzlich durch den Puritanismus, der nicht nur beim städtischen Bürgertum, sondern auch beim Landadel auf fruchtbaren Boden fiel. Als dann der Bruch zwischen Krone und Unterhaus einsetzte, schwand auch sehr bald die Disposition des Publikums für tragische Ambivalenz. Jetzt stand man entweder auf der Seite der alten Ordnung und wollte höfische Maskenspiele in aristokratischem Milieu sehen, oder man schlug sich auf die egalitäre Seite und erfreute sich an der Bestrafung der verbrecherischen Helden. Schon nach 1616 begannen die echten Tragödien, wie Shakespeare sie schrieb, einem bloß sensationellen Trauerspiel zu weichen, bei dem der Held ein Verbrecher ist, den die gerechte Strafe ereilt.

Man hat sich daran gewöhnt, von elisabethanischer Tragödie zu sprechen. Doch sieht man einmal von Marlowe ab, so sind die größten Werke der Gattung in der ersten Hälfte der Regierungszeit von Jakob I. entstanden. Das entspricht auch viel eher der oben skizzierten Hypothese. Der tragische Riß im Bewußtsein der Gesellschaft tat sich erst unter Jakob ganz auf, als der Bürger sich in den Zwiespalt gestellt sah, sich für das alte vertikale Ordnungsdenken, das unter Elisabeth vorherrschte, oder für das neue horizontale Denken zu entscheiden, das sich im Parlament gegen die Krone artikulierte. Spätestens 1628, als das Parlament Karl I. die *Petition of Right* abtrotzte, war aus der Ambivalenz eine klare Entweder-Oder-Situation geworden. Doch schon der erste Konflikt von 1616, der zur Entlassung des obersten Richters Edward Coke führte, und der zweite von 1621, bei dem das Parlament die Entlassung des Lordkanzlers Bacon erzwang, werden die Bereitschaft zu der oben beschriebenen tragischen Ambivalenz erheblich gemindert haben. Wenn diese Hypothese richtig ist, wäre damit plausibel erklärt, weshalb die Kulminationsphase der tragischen Dichtung in die ersten zwei Jahrzehnte des 17. Jahrhunderts fällt.

Das hier entwickelte Erklärungsmodell läßt sich noch einen Schritt weiter treiben. Bei der Betrachtung von Shakespeares Tragödien wurde gesagt, daß es dort regelmäßig um den Widerstreit von Vernunft und Leidenschaft geht. Doch anders als im Mittelalter, wo der Vernunft noch die unangefochtene Vorrangstellung eingeräumt wurde, hat bei Shakespeare die Leidenschaft bereits einen fast gleich wichtigen Rang. Zwar muß sie noch von der Vernunft beherrscht werden, doch ohne sie ist großes Handeln nicht möglich. Das einstmals strikt vertikale Verhältnis der beiden ist damit fast schon horizontalisiert. Entscheidend dabei ist das ‚fast‘; denn es bleibt bei Shakespeare ein antagonistisches Verhältnis. Wirft man nun einen Blick auf das Ende des 17. Jahrhunderts, so wird man bei John Locke die vollständige Horizontalisierung bei ebenso vollständigem Fehlen des Antagonismus finden. Für Locke sind die Sinne die einzige Erkenntnisquelle. Ohne sie wäre die Vernunft leer. Die Vermittlungsprozesse zwischen beiden werden von Locke als Akte des rationalen Ausgleichs gesehen. Auch hier spiegelt sich im Denken die Struktur der politisch-gesellschaftlichen Organisation. Zu Shakespeares Zeiten stand das Parlament, also das „leidenschaftlich" fordernde Organ, noch im Widerstreit zur „rationalen" Autorität der Krone. Nach der *Bill of Rights* von 1689 war die Regierung – zumindest der Theorie nach – nur noch das Exekutivorgan für die gesetzgebenden Beschlüsse des Parlaments. In einem solchermaßen horizontalisierten Verhältnis kann es zwar noch Mißverständnisse, Rivalitäten und partikulare Interessen geben, doch der Widerstreit läßt nicht mehr wie noch bei Shakespeare die Grundfesten des Universums erbeben.

Da England danach nie mehr vom Pfade der konstitutionell-parlamentarischen Monarchie abgewichen ist, hat sich dort auch nie wieder jene Bruchzone ergeben, aus der Tragödien hervorgehen. Deshalb ist es nur folgerichtig, daß die Tragödie nach der Shakespearezeit gänzlich aus der englischen Literatur verschwunden ist, während Satire und Komödie seitdem zur charakteristischsten Literaturform der Insulaner wurden. Antagonismen rufen heftige Erdbeben hervor, doch Mißverständnisse, Rivalitäten und partikulare Interessen lassen sich bereits durch Gelächter ausgleichen.

Auch Englands anderer großer Beitrag zur neueren Literatur, der von Fielding als *comic epic in prose* definierte bürgerliche Roman, folgt dem gleichen Prinzip. Es ist bezeichnend, daß zur selben Zeit, als Fielding mit seinen Romanen ganz Europa eroberte, Lessing und die Stürmer und Dränger das spezifisch deutsche Ringen um die Tragödie einleiteten, das sich über fast zwei Jahrhunderte hinzog; denn hier war der Horizontalisierungsprozeß erst nach dem Zweiten Weltkrieg abgeschlossen.

Englischer Pfahl im irischen Fleisch

Da Irland nicht zu Großbritannien gehört, müßte es in dieser Kulturgeschichte eigentlich nicht berücksichtigt werden. Doch die kleine Nachbarinsel wirft auf die ansonsten von der Sonne des Erfolgs beschienene Geschichte Englands bis auf den heutigen Tag einen so langen Schatten, daß sie nicht unerwähnt bleiben darf. Bis ins elisabethanische Zeitalter stützte sich die englische Dominanz in Irland mehr auf die Zerstrittenheit der irischen Führungsschicht als auf die eigene militärische Macht. Gesichert war die englische Herrschaft nur in dem kleinen Gebiet um Dublin, das schon in der Mitte des 15. Jahrhundert als *the Pale*, der Pfahl, bezeichnet wurde. Aus dem Pfahl wurde eine schwärende Wunde, als die Engländer es leid waren, die widerspenstigen Iren durch immer neue Strafaktionen unter ihre Botmäßigkeit zwingen zu müssen, und nun zur Sicherung ihrer Herrschaft englische Siedler ins Land holten. Zur ersten dieser *plantations* kam es 1556 unter Maria der Katholischen. Weitere folgten unter Elisabeth in den Jahren 1586–92 in der Grafschaft Munster. Damit war Irland Englands erste Kolonie. Mit zunehmender Anglisierung kam die Insel trotz des irischen Festhaltens am Katholizismus auch kulturell immer stärker unter englischen Einfluß. Während sich anfangs Dichter wie Edmund Spenser, der als Sekretär des königlichen Statthalters nach Irland kam und dort große Teile seiner *Fairie Queene* schrieb, noch wie in der Verbannung fühlten, bildete sich im 18. Jahrhundert eine anglo-irische Mischkultur aus, die sich an englischen Vorbildern orientierte. Nur im Norden hielt sich in der Grafschaft Ulster ein hartnäckiger Widerstand. Hier fanden die gälisch sprechenden Iren in Hugh O'Neill, Graf Tyrone, einen fähigen Führer, der den Engländern ab

1595 sehr zu schaffen machte. 1598 brachte er ihnen sogar eine schwere Niederlage bei. Zu den Leidtragenden gehörte auch Spenser, dessen Burg Kilcolman in der Nähe von Cork niedergebrannt wurde. Als Elisabeth Graf Essex nach Irland schickte, um die englische Herrschaft zu sichern, zog dieser sich den königlichen Zorn zu, weil er mit Tyrone verhandelte, statt ihn zu besiegen. Erst als Charles Blount Mountjoy ihn als Statthalter ablöste, gelang es diesem, Tyrone zu schlagen. Da Essex 1600 einen Staatsstreich gegen Elisabeth unternahm, an dessen Vorabend – wie es scheint zur ideologischen Einstimmung – Shakespeares *Richard II.* vor den Verschwörern aufgeführt wurde, fällt der irische Schatten kurz in die Welt Shakespeares, ohne die Grausamkeiten der späteren englischen Irlandpolitik ahnen zu lassen.

Das 17. Jahrhundert

Zeittafel

1603–25	Jakob I.
1604	Konferenz von Hampton Court. Die Puritaner sehen sich in ihren Erwartungen getäuscht. Erste Verärgerung bei den Commons.
1605	*Gunpowder Plot* des Guy Fawkes führt zu Katholikenverfolgung.
1611	Erscheinen der *Authorized Version* der englischen Bibel *(King James Bible)*.
1616	*Peacham's Case*. Erneuter Riß zwischen Krone und Parlament.
1620	120 *Pilgrim Fathers* landen mit der *Mayflower* in Neu-England.
1621	*Great Protestation* des Parlaments.
625–49	Karl I.
1628	*Petition of Right*. Parlament zwingt Karl zu Zugeständnissen.
1629–40	Karl regiert ohne Parlament.
1642–46	1. Bürgerkrieg. Das Parlament kämpft gegen den König.
1645	Hinrichtung des reaktionären Erzbischofs Laud.
16480–49	2. Bürgerkrieg. Cromwells Armee kämpft gegen den König.
1649	Hinrichtung Karls I.
1649–60	Commonwealth Interregnum.
1654–58	Cromwell regiert als *Lord protector*.
1658–60	Nach Cromwells Tod übernimmt sein schwacher Sohn Richard die Regierung und muß nach zwei Jahren aufgeben.
1660–85	Karl II.
1660	Restauration der Stuartmonarchie.
1662	*Act of Uniformity*. Wiedereinführung der Staatskirche.
1665	*Five-Mile-Act* verbietet nicht-anglikanischen Pfarrern das Wohnen innnerhalb einer 5-Meilen-Zone um ihre Gemeinde. Ausbruch der Pest in London. 56000 Tote.
1666	*The great fire of London*.
1672	Karl erläßt *Declaration of Indulgence*.
1678	*Popish Plot*.
1679	Beginn der Kampagne zum Ausschluß Jakobs vom englischen Thron.
1685–88	Jakob II.
1688	*Glorious Revolution*. Jakob flieht nach Frankreich.
1689–1702	Wilhelm III. von Oranien (bis 1694 mit Maria II.)
1689	*Bill of Rights*. Krone muß auf die klassischen Prärogativrechte verzichten. Beginn der konstitutionellen Monarchie.
1690	*Battle of the Boyne* in Irland. Wilhelm von Oranien wird zum Helden der nordirischen Protestanten.
1695	Das Unterhaus lehnt die Erneuerung des *Licensing Act* von 1664 ab. Weitgehende Pressefreiheit.

Großbritannien wird parlamentarisch

Elisabeth hatte es bis zu ihrem Tode verstanden, die auseinanderstrebenden sozialen und religiösen Kräfte im Gleichgewicht zu halten. Doch als Jakob I. aus Schottland ihre Nachfolge antrat, brach ihre Politik wie ein Kartenhaus zusammen. Jakob fand eine leere Staatskasse vor, die er mit Steuern und dem Verkauf von Adelstiteln füllen wollte, was ihm keine Freunde machte. So kam es schon bald zu Spannungen zwischen Krone und Unterhaus, die sich von Mal zu Mal verschärften. Als ein gewisser Peacham das königliche Finanzgebaren kritisierte, weigerte sich der oberste Richter Edward Coke, Anklage gegen ihn zu erheben. Die darauf erfolgende Entlassung Cokes wurde als Verstoß gegen das Common Law und als Affront gegen dessen Hüter, das Parlament, empfunden. Die von diesem erzwungene Entlassung des Lordkanzlers und die Great Protestation von 1621 waren die nächsten Signale für den sich ankündigenden Bruch, der unter Jakobs Sohn Karl II. bald eintrat. Als Karl 1628 vom Parlament gezwungen wurde, die Petition of Right anzuerkennen, löste er es auf und versuchte elf Jahre ohne es zu regieren. Dann mußte er es erneut einberufen, weil er Geld für den Krieg gegen die Schotten brauchte. Sogleich präsentierten ihm die Commons die alten Forderungen, die er nicht zu erfüllen bereit war. So kam es zu einem ersten, vierjährigen Bürgerkrieg, dem bald ein zweiter folgte, der mit der Gefangennahme und Exekution des Königs endete. Danach war England elf Jahre lang Republik. Cromwell, der erfolgreiche Anführer der von ihm geschaffenen Model Army gegen die Truppen des Königs, versuchte anfangs ein auf das Parlament gestütztes, halbwegs demokratisches Regime zu etablieren, mußte aber schon bald als Lord protector zu einer Militärdiktatur übergehen. Als er 1658 starb, ging das republikanische Experiment unter seinem Sohn Richard kläglich zu Ende. Die Armee ließ ihn im Stich und rief den Sohn Karls I. auf den englischen Thron. Karl II. gelang es trotz harscher Unterdrückung der Puritaner, vor allem aber der Quäker, das Land zu befrieden. Doch seinen katholischen Bruder und Nachfolger Jakob II. zwang das protestantische Lager schon nach vier Jahren zur Flucht nach Frankreich, indem es gegen ihn den Protestanten Wilhelm von Oranien mit einer Armee ins Land rief. Bevor Wilhelm und seine Frau Maria, die beide Abkömmlinge der Stuarts waren, nach dieser unblutigen und daher „glorreichen" Revolution den englischen Thron besteigen durften, mußten sie die Bill of Rights anerkennen, in der der Verzicht auf die vier klassischen Prärogativrechte der Krone festgelegt war: die suspending power (das Recht, Gesetze aufzuheben), die dispensing power (das Recht, Einzelpersonen von Gesetzen auszunehmen), das Recht auf willkürliche Steuererhebung und das Halten eines stehenden Heeres. Damit hatte das Parlament das lange Ringen um die Macht für sich entschieden. Zugleich war mit dem Parlament das zweite Band nach dem Protestantismus geschaffen, das die Königreiche England und Schottland zusammenhalten sollte, auch wenn es für die Schotten eher eine Fessel war, die ihnen durch die Vereinigung 1707 angelegt wurde.

Obgleich der Wechsel auf dem Thron ohne erkennbare Unruhe vonstatten ging, zeigte sich schon bald, daß er nicht nur eine Wende in der englischen Innenpolitik, sondern auch einen Wandel in der Kultur mit sich brachte. Elisabeth war es bis zuletzt gelungen, Krone, Oberhaus und Unterhaus im Gleichgewicht zu halten, indem sie gesellschaftlich mit dem Hochadel verkehrte, doch politisch mit dem niederen Adel paktierte, aus dem sie ihre wichtigsten Minister, Admirale und Ratgeber rekrutierte, so ihren langjährigen Staatssekretär und Vertrauten William Cecil und dessen Sohn Robert, ihren Innenminister Sir Francis Walsingham, ihren Lordkanzler Sir Christopher Hatton und den Schöpfer ihrer Marine Sir John Hawkins. Als Jakob I. den Thron bestieg, mußte er sich erst einmal einen loyalen Hofstaat schaffen. Wie zu erwarten, bevorzugte er dabei schottische Landsleute. Doch da er ihnen angesichts der leeren Staatskasse nichts bieten konnte, mußte er Steuern erheben, die das Parlament nur widerstrebend bewilligte. Da entdeckte er eine andere Geldquelle, den Verkauf von Titeln. Allein in den ersten vier Jahren seiner Regierung ernannte er 906 neue Ritter, deren Gesamtzahl sich unter ihm annähernd verdreifachte. 1611 schuf er den neuen Titel des *baronet*, den er ab 1617 so offen auf den Markt warf, daß der Preis zwischen 1619 und 1622 von 700 auf 220 Pfund fiel. Ab 1615 verkaufte er auch die Peerswürde und rief damit zunehmend den Unmut des alten Hochadels hervor. Der wachsende Widerstand der Puritaner und des Unterhauses wurde bereits an früherer Stelle erwähnt.

Nicht nur politisch störte Jakob das elisabethanische Gleichgewicht, auch ideologisch ging er durch sein offenes Eintreten für das Gottesgnadentum auf Konfrontationskurs zum Parlament. Für die Kunst hatte er dagegen eine offenere Hand als seine Vorgängerin. Unter ihm blühten die höfischen Maskenspiele, für die Ben Jonson die Texte und Inigo Jones die Ausstattung schufen. Letzterem erteilte er auch den Auftrag zum Bau des palladianischen Banqueting House, von dem später noch die Rede sein wird. An seinem Hof entfaltete er eine am französischen Vorbild orientierte Verschwendung, die durch seine Günstlingswirtschaft und seine immer deutlicher werdende Neigung zu schönen Jünglingen bald den Geruch des Lasterhaften annahm. Dabei hielt er sich selber für

einen gottesfürchtigen Mann, was er durch diverse lateinisch geschriebene theologische Traktate zum Ausdruck brachte. Allerdings gibt es unter seinen Schriften auch das skurrile Pamphlet
gegen den Tabakgenuß, *A Counterblast to Tobacco*, und ein Traktat
gegen die Hexerei.

Theater der Stuartzeit

Das erste Jahrzehnt des 17. Jahrhunderts ist, wie bereits ausgeführt,
die große Zeit der englischen Tragödie. Danach verlor diese mehr
und mehr an Bedeutung. Statt dessen wurde die von Francis Beaumont und John Fletcher eingeführte Gattung der romantischen
Tragikomödie populär. Man verstand darunter nicht das, was das
Wort heute bedeutet, sondern eine tragisch angelegte Handlung
mit positivem Ausgang. Was unter der Bezeichnung *tragedy* auf die
Bühne kam, waren meist *Sex-and-crime*-Stücke, die mit Tragik
wenig zu tun haben. Der für die Tragödie charakteristische Aufstieg und Fall eines anfangs edlen und danach schuldbeladenen
Helden weicht hier einem moralisierenden Schema, bei dem die
Sympathie des Publikums ausschließlich dem unschuldigen Opfer
gilt und am Ende nicht kathartische Entlastung, sondern moralische Befriedigung angesichts eines kaum noch erhofften Happy
Ends (Tragikomödie) oder der Bestrafung des Schuldigen (*Sex-
and-crime*-Stück) eintritt.

Daß das Theater aufhörte, im Publikum echte Betroffenheit her-
vorzurufen, und statt dessen ein Bedürfnis nach sensationeller
Unterhaltung befriedigte, zeigt sich auch daran, daß es immer häufiger zu Erscheinungen kam, die man aus heutiger Sicht als Meta-
drama bezeichnen würde. Besonders deutlich wurde diese Tendenz
im sogenannten „Krieg der Theater". Ausgelöst wurde der „Krieg"
vermutlich durch John Marstons satirisches Stück *Histriomastix*
(1599), in dem Ben Jonson lächerlich gemacht wurde. Dieser schlug
sogleich mit *Every Man out of His Humour* (1599; *Jedermann fällt
aus seiner Rolle*) zurück, worin er neben Marston auch Thomas
Dekker angriff. Dekker wollte sich mit *Satiromastix or The
Untrussing of a Humorous Poet* (1602; *Satiromastix oder Die Bloß-
stellung des Komödienschreibers*) rächen, doch der schnelle Ben
Jonson kam ihm mit *The Poetaster, or, His Arraignement* (1601;

Der Poetaster oder Die Anklage) zuvor. Da die Stücke der beiden Autoren von den Knabentruppen der beiden Privattheater aufgeführt wurden, entspann sich daraus das, was als *war of the theatres* oder *poetomachia* in die Literaturgeschichte eingegangen ist. Die metadramatische Selbstreflexion des Theaters ist auch in anderen Stücken zu beobachten. So läßt z. B. Marston seine rabenschwarze Meisterkomödie *The Malcontent* (1604; *Der Unzufriedene*) mit einem theaterkritischen Wortwechsel zwischen den Schauspielern und zwei Besuchern beginnen, die sich um einen Platz auf der Bühne streiten.

Es kann nicht verwundern, daß in diesem Klima einer zunehmend anti-autoritären Respektlosigkeit die satirische Komödie zur dramatischen Hauptform wurde und daß selbst solche Stücke, die sich Tragödie nannten, eher wie zynische Komödien wirken. Wer sich nach Poesie und allgemeinmenschlichen Wahrheiten sehnte, wie sie Shakespeare zuletzt in seinen späten Romanzen darbot, der wandte sich den Maskenspielen zu, die sich bei Hofe wachsender Beliebtheit erfreuten und die in den teureren und deshalb gutbürgerlichen Privattheatern auch dem breiteren Publikum zugänglich gemacht wurden. Auch in den zwanziger und frühen dreißiger Jahren kamen noch beachtliche Stücke auf die Bühne, doch zeigte das englische Drama jetzt deutliche Anzeichen der Erschöpfung. Als 1642 die Puritaner die Schließung der Theater anordneten, waren James Shirley und William Davenant die einzigen, die davon wirklich betroffen wurden. Shirley schrieb mit *The Cardinal* (1641) die letzte Tragödie der ganzen Epoche, während seine Komödie *The Lady of Pleasure* (1635) bereits die frivole Restaurationskomödie vorwegnimmt. Davenant, der sich als unehelicher Sohn Shakespeares ausgab, nahm in seinem Stück *Love and Honor* (1634; *Liebe und Ehre*) noch einmal die romantische Tradition der Shakespeareschen Romanzen und der Tragikomödien von Beaumont und Fletcher auf. Nach der Restauration war er der erste, der zusammen mit Thomas Killigrew eine Lizenz zum Betreiben eines Theaters erhielt, in dem er vor allem Stücke von Shakespeare aufführte, womit er das wiedererstandene Londoner Theater zu neuem Leben erweckte.

Aus kontinentaler Sicht ist das 17. Jahrhundert das Zeitalter des Barock. Als dessen Wesensmerkmal gilt das Hin- und Hergerissensein zwischen Diesseits und Jenseits, zwischen festlichem Prunk und religiöser Inbrunst. Historisch-politisch ist es die Epoche der Religionskriege, die dreißig Jahre lang den Kontinent verwüsteten. Alles dies findet man auch in England, nur daß die Kriege wesentlich kürzer waren. Dennoch spielt der Barockbegriff bei englischen Kulturhistorikern kaum eine Rolle. Die Literaturwissenschaft vermeidet ihn fast ganz und dehnt statt dessen die Renaissance bis 1660 aus, während die Kunstgeschichte betont, daß der Barock als Epochenstil in England wenig ausgeprägt sei. Das kann nicht verwundern; denn er war Ausdruck von Absolutismus und Gegenreformation, die den protestantisch-parlamentarischen Engländern gleichermaßen verhaßt waren. Doch bis die Gefahr der Rekatholisierung und der Einführung des Absolutismus für die Engländer gänzlich gebannt war, mußten sie noch bis zur Glorreichen Revolution 1688 warten. Folglich muß es bis dahin auch in diesem Land den Nährboden für eine Barockkultur gegeben haben.

Schon Jakob I. ließ durch seine Betonung des Gottesgnadentums die Gefahr eines englischen Absolutismus ahnen, wenngleich er am protestantischen Glauben festhielt. Bei seinem Sohn Karl I. traten die absolutistischen Tendenzen offen zutage, wobei sich jetzt noch eine Neigung zum Katholizismus dazugesellte. Durch seine Ehe mit der französischen Prinzessin Henrietta Maria war er verwandtschaftlich mit dem König von Frankreich verbunden, dessen absolutistische Regierungsform er sich mehr und mehr zum Vorbild nahm. So ist nicht verwunderlich, daß sein Kunstgeschmack gegenüber dem von Elisabeth deutlich barocke Züge trug. Als der große Rubens 1629 vom spanischen König in diplomatischer Mission nach London geschickt wurde, gab Karl ihm sogleich den Auftrag für einige Bilder und für die Deckenbemalung der Banketthalle des Whitehall-Palastes. Rubens' Schüler van Dyck, der schon 1620 einige Monate lang für Jakob I. gemalt hatte, wurde 1632 von Karl sogar als Hofmaler nach London gerufen, wo er bis zu seinem Tod 1641 blieb. Der große Einfluß, den van Dyck auf die Porträtmaler seiner Zeit hatte, sorgte dafür, daß auch englische Künstler die barocke Malweise übernahmen, doch trat keiner von

Abb. 23: Das Banqueting House (1625) in Whitehall von Inigo Jones
mit Deckengemälden nach Entwürfen von Rubens

Abb. 24: Blickling Hall in Norfolk (1619–27).
Typisches Beispiel für den jakobäischen Stil

ihnen aus dem Schatten des Meisters heraus. Auch nach der Restauration bevorzugten die Stuartkönige weiterhin die barocke Malweise und holten kontinentale Maler an den Hof.

Barocke Züge drangen auch in die englische Architektur ein, wenngleich hier der von Inigo Jones eingeführte Palladianismus den englischen Klassizismus einleitete. Das oben erwähnte, von Jones entworfene Banqueting House ist ein Musterbeispiel für die Verbindung von palladianischer Architektur und barocker Innenausstattung (Abb. 23). Charakteristischer für die Zeit ist aber ein heimischer Mischstil, der oft als *Elizabethan & Jacobean* bezeichnet wird. In ihm verbinden sich Nachklänge des spätgotischen Tudorstils mit Elementen der Renaissance und des niederländischen Barock zu einem spezifisch englischen Stil, für den Blickling Hall in Norfolk (Abb. 24) ein typisches Beispiel ist.

Am auffälligsten sind die barocken Tendenzen in der Literatur. Die schon erwähnten Maskenspiele mit ihren prunkvollen Dekorationen und dem Spiel mit der Bühnenillusion unterschieden sich kaum vom barocken Hoftheater des Kontinents. Auch die Lyrik trägt barocke Züge. Sowohl die weltlichen *cavalier poets*, die sich in der Nachfolge Ben Jonsons dem Credo des *carpe diem* verschrieben, als auch die geistlichen *metaphysical poets*, die der ebenso barocken Devise des *memento mori* folgten, stehen der kontinentalen Barockdichtung nahe. Bei John Donne, dem größten englischen Dichter zwischen Shakespeare und Milton, findet man beide Motive vereint. Seine erotischen Gedichte sind die sinnlichsten, seine religiösen die inbrünstigsten der ganzen englischen Literatur. Barock ist an der Dichtung dieser Zeit nicht nur die Spannung zwischen Diesseits und Jenseits, sondern auch die komplexe Sprachgebung. Auf ihr elaboriertes Spiel mit *conceits* bezog sich der ursprünglich abwertend gemeinte Name *metaphysical poets*, den Dryden kreierte und Dr. Johnson popularisierte. Ebenso barock sind das Programm der Theodizee, das Milton seinem *Paradise Lost* zugrunde legte, und der sonore, mit Bildungsgut befrachtete Prosastil, den Sir Thomas Browne und Robert Burton schufen. Auch Hobbes' absolutistische Staatstheorie steht dem barocken Denken des Kontinents nahe. Was den englischen Barock vom kontinentalen trennt und was der Grund dafür ist, daß er hier einschränkend Anglo-Barock genannt wird, ist die Tatsache, daß er sich trotz identischer Motive und Stilelemente nicht als durchgängiger Epochenstil entfaltete; denn neben den genannten Zügen gab es die erheblich stärkeren aufklärerischen Tendenzen im Denken und die ebenfalls stärkeren klassizistischen im Stil.

Frühaufklärung

Wie der kontinentale Barock einerseits durch inbrünstige Frömmigkeit und andererseits durch scharfsinnige Philosophen wie Descartes, Pascal, Spinoza und Leibniz geprägt war, so steht auch auf englischer Seite der Religiosität der *metaphysical poets* das scharfe, bis an den Rand des Materialismus gehende Denken zweier Philosophen gegenüber, zu denen sich als dritter noch ein Dichter gesellte, der ebenfalls mithalf, der Aufklärung den Boden zu bereiten. Die Rede ist von Bacon, Hobbes und Milton. Alle drei repräsentieren die in England gut ein Jahrhundert vor dem Kontinent einsetzende Frühaufklärung. In die gleiche Richtung wirkten auch

Abb. 25: Titelbild zu Francis Bacons *Instauratio Magna* (1620).
Das Schiff des Wissens segelt über die Säulen des Herkules hinaus,
die die Grenzen der damals bekannten Welt symbolisieren

andere, weniger prominente Autoren, z. B. Edward Herbert of Cherbury, der Begründer des Deismus, von dem an späterer Stelle noch die Rede sein wird. Vorbereitet wurde die Frühaufklärung bereits durch den Puritanismus, der zwar dort, wo er fanatisch Glaubensinhalte verfocht, wenig Aufgeklärtheit zeigte, der im übrigen aber eine sehr rationale Weltsicht vertrat. Auch Montaigne, dessen Einfluß sich in der englischen Literatur nach 1600 bemerkbar macht, und die wissenschaftlichen Forschungen von Männern wie Napier, der 1614 das Rechnen mit Logarithmen entwickelte, und Harvey, der 1628 den Blutkreislauf entdeckte, trugen dazu bei, daß sich ein neues, von dogmatischer Gängelung befreites Denken entwickelte.

Francis Bacon

Francis Bacon ist neben Shakespeare der zweite geistige Riese, der aus der Zeit um 1600 herausragt. Während Shakespeare die Aura des Geheimnisses umgibt, steht Bacon im Zwielicht. Als Politiker war er nacheinander Lordsiegelbewahrer, Kronanwalt und Lordkanzler, bis er 1621 unter Korruptionsverdacht aus dem Amt entlassen und vorübergehend ins Gefängnis geworfen wurde. Den Vorwurf, Geschenke angenommen zu haben, mußte er zugeben – das taten zu seiner Zeit alle Staatsbeamten –, doch hat er allem Anschein nach keine Begünstigungen im Amt vorgenommen, so daß er für damalige Verhältnisse unschuldig war. Immerhin gab ihm seine Entlassung genügend Muße, sich nun ganz dem zu widmen, was ihn schon immer am meisten interessierte und woran er seit langem arbeitete: der Grundlegung einer neuen, alle Gebiete umfassenden Wissenschaftslehre.

Seine Abhandlung *Of the Proficience and Advancement of Learning* (1605) darf als der Startschuß der englischen Frühaufklärung gelten. Was er dort als Programm umreißt, versuchte er ab 1620 in seiner unvollendeten *Instauratio magna* zu einer vollständigen Wissenschaftstheorie auszubauen. Das Kernstück dieses monumentalen Torsos ist das *Novum Organum*, das als erstes erschien, aber der zweite der geplanten sechs Teile des Gesamtwerks ist. Bacons Grundüberzeugung war, daß alle Wissenschaft auf Erfahrung begründet sein müsse und daß Erkenntnis nur auf induktivem Wege aus Einzelbeobachtungen gewonnen werden könne. Das klingt wie eine Vorwegnahme dessen, was später Locke philosophisch begründete und Newton naturwissenschaftlich praktizierte. Liest man aber, was Bacon schreibt, dann hat man eher den Eindruck, daß hier ein noch ganz im Banne des Aristoteles stehender aufgeklärter Spätscholastiker eine lückenlose Kategorientafel zu entwerfen versucht, in die alle Beobachtungen eingepaßt werden müssen.

Bacon ähnelt ein wenig seinem Zeitgenossen Tycho Brahe, der als einer der größten Astronomen der Epoche Johannes Kepler die Daten für dessen Berechnung der Planetenbahnen lieferte, selber aber das heliozentrische Weltbild des Kopernikus nicht akzeptieren wollte und statt dessen ein exakt berechnetes geozentrisches System entwarf, in dem die Planeten die kompliziertesten Pirouetten drehen müssen, nur um mit seinen eigenen Beobachtungen übereinzustimmen. Von ähnlicher Komplexität ist das System, das Bacon für die Gesamtheit aller Wissenschaften entwirft. Schon die Anlehnung im Titel an das *Organon* des Aristoteles zeigt, daß sein Denken noch von der scholastischen Tradition herkommt. Nicht nur sein System, sondern auch seine eigenen naturwissenschaftlichen Versuche stehen der Scholastik näher als der neuzeitlichen Naturwissenschaft. Das zeigt sich vor allem darin, daß er beobachtete Sachverhalte weder quantitativ zu messen noch nach dem Prinzip von Ursache und Wirkung zu erklären versucht, vielmehr will er durch Vergleichen ähnlicher Sachverhalte das Invariante, also im aristotelischen Sinn die substantiale Form bestimmen. Alles in allem wird man sagen müssen, daß Bacons Bedeutung als Initiator der englischen Frühaufklärung weniger in dem liegt, was er selber dachte, als in dem, was er im Denken der Nachwelt bewirkte.

Thomas Hobbes

Aus der geistigen Landschaft des 17. Jahrhunderts ragt in England ein Mann heraus, der auf dem Kontinent, zumal im 20. Jahrhundert, als einer der profundesten Staatsdenker geschätzt wurde, während er im eigenen Land der philosophische Buhmann blieb, und das, obwohl er zu den Vorbereitern des englischen Empirismus zählt. Es ist Thomas Hobbes (1588–1679). Das Buch, das ihn bei den einen berühmt und bei den anderen berüchtigt machte, heißt *Leviathan* (1651), so benannt nach dem Ungeheuer, von dem es in der Bibel im

Abb. 26: Frontispiz zu Thomas Hobbes' *Leviathan* (1651).
Die von Hobbes offensichtlich selber entworfene Figur des Leviathan
setzt sich aus lauter kleinen Menschen zusammen

Buch Hiob heißt, daß es als allmächtiger, unverwundbarer und furchtloser König über alle Tiere herrsche und diese in Angst und Schrecken halte. Hobbes ging von der Grundannahme aus, daß „der Mensch des Menschen Wolf" sei. Im Naturzustand herrsche der „Kampf aller gegen alle". Um dem schlimmsten aller Übel, dem vorzeitigen Tod, zu entgehen, schlossen die Menschen einen Vertrag, indem sie alle ihre Freiheitsrechte an einen einzigen Souverän abtraten, den sie mit absoluter Macht ausstatteten. Nur eine solche Autorität könne, meint Hobbes, die Bestie Mensch in Schach halten. Da der Endzweck der Selbstauslieferung an den Leviathan die Sicherung der physischen Existenz ist, haben die Menschen dann, und nur dann, ein Recht, ihn zu stürzen, wenn er nicht mehr imstande ist, den Einzelnen vor der Gewalt der anderen zu schützen.

Hobbes war, wie fast alle großen Philosophen des Jahrhunderts, Mathematiker. Doch anders als Descartes und Leibniz ging er von einer materialistischen Erkenntnistheorie aus. Für ihn war das gesamte Sein in seiner zeitlichen Entfaltung eine Abfolge von zähl- und meßbaren Bewegungen. Dieses erkenntnistheoretische Fundament entwickelte er vor allem in seinem lateinisch geschriebenen philosophischen Hauptwerk *Elemente der Philosophie* (1642–58), dessen zuerst erschienener Teil *De cive* (1642; *Über den Bürger*) bereits die Kerngedanken des *Leviathan* enthält. Daß Hobbes' autoritäres Staatsmodell im freiheitlich-parlamentarischen England nicht nur ein Fremdkörper, sondern geradezu ein Stachel im Fleisch war, liegt auf der Hand. Wie aber kam ausgerechnet ein Engländer dazu, es überhaupt zu entwickeln?

Um das zu verstehen, braucht man sich nur einmal den politischen Kontext anzusehen, in den Hobbes eingebunden war. Als er gerade 33 Jahre alt war, erlebte er, wie mit der Absetzung des Lordkanzlers Bacon und der *Great Protestation* des Parlaments der Riß zwischen Krone und Parlament aufzubrechen begann, der 1628 in der *Petition of Right* manifest wurde. Kein Wunder, daß Hobbes zu Thukydides' Buch über den Peloponnesischen Krieg griff und es ins Englische übersetzte, um seine Landsleute vor dem Bürgerkrieg zu warnen. Doch die Warnung blieb fruchtlos; denn 1642 brach der Krieg aus. Jetzt machte Hobbes sich daran, ein Staatsmodell zu entwerfen, daß in Zukunft solche Selbstzerfleischung unmöglich machen sollte. Die Arbeit an dem Problem beschäftigte ihn während des ganzen englischen Bürgerkriegs.

Hobbes war der erste und einzige Engländer von Rang, der für einen autoritären Staat plädierte, was verständlich wird, wenn man bedenkt, daß er in der einzigen Epoche der neueren englischen Geschichte lebte und schrieb, in der ein vernünftiger Mensch sich einen solchen Staat wünschen mußte, sofern er nicht die utopische Hoffnung hatte, daß die Menschen durch Einführung des Gleichheitsprinzips ihren natürlichen Egoismus aufgeben würden. Obwohl Hobbes' Staatsmodell den absolutistischen Fürsten eigentlich hätte gefallen müssen, machte er sich auch diese zum Feind; denn seine Theorie des ursprünglichen Staatsvertrages widersprach der Idee des Gottesgnadentums. Sehr zupaß kamen Hobbes' Ideen allerdings später den geistigen Vorbereitern des Nationalsozialismus, wie z. B. Carl Schmitt. Im Deutschland unmittelbar nach dem Ersten Weltkrieg hatte man wie zu Hobbes' Zeiten Grund, sich einen starken Staat zu wünschen; gleichzeitig wollte man aber die Privilegien der Aristokratie nicht wieder aufleben lassen. So ist nur allzu verständlich, daß bei den Deutschen jener Zeit Hobbes hoch im Kurs stand, während die Engländer ihn nach der Glorreichen Revolution nur noch als Bedrohung empfanden.

John Milton

Die literarische Zentralfigur des englischen Barock ist John Milton. Er ist nicht nur der bedeutendste Dichter der Epoche und nach Shakespeare der größte der englischen Literatur, sondern zugleich ein Intellektueller, der an Bildung und Sprachgewalt in England seinesgleichen sucht. Dabei ist er eine der widersprüchlichsten Gestalten der englischen Kultur überhaupt. Er begann als Monarchist und wandelte sich zum überzeugten Republikaner. In seinem gewaltigen Epos *Paradise Lost* entwarf er ein noch ganz mittelalterliches Weltbild, während er selber neben Bacon und Hobbes zu den Frühaufklärern gehört. Politisch weisen ihn seine flammenden Schriften für Pressefreiheit, für die Ermöglichung der Ehescheidung und für die freie Auslegung der Bibel als einen Liberalen aus; und doch verweigerte er den Katholiken das Recht auf Gewissensfreiheit, weil sie sich auf eine Autorität außerhalb der Bibel und außerhalb des eigenen Landes beriefen, was in seinen Augen Ketzerei und Hochverrat zugleich war.

Im Geist dieses Mannes liegen Liberalität und Rechthaberei, Fortschrittlichkeit und Zelotentum so eng beieinander, daß es nicht leicht ist, ein angemessenes Bild von ihm zu zeichnen. Die Irritation wird noch größer, wenn man weiß, daß er ab 1649 der *Latin Secretary* der Cromwell-Regierung war, was einem Propagandaminister gleichkam. Aus diesem Grunde wurde er auf dem Kontinent stärker wahrgenommen als im eigenen Land. Mit seinem Beharren auf der persönlichen Bibelauslegung ist er der Erzprotestant schlechthin und als solcher ein Mensch der Renaissance, als den ihn englische Literaturhistoriker auch ansehen. Mit seinem erklärten Ziel, „to justify the ways of God to men", das er seinem *Paradise Lost* programmatisch voranstellt, steht er in der barocken Tradition der Theodizee, wie sie mit Leibniz' Namen verbunden ist. Als Kämpfer für Pressefreiheit und Ehescheidung schließlich könnte er ebensogut ein Aufklärer des 18. Jahrhunderts sein. Eben diese Widersprüchlichkeit macht ihn zu einem typischen Vertreter des Barock. Bei ihm liegt zwischen den beiden Polen seines Denkens, der Vernunft und der Bibel, noch eine Spannung, die im Barock nicht aufgelöst, sondern nur ausgehalten werden konnte. Eine Generation später schwindet sie bei den englischen Deisten zugunsten einer aufgeklärten Vernunft, die keine biblische Offenbarung mehr gelten läßt, sondern allein auf das vertraut, was dem *lumen naturale*, dem natürlichen Licht der Vernunft, einleuchtet. Widersprüchlich ist Milton auch in seiner politischen Haltung. Zwar verteidigte er die Republik gegen die Monarchie, doch von der Demokratie wollte er nichts wissen. Für das unwissende, nur nach Befriedigung hungernde Volk hatte er nichts als Verachtung übrig. Sein Ideal war die Oligarchie aller gottesfürchtigen Männer. Damit verkörpert er geradezu exemplarisch das innere Dilemma der Puritaner, die gegenüber der Obrigkeit Egalität forderten, zugleich aber hofften, der Elite der von Gott Erwählten anzugehören. Aber auch hier muß sogleich eine Einschränkung folgen; denn Milton bestand auf der Freiheit des Willens und lehnte die puritanische Prädestinationslehre ab.

Cavaliers und *Roundheads, Levellers* und *Diggers*

Mit dem Beginn des Konflikts zwischen Krone und Parlament bildeten sich zwei Lager heraus: das der konservativen Royalisten und das der fortschrittlichen Anhänger des Parlaments. Ersteres rekrutierte sich aus dem Hochadel, Teilen des niederen Adels und der anglikanisch gesinnten Bevölkerung; in letzterem versammelten sich die radikaleren Protestanten aus Bürgertum und Gentry, die Freiheit nicht nur in der Religion, sondern auch in Politik und Wirtschaft verlangten. Für beide Lager kamen während des Bürgerkriegs Spitznamen auf. Die Royalisten nannte man *cavaliers* wegen ihrer vornehmeren Kleidung und der bei Hofe üblichen Lockenpracht; die Anhänger des Parlaments waren die *roundheads*, die ihre puritanische Gesinnung durch schlichte Kleidung und kurzgeschorene Köpfe dokumentierten. Die Trennlinie war nicht immer leicht auszumachen. Zumal in der Gentry verlief sie oft mitten durch eine Familie. Dort hing die Parteinahme mehr von persönlicher Loyalität als von der sozialen Interessenlage ab. Auch die schottischen Presbyterianer schwankten zwischen religiösem Freiheitsdrang und politischem Ordnungsdenken, so daß sie im parlamentarischen Lager einen konservativen Block repräsentierten. Obwohl streng calvinistisch, traten sie dennoch für staatliche Autorität und eine einheitliche Kirche ein, auch wenn sie die hierarchische Struktur der Bischofskirche ablehnten. Radikaler waren die Kongregationalisten, die für jede Gemeinde *(congregation)* das Recht auf religiöse Autonomie forderten. Das gleiche taten die Baptisten, die aus der Wiedertäuferbewegung hervorgegangen waren und sich bald in *General* und *Particular Baptists* spalteten.

Während des Bürgerkriegs und der Cromwellzeit setzte sich die innere Differenzierung des radikalen Lagers weiter fort. Cromwell selbst stand den Baptisten am nächsten, die zusammen mit den Kongregationalisten auch als *Independents* bezeichnet werden. Weiter links – sofern sich religiöser Radikalismus mit diesem politischen Begriff fassen läßt – standen Gruppen wie die *Fifth Monarchy Men* und die *Children of Light*, die sich zur *Society of Friends* zusammenschlossen und bald nur noch als Quäker bekannt waren. Neben den genannten gab es weitere Sekten, von denen viele einen ausgeprägten Chiliasmus vertraten, d.h. sie glaubten an den Anbruch des Tausendjährigen Reichs (griech. *khilioi* = tausend).

Unter all diesen Gruppierungen verdienen zwei besondere Erwähnung, da ihr Blick nicht ausschließlich auf das Reich Gottes, sondern auch auf das irdische Gemeinwesen gerichtet war. Es waren die *levellers* und *diggers*. Die Leveller (Gleichmacher), angeführt von John Lilburne, waren die Speerspitze der demokratischen Bewegung während der Cromwellzeit. Sie forderten eine republikanische Staatsform, allgemeines und gleiches Wahlrecht für alle Männer, Abschaffung des Oberhauses und allgemeine religiöse Toleranz. Noch einen Schritt weiter gingen die Digger, die diesen Namen erhielten, weil sie Gemeindeland, das durch Einhegung der allgemeinen Nutzung entzogen worden war, durch nächtliches Umgraben wieder in Besitz zu nehmen versuchten. Der Wortführer dieser frühkommunistischen Bewegung war Gerrard Winstanley. Beide Bewegungen wurden von Cromwell unterdrückt, da ihre Radikalität sein Bemühen um Stabilisierung der Republik gefährdete. Nach der Restauration wurden ihre revolutionären Ideen vollends in den Untergrund gedrängt. Dort aber wirkten sie weiter und kamen immer dann an die Oberfläche, wenn sich ein starker Reformdruck aufgestaut hatte.

Im weiteren Verlauf der englischen Geschichte ging der Gegensatz von Kavalieren und Rundköpfen in den von Tories und Whigs und später in den von Konservativen und Liberalen über, wobei im 20. Jahrhundert die Labourpartei in die Position der Liberalen rückte. Das Grundmuster blieb immer das gleiche. Dabei ist charakteristisch, daß sich nie eine programmatische Mitte ausbildete, obgleich doch gerade der Kompromiß und der vernünftige Mittelweg seit Jahrhunderten ein Grundzug der englischen Mentalität war. Es ist wie bei den englischen Wasserhähnen, bei denen bis heute Heiß und Kalt nicht durch eine Mischbatterie verbunden werden.

Die Restaurationszeit

Die Restauration der Stuartmonarchie war – nach deren Abschaffung elf Jahre zuvor – der zweite tiefe Einschitt der englischen Geschichte im 17. Jahrhundert. Politisch wie kulturell war es zunächst der Versuch, an die alte Monarchie anzuknüpfen. Doch die dazwischenliegenden elf Jahre ließen sich nicht auslöschen. An den ersten Jahrzehnten der Restaurationszeit läßt sich ablesen, wie sich der Widerstreit gesellschaftlicher Interessen im Zeitstil ausdrückt. Am Anfang schlug erst einmal der religiöse Radikalismus der Puritaner in einen kaum weniger rigiden Radikalismus der Hochkirche um, die nun ihrerseits eine „große Reinigung" vornahm, deren Opfer vor allem die Quäker waren. Gut 400 von ihnen starben in Gefängnissen, rund 15 000 wurden verfolgt. Erst ab 1672 brachte das von Karl II. erlassene Toleranzedikt, die *Declaration of Indulgence*, Erleichterung. Doch in den achtziger Jahren, als sich der Streit um die Thronfolge von Karls katholischem Bruder Jakob zuspitzte, kam es erneut zu heftigen Verfolgungen des Dissent. Erst mit der Glorreichen Revolution und der *Bill of Rights* zog ein neuer Geist der Toleranz ein.

Die Restaurationskomödie

Das im Wortsinn dramatischste Kulturereignis im Gefolge der Restauration war die Wiedereröffnung der Theater. Kaum hatte Karl II. den Thron bestiegen, da verschafften sich die beiden Stückeschreiber William Davenant und Thomas Killigrew ein königliches Patent, das ihnen das gemeinsame Monopol auf Theateraufführungen gab. Killigrew gründete die King's Company, die er als Rechtsnachfolger von Shakespeares King's Men ausgab und die zunächst in Gibbon's Tennis Court spielte, bis 1663 das Theatre Royal in Bridges Street fertig wurde, das erste von vier an dieser Stelle gebauten Theatern, das bald nur noch unter dem Namen einer benachbarten Straße als Drury Lane bekannt war. Davenant begann ebenfalls in einer Tennishalle, in Lisle's Tennis Court in Lincoln's Inn Fields, die er in ein Theater umbaute. Diese beiden Theater waren die einzigen lizensierten Spielstätten in London. Auch nachdem das Theater in Lincoln's Inn Field zugunsten eines größeren in Covent Garden aufgegeben wurde, gab es bis in die Mitte des 19. Jahrhunderts nur zwei lizensierte Sprechtheater. Als dritte Spielstätte kam nur noch das Opernhaus in Haymarket dazu.

Schon durch ihre geringe Zahl unterscheiden sich die Restaurationstheater von denen der Shakespearezeit. Während dort für etwa 200 000 Einwohner zeitweilig sieben Theater mit bis zu 20 000 Plätzen zur Verfügung standen, gab es jetzt für rund 400 000 Einwohner nur zwei Theater, von denen das Drury Lane anfangs nur 700

Plätze hatte. Es wurde aber schon 1674 durch ein vermutlich von Christopher Wren entworfenes Haus mit ca. 2000 Plätzen ersetzt. Das geringe Sitzplatzangebot verwandelte das Theater von einem Massenmedium in ein Vergnügen für die privilegierte Oberschicht. Einen Stehplatz in Shakespeares Globe konnte sich fast jeder leisten, einen Sitzplatz im Drury Lane dagegen nur die besseren Kreise; denn da die Theater überdacht waren, mußten auf die Eintrittspreise auch noch die Kosten für die Beleuchtung und den höheren Sitzkomfort aufgeschlagen werden.

Zwei weitere Neuerungen haben vor allem die Dramaturgie nachhaltig verändert. Das erste war die neue Form der Guckkastenbühne mit Vorhang, die aus dem sprachbetonten Deklamationstheater Shakespeares ein visuelles Illusionstheater machte, was durch Kulissen und Beleuchtungseffekte noch gesteigert wurde. Die zweite Neuerung, die die Wirkung der ersten unterstützte, war das Auftreten von Frauen auf der Bühne. Auch das hatte weitreichende Folgen. Zunächst bewirkte es eine starke Erotisierung, was dem Theater die Aura des Frivolen gab. Dies wurde noch dadurch verstärkt, daß Schauspielerinnen oft die Mätressen von Adligen oder des Königs waren. Zugleich trug die Erotisierung aber auch dazu bei, daß Theaterstücke mit zunehmender Ausschließlichkeit von Liebe handelten. Auch das beförderte den Prozeß der Verbürgerlichung; denn für den Bürger ist die Liebe das einzige Abenteuer, das er erleben kann. John Dryden und Thomas Otway versuchten zwar noch eine Weile aus barockem Geist heraus in heroischen Tragödien die große Staatsaktion auf die Bühne zu bringen, doch wich diese Form bald ganz der Sittenkomödie, die danach zur Hauptform des englischen Dramas wurde.

Die beiden großen Jahrzehnte der Restaurationskomödie waren die siebziger und die neunziger Jahre. Am zynischsten wird die Jagd nach dem Liebesgenuß in Wycherleys *The Country Wife* (1675) vorgeführt. In den siebziger Jahren konnten die Menschen unter dem Regiment eines sinnenfreudigen Königs aufatmen und die Erinnerung an die freudlose Zeit der Puritanerherrschaft vergessen, um sich dem reinen Genuß hinzugeben. Die Verkörperung dieser Haltung ist der Earl of Rochester, der sich in seinen offenherzigen, für viktorianische Ohren zweifellos obszönen Versen nicht scheute, sogar die Blöße seines Königs aufzudecken, was dessen Wertschätzung für den respektlosen Höfling nicht minderte. In den neunziger Jahren, als die *Bill of Rights* den innenpolitischen Widerstreit zu einem großen Kompromiß beschwichtigte, mäßigte sich auch die Komödie und näherte sich der wohltemperierten Ästhetik an, die nun ohne Einschränkung die Bezeichnung Klassizismus verdient.

Das Schlüsselwort der Restaurationkomödie ist *wit*. Es bezeichnet zum einen die damals am höchsten geschätzte geistige Eigenschaft, nämlich die Fähigkeit, sich mit Witz und Dreistigkeit in die Position des Überlegenen zu bringen, und zum anderen deren Besitzer. Dabei galt jedes Mittel als erlaubt, solange es nicht die Ehre des *wit* tangierte und ihn in den Ruf eines Toren oder Gecken brachte. Menschen vom Lande wurden von vornherein als *witless* angesehen und galten deshalb als Freiwild für die *wits* der Stadt. Man durfte sie ohne schlechtes Gewissen zum Narren halten und ihre Ehefrauen verführen. Aber auch Möchtegern-*wits* waren Zielscheiben des Spotts. Bei allem Zynismus ist in den Komödien dennoch ein Rest von Moral zu erkennen. Zumindest die Ehre galt noch als Wert sowie Wahrheitsliebe sich selbst gegenüber und Offenheit in einer ernstgemeinten Liebesbeziehung. Nicht zufällig heißt das positive Paar in Wycherleys Komödie mit Vornamen Alithea (griech. ‚Wahrheit‘) und Frank.

Die Große Pest und der Brand von London

In der ersten Hälfte des 17. Jahrhunderts war die Bevölkerung Londons auf ca. 400 000 angewachsen. Da sich immer mehr Menschen auf dem Stadtgebiet zusammendrängten, wuchs die Gefahr von Seuchen und Feuersbrünsten. Das Unglück wollte es, daß beides in den Jahren 1665 und 1666 einander auf dem Fuße folgte. Seit dem Schwarzen Tod von 1348/49 war es zwar noch wiederholt zu Pestausbrüchen gekommen, doch hatten diese nie mehr das ganze Land erfaßt, sondern nur einzelne, dichtbevölkerte Städte. Auch der letzte Ausbruch im Jahre 1665 blieb auf London begrenzt. Dort raffte er 56 000 Menschen hinweg, was rund 15 Prozent der Stadtbevölkerung waren.

Kaum war die Seuche abgeklungen, traf die Stadt der nächste Schlag. Am 2. September 1666 brach ein Feuer aus, das sich wegen ungünstiger Winde zu einer fünf Tage währenden Feuersbrunst ausweitete, der 13 200 Häuser, 87 Pfarrkirchen, 52 größere

Gebäude und die riesige gotische St. Pauls-Kathedrale zum Opfer fielen. Die zerstörte Stadtfläche war größer als die im Zweiten Weltkrieg. Für den Wiederaufbau der Stadt entwarf der Astronom und Naturwissenschaftler Christopher Wren, der erst im Jahr davor auf seiner Italienreise durch die Begegnung mit Bernini für die Architektur gewonnen wurde, einen Generalplan, der sich aber wegen des Widerstands der Bürger und der komplizierten Eigentumsverhältnisse nicht verwirklichen ließ. Immerhin erhielt Wren den Auftrag, die Kathedrale und rund 50 Pfarrkirchen neu zu entwerfen. Diese Bauten, allen voran St. Paul's, prägen noch heute das Gesicht der Londoner City. Obwohl der Rest der Stadt nicht nach Wrens großräumiger Planung, sondern entlang der alten, verschlungenen Straßenführung wieder aufgebaut wurde, wurden zumindest die feuergefährdeten Fachwerkhäuser durch Steinbauten ersetzt. Die beugten nicht nur späteren Feuersbrünsten vor, sondern boten auch den Ratten, die den Pesterreger auf den Menschen übertragen, wenig Unterschlupf. Das dürfte einer der Gründe dafür sein, daß die Beulenpest seitdem von der Insel verschwunden ist.

Die beiden Katastrophen bewirkten, daß das rasante Bevölkerungswachstum der Stadt sich in der zweiten Hälfte des Jahrhunderts verlangsamte. Dennoch war um 1700 die halbe Million erreicht. Das wiedererstandene London hatte zwar sein verschlungenes Straßensystem behalten, doch die hygienischen Verhältnisse waren so dramatisch verbessert, daß die Stadt sich danach ausländischen Besuchern als ein Muster moderner Wohnkultur präsentierte.

Barocker Klassizismus

Es dürfte kaum Zufall sein, daß in den sechziger und achtziger Jahren, als die Repression am stärksten war, die *restoration comedy* so gut wie schwieg, während sie in den siebziger und neunziger Jahren blühte. Umgekehrt waren die sechziger und achtziger Jahre diejenigen, in denen sich in der Literatur barockes Denken noch einmal nachhaltig artikulierte. So brachte Milton 1667 sein monumentales Epos *Paradise Lost* heraus, dessen Programm der Theodizee ebenso barock ist wie die antipuritanische Satire *Hudibras* von Samuel Butler, deren erster und zweiter Teil 1662 bzw. 1663 erschienen. Ein dritter folgte bezeichnenderweise erst 1680. Die formal dem *Don Quichotte* nachgebildete Satire hat noch nichts mit den aufgeklärten Satiren Popes zu tun, vielmehr drückt sich darin eine durch und durch barocke Weltverachtung aus. 1684 erschien mit der vollständigen Ausgabe von John Bunyans *Pilgrim's Progress* ein ebenso barockes Werk, das den hohen Ton von Miltons Visionen in die volkstümliche Form pietistischer Frömmigkeit übersetzte.

Parallel zu diesen Nachklängen des Anglo-Barock läßt sich mit Beginn der Restauration die Heraufkunft des Klassizismus beobachten, der in der Architektur durch Inigo Jones vorbereitet worden war und durch Christopher Wren zum Gipfel geführt wurde. Wie schwer es für Wren war, sein klassizistisches Stilideal durchzusetzen, läßt sich an der Baugeschichte der St.-Pauls-Kathedrale ablesen. Ursprünglich wollte er einen streng klassizistischen, vollständig symmetrischen Zentralbau mit einer echten, selbsttragenden Kuppel errichten. Doch die Kirchenoberen bestanden auf der traditionellen Kreuzform als Grundriß und auf einer Kuppel, die wie der einstige Zentralturm die Stadt überragen sollte. So mußte Wren sein *Grand Model* aufgeben und statt dessen den traditionellen Grundriß übernehmen. Das bedeutete, daß er die Kuppel über der Vierung auf einem quadratischen Grundriß errichten mußte. Zudem mußte er sie durch einen dazwischengeschobenen Zylinder aus Stein anheben. Damit wäre aber die innere Kuppel sehr hoch und dunkel ausgefallen. Um dies zu vermeiden, baute er zwei Kuppeln, eine niedrige im Innern und eine steilere außen, die aus statischen Gründen nur eine Holzkonstruktion sein konnte. Gestützt wurde die Konstruktion von einem zwischen den beiden Kuppeln befindlichen gemauerten Spitzkegel. Was man von außen sieht, ist also nur die Blechhaut der darunter befindlichen Holzkonstruktion (Abb. 27). Neben den Londoner Kirchen baute Wren nur vier weltliche Gebäude: die Bibliothek des Trinity College in Cambridge, das Royal Hospital in Chelsea, den neueren Teil von Hampton Court und das Royal Hospital für Seeleute in Greenwich (Abb. 28). Manche seiner Bauten sind so klassisch streng, daß man sie noch der Renaissance zurechnen könnte, was die englische Kunstwissenschaft in der Regel tut. Doch aus kontinentaler Sicht ist sein Stil zweifellos barock.

Durch sein Amt als *the King's Surveyor*, eine Art Generalbaumeister und Denkmalpfleger in einer Person, und durch sein

Abb. 27: Die St.-Pauls-Kathedrale in London
von Christopher Wren (1675–1710)

Abb. 28: Greenwich Hospital. Von Christopher Wren und Nicholas
Hawksmoor in barockisierendem Klassizismus erbaut (1692–1705)

langes Leben von 1632 bis 1723 gab Wren auch noch den ersten Jahrzehnten des 18. Jahrhunderts ein barock-klassizistisches Gepräge, zumal bei seinem Schüler und Mitarbeiter Nicholas Hawksmoor (1661–1736) die barockisierende Tendenz noch stärker war. Hawksmoor integrierte sogar gotische Elemente in seinen Klassizismus, wie sich an der Westfront der Westminsterabtei und an All Souls College in Oxford ablesen läßt. In beiden Fällen versuchte er, sich dem gotischen Stil des übrigen Baukörpers bzw. der Umgebung anzupassen, was zu einer sehr eigenartigen Stilmischung führte.

Auch die Malerei der Restaurationszeit orientierte sich an barocken Vorbildern. Wie vor dem Bürgerkrieg Rubens und van Dyck, so waren es jetzt der Holländer Peter Lely (1618–80) und der Lübecker Geoffrey Kneller (1646–1723), die Hof und Adel in England mit Porträts belieferten. Erst gegen Ende des Jahrhunderts kam mit James Thornhill (1675/6–1734) ein Engländer dazu. Er war 1706 mit dem Ausmalen eines Raums in Schloß Chatsworth beauftragt und übernahm von dort die barocke Malweise des Italieners Verrio und des Franzosen Laguerre für sein späteres Hauptwerk, die Wand- und Deckenbemalung von Schloß Greenwich.

Baukunst und Malerei, zumal wenn der Auftrag vom königlichen Hof kam, mußten Repräsentationszwecke erfüllen, weshalb hier der barocke Stil besonders deutlich hervortritt. Die Literatur hingegen erreichte auch das gebildete Bürgertum, das nicht Repräsentation, sondern Aufklärung erwartete. Deshalb setzte sich dort das vernunftbegründete Stilideal des Klassizismus wesentlich früher durch. Ein interessantes Detail im Schrifttum der Zeit ist William Temples 1692 erschienene Abhandlung *Upon the Gardens of Epicurus*. Darin setzte er sich als erster für den natürlichen Garten ein, der bald darauf in England Mode werden sollte. Hier eilte die literarisch artikulierte Ideologie der Realität um eine Generation voraus.

Whigs und Tories

An die Stelle des einstigen Gegensatzes von *cavaliers* und *roundheads* trat nach der Restauration ein neuer, bei dem sich aber nur die politisch linke Seite anders zusammensetzte. Statt puritanischer

Protestanten waren es jetzt liberale, die aber dennoch mit Entschiedenheit allen Tendenzen einer Rekatholisierung Englands entgegentraten. Die beiden Lager, die sich jetzt formierten, nahmen bald den Charakter von politischen Parteien an. Als sich abzeichnete, daß auf den einsichtigen Karl II. sein uneinsichtiger Bruder Jakob folgen würde, von dem zu befürchten stand, daß er in England einen katholischen Absolutismus einführen würde, entbrannte ein heftiger Streit um die Frage, ob man ihn von der Thronfolge ausschließen sollte. Während die protestantische Seite drei Exclusion Bills einbrachte, hielten die Konservativen an der Erbfolge fest. In dem sich zuspitzenden Streit beschimpften die liberalen Protestanten ihre Gegner mit dem irischen Wort *Tory*, mit dem man seit ca. 1645 irische, also katholische Banditen belegte. Die anglikanisch-royalistische Seite schlug zurück mit dem schottischen, also protestantischen Schimpfwort Whig, das von *whiggamaire* kommt und ‚Pferdetreiber‘ heißt.

Wäre für die Parteinahme nur die Entscheidung zwischen König und Parlament sowie zwischen Hochkirche und freiem Protestantismus ausschlaggebend gewesen, dann hätte es klare und stabile Gruppierungen geben müssen. Tatsächlich aber war die Trennlinie sehr unscharf, da als drittes Kriterium die Unterscheidung von *court* und *country* hinzukam, was z. B. dazu führte, daß es sowohl *Country Whigs* als auch *Country Tories* gab. Kalkulierbar war nur die Parteinahme des städtischen Bürgertums für die Whigs und die des niederen Landadels für die Tories, während die Großgrundbesitzer des Hochadels über *pocket seats* verfügten, die sie entsprechend ihren jeweiligen Interessen in die Waagschale werfen konnten. Man versteht darunter Parlamentssitze von sogenannten *rotten boroughs*, ehemaligen Städten, die auf so wenige Einwohner geschrumpft waren, daß diese bei einer Wahl leicht gekauft oder unter Druck gesetzt werden konnten.

Das Intrigieren der beiden Parteien gegeneinander führte rasch zu einem hohen Maß an Korruption. Notorisch dafür war bereits die Gruppierung, die unter Karl II. von 1667 bis 1673, also noch vor der eigentlichen Parteienspaltung im Zuge der *exclusion crisis*, die Politik bestimmte. Sie ist unter dem Namen Cabal in die Geschichte eingegangen, der aus den Anfangsbuchstaben ihrer Namen – Clifford, Arlington, Buckingham, Ashley-Cooper und Lauderdale – gebildet wurde. Das Taktieren und Intrigieren sowie das Kaufen und Verkaufen von Parlamentssitzen blieben danach ein Mißstand, der bis zum ersten Reformgesetz von 1832 anhielt. Allerdings hatte die Korruption auch ihre gute Seite. Sie sorgte dafür, daß sich politische Fronten nie so weit verhärteten, daß nur ein blutiger Bürgerkrieg die Blockade aufbrechen konnte. Den Beweis lieferte schon 28 Jahre nach der Restauration die Glorreiche Revolution, deren unblutiger Verlauf dadurch möglich wurde, daß weder Whigs noch Tories zu ihren Prinzipien standen und sich statt dessen auf einen Kompromiß verständigten.

John Locke

John Locke (1632–1704) ist die Zentralfigur der englischen Aufklärung. Obwohl er an Scharfsinn von David Hume übertroffen wurde, hat er durch seine Grundlegung der empiristischen Erkenntnistheorie und durch die schiere Breite dessen, wozu er sich maßgeblich geäußert hat, dem Denken des gesamten nachfolgenden Jahrhunderts seinen Stempel aufgedrückt. In der Philosophiegeschichte ist er vor allem der Autor des *Essay Concerning Human Understanding* (1690), worin er den *innate ideas* (eingeborenen Ideen) Descartes' den Kampf ansagte und seine eigene Erkenntnistheorie begründete, die davon ausgeht, daß der Mensch als *tabula rasa* geboren werde und alle Erkenntnis erst durch Erfahrung gewinne. Sein Grundsatz lautet: *Nihil est in intellectu, quod non prius fuerit in sensu* (nichts ist im Verstand, was nicht vorher in den Sinnen war). Dem fügte der scharfsinnige Leibniz hinzu: *nisi intellectus ipse* (ausgenommen der Verstand selbst), womit die Schwachstelle des Lockeschen Empirismus aufgezeigt ist, die danach Kant zu seiner kopernikanischen Wende veranlaßte.

Locke hat sich nicht nur mit Erkenntnistheorie befaßt, er schrieb auch über Erziehung, Ökonomie, Mathematik, Theologie, Bibelexegese, Kirchenpolitik und selbstverständlich auch über Medizin; schließlich war er nicht nur gelernter, sondern auch praktizierender Arzt. Seine welthistorisch weitreichendste Wirkung hatte er aber mit seiner Schrift *Two treatises of Government* (1690), worin er philosophisch eine auf Gewaltenteilung beruhende liberale Regierungsform begründete, deren wesentlicher Zweck der Schutz des Privateigentums ist. Diese Schrift, deren Grundidee durch Montesquieu in die kontinentale Aufklärung einging, wurde zur Grundlage der amerikanischen Verfassung, die daraus manches fast wörtlich übernahm. Seitdem gilt Locke als der Ahnherr einer liberalen Staatstheorie, die im Staat nur den Nachtwächter sieht, der darüber zu wachen hat, daß alle Bürger bei Verfolgung ihrer egoistischen Interessen die Spielregeln einhalten. Der Staat selber sollte durch ein System von *checks and balances*, wie man es später nannte, in seinen Machtbefugnissen so weit eingeschränkt sein, daß keine Gefahr eines absolutistischen Regimes aufkommen konnte. Es ist weitgehend unbekannt, daß Locke rund dreißig Jahre früher, unmittelbar nach der Restauration, eine Schrift ganz anderen Inhalts verfaßte, die dennoch einen sehr ähnlichen Titel hat: *Two Tracts on Government*. Hier entwirft er das Bild eines Staates, der durchaus absolutistische Züge trägt und nicht allzu weit entfernt ist von dem Leviathan jenes Thomas Hobbes, den er später als seinen philosophischen Widerpart ansah. Die Gründe für diesen Gesinnungswandel sind leicht einzusehen. Um 1660 hatte Locke noch das Chaos des Bürgerkriegs, die Militärdiktatur und die letzten beiden Jahre der Republik unter Cromwells schwachem Sohn im Gedächtnis. Nach solchen Erfahrungen mußte ihm ein starker, mit autoritärer Macht ausgestatteter Staat als höchst wünschenswert erscheinen. Doch schon bald muß er angesichts der absolutistischen Tendenzen unter Karl II. und mehr noch unter Jakob II. erkannt haben, daß die größere Gefahr für England nicht ein schwacher, sondern ein zu starker Staat war. Deshalb unterdrückte er seine erste Schrift, die erst in unserem Jahrhundert wieder ans Licht kam. Als dann mit der Glorreichen Revolution und der *Bill of Rights* der friedliche Übergang zur konstitutionellen Monarchie geglückt war, schrieb er seine philosophische Begründung des liberalen, parlamentarisch kontrollierten und in seinen Machtbefugnissen eingeschränkten Staates, die bis heute als Eckpfeiler der demokratischen Staatstheorie gilt. Noch zwei weitere gesellschaftspolitische Schriften von ihm hatten weitreichende Folgewirkungen. Mit seinen drei *Letters on Toleration* unterstützte er die Bemühungen um Toleranz seitens der Deisten, auch wenn er deren Ablehnung der Offenbarung nicht teilte. Die zweite Schrift war *Some Thoughts Concerning Education*, in der er seine empiristische Erkenntnistheorie in ein Erziehungsprogramm umzusetzen versuchte.

Locke ist gewissermaßen der Dr. Johnson der englischen Philosophie. Wie dieser besticht er weniger durch Tiefsinn und gedankliche Schärfe als durch Klarheit, gesunden Menschenverstand und Sinn für das Praktische. Insofern ist er englischer als der skeptische Schotte David Hume, der Lockes empiristischen Ansatz radikal zu Ende dachte. Er ist auch englischer als Thomas Hobbes, dessen kompromißlos konsequentes Denken im eigenen Land keine Anhänger fand. An enzyklopädischer Gelehrsamkeit ist er seinem deutschen Zeitgenossen Leibniz ähnlich. Dessen Denken war jedoch von der deutschen Obsession des alle Teile umfassenden Ganzen beherrscht, während Locke ein typischer Vertreter des englischen Denkens ist, das die Freiheit der Teile gegen das Ganze zu verteidigen sucht.

Dissent, Latitudinarismus und Deismus

Das religiöse Leben gegen Ende des 17. Jahrhunderts war gekennzeichnet durch abnehmenden Eifer und zunehmende Toleranz. Die Fanatiker unter den Puritanern wanderten größtenteils bald nach der Restauration nach Amerika aus, während die nachfolgende Generation frommer Protestanten moderatere Formen gelebten Glaubens wählte, wie sie später die Methodisten anboten. Wenn sie sich nicht zur Rückkehr in die Kirche bereitfanden, mußten sie allerdings zahlreiche Benachteiligungen in Kauf nehmen. So wurden sie nicht zu den Universitäten zugelassen und durften auch keine öffentlichen Ämter annehmen. Die Gesamtheit dieser nichtanglikanischen Protestanten wurde *dissenters* oder einfach Dissent genannt. Später kam die Bezeichnung *nonconformists* auf.

In der anglikanischen Kirche begann sich eine Tendenz zu größerer Weitherzigkeit durchzusetzen, die als *latitudinarianism* bezeichnet wurde. Man verstand darunter das Prinzip, ein breites Spektrum religiöser Überzeugungen unter dem Dach der Kirche zu dulden, sofern sich der Einzelne nur förmlich zu ihr bekannte. Der Grad der Toleranz konnte von Gemeinde zu Gemeinde und von Diözese zu Diözese sehr unterschiedlich sein. So bezeichnete Samuel Pepys schon 1669 in seinem Tagebuch den Bischof von Chester, Dr. Wilkins, als *latitudinarian*. Auch der Erzbischof von Canterbury, Tillotson, trat für eine weitherzige Kirche ein. Ihnen standen konservative Kirchenführer gegenüber, die noch immer ein entschiedenes Bekenntnis zu den anglikanischen Glaubensartikeln einforderten. Sie setzten 1711 das *Occasional Conformity Act* durch, das die bis dahin geübte Praxis verbot, wonach eine nur einmalige Teilnahme an der Kommunion ausreichte, um das religiöse Hindernis für ein öffentliches Amt zu beseitigen. Doch das Gesetz blieb nur acht Jahre in Kraft.

Unter den Gebildeten war gegen Ende des 17. Jahrhunderts der Toleranzgedanke weit verbreitet. Neben John Locke waren es vor allem die Deisten, die sich dafür einsetzten. Sie vertraten die Überzeugung, daß sich der Glaube an einen Schöpfergott aus der Vernunft ergebe und keiner Offenbarung bedürfe. Folglich glauben alle gottesfürchtigen Menschen an den gleichen Gott und sollten sich deshalb nicht über Glaubensinhalte streiten. Als Vater des englischen Deismus gilt Edward Herbert von Cherbury, der schon 1624 in *De Veritate* eine rationale Theologie vertrat und dies 1645 in zwei weiteren Schriften vertiefte. An seine Überlegungen knüpfte John Toland mit der Schrift *Christianity not Mysterious* (*Christentum ohne Mysterium*, 1696) an, die in ganz Europa gelesen wurde. Nachdem Anthony Collins 1713 seine Schrift *Discourse on Free-Thinking* publiziert hatte, in der sich das deistische Denken bereits einem atheistischen Materialismus annäherte, bürgerte sich für die Deisten die Bezeichnung Freidenker ein. Weitere Vertreter des englischen Deismus waren im 18. Jahrhundert Matthew Tindal, Graf Shaftesbury und Henry Bolingbroke.

Schützenhilfe erhielt die Theologie der Vernunft von der Naturwissenschaft. Die 1660 gegründete Royal Society hatte zwar Religion und Politik als Diskussionsthemen ausdrücklich ausgeschlossen, doch trug ihre naturwissenschaftliche Arbeit zu einer aufgeklärteren Haltung gegenüber der Religion bei. Ihr prominentester Präsident war ab 1703 Isaac Newton, der 1687 mit seiner Schrift *Philosophiae naturalis principia mathematica* einen Meilenstein der neuzeitlichen Physik gesetzt hatte. Wenig bekannt ist, daß Newton fast ebensoviel Zeit wie auf die mathematische Naturwissenschaft auf alchemistische Experimente und Spekulationen verwandte, was er streng geheim hielt. Auch Theologie und Esoterik nahmen in seinem Denken breiten Raum ein. Daran zeigt sich, daß auch er, wie vor ihm Bacon, sich nicht ganz vom alten Denken lösen konnte.

Die Saat der Gewalt in Nordirland

Jakob I. begann seine Herrschaft über Irland damit, daß er mit O'Neill, dem Anführer des irischen Widerstands, der sich nach neunjährigem Kampf ergeben hatte, 1603 Frieden schloß. Doch als O'Neill vier Jahre später auf den Kontinent floh, weil er das englische Joch nicht länger tragen wollte, brachen neue Unruhen aus. Jetzt versuchten die Engländer den Widerstand endgültig zu brechen, indem sie in Ulster schottische Protestanten ansiedelten, womit sie sich ein Problem einhandelten, von dessen Folgen sie noch heute eingeholt werden. Wann immer England militärisch gebunden war, machten die Iren von da an den Versuch, den englischen Stachel aus ihrem Fleisch zu entfernen, und jedesmal wurden sie dafür grausam bestraft. Im Vorfeld des englischen Bürgerkriegs kam es 1641 zu einem Massaker an den schottischen Siedlern, für das Cromwell 1649 blutige Rache nahm, indem er die Stadt Drogheda eroberte und alle irischen Soldaten töten ließ. Folgenschwerer als das Blutbad war, daß Cromwell alle Iren, die nicht auf der englischen Seite standen, enteignete und ihr Land an seine Soldaten verteilte. Ein kleiner Teil dieser Enteignungen wurde nach der Restauration rückgängig gemacht. Dennoch war am Ende der Restaurationszeit nur noch ein Fünftel des Landes in der Hand katholischer Iren, während sie vor 1641 noch drei Fünftel besessen hatten. Die zweite englische Strafaktion traf die Iren, als sie ihre Hoffnungen auf den Katholiken Jakob II. setzten und ihn bei seinem Versuch, sich den englischen Thron zurückzuholen, militärisch unterstützten. Da Jakob französische Truppen zu Hilfe gerufen hatte, sahen die Engländer in den Iren Landesverräter, weshalb sie nun erst recht zu keinen Zugeständnissen bereit waren. Wilhelm von Oranien brachte Jakobs irischen und französischen Truppen am 12. Juli 1690 am Fluß Boyne eine vernichtende Niederlage bei, was für die radikalen Protestanten Nordirlands noch heute ein Anlaß ist, diesen Tag zu feiern. Zu Ehren Wilhelms gründeten sie später den Orange-Orden, der alljährlich die fatalen Prozessionen organisiert, die den Nordirland-Konflikt immer von neuem anheizen.

Das 18. Jahrhundert

Zeittafel

1701	*Act of Settlement* legt die protestantische Thronfolge auf Stuartprinzessin Sophia, Gemahlin des Kurfürsten von Hannover, und ihre Nachkommen fest.
1702–14	Königin Anna
1702–13	Spanischer Erbfolgekrieg. England greift ein, um Frankreich nicht zu stark werden zu lassen.
1713	Friede von Utrecht. England erhält Nova Scotia, Acadia, Neufundland, Gibraltar und Menorca. Beginn des 1. Empires.
1714–27	Georg I.
1715	Niederschlagung des schottischen Jakobitenaufstands.
1720	*South Sea-bubble*. Der Zusammenbruch des spekulativen Unternehmens der South Sea Company führt zum Staatsbankrott.
1720–42	Robert Walpole an der Regierung *(Robinocracy)*.
1727–60	Georg II.
ab 1739	Walpoles Friedenspolitik am Ende. Krieg gegen Spanien (–1748).
1740–45	Erster (1740–42) und Zweiter (1744–45) schlesischer Krieg.
1746	Niederschlagung des letzten Jakobitenaufstands bei Culloden.
1756–63	Siebenjähriger Krieg. Während Preußen und Österreich auf dem Kontinent um die Vormacht ringen, kämpfen England und Frankreich in Nordamerika um die Weltmacht.
1760–1820	Georg III.
1763	Frieden von Paris. England erhält von Frankreich alle kanadischen Besitzungen sowie Senegal, Grenada, Dominica und Tobago und von Spanien Honduras und Florida.
1763	Verhaftung von John Wilkes wegen Verbreitung aufrührerischer Schriften. Zunehmender Reformdruck.
1769	Die dreimal erfolgreich wiederholte Wahl von Wilkes als Abgeordneter von Middlesex wird vom Parlament dreimal annulliert. 1774 wird Wilkes Lord Mayor von London.
1770–83	Selbstregierung Georgs III.
1775–83	Amerikanischer Unabhängigkeitskrieg.
1776	*Declaration of Independence* der Neuenglandstaaten.
1783	Vertrag von Versailles. England muß die Unabhängigkeit der Vereinigten Staaten von Amerika anerkennen. Faktisch das Ende des *First British Empire*.
1783–1801	William Pitt d. J. Premierminister, führt England im Krieg gegen Napoleon. Zweite Regierung 1804–06.
1796–98	Irischer Aufstand, der blutig niedergeschlagen wird.
1798–1802	Zweite antifranzösische Koalition.

England wird englisch und Schottland schottisch

Bis zum Ende des 17.Jahrhunderts hatte sich England kulturell an kontinentalen Vorbildern orientiert, anfangs an italienischen, später an französischen. Das änderte sich im 18. Jahrhundert. Jetzt trennte sich die englische Kultur von der kontinentalen und ging in allen Bereichen eigene Wege. Man erkennt das schon daran, daß sich im Laufe des Jahrhunderts Kulturphänomene ausbildeten, die noch heute als typisch englisch gelten und meist mit dem Adjektiv englisch zu einem festen Begriff verschmolzen sind. Das gilt z.B. für die vier „englischen" Beiträge zur Hardware der europäischen Kultur: den englischen Garten, das englische Landhaus, die englische Möbel und das englische Vollblut. Hinzu kommen drei ebenso typische Beiträge zur Software: das Ideal des Gentleman, der Code des Fair play und der englische Humor. Man könnte die genannten Phänomene als die „sieben englischen Künste" bezeichnen, da sie sich wie die septem artes liberales aus einem Trivium und einem Quadrivium zusammensetzen. Ein Gentleman-Ideal hatte sich zwar schon im 16.Jahrhundert ausgebildet, doch orientierte es sich noch am Renaissance-Ideal der *virtù* und damit an einer Leistungsethik. In den Erziehungsbriefen des Grafen Chesterfield, die dieser an seinen außerehelichen Sohn schrieb und die dessen Witwe 1774 veröffentlicht wurden, wird dagegen ein Ideal propagiert, daß durch eine Haltungsethik geprägt ist. Seitdem definiert den englischen Gentleman nicht das, was er tut, sondern das, was er unterläßt. Eine ähnliche Entwicklung erlebte der englische Humor. Auch hier verwandelte sich der noch bei Shakespeare zu beobachtende Humor des komischen Overstatement in den typisch englischen des Understatement. Wie die Engländer so bildeten auch die Schotten im 18.Jahrhundert eine eigene kulturelle Identität aus. Daß sie nach der 1707 erzwungenen Vereinigung mit England im Unterhaus nur mit einem Zwölftel der Sitze bei einem Sechstel der Bevölkerung und im Oberhaus nur mit 16 von 190 Sitzen vertreten waren, spornte ihr Nationalgefühl nur um so mehr an. Als die Stuarts – zuerst unter Jakobs II. Sohn, dem Old Pretender, später unter seinem Enkel Prinz Charlie – versuchten, sich von Schottland aus den englischen Thron zurückzuholen, fanden sie zwar nur bei der katholischen Minderheit in den zurückgebliebenen Highlands Unterstützung, doch nach der Vernichtung des letzten Aufgebots der Jakobiten bei Culloden 1746 wurde Bonnie Prince Charlie auch für die Presbyterianer zum Helden. Das führte zu einer immer stärkeren Betonung nationaler Traditionen. Anfangs war das Mißtrauen der Engländer noch so groß, daß sie erst 1782 das Verbot des Tragens von Hochlandkleidung aufhoben. Danach machte die Skotifizierung der schottischen Kultur rasche Fortschritte, wobei der anti-englische Groll der Hauptantrieb war. Seitdem empfinden sich die Schotten kulturell als eigene Nation, während sie sich politisch als Briten verstehen.

Stilgeschichtlich beginnt das 18. Jahrhundert auf dem Höhepunkt des Klassizismus und endet mit dem vollen Durchbruch der Romantik. Bei oberflächlicher Betrachtung sieht es so aus, als werde im Laufe des Jahrhunderts das klassizistische Normensystem nach und nach durch das romantische ersetzt. Bei näherem Zusehen zeigt sich aber, daß die für die Romantik charakteristischen Normen latent schon um 1700 wirksam waren und daß die für den Klassizismus charakteristischen auch noch um 1800 vertreten wurden. Tatsächlich wird nicht ein Ideologem gegen ein anderes ausgetauscht, vielmehr wird es nur so gewendet, daß seine Unterseite nach oben kommt. Was waren diese Normensysteme? Der Einfachheit halber sollen sie durch die Schlüsselbegriffe charakterisiert werden, die zu Beginn und am Ende des Jahrhunderts das Denken bestimmten:

1700	1800
Geist (wit)	Einbildungskraft (imagination)
Verstand (understanding)	Gefühl (sentiment, feeling)
Gedächtnis (memory)	Kreativität (originality)
Geschmack (taste)	Intuition
Bildung (learning)	Genie (genius)
Gesellschaft	Individualität
Stadt	Land
das Schöne	das Erhabene
Antike	Mittelalter
Poeta doctus	Volksdichter
VERNUNFT	NATUR

Die linke Seite enthält das, was den Stilbegriff Klassizismus ausfüllt, die rechte das, was man gemeinhin mit Romantik verbindet. Jede der beiden Seiten hat eine Legitimationsbasis, aus der ihre Normen abgeleitet sind. Die der linken Seite ist die Vernunft, die der rechten die Natur.

Das 18. Jahrhundert war in ganz Europa das der Aufklärung und damit der Vernunft. In England hatte dieser Prozeß schon ein Jahrhundert früher begonnen. Deshalb zeichnen sich hier die ideologischen Konturen um 1700 sehr viel deutlicher ab. Vernunft war die ideologische Basis, auf die das Bürgertum seinen Anspruch auf Gleichberechtigung gründete. Es war aber nicht die einzige; denn es gab noch eine zweite Gleichmacherin, die Natur. Vernunft egalisiert, weil sie in allen Köpfen nach den gleichen Gesetzen funktioniert. Natur tut das gleiche, indem sie Identität durch Individualität ersetzt. Vernunft ist normativ, sie verlangt vom Einzelnen, daß er sich wie alle vernünftigen Menschen verhält, Natur dagegen verteilt ihre Gaben irrational, so daß der Einzelne für seine Individualität nicht verantwortlich ist.

Daß im Laufe des Jahrhunderts das vernunftbegründete System dem naturbegründeten nachgeordnet wurde, ist nicht verwunderlich; denn obgleich beide Normensysteme dem Geist der Aufklärung entstammten und geeignet waren, bürgerliche Interessen zu legitimieren, waren sie für die einzelnen Schichten von unterschiedlicher Attraktivität. Das erstere System erforderte eine schulische Ausbildung, die sich nur die privilegierten Schichten leisten konnten. Das letztere erlaubte es, sich ohne Ausbildung auf das zu berufen, was die Natur einem mitgegeben hat. So war es nur natürlich, daß die Oberschicht stärker den klassizistischen Normen zuneigte, während die aufstrebende Mittelschicht ihre Interessen eher in den romantischen Normen ausgedrückt sah. Letzteres mußte in besonderem Maße für alle Protestanten außerhalb der anglikanischen Kirche gelten; denn sie waren von den beiden großen Bildungsinstitutionen, den Universitäten und der Kirche, ausgeschlossen. Deshalb war es nur allzu verständlich, daß gerade sie dem auf Natur begründeten Ideologem zuneigten und dem Gefühl höheren Wert beimaßen als dem Verstand.

Wie eng die beiden Ideologeme zusammengehören, läßt sich an dem meistzitierten Dokument des Klassizismus ablesen, an Alexander Popes *Essay on Criticism* (1711). Diese Poetik in Versform ist zwar noch ganz vom Geist des Klassizismus geprägt, doch werden in ihr die Werte *wit* und *taste* bereits fest an die parallelen Normen *imagination* und *genius* gebunden, und alle zusammen werden auf Natur zurückgeführt, die ihrerseits als etwas Ursprüngliches gesehen wird, das durch Kunst „methodisiert" werden muß:

> First follow Nature, and your Judgment frame
> By her just Standard, which is still the same.
> *Unerring Nature*, still divinely bright,

One clear, *unchang'd* and *Universal* Light,
Life, Force, and Beauty, must to all impart,
At once the *Source*, and *End* and *Test of Art*.

Zuerst folg' der Natur und modellier'
Den Standard deines Urteils nur nach ihr.
Natur, die niemals irrt, ist göttlich hell,
des klaren Lichtes unverfälschter Quell.
Aus ihr quillt Leben, Kraft, der Schönheit Gunst,
sie ist der Anfang und das Ziel der Kunst.

Diesen Sätzen, die wie ein Credo der Romantik klingen, folgt als Einschränkung die Empfehlung, sich trotz allem an den Kunstregeln der Alten zu orientieren; denn:

Those rules of old discovered, not devised,
Are Nature still, but Nature methodised.

Die Regeln, von den Alten einst gefunden,
Sind doch Natur, nur kunstvoll eingebunden.
(Übers. v. Verf.)

Noch einen Schritt weiter in der Vergöttlichung der Natur ging Graf Shaftesbury, dessen epochemachende Essays im gleichen Jahr erschienen. Obwohl auch er als überzeugter Platoniker Klassizist war, läßt er einen seiner fiktiven Dialogpartner einen Hymnus auf die Natur verkünden, der noch in der Mitte des Jahrhunderts die deutschen Frühromantiker so beeindruckte, daß Herder ihn in Versform goß. Allerdings hatte Shaftesbury den Hymnus in klassizistischer Manier mit subtiler Ironie gewürzt, die seinen deutschen Lesern entgangen war. In der zweiten Hälfte des Jahrhunderts erhält der Naturbegriff durch Rousseau weitere Schubkraft und mündet in das diesem zugeschriebene, aber von ihm nie so ausgesprochene Programm „Zurück zur Natur". Jetzt weichen Popes einschränkendes *methodized* und Shaftesburys Ironie einem irrationalen, dynamisierten Naturbegriff. Was für Pope noch *natura naturata*, also von Gott geordnete Natur war, ist für die Romantiker *natura naturans*, die göttliche Schöpferkraft selbst.

Das Zeitalter der Vernunft erscheint in großen Teilen seiner Kultur zugleich als ein *age of sentiment*. In der deutschen Literaturgeschichte nennt man den Zeitraum von 1740–80 Empfindsamkeit.

Das Wort geht auf Lessing zurück, der seinem Freund Bode für dessen Übersetzung von Laurence Sternes *Sentimental Journey* den Vorschlag machte, das Wort *sentimental* mit ‚empfindsam' wiederzugeben. Schon daran ist abzulesen, daß es sich um eine Geschmacksentwicklung handelt, die von England ausging. Hier hatten die Begriffe *sentiment* und *sentimental* schon lange vor 1740 Hochkonjunktur. Bereits um die Jahrhundertwende läßt sich beobachten, wie die noch wenige Jahrzehnte zuvor ausschließlich dem Prinzip des *wit* huldigende Komödie zunehmend sentimentalisiert wird. Spätestens mit Richard Steeles *The Conscious Lovers (Die standhaften Liebenden*, 1722) hatte die *sentimental comedy* die an französischen Vorbildern orientierte Sittenkomödie der Restaurationszeit von der Londoner Bühne verdrängt. Umgekehrt übernahmen nun die Franzosen das neue englische Vorbild als *comedie larmoyante*, woraus in Deutschland das ‚weinerliche Lustspiel' wurde. In London hielt sich die sentimentale Komödie bis weit über die Mitte des Jahrhunderts. Erst 1773 machte sich Oliver Goldsmith daran „that monster called ‚Sentimental Comedy'" von der Bühne zu vertreiben. Seine mit einem moderaten Schuß Frivolität gewürzte Komödie *She Stoops to Conquer, or The Mistakes of a Night (Sie erniedrigt sich, um zu erobern, oder Die Irrtümer einer Nacht)* versucht, an die unsentimentale Tradition des 17. Jahrhunderts anzuknüpfen. Noch direkter tat dies Richard Brinsley Sheridan, dessen noch heute viel gespielte *Lästerschule (The School for Scandal*, 1777) sich eng an die Restaurationskomödie anlehnt, von der sie sich aber dadurch unterscheidet, daß jetzt der Naturbursche mit dem guten Kern der Held ist und der geschniegelte Stadtmensch der Schurke.

Doch nicht die Komödie war es, die die Flut der Empfindsamkeit über ganz Europa hereinbrechen ließ, sondern der Roman. Samuel Richardson öffnete das Schleusentor mit seinem Briefroman *Pamela*, der den Leser mit immer neuer Rührung in die Seele seiner Heldin schauen ließ; Laurence Sterne würzte die Empfindsamkeit in *Tristram Shandy* und *The Sentimental Journey* mit seiner unvergleichlichen, zwischen Gefühl und skurrilem Verstand changierenden Ironie, und Henry Mackenzie schrieb 1771 mit *The Man of Feeling (Der Mann von Gefühl)* das absolute Kultbuch der sentimentalen Mode. Gegen Ende des Jahrhunderts begann die Mode nicht etwa abzuebben, sie ging vielmehr in eine neue Qualität über. Der „gotische" Schauerroman steigerte die Empfindungen zu *terror* und *horror*, und Wordsworth überhöhte sie zu erhabener Andacht im Angesicht der Natur. Doch obgleich *sentiment* für die ganze vorromantische Epoche so charakteristisch ist, daß man sie danach benannte, war sie zugleich auch das *Augustan age*, das sich am klassizistischen Normensystem orientierte. In der Literatur haben die Klassizisten ihre Epoche selber so gesehen, da sie sich die Zeit des Kaisers Augustus zum Vorbild nahmen, in der Vergil, Horaz, Properz, Tibull und Ovid ihre Werke schufen. Allerdings enthielt der Name ein ideologisches Dilemma; denn in den Augen von Engländern, die stolz auf ihre Glorreiche Revolution zurückblickten, war Augustus ein Tyrann. Man mußte also sehr genau zwischen dem Politiker Augustus und dem Förderer der Künste unterscheiden. Da der englische Klassizismus hundert Jahre vor der deutschen Klassik einsetzte, orientierte er sich nicht wie diese an der griechischen, sondern an der römischen Antike. Die griechische wurde erst durch Winckelmanns epochemachendes Buch *Geschichte der Kunst des Altertums* (1764) voll ins Blickfeld der europäischen Kultur gerückt.

Am entschiedensten war die Anlehnung an die Antike in der Architektur. In der Literatur stand einer vollständigen Antikisierung schon der natürliche Rhythmus der englischen Sprache im Wege. Während Klopstock, Goethe und Hölderlin dank den vielsilbigen deutschen Wörtern antike Metren wie den Hexameter nachbilden konnten, war das im Englischen kaum möglich. Hier ersetzte Pope in seinen Homer-Übersetzungen den Hexameter durch das fünfhebige jambische Reimpaar, was für die Ohren von Puristen den antiken Sprechduktus zerstört. Aber selbst die angemessenere Übersetzung im Shakespeareschen Blankvers, wie sie später üblich wurde, erinnert eher an Milton als an den Geist der Antike. Auch die Poetik war stärker durch Horaz als durch Aristoteles geprägt. Von Horaz übernahm man die Grundgedanken des *simplex et unum* (Einfachheit und Einheit) und des *aut prodesse aut delectare*, was besagt, daß Dichtung Erkenntnis vermitteln und erfreuen soll. Die bei Aristoteles im Zentrum stehende Tragödie spielte für die augustäischen Dichter so gut wie keine Rolle. Auch das Mimesisproblem wurde noch in einem anderen Sinn als bei Aristoteles gesehen, nämlich als Nachahmung der antiken Vorbilder und nicht als das Erschaffen einer fiktionalen Wirklichkeit.

Im 17. Jahrhundert hatten sich zwei gegensätzliche philosophische Ethiken ausgebildet. Die eine war Hobbes' materialistischer Grundsatz, daß der Mensch des Menschen Wolf sei. Die andere war das von den Cambridger Platonisten vertretene „deiforme" Menschenbild, welches besagt, daß der Mensch als Ebenbild Gottes im Kern gut sei. Im 18. Jahrhundert fand die zweite Philosophie in Graf Shaftesbury ihren wirkungsvollsten Verkünder. Obwohl er mehr geistvoller Essayist als Philosoph war, haben seine 1711 erschienenen Essays die Philosophie nachhaltig beeinflußt. Der Schotte Hutcheson formte aus ihren Gedanken ein philosophisches System und verhalf ihnen dadurch zu weiterer Verbreitung. Noch entschieden einflußreicher war der Graf auf dem Kontinent, wo er zu einem der geistigen Vorbereiter der Romantik wurde. Shaftesburys Grundgedanke war, daß jedem Menschen ein moralischer Sinn eingeboren sei, der ihn zu altruistischem Handeln veranlasse. Er war jedoch durchaus nicht der Meinung, daß die Menschen auf jeden Egoismus verzichten sollten. Vielmehr meinte er, daß der moralische Sinn für einen vernünftigen Ausgleich zwischen Egoismus und Altruismus sorge. Um herauszufinden, was vernünftig sei, empfahl er ein einfaches Verfahren, den *test of ridicule*. Alles, was sich lächerlich machen lasse, könne nicht völlig vernünftig sein. Das gilt vor allem für jede Art von Fanatismus und Zelotentum. Hier erweist sich Shaftesbury als Angehöriger des augustäischen Zeitalters und weit entfernt von dem Gefühlskult, in dessen Nähe man ihn wegen des *moral sense* vermuten könnte. Gegenüber Shaftesbury bezog der Arzt Bernard de Mandeville eine an Hobbes anschließende Gegenposition, deren Anhänger als *selfish system school* bezeichnet werden. Publiziert hat Mandeville seinen Grundgedanken nicht in Form eines philosophischen Traktats, sondern in der eines skurrilen Gedichts, dessen erste Fassung bereits 1705 unter dem Titel *The Grumbling Hive (Der murrende Bienenstock)* erschien. 1714 ließ er eine Neuauflage folgen, vermehrt um drei Essays, die den Grundgedanken des Gedichts erläutern. Jetzt heißt das Gedicht *The Fable of the Bees, or Private Vices, Public Benefits (Die Bienenfabel oder Private Laster, öffentlicher Nutzen)*. Es erzählt in holprigen Versen von einem Bienenstock, in dem die Bienen auf die Idee verfallen, sich nur noch altruistisch zu verhalten. Von dem Augenblick an geht es mit dem Bienenstaat bergab. Alle Bienen sind lieb zueinander, doch sie sammeln keinen Honig mehr. Die Moral der Fabel ist, daß eine Gesellschaft am besten gedeiht, wenn jeder einzelne seine eigenen egoistischen Interessen verfolgt.

Shaftesburys und Mandevilles Gefolgschaften stehen sich bis weit über die Mitte des Jahrhunderts als zwei gegensätzliche Denkschulen gegenüber, deren Spuren sich überall in der Literatur verfolgen lassen, bis sie 1776 unverhofft zusammenfließen, und zwar in Adam Smiths *An Enquiry into the Nature and Causes of the Wealth of Nations (Eine Untersuchung über das Wesen und die Ursachen des Reichtums der Nationen)*. Wohl jeder würde diesen ersten Theoretiker der liberalen Marktwirtschaft im Lager Mandevilles vermuten. Tatsächlich aber kam Smith aus der Schule Hutchesons und damit Shaftesburys. An Mandeville erinnert sein Grundgedanke des Wettbewerbs, an Shaftesbury die Idee der *invisible hand*. Smith verstand darunter ein geheimnisvolles Agens, das dafür sorgt, daß sich Millionen von Einzelegoismen zu einem prosperierenden Gemeinwesen verbinden, so daß sich letzten Endes die Selbstsucht jedes einzelnen zum Nutzen aller auswirkt.

Aristokratie und Bürgertum

Obwohl das 18. Jahrhundert durch den Aufstieg des Bürgertums geprägt ist, wäre es falsch, von einer bürgerlichen Kultur zu sprechen; denn besagter Aufstieg wurde von einer ähnlichen Entwicklung auf Seiten der Aristokratie begleitet, weshalb das Verhältnis der beiden Schichten zueinander am Ende des Jahrhunderts kaum anders war als am Anfang. Zwar stellte der Adel neben dem zahlenmäßig stark anwachsenden Bürgertum nur eine winzige Minderheit dar, doch blieb er an den Schalthebeln der politischen Macht. Infolgedessen haben wir es mit zwei Kulturen zu tun, die, ohne im eigentlichen Sinn miteinander zu konkurrieren, nebeneinander existierten, wobei es zwischen ihnen im Verlauf des 18. Jahrhunderts zu immer größeren Überschneidungen kam, was ausländische Besucher mit Erstaunen vermerkten. Die beiden Orte, an denen es ihnen am stärksten auffiel, waren die Vergnügungsparks Ranelagh und Vauxhall, in denen Adel und Bürgertum sich Seite an

Seite amüsierten. Die Vauxhall Gardens waren schon 1660 eröffnet worden. 1732 erlebten sie in Gegenwart des Kronprinzen eine pompöse Neueröffnung und blieben bis zu ihrer Schließung 1859 der beliebteste Vergnügungspark der Stadt. Hier feierte Händel Triumphe, wofür man ihm an Ort und Stelle schon zu Lebzeiten durch den berühmten Bildhauer Roubiliac ein Denkmal setzte. Als er 1749 zur Feier des Friedens von Aachen seine *Feuerwerksmusik* aufführte, strömten 12 000 Zuhörer in den Park. Als etwas vornehmer galten die 1742 eröffneten Ranelagh Gardens, in denen 1762 der achtjährige Mozart auftrat. Sie wurden in ganz Europa so berühmt, daß Paris schon zwei Jahre später mit der Eröffnung des Jardin de Ranelagh nachzog. Auch die Konzertsäle der Stadt wurden von Zuhörern aus allen Schichten besucht, sofern sie den Eintritt bezahlen konnten. Im Unterschied zu absolutistischen Hauptstädten wie Paris, Wien und Berlin fand in London die Oper weniger Zuspruch als das Oratorium; denn sie galt als das privilegierte Vergnügen von Aristokraten, während Oratorien durch ihre meist religiösen Stoffe für den Bürger vom Makel des hedonistischen Genusses befreit waren. Händel, der 1710 Hofkapellmeister in Hannover wurde und vier Jahre später, als sein Dienstherr den englischen Thron bestieg, mit diesem nach London ging, versuchte dort die *Opera seria* durchzusetzen. Nach anfänglichen Erfolgen ging das Interesse mit zunehmender Verbürgerlichung des Publikums stetig zurück, da es verboten war, biblische Stoffe auf der Bühne darzustellen. Schließlich sah Händel ein, daß Oratorien ihm erheblich mehr einbringen würden, und so warf er sich nach dem sensationellen Erfolg seines *Messias* (1742) ganz auf diese Form.

In allen Bereichen, in denen das Kulturschaffen mit hohen Kosten verbunden war, dominierte der Geschmack des Adels. Das gilt zu allererst für Architektur, Gartengestaltung und Skulptur, etwas eingeschränkter für die Malerei. Letztere konnte auch mit Aufträgen von wohlhabenden Bürgern rechnen. Wenn Maler wie Hogarth ihre Bilder graphisch reproduzierten, erreichten sie sogar das untere Bürgertum. Den teuren und eben darum besonders repräsentativen Kunstformen stand die Literatur gegenüber, die mit steigenden Auflagen und sinkenden Buchpreisen eine stetig wachsende Leserzahl erreichte. Folglich mußte sie sich am Geschmack einer Leserschaft orientieren, die in zunehmendem Maße auch die untere Mittelklasse einschloß. Während sich Architektur und

Skulptur bis zum Ende des Jahrhunderts am klassizistischen Geschmack orientierten, bediente die Literatur darum schon früh den romantischen Geschmack des Bürgertums.

Eine Besonderheit der Oberschicht war ihre „amphibische Kultur", wie der Historiker Namier es nannte; denn den Winter verbrachten die Adligen in ihren Stadthäusern in London, den Sommer auf ihren Landsitzen. In der Stadt pflegten sie einen urbanen Lebensstil, indem sie Konzerte, Opern und Theateraufführungen besuchten, sich porträtieren ließen und am Gesellschaftsleben der High-Society teilnahmen. Im Sommer lebten sie auf dem Lande, machten Ausritte, legten Parks an und verwalteten ihre Güter. Das Stadtleben orientierte sich an der Wertnorm des *wit*, das Landleben dagegen an Vorstellungen von Natürlichkeit. Letzteres fand seinen deutlichsten Ausdruck in den Parkanlagen. Seitdem unter Georg I. die Regierungsgeschäfte vom Kabinett geführt wurden, war es für den Adel von geringerem Interesse, bei Hofe präsent zu sein. Das führte zu einem auffälligen Rückzug aufs Land. Geschmacklich findet das Amphibische seinen Ausdruck in der zunehmenden Begeisterung junger Aristokraten für die Bilder Claude Lorrains, auf denen klassische Bauten und romantische Landschaft eine vollkommene Synthese eingehen.

Neben der amphibischen Kultur des Adels stand die Stadtkultur des Bürgertums, die anfangs von den wohlhabenden Schichten getragen wurde und dann auch die untere Mittelschicht einbezog. Damit es zu einer solchen Entwicklung kommen konnte, mußten in bürgerlichen Kreisen erst einmal Formen einer über die Privatsphäre hinausgehenden Geselligkeit entstehen. Was für den Adel im 17. Jahrhundert der Hof und danach die gesellschaftlichen Treffpunkte der High-Society waren, bedeuteten für das Bürgertum die Clubs und Kaffeehäuser. In ersteren wurden neue Ideen ausgebrütet, in letzteren wurden sie umgeschlagen. Schon unter Karl II. waren die Kaffeehäuser zu öffentlichen Versammlungsorten geworden, was die Regierung zu einem halbherzigen Versuch bewog, sie einzuschränken. Im 18. Jahrhundert wurden sie dann zu einer festen Institution. Ihre Hauptfunktion war nicht der Kaffeeausschank, sondern der Informationsaustausch. Selbst Botengänge und der Transport von Briefen wurden von den *coffee-men* besorgt, was das privilegierte Post Office vergeblich zu unterbinden versuchte. Vor allem für die politische Meinungsbildung waren die

Kaffeehäuser von entscheidender Bedeutung, weshalb sie sich bald ausdifferenzierten und entsprechend der jeweiligen Klientel zu Versammlungsorten von Whigs, Tories oder Jakobiten wurden.

Die gleiche Ausdifferenzierung gab es bei den Clubs. Die bekanntesten aus der ersten Hälfte des Jahrhunderts waren der *Kit-Cat Club* der Whigs, dem die Literaten Steele, Addison, Congreve, Garth und Vanbrugh angehörten, der *Scriblerus Club* der Tories mit Swift, Arbuthnot, Pope und Gay und der *Brother's Club*, in dem sich vor allem Regierungsmitglieder trafen. Ein vierter, der später hinzukam, hieß einfach nur *The Club*. In ihm präsidierte Dr. Johnson, der einer ganzen Epoche seinen Stempel aufdrückte.

Um Ideen wirksam werden zu lassen, genügt es nicht, sie auszubrüten und mündlich zu verbreiten. Dauerhafte Wirksamkeit entfalten sie erst, wenn sie schriftlich fixiert sind. Das Medium, das diese Funktion übernahm, waren die moralischen Wochenzeitschriften, deren Vorläufer schon im 17. Jahrhundert aufgekommen waren, die aber erst durch Steeles *The Tatler* (1709–11) und den von ihm und Addison herausgegebenen *Spectator* (1711–12) ihre volle Wirksamkeit erlangten. Trotz ihrer Kurzlebigkeit schufen diese Zeitschriften einen literarischen Markt, der bald von weiteren Wochen- und Monatsschriften bedient wurde. Da solche Zeitschriften den Charakter von Informationsquellen hatten, standen sie bei puritanisch gesinnten Lesern nicht wie der Roman im Verdacht, der Unmoral und dem Müßiggang Vorschub zu leisten. So ebneten sie auch denen den Weg in die Literatur, die sich der Belletristik gegenüber ablehnend verhielten. Die beiden genannten Zeitschriften trugen wesentlich dazu bei, das gefühlsbetonte Normensystem des Bürgertums zu verbreiten. Wie argwöhnisch die Regierung diese Medien beobachtete – vor allem dann, wenn es sich wie im Falle des *Tatler* und des *Spectator* um liberale Zeitschriften handelte – geht daraus hervor, daß der letztgenannten schon kurz, nachdem sie ihre höchste Auflage erreichte, der Garaus gemacht wurde, und zwar durch die am 1. August 1712 eingeführte Stempelsteuer, die auf Zeitungen erhoben wurde. Diese steuerliche Waffe hat die englische Regierung auch später wiederholt eingesetzt, um zu verhindern, daß Zeitungen durch hohe Auflagen so billig werden konnten, daß sie auch für die Masse erschwinglich wurden.

Eine andere Neuerung, die wesentlich zur Verbreitung gedruckter Literatur beitrug, waren die *circulating libraries*, die bald zu einer festen Einrichtung im Kulturleben der Mittelklasse wurden. Bezeichnenderweise war es ein geschäftstüchtiger Schotte, nämlich der Dichter und Buchhändler Allan Ramsay, der 1726 in Edinburgh die erste dieser kommerziellen Leihbüchereien gründete, der bald weitere in England folgten. Obgleich die Einrichtung bei den Angehörigen des Dissent im Verdacht stand, Unmoral und Müßiggang zu befördern, trug sie umgekehrt, wie der Chemiker Joseph Priestley bezeugte, erheblich zur Bildung der unteren Schichten bei, um die sich gerade der Dissent so intensiv bemühte.

Parallel zu diesen Formen von Öffentlichkeit bildete sich im Lauf des Jahrhunderts eine zunehmende Intimisierung des bürgerlichen Familienlebens aus. Hier übernahm der Tee die Rolle des Kaffees. Der East India Company, die das Monopol auf den Chinahandel hatte, war es gelungen, dem neuen Getränk von Anfang an den Nimbus eines Luxusguts zu geben, was zu einer frühen Ritualisierung des Teegenusses führte. Als die Company dann mit der Anlage von Teeplantagen in Indien begann, konnte sie den heimischen Markt mit großen Mengen beliefern, ohne daß das Genußmittel seinen Statuswert einbüßte. Wurde um 1700 noch zweieinhalbmal mehr Kaffee als Tee importiert, war es um 1750 schon siebenmal mehr Tee als Kaffee.

Drei friedliche Revolutionen

Während auf dem Kontinent eine Entwicklung ablief, die auf das Blutbad der Französischen Revolution zusteuerte, vollzogen sich in England drei friedliche Revolutionen, die erst viel später als solche bezeichnet wurden. Meist spricht man nur von einer einzigen, der industriellen. Doch diese wäre ohne die schon früher einsetzende landwirtschaftliche nicht möglich gewesen, und sie hätte sich nicht voll entfalten können, wenn sie nicht von einer Revolution des Verkehrswesens begleitet worden wäre. Man kann darüber streiten, ob solche evolutionären Prozesse überhaupt als Revolution zu bezeichnen sind. Wenn man darunter eine spontane Umwälzung versteht, waren es zweifellos keine Revolutionen. Meint man damit aber einen nichtlinearen Qualitätssprung, dann hat man es in allen drei Fällen mit einem solchen zu tun; denn was im 18. Jahrhundert in England geschah, gleicht dem Abheben eines

Flugzeugs, das die kritische Geschwindigkeit erreicht hat, um in einen durch eigene Kraft angetriebenen Steigflug überzugehen.

Daß die Industrialisierung in England ein Jahrhundert früher einsetzte als in den übrigen hochentwickelten Ländern Europas, wird verständlich, wenn man sich klarmacht, welche Bedingungen erfüllt sein müssen, damit es zu einer solchen Entwicklung kommen kann. Industrialisierung bedeutet den Übergang von individueller Einzelfertigung zu fabrikmäßiger Herstellung von Massenware. Dafür ist als erstes ein entsprechender Anstieg der Nachfrage und damit der Bevölkerung erforderlich. Das wiederum setzt einen Anstieg in der Produktion von Nahrungsmitteln voraus. Sind Nahrungsbasis und Bevölkerungswachstum gegeben, bedarf es jetzt noch des Kapitals für Fabrikanlagen. Damit sich deren Bau lohnt, müssen aber noch die Versorgung mit Rohstoffen und der Antrieb der Maschinen sichergestellt sein. Die nötige Erfindungsgabe zur technischen Verbesserung der Produktionsmethoden kommt dann ganz von selbst; denn sie gab es schon im Altertum, nur fehlten da die übrigen Voraussetzungen.

Bis zur Mitte des 18. Jahrhunderts war die englische Bevölkerung nur langsam gewachsen, wobei auf Phasen schnelleren Wachstums regelmäßig Hungersnöte oder durch schlechte Ernährung bedingte Epidemien folgten. Die Pest war nach ihrem letzten Ausbruch 1665/66 zwar von der Insel verschwunden, doch der exzessive Konsum von Gin in den Jahren 1720 bis 1750 hatte auf das Bevölkerungswachstum in London und einigen Großstädten eine ähnlich hemmende Wirkung. Erst 1751 folgte auf eine Reihe zaghafter Einschränkungen ein wirksames Gin-Gesetz, das den Konsum tatsächlich reduzierte. Da nun der für die Gin-Herstellung nicht benötigte Weizen als Brotgetreide auf den Markt kam, verbesserte sich der Gesundheitszustand der Bevölkerung gleich auf zweifache Weise, durch bessere Ernährung und durch abnehmende Alkoholschäden.

Die landwirtschaftliche Revolution

Die Hauptursache für die verbesserte Ernährungslage war eine stille Revolution der Landwirtschaft, die sich schon im 17. Jahrhundert anbahnte. Bis dahin war in weiten Teilen des Landes Ackerbau noch nach dem mittelalterlichen *Open-field*-System betrieben worden, wobei eines von drei Feldern immer brachlag und die beiden anderen von den einzelnen Bauern gemeinsam bewirtschaftet wurden. Was für die mittelalterliche Dorfgemeinschaft sinnvoll war, erwies sich jetzt als ökonomisches Hemmnis, zumal sich im Laufe der Jahrhunderte die Eigentumsverhältnisse stark verändert hatten. Während am Anfang jeder Bauer die gleiche Anzahl von Streifen in den einzelnen Feldern zur Verfügung hatte, waren inzwischen ganze Felder und zusammenhängende Ländereien in den Besitz reicher Bauern und Landedelleute übergegangen. Das einzige Gemeinschaftsrecht, das die übrigen Dörfler noch daran hatten, waren das Weiderecht auf den Stoppelfeldern und die Nutzung der Allmende. Verständlicherweise hatten die neuen Besitzer ein Interesse daran, ihr Land auf die ökonomischste Weise zu nutzen, wozu sie es aber aus der gemeinschaftlichen Bestellung herausnehmen mußten. Das bedeutete, daß sie es einzäunen mußten, da sonst das Vieh der Kleinbauern, das vielleicht schon auf deren abgeernteten Weizenfeldern weidete, dem reichen Nachbarn die Rüben oder den Klee wegfressen würde.

Das Einzäunen bedeutete für die Dorfgemeinschaft den Verlust alter Weiderechte, die für diejenigen lebenswichtig waren, die überhaupt keinen Feldanteil mehr, sondern nur noch eine Kuh oder ein paar Ziegen besaßen. Aus diesem Grund stieß das Einhegen auf massiven Widerstand seitens der Betroffenen und bedurfte in jedem Einzelfall einer Genehmigung durch das Parlament. Allerdings wurde überall da, wo der Großgrundbesitzer schon alles Land besaß, auch ohne Parlamentsbeschluß eingehegt. Obgleich es seit dem Spätmittelalter immer wieder Einhegungen gegeben hatte, nahm ihre Zahl erst im Lauf des 18. Jahrhunderts dramatisch zu. In den einzelnen Jahrzehnten von 1720 bis 1800 stieg die Zahl der *enclosure acts* von 33 über 35, 38, 156, 424, 642, 287, 506 auf 906.

So hart der Verlust der Weiderechte für die Kleinbauern war, so positiv wirkten sich die Einhegungen auf die landwirtschaftliche Produktion insgesamt aus; denn nun konnten die eingehegten Felder viel ökonomischer genutzt werden. An die Stelle des Dreifelder-Fruchtwechsels mit einjähriger Brache trat ein Vierfelder-Fruchtwechsel ohne Brache, bei dem auf den vier Feldern rotierend Wintergetreide, Sommergetreide, Hackfrucht und Futterpflanzen wie Klee angebaut wurden. Da Klee als Schmetterlingsblütler an seinen Wurzeln Knöllchenbakterien beherbergt, die den Stickstoff der Luft chemisch binden können, wirkt er auf ein damit bestelltes

Feld als „Gründüngung". Auch wenn man damals die chemische Ursache noch nicht durchschaute, war doch die Wirkung bekannt. Das in Norfolk entwickelte System bedeutete wegen des Wegfalls der Brache zunächst einmal eine Vermehrung der Anbaufläche und wegen des Anbaus von Futterpflanzen mehr natürlichen Dünger, da mehr Vieh über den Winter gebracht werden konnte. Da im Rahmen des neuen Fruchtwechsels Platz für den Anbau der vitamin-C-reichen Kartoffel war, die bald immer mehr an Boden gewann, verbesserte sich das Nahrungsangebot nicht nur quantitativ, sondern auch qualitativ, was wesentlich zu der ab Mitte des Jahrhunderts stark ansteigenden Lebenserwartung beitrug.

Das Einhegen erforderte allerdings zuerst einmal hohe Investitionen, die sich nur die größeren Grundbesitzer leisten konnten. Pächter und Kleinbauern konnten da nicht mithalten, sie mußten das Land verlassen und sich in den aufblühenden Industriestädten nach Arbeit umsehen. Selbst für wohlhabende Freibauern und für Angehörige der unteren Gentry war es oft nicht rentabel, in Zäune zu investieren, weshalb sich viele entschieden, das Land zu verkaufen und das Geld in einem kleinen Industrieunternehmen anzulegen. So wurde durch die landwirtschaftliche Revolution Kapital für die industrielle freigesetzt. Zwar kam das meiste Kapital von reichen Hochadligen und der städtischen Oberschicht, doch daneben gab es zahlreiche Unternehmer aus der Mittelschicht, die mit kleinen Handwerksbetrieben anfingen, aus denen manchmal in wenigen Jahren Großunternehmen wurden. Die vom Land vertriebenen Pächter, die nichts zu verkaufen hatten, zogen in die jungen Industriestädte und standen dort als „Reservearmee" (Engels) der Fabriken zur Verfügung.

Die industrielle Revolution

Eine Voraussetzung für industrielle Massenfertigung ist das Vorhandensein des dafür erforderlichen Rohstoffs. Hier war England in der glücklichen Lage, mit seiner Wolle schon seit dem Mittelalter ein Massengut zu besitzen, das nach industrieller Weiterverarbeitung förmlich schrie. Anders als in den übrigen europäischen Staaten, die seit dem Spätmittelalter hochwertige Güter in arbeitsintensiver Einzelfertigung herstellten, produzierte England aus seiner Wolle ein Massengut, das berühmte englische *broadcloth*. Dabei

171

wurde das Spinnen und Weben in Heimarbeit ausgeführt, wobei die Arbeiter meist ihre eigenen Geräte einsetzten. Als im 18. Jahrhundert steigende Mengen von Baumwolle importiert wurden, entstand in Lancashire eine Textilindustrie, die noch nicht in das traditionelle Verlagssystem eingebunden war, so daß für sie neue, effektivere und das heißt fabrikmäßige Formen der Verarbeitung entwickelt werden konnten.

Die erste Phase der industriellen Revolution, die als die textile bezeichnet wird, beruhte technisch im wesentlichen auf der Mechanisierung des Spinn- und Webvorgangs. Den Anfang machte John Kay (1704–64) mit seinem *flying shuttle*, dem fliegenden Weberschiffchen, das den Webvorgang so beschleunigte, daß die mit dem traditionellen Spinnrad arbeitenden Zulieferer nicht nachkamen. Auf diese Herausforderung reagierten James Hargreaves (1720–78) mit seiner 1764 erfundenen *spinning Jenny* und Richard Arkwright (1732–92) mit dem 1769 patentierten *water frame*, einer mit Wasserkraft betriebenen Spinnmaschine. Da Hargreaves Maschine nur für Schußfäden und Arkwrights nur für Kettfäden optimal war, erfand Samuel Crompton (1753–1827) sein 1779 patentiertes *spinning mule*, das spinnende Maultier, das – wie die Kreuzung aus Pferd und Esel – die beiden Eigenschaften der Vorgänger in sich vereinigte. Durch diese Erfindungen wurde der Spinnvorgang so beschleunigt, daß nun Kays fliegendes Weberschiffchen nicht mehr mitkam. Das trieb Edmund Cartwright (1743–1828) zur Erfindung des *power loom*, eines mit Wasserkraft betriebenen mechanischen Webstuhls, den er 1785 patentieren ließ. Die fünf genannten Erfindungen sind wie Götternamen in die Mythologie der industriellen Revolution eingegangen. Hinzu kam die 1769 von James Watt (1736–1819) erfundene Dampfmaschine, die sich aber wegen ihrer Herstellungskosten und des hohen Energieverbrauchs erst im 19. Jahrhundert gegen die Wasserkraft durchsetzte und ihren endgültigen Triumph erst 1829 in George Stephensons Dampflokomotive *Rocket* erlebte.

Obgleich die Baumwolle der Motor der technologischen Entwicklung war, blieb die Wolle bis zum Ende des Jahrhunderts das Hauptprodukt. Erst nach 1800 wurde sie von der Baumwolle überflügelt, die 1836 48% des Gesamtexports ausmachte. Zentrum der Baumwollindustrie waren Manchester und die Grafschaft Lancashire. Dort war das Klima wegen der gleichbleibenden hohen

Luftfeuchtigkeit für die Baumwollverarbeitung bestens geeignet. Die Arbeitsbedingungen in den Fabriken waren anfangs durch drei Hauptübel gekennzeichnet: durch extrem lange Arbeitszeiten (12–16 Stunden), durch gefährliche Maschinen, die einem durch Ermüdung unaufmerksam gewordenen Arbeiter die Hand oder den ganzen Arm abreißen konnten, und durch die wegen der umherfliegenden Baumwollflusen sehr ungesunde Luft. Da die Arbeit wenig Körperkraft, dafür aber viel Geschick erforderte, wurden vor allem Frauen und Kinder angestellt, die zudem noch einen viel niedrigeren Lohn als Männer erhielten. Das führte schon früh zu Forderungen nach Arbeitsschutzmaßnahmen, insbesondere nach Einschränkung der Arbeitszeit von Kindern. Doch hatten entsprechende Kampagnen erst im 19. Jahrhundert Erfolg, da sich anfangs nicht nur die Fabrikbesitzer, sondern auch die Eltern der Kinder gegen die Einschränkungen sträubten. Durch die Industrialisierung kam es zu einer Umkehrung in der Wertschätzung von Kindern. Während in der vorausgegangenen Agrarkultur jedes neugeborene Kind als zusätzlicher Esser eine Last bedeutete, wurde es nun als potentieller *breadwinner* angesehen. Wenngleich dies ökonomisch zu rücksichtsloser Ausbeutung oft schon vom zehnten Lebensjahr an führte, ging damit ideologisch eine Aufwertung des Kindes einher.

Revolution des Verkehrswesens

Noch zu Beginn des 18. Jahrhunderts war das englische Straßennetz in weiten Teilen des Landes schlechter als zur Römerzeit. Das änderte sich schlagartig, als die neu entstehenden Fabriken Transportwege für ihre Rohstoffe und ihre Produkte brauchten. Da es um den Transport von Massengütern ging, reichten Straßen nicht aus. Schon lange vorher hatte man die größeren Flüsse im Mündungsbereich schiffbar gemacht, um vor allem Steinkohle transportieren zu können. Die in der Umgebung von Newcastle geförderte Kohle wurde von dort zu den Seehäfen und dann auf Booten flußaufwärts in die Städte gebracht, weshalb man Steinkohle früher *sea coal* nannte, während *coal* anfangs nur Holzkohle bedeutete. Um 1725 gab es bereits rund 1000 Meilen schiffbarer Flüsse. Doch um auf den Fluß zu gelangen, mußte oft erst die halbe Insel umschifft werden. Deshalb kam es ab der Mitte des Jahrhunderts zum Bau von Kanälen. Den Anfang machte der Herzog von Bridgewater, der auf seinem Grund und Boden im Norden von Manchester riesige Kohlevorkommen hatte, für die er einen Transportweg brauchte. So beauftragte er den Ingenieur Brindley, den Bridgewater-Kanal bauen, der zu seiner Zeit als ein technisches Meisterwerk galt, das sogar einen Fluß überquerte. Der Kanal kostete den Herzog 220000 Pfund, brachte ihm aber Jahreseinnahmen von 80000. Am weiteren Ausbau des Kanalsystems beteiligten sich unter anderen die beiden berühmtesten Ingenieure ihrer Zeit, Thomas Telford und John Rennie. Bis 1830, als die Eisenbahn den Kanalbetreibern die Kunden wegzunehmen begann, waren über 4000 Meilen künstlicher Wasserstraßen entstanden.

Während die Industrie auf die Wasserstraßen angewiesen war, rief der zunehmende Personenverkehr geschäftüchtige Unternehmer auf den Plan, die auf eigne Rechnung Straßen bauten und auf ihnen private Personenbeförderung mit Kutschen betrieben. Dank dieser Turnpike Trusts (Schlagbaumgesellschaften) verkürzten sich die durchschnittlichen Reisezeiten gewaltig. Während man für die Strecke von London nach Edinburgh 1766 zu Pferde noch etwa 12 Tage brauchte, schaffte es eine Expreßkutsche dreißig Jahre später in zweieinhalb Tagen. 1830, kurz bevor die Eisenbahn die Turnpike Trusts vom Markt verdrängte, besaß William Chaplin, der größte Transportunternehmer Londons, 150000 Pferde und 3000 Kutschen, die von 30000 Angestellten über Land kutschiert wurden. Die Pioniere des Straßenbaus waren der blinde John Metcalf und John Macadam. Der Letztgenannte war so berühmt, daß der von ihm kreierte Straßentyp sogar in Deutschland als Makadamstraße bekannt ist. Übrigens machten die modernen Straßen dieser beiden Ingenieure das Reisen nicht nur bequemer, sondern auch viel sicherer. Da die Benutzung der Straßen streng überwacht wurde, war es für die berüchtigten *highwaymen* nicht mehr so leicht, ihrem Gewerbe nachzugehen.

Religion

Der religiöse Rigorismus der Puritaner war im 18. Jahrhundert weitgehend abgeklungen. An seine Stelle trat eine am Evangelium orientierte Erweckungsbewegung, die vor allem in der Unterschicht Widerhall fand. Ihre prominentesten Vertreter waren John

Wesley (1703–91) und George Whitefield (1714–70), die Begründer des Methodismus. Wesley versuchte die Bewegung bis zuletzt innerhalb der anglikanischen Kirche zu halten, während Whitefield sich zur puritanischen Prädestinationslehre bekannte, woran seine Freundschaft mit Wesley zerbrach. Nach dessen Tod verließen die Methodisten die Staatskirche und organisierten sich zeitweilig in verschiedenen eigenen Kirchen. Besondere Verbreitung fand der Methodismus in Wales, das von der anglikanischen Kirche bis dahin sehr vernachlässigt wurde. Englische Pfarrer genossen hier ihre Pfründen, ohne ihren geistlichen Pflichten nachzukommen. Der Widerstand gegen den Anglikanismus war hier so stark, daß dieser 1869 als Staatskirche aufgehoben wurde.

Auch in England befriedigte der Methodismus religiöse Bedürfnisse, die von der Staatskirche ignoriert wurden. So wie sich im Puritanismus des 17. Jahrhunderts der politische Liberalismus vorbereitete, so im Methodismus des 18. Jahrhunderts die Arbeiter- und Gewerkschaftsbewegung. Diese moderate, realitätsnahe Abwandlung des Puritanismus trug wesentlich zur Entwicklung des calvinistischen Arbeitsethos bei, das die Kleinunternehmer und qualifizierten Arbeiter während der industriellen Revolution beseelte. Schon der Methodismus predigte all die Tugenden, die später als typisch viktorianisch galten: Fleiß, Sparsamkeit, Selbsthilfe, die Betonung der Familie und das Streben nach Respektabilität.

Erziehung

Bildung blieb auch im 18. Jahrhundert Privatangelegenheit. Allerdings gab es jetzt zum erstenmal Bestrebungen, ein möglichst flächendeckendes Angebot an Elementarunterricht für alle bereitzustellen. In Schottland hatte die presbyterianische Kirche ein solches, wenn auch mehr schlecht als recht, schon im 17. Jahrhundert eingeführt. Nach der Restauration erkannte die anglikanische Kirche und mit ihr das konservative Lager, daß sie dieses Feld nicht dem Dissent überlassen durfte. So kam es zur Gründung zahlreicher *charity schools*, die Kindern der Unterschicht Lesen und Schreiben, vor allem aber das anglikanische Christentum beibringen sollten. Die 1699 gegründete Society for Promoting Christian Knowledge (SPCK) förderte die Bewegung nach Kräften, und

Königin Anna setzte sich persönlich für sie ein. Nach 1760 verlor die Bewegung aber die offizielle Unterstützung, da sie im Verdacht stand, jakobitisches Gedankengut zu begünstigen.

Inzwischen war die industrielle Revolution in vollem Gange, und es mehrten sich die Stimmen, die einen sei es noch so rudimentären Elementarunterricht für die breite Masse forderten. Auf diese Situation reagiert Robert Raikes, indem er 1782 die *Sunday schools* ins Leben rief, die sich bald über das ganze Land verbreiteten. Auch diese Schulen beschränkten sich nicht auf den Lese- und Schreibunterricht, sondern bemühten sich, radikales Gedankengut zu unterdrücken und dem Einfluß der Französischen Revolution entgegenzuwirken. Dennoch ergab eine Erhebung aus dem Jahr 1803, daß England das Land in Europa mit der niedrigsten Beschulungsrate war.

Nicht besser sah es im Sekundarbereich aus. Hier waren viele *grammar schools* zu weltfremden Lateinschulen erstarrt, so daß die wohlhabendere Schicht es oft vorzog, ihre Kinder durch Hauslehrer erziehen zu lassen. Da die meisten Schulen kirchlicher Kontrolle unterstanden, waren sie zudem den Kindern der Dissenters verschlossen. Das führte zur Gründung sogenannter *dissenting academies*, die das einzige belebende Element im englischen Erziehungswesen des 18. Jahrhunderts darstellen; denn diese Schulen begnügten sich nicht mit den traditionellen Inhalten des klassisch-humanistischen Curriculums, sondern lehrten auch praktisch verwertbares Wissen aus dem Bereich der Naturwissenschaften, zu deren Fortschritt sie erheblich beitrugen. So ging beispielsweise Joseph Priestley, der Entdecker des Sauerstoffs, aus der *dissenting academy* von Daventry hervor.

Die Universitäten befanden sich währenddessen auf einem Tiefstand. Horace Walpole bezeichnete sie als „Brutstätten des Unsinns und der Bigotterie". Es war eine weit verbreitete Ansicht, daß man an ihnen nicht viel mehr als rüpelhaftes Benehmen, Trunksucht und Sodomie lernen könne. Ihre Hauptaufgabe bestand darin, jüngere Söhne des Landadels auf eine kirchliche Pfründe vorzubereiten. Da Professoren und Fellows zu Ehelosigkeit verpflichtet waren, gab es für die intellektuelle Elite des Landes wenig Anreiz, eine akademische Karriere anzustreben. Wer echten geistigen Hunger verspürte, der suchte ihn an der heimlichen Universität des Landes zu befriedigen, nämlich in London, wo man im Austausch mit der dort versammelten Intelligenz in einem Jahr mehr lernen konnte als in einem dreijährigen Studium in Oxford oder Cambridge.

Das „Paradies der Frauen"

Schon zur Zeit Shakespeares galt England als „das Paradies der Frauen". Der Holländer van Meteren zitiert den Ausdruck in einem Bericht aus dem Jahre 1575 so, als sei er eine allgemein geteilte Ansicht. Nur sechzehn Jahre später schreibt John Florio, der berühmte Übersetzer der Essays Montaignes: „England ist das Paradies der Frauen, das Fegefeuer der Männer und die Hölle der Pferde." Fast das gleiche schreibt Robert Burton in seiner *Anatomy of Melancholy* (1621). Noch 1748 findet man die Wendung in einem Reisebericht des Schweden Peter Kalm. Eine Ansicht, die sich so hartnäckig hält, kann nicht völlig unbegründet sein. Englische Frauen, auch wenn sie genauso rechtlos waren wie ihre Geschlechtsgenossinnen im übrigen Europa, genossen dennoch erheblich mehr Freiheit. So konnten sie bereits zu Shakespeares Zeiten allein ohne männliche Begleitung durch die Stadt gehen, was von ausländischen Besuchern mit Erstaunen vermerkt wurde. Außerdem wird von ihnen berichtet, daß sie sich im Haushalt erstaunlich viel Müßiggang, um nicht zu sagen Faulheit leisteten. Unverheiratete Frauen und Witwen waren rechtlich den Männern fast gleichgestellt. Zwar hatten sie kein Wahlrecht und durften keine öffentlichen Ämter ausüben, doch konnten sie frei über ihr Vermögen verfügen. Anders verhielt es sich mit den verheirateten Frauen. Sie kamen durch die Eheschließung so vollständig unter die Herrschaft ihrer Ehemänner, daß sie nicht einmal über ihren eigenen Arbeitslohn verfügen konnten. Dennoch berichten ausländische Beobachter, daß englische Ehemänner ihren Frauen mehr Freiheit einräumten als die Männer auf dem Kontinent.

Nach der Restauration wurden Frauen mehr und mehr auch kulturell aktiv. Aphra Behn (1640–89) gilt als die erste weibliche Intellektuelle, die sich ihren Lebensunterhalt mit der Feder verdiente. Ihr folgten im 18. Jahrhundert zahlreiche andere, von denen einige es zu dauerhaftem Ruhm gebracht haben. Die Dramatikerin Susannah Centlivre (1669–1723) und die Romanautorinnen Mrs. Manley (1663–1724) und Eliza Haywood (1693–1756) waren zu ihrer Zeit sehr erfolgreich, auch wenn sie heute vergessen sind. Bekannt geblieben ist Lady Mary Wortley Montagu, die als Gattin des englischen Botschafters in Konstantinopel von dort die Kenntnis der Pockenimpfung mit Lebendviren mitbrachte und für die Einführung dieses nicht ganz ungefährlichen Verfahrens in England warb. Zusammen mit ihrer Freundin Mary Astell gehört sie zu den Pionieren der Frauenemanzipation, deren früher Beginn in England ein weiteres Argument dafür ist, daß die Bezeichnung „Paradies der Frauen" nicht ganz unbegründet ist. Berühmt wurde auch der Blaustrumpfzirkel um Elizabeth Montagu, zu dem noch Mrs. Boscawen, Mrs. Carter, Mrs. Chapone und Mrs. Delaney gehörten. *Blue stocking* war ursprünglich ein Spottname für die Gruppe, weil eines ihrer männlichen Mitglieder, Benjamin Stillingfleet, zu arm war, um sich statt der blauen Wollstrümpfe die für die Abendgarderobe eigentlich vorgeschriebenen schwarzen Seidenstrümpfe zu leisten. In der zweiten Hälfte des 18. Jahrhunderts drangen immer mehr Frauen bis auf die vorderen Ränge des Literaturbetriebs vor. Ann Radcliffe, die Autorin weltberühmter Schauerromane, wurde schon zu Lebzeiten als der „Shakespeare des Romans" bezeichnet. Elizabeth Inchbald machte sich einen Namen als Direktorin einer Theatertruppe und als Verfasserin zweier Romane, von denen *A Simple Story* noch heute gelesen wird. Die bedeutendste Autorin vor Jane Austen war Fanny Burney (1752–1840), die von ihrer berühmten Nachfolgerin sehr geschätzt wurde. Neben den genannten waren viele andere Frauen schriftstellerisch aktiv, so Henry Fieldings Schwester Sarah (1710 bis 68), deren Roman *The Adventures of Peter Simple (Die Abenteuer von Peter Simpel)* noch heute Leser findet, und Charlotte Lennox (1720–1804), die den Roman *A Female Quixote or the Adventures of Arabella (Der weibliche Quichotte oder Arabellas Abenteuer)* schrieb. Gegen Ende des Jahrhunderts wurden die weiblichen Intellektuellen immer mutiger und kämpften offen für die Emanzipation der Frau. Die prominenteste unter ihnen war Mary Godwin Wollstonecraft, Ehefrau des Philosophen William Godwin, die das Erscheinen von Thomas Paines Buch *The Rights of Man* zum Anlaß nahm, darauf mit dem Buch *A Vindication of the Rights of Women* (*Verteidigung der Rechte der Frauen*, 1792) zu antworten.

Der zentrale ästhetische Wert des Klassizismus war zunächst auch in England die Schönheit. Ihr wurde aber unter dem Einfluß Shakespeares und Miltons schon früh das Erhabene zur Seite gestellt. Als Edmund Burke 1757 seine *Philosophical Enquiry into the Origin of Our Ideas of the Sublime and Beautiful (Untersuchung über den Ursprung unserer Ideen vom Erhabenen und Schönen)* veröffentlichte, kam es zu einem regelrechten Erhabenheitskult, der in der wiedererwachten Begeisterung für gotische Architektur, im Ossiankult und in der zunehmenden Sucht nach den Erschütterungen durch das Unheimliche seinen Ausdruck fand. Der Kult ging zeitweilig so weit, daß man nachts Exkursionen zu nahegelegenen Stahlwerken unternahm, die beim Anstechen des Hochofens wie feuerspeiende Vulkane aussahen und so den Schauer des Erhabenen hervorriefen. Gegen Ende des Jahrhunderts ließ diese Begeisterung merklich nach. Jetzt kam eine dritte ästhetische Wertnorm auf, die immer mehr Anhänger fand, das Pittoreske. Man verstand darunter etwas, das weder vollkommen durchgeformt war wie das Schöne noch überwältigend wie das Erhabene, sondern durch eine natürlich wirkende Unregelmäßigkeit gefiel. William Gilpin, Uvedale Price und William Payne Knight schrieben darüber Essays, die vor allem die Gestaltung des englischen Landschaftsgartens und den Landschaftstourismus nachhaltig prägten. So neu der Begriff in den achtziger Jahren war, so alt war das, was er bezeichnete. Schon Ende des 17. Jahrhunderts hatte der bereits erwähnte Diplomat und Schriftsteller William Temple in einer Schrift über chinesische Gärten den Begriff Sharawadgi eingeführt. Das heute vergessene Wort wurde bald aufgegriffen und kehrte bis über die Mitte des 18. Jahrhunderts hinaus in der Gartenliteratur ständig wieder. Angeblich entstand es aus dem chinesischen Satz „sa-ro-kwai-chi", was soviel heißen soll wie „das, was durch Unregelmäßigkeit gefällt".

Das Wesen des Sharawadgi besteht darin, daß den einzelnen Elementen eines Ensembles größtmögliche Freiheit gewährt wird. Bedenkt man, daß der Begriff ein Jahr nach der *Bill of Rights* in die Diskussion geworfen wurde, drängt sich der Gedanke auf, daß es sich hier um die ästhetische Entsprechung jenes Freiheitsverlangens handelt, das in dem Verfassungsdokument zum Ausdruck kommt. Die literarische Bestätigung für diese Annahme findet sich in einem Essay, den Joseph Addison 1710 in der Zeitschrift *The Tatler* publizierte. Er beschreibt dort die Traumvision einer Landschaft, die in geradezu archetypischer Weise die Qualität des Pittoresken repräsentiert. Es ist ein wildes, doch ungefährliches Gebirgstal mit üppiger Vegetation, in die noch keine ordnende Hand eingegriffen hat und die gerade darum dem Auge gefällt. Im Traum erfährt Addison auch den Namen der Göttin dieser Region: Sie heißt Liberty. Gegen Ende des 18. Jahrhunderts hatte sich das Sharawadgi vollends durchgesetzt, nur wurde es jetzt mit dem verständlicheren Begriff des Pittoresken bezeichnet. Es ist bis heute das Geschmacksideal der Engländer geblieben, was der englische Kunsthistoriker David Watkin schon im Titel seines davon handelnden Buches ausspricht: *The English Vision. The Picturesque in Architecture, Landscape and Garden Design* (1982). Während die Deutschen von der Romantik bis zur Mitte des 20. Jahrhunderts dem Ideal des Erhabenen huldigten, dessen Prinzip die Unterwerfung der Teile unter das Ganze ist, neigten die Engländer mehr und mehr einem Stilideal zu, das den Teilen ihre Individualität beläßt. Selbst derjenige ihrer romantischen Dichter, der das Wort *sublime* besonders oft auf die Natur anwandte, nämlich Wordsworth, meinte damit so gut wie nie etwas Einschüchterndes und Überwältigendes, sondern eine Sphäre der Freiheit und des Wohlgefühls, die eher dem Pittoresken entspricht.

Literatur des augustäischen Zeitalters

Das langsame Absinken des klassizistischen und der ebenso langsame Aufstieg des romantischen Normensystems läßt sich am deutlichsten in der Literatur beobachten, da sie die Kunstform ist, die dem Bürgertum am zugänglichsten war. Zugleich zeigt sich in ihr, daß beide Normensysteme durchaus den gleichen bürgerlichen Interessen dienen konnten. Aus der Literatur des *Augustan Age*, das bis etwa 1780 reicht, seien hier nur die Tendenzen einzeln betrachtet, die für die Epoche charakteristisch waren.

Die typische Form des anfangs dominanten Klassizismus ist die Verssatire. Ihr unübertroffener Meister war Pope, die Zentralfigur des ganzen augustäischen Zeitalters. Um ihn scharte sich ein Kreis von Gleichgesinnten, zu dem auch Jonathan Swift, Dr. Arbuthnot und John Gay gehörten. Wie Pope in pointierten Reimpaaren, sog. *heroic couplets*, satirische Hiebe gegen Zeitgenossen austeilte, so geißelte Swift mit gallenbitterer Ironie in Prosa das ganze Menschengeschlecht. Während Popes Satire sich vor allem gegen Kritiker und Dichterkollegen richtete und damit innerhalb der Literatur blieb, fanden satirische Bühnenautoren wie Gay und der junge Henry Fielding ihre Zielscheiben in der aktuellen Politik, die dafür reichlich Stoff bot, da in der über zwanzigjährigen Regierungszeit Robert Walpoles ein hohes Maß an Korruption eingerissen war. Allerdings wurde den Satirikern ein kräftiger Dämpfer verpaßt, als Walpole 1737 das *Licensing Act* durchsetzte, das für alle Bühnenstücke die Genehmigungspflicht durch den Zensor einführte. Der so verordnete Maulkorb war einer der Gründe, weshalb Fielding vom dramatischen Fach ins epische überwechselte und in den vierziger Jahren mit dem Romanschreiben begann.

Realistischer Roman

Obwohl der Roman die literarische Form war, die am meisten zum Gefühlskult beitrug, verdankt er seine Entstehung nicht diesem Moment. In Daniel Defoes *Robinson Crusoe* (1719), dem ersten bürgerlichen Roman, ist von Sentimentalität nichts zu spüren. Die Tatsache, daß Defoe 59 Jahre alt werden mußte, bevor er mit seinem Buch den Siegeszug der neuen Gattung eröffnen konnte, legt die Vermutung nahe, daß sich dafür erst ein Markt ausbilden mußte. Erzählende Literatur gab es auch schon früher, doch es waren Werke, die im Englischen nicht als *novel*, sondern als *romance* bezeichnet werden. Dazu gehören die Ritterromane des Mittelalters, die höfisch-pastoralen Erzählungen der Renaissance und die Staatsromane des Barock. Als *novel* werden dagegen nur solche Erzählungen bezeichnet, die den Anspruch stellen, die reale Welt des Bürgers abzubilden. Was war der Grund, daß im 18. Jahrhundert das Verlangen nach einer solchen Erzählform aufkam? Er ist nicht schwer zu erraten. Es war das Jahrhundert, in dem der Bürger aus den alten Bindungen des Feudalsystems entlassen war und nun seinen Platz in der Gesellschaft selber suchen mußte. Daß dies zum Entstehen des Romans führte, läßt sich am Anfang von *Robinson Crusoe* ablesen. Dort wird der Held von seinen Eltern ermahnt, seine *station in life* – also den Ort, den Gott ihm zugewiesen hat – nicht zu verlassen. Doch er schlägt den Rat in den Wind und sucht sich selber seinen Platz in der Welt. Das war die Situation der gesamten Mittelschicht, die zwei unentdeckte „Kontinente" vor sich sah, die menschliche Gesellschaft und die Seele der konkurrierenden Mitmenschen. Der mittelalterliche Mensch hatte keine Veranlassung, sich für diese „Kontinente" zu interessieren. Von der Gesellschaft brauchte er nicht mehr zu kennen als den Ort, an den ihn Gott gestellt hatte; und was die Seele betraf, so kannte er noch nicht die neuzeitliche Vorstellung der Selbstverwirklichung, sondern nur das christliche Gebot der Selbst-Entwirklichung, d. h. der Überwindung des alten Adam und der Annäherung an einen normativen, entindividualisierten Zustand asketischer Läuterung. Ganz anders die Situation des Bürgers im 18. Jahrhundert, der sich zur Selbstentfaltung aufgerufen sah. In England, wo sich dank dem Unterhaus das Bürgertum viel früher als auf dem Kontinent emanzipiert hatte, war durch den Puritanismus ein weiteres Moment hinzugekommen; denn für den, der an die Prädestination glaubte, war der Aufstieg in der Gesellschaft der sichtbare Beweis dafür, daß er zu den Erwählten gehörte. Bei Defoe tritt dieser puritanische Hintergrund deutlich zutage. In seinen Romanen wird gesellschaftlicher Erfolg ganz im Sinne der puritanischen Tradition am ökonomischen Erfolg abgelesen. So wurde er zum Chronisten des *homo oeconomicus.*

Auch der zweite Vater des Romans, Samuel Richardson, mußte erst 50 Jahre alt werden, ehe er zum Chronisten eines anderen Kontinents, der menschlichen Seele, werden konnte. Er wurde es eher zufällig. Als er aufgefordert wurde, einen Briefsteller für junge Damen zu verfassen, erkannte er rasch die Marktlücke und schrieb den Briefroman *Pamela, or Virtue Rewarded* (*Pamela oder die belohnte Tugend*, 1740), der genau das Bedürfnis befriedigte, das damals das Briefeschreiben zur Mode werden ließ. Durch den Austausch von Briefen konnten Menschen einander ins Herz schauen, so daß sie ihre Mitmenschen in der immer mobiler werdenden Gesellschaft besser verstanden.

Henry Fiedling, der dritte Ahnherr, machte sich mit der Parodie *An Apology for the Life of Mrs. Shamela Andrews* (*Eine Entschuldigung für das Leben von Mrs. Shamela Andrews*, 1741) über *Pamela* lustig, ließ dann aber seine eigenen Romane folgen, in denen er sich als der Chronist der bürgerlichen Gesellschaft erweist. Sein Meisterwerk ist *The History of Tom Jones, A Foundling* (*Die Geschichte des Tom Jones, eines Findlings*, 1749). Wie Richardson seine Form im Briefroman fand, so Fielding die seine im spanischen Schelmenroman, den er mit neuem Inhalt füllte. An die Stelle des barocken Schemas, bei dem der Schelm *(picaro)* immer wieder vom Rad der Fortuna emporgetragen und zu Boden geschleudert wird, setzt Fielding, ganz im Sinne des englischen Empirismus, den Findling, der als *tabula rasa* in die Welt eintritt und von Station zu Station durch die Gesellschaft wandert, wobei sich die leere Schrifttafel seines Bewußtseins mit eben jener Erfahrung füllt, die der freigesetzte Bürger als Leser fiktional erleben wollte, ohne sie selber real machen zu müssen. Von England aus eroberte der bürgerliche Roman in kurzer Zeit ganz Europa. Richardson und Fielding wurden überall gelesen, bewundert und nachgeahmt. Auch in England fanden sie viele Nachfolger. Tobias Smollett trat in die Fußstapfen Fieldings und schrieb Romane in der pikarischen Form, während Oliver Goldsmith mit *The Vicar of Wakefield* (*Der Vikar von Wakefield*, 1766) die sentimentale Tradition Richardsons fortsetzte. Die weltliterarisch größte Wirkung hatte allerdings Laurence Sterne mit *The Life and Opinions of Tristram Shandy* (*Das Leben und die Ansichten Tristram Shandys*, 1759–67). In diesem von Ironie funkelnden Buch hat der bürgerliche Roman bereits einen Entwicklungsstand erreicht, wo er sich metafiktional selbst reflektiert, so daß man das Buch als den ersten postmodernen Roman bezeichnen könnte.

Die Herkunft des Romans aus dem Geist der Aufklärung läßt sich auch an einem Buch ablesen, das selten in einem Atemzug mit den obengenannten erwähnt wird, an John Clelands *Memoirs of a Woman of Pleasure* (1748/49), besser bekannt als *Fanny Hill*. Getreu dem empiristischen Schema zeigt auch dieses pornographische Buch, wie eine *tabula rasa* sich mit Erfahrungen füllt, nur handelt es sich in Fannys Fall um sexuelle. Man könnte ihm, in Anlehnung an Flaubert, auch den Titel *éducation sexuelle* geben.

Erst im letzten Jahrzehnt des Jahrhunderts verläßt der Roman die Bahn der Aufklärung und wendet sich einem neuen „Kontinent" zu, dem Irrationalen. Bei Ann Radcliffe, die mit *The Mysteries of Udolpho* (*Die Geheimnisse von Udolpho*, 1794) den Reigen der englischen Schauerromane eröffnet, handelt es sich noch um scheinbare Irrationalität; denn am Ende werden alle übernatürlich erscheinenden Ereignisse aufgeklärt. Ganz anders bei Matthew Gregory Lewis in *The Monk* (*Der Mönch*, 1796). Hier tritt der Teufel höchstpersönlich auf, und das Böse dringt aus der Tiefe des irrationalen Weltgrundes in das menschliche Leben ein. Diese Abkehr von der Aufklärung markiert den Beginn der Romantik.

Dr. Johnson

Kein Engländer wird so als die Inkarnation seiner Zeit empfunden wie Dr. Johnson. Er ist die lebende Verkörperung der englischen Aufklärung ab der Mitte des 18. Jahrhunderts. Während der Klassizismus der ersten Hälfte des Jahrhunderts noch aristokratische Züge trug, hat er sich bei Dr. Johnson zum Ideal einer bürgerlich-pragmatischen Vernünftigkeit gewandelt. Das Bemerkenswerte an diesem Mann ist, daß er eigentlich auf keinem Felde wirklich Großes geleistet hat. Er war ein mittelmäßiger Dichter, ein scharfsinniger, aber nicht besonders origineller Kritiker, und mit seinem Wörterbuch schuf er etwas, wozu auch nicht gerade Genialität erforderlich war. Um so eindrucksvoller ist er als Mensch. Als solcher lebt er im englischen Bewußtsein dank der Biographie, die sein Freund James Boswell über ihn schrieb.

Dr. Johnson gehörte zu den ersten, die sich ganz auf den anonymen Markt der bürgerlichen Kultur einstellten. Während Alexander Pope noch ziemlich genau wußte, für welche Subskribenten er schrieb, und während Thomas Gray das Dichten noch als die Beschäftigung eines Gentleman ansah, der dafür keine Entlohnung erwartete, betrieb Dr. Johnson das Schreiben als das professionelle Herstellen von Büchern, die sich auf dem Markt verkaufen lassen mußten. Das, wofür sein Name sprichwörtlich steht, ist seine unerschütterliche Vernünftigkeit. Dabei war er keineswegs frei von Vorurteilen, doch wäre er nie auf hochgestochene Phrasen hereingefallen. Als er die *Ossian*-Dichtungen Macphersons las, war ihm rasch klar, daß es sich um Fälschungen handeln mußte, während andere sich von dem romantischen Schwulst einnebeln ließen. Als Dichter war er Klassizist, allerdings ein sehr moderater. Sein eigener Stil, der wegen seiner Vorliebe für Latinismen oft als *Johnsonese* bezeichnet wird, zeichnet sich trotzdem durch große Klarheit aus. Daß er eine Position auf halbem Wege zwischen dem augustäischen Klassizismus und der Romantik einnimmt, zeigt sich auf mancherlei Weise, z. B. an seiner Wertschätzung Shakespeares, den er sachkundig edierte und, trotz mancher Reserve, durchaus verständnisvoll kommentierte. Im Alter von 64 Jahren ließ er sich von seinem schottischen Freund Boswell sogar zu etwas so Romantischem wie einer Reise zu den Hebriden hinreißen, die er gemeinsam mit diesem unternahm. Beide haben darüber je ein Reisejournal verfaßt, in dem sich das Temperament des jeweiligen Schreibers widerspiegelt. Während der Schotte Boswell mit Blick für alles Idiosynkratische vor allem die Reaktionen seines berühmten Begleiters beschreibt, zieht Johnson, der die schottische Welt im Grunde als primitiv und unkultiviert empfand, aus allen Beobachtungen generalisierende Schlüsse. Über keinen Autor der englischen Literatur kursieren so viele Anekdoten. Sie wurden von Boswell akribisch gesammelt und werden noch heute gern erzählt. Niemand außer Shakespeare wird häufiger zitiert als dieser John Bull der englischen Kultur.

Vorromantik

Schon mitten im augustäischen Zeitalter machten sich die Vorboten der Romantik bemerkbar, deren Normensystem, wie gezeigt wurde, bereits bei Pope anklingt. Noch deutlicher ist es bei einer Gruppe von Dichtern zu spüren, die man als *Graveyard School* bezeichnet, weil sie sich mit obsessiver Beharrlichkeit den Nachtseiten des Lebens widmeten und darum mit Vorliebe Meditationen auf Friedhöfen in Verse faßten. Den Reigen eröffnet der heute vergessene Thomas Parnell mit einem 1721 posthum veröffentlichten Gedicht, dem zahlreiche weitere folgten, von denen nur eins bis heute bekannt blieb und zu den berühmtesten und meistgeschätzten der englischen Lyrik zählt. Es ist Thomas Grays *Elegy Written in a Country Churchyard*. Das zu damaliger Zeit berühmteste Werk waren allerdings die langatmigen *Night Thoughts on Life*,

Abb. 29: Castle Howard (1700–37), von John Vanbrugh
unter Mitwirkung von Nicholas Hawksmoor erbaut

*Death, and Immortality (Nachtgedanken über Leben, Tod und
Unsterblichkeit,* 1742–45) von Edward Young, die in ganz Europa
begierig gelesen wurden. Bezeichnend ist, daß Young den Miltonschen Blankvers verwendet, ihn aber so handhabt, daß man trotz
des fehlenden Reims auf Schritt und Tritt die epigrammatische
Form des *heroic couplets* heraushört, den Young wie alle Dichter
seiner Zeit im Ohr hatte. Eine andere Vorankündigung der Romantik ist in James Thomsons *Seasons* (1726–30) zu spüren. Auch hier
weicht das *heroic couplet* dem Miltonschen Blankvers, doch diesmal mit Erfolg. Thomson beschwört damit erhabene Naturbilder,
die trotz des eingebetteten klassischen Bildungsguts bereits die
Romantik ahnen lassen.

Bildende Kunst

Da Englands Renaissance mit einem Jahrhundert Verspätung einsetzte und der Barock aus den genannten Gründen suspekt war,
verwundert es nicht, daß die erste Wiedergeburt der Antike unmittelbar in eine zweite überging, die in England bis ins 19. Jahrhun-

Abb. 30: Chiswick House des Grafen Burlington (begonnen 1729),
angelehnt an Palladios Villa Rotonda

dert anhielt. In Deutschland nennt man diese abgeleitete Klassik
,Klassizismus', während die Engländer unter *classicism* die Klassik
der Antike verstehen, weshalb sie den Klassizismus *neoclassicism*
nennen. Was über die Literatur gesagt wurde, gilt für Architektur
und Malerei nur mit Einschränkung, da hier das Klassizistische klar
dominiert.

Vom Palladianismus zu Robert Adam

Zu Beginn des 18. Jahrhunderts sind dem Klassizismus in der englischen Architektur noch deutlich barocke Elemente beigemischt.
Das gilt vor allem für die Bauten John Vanbrughs, eines Amateur-
architekten, der sich auch als Komödienschreiber einen Namen
gemacht hat. Das bekannteste seiner Bauwerke ist Blenheim Palace
(1705–22), errichtet für den Herzog von Marlborough, den Sieger
in der Schlacht von Blenheim. So jedenfalls nannten die Engländer,
offenbar unter dem Einfluß der französischen Aussprache, den
deutschen Ort Blindheim, in dessen Nähe die Schlacht stattfand.
Das Schloß ist ein großes, etwas klobig wirkendes Bauwerk, das
mit kontinentalen Repräsentationsbauten zu wetteifern versucht.

Klassizistisch sind daran die geraden Linien, barock die Türmchen und Kuppeln. Eleganter und barocker ist Vanbrughs Erstling, Castle Howard (1700–26) in Yorkshire, das manche für sein Meisterwerk halten (Abb. 29), während andere den kompakteren und geschlosseneren Bau von Seaton Delaval (1720–28) in Northumberland vorziehen. In den zwanziger Jahren wich der barockisierende Klassizismus einem strengen Palladianismus, wie ihn schon Inigo Jones hundert Jahre früher eingeführt hatte. Zu den Anregern gehörte Graf Burlington, der sich nach eigenen Entwürfen Chiswick House (1723–29) bauen ließ, das der Villa Rotonda von Palladio nachempfunden ist (Abb. 30). Horace Walpole sagte von dem kleinen, aber dennoch monumentalen Schlößchen, es sei „zu klein, um darin zu wohnen, und zu groß, um es an der Uhrkette zu tragen". Noch enger an die Villa Rotonda hielt sich Colin Campbell, der in Mereworth Castle fast eine Replik seines Vorbilds schuf.

In der zweiten Hälfte des Jahrhunderts wich die palladianische Strenge einem wohnlicheren Klassizismus, den vor allem Robert Adam prägte. Er entwarf nicht nur die von ihm gebauten Häuser, sondern auch fast die ganze Innendekoration einschließlich der Möbel (Abb. 31). So schuf er einen unverwechselbaren Wohnstil, der selbst dort als Adam Style bezeichnet wird, wo Adam gar nicht beteiligt war. Nicht nur Schloßherren gaben klassizistische Bauten in Auftrag, auch Stadtbürger fanden Geschmack daran. So entstand ein durchgängiger Jahrhundertstil, der nach den vier Georges als Georgian bezeichnet wird. In Bath schufen John Wood und sein Sohn ein weitgehend homogenes Stadtbild in einem den bürgerlichen Bedürfnissen angepaßten Klassizismus.

Der *Georgian Style* blieb bis zum Ende des Jahrhunderts dominant und ging dann in den ebenfalls klassizistischen *Regency Style* über. Daneben kam aber ab der Mitte des Jahrhunderts die Neogotik auf, die bald immer mehr Anhänger fand. Die Renaissance hatte für die mittelalterliche Baukunst den Begriff ‚gotisch‘ geprägt, was gleichbedeutend mit ‚barbarisch‘ war und ohne Unterschied auch auf das angewendet wurde, was man heute romanisch nennt. Da es die bis Rom vordringenden Ostgoten waren, die der antiken Kultur den Todesstoß versetzten, schrieb man ihnen alles zu, was zwischen dem Ende der Antike und dem Versuch ihrer Wiedergeburt geschah. In England hatte der Begriff zusätzlich die Bedeutungen ‚schaurig‘, ‚unheimlich‘, ‚bizarr‘ und ‚romantisch‘ ange-

Abb. 31: Bibliothek von Kenwood House im Norden Londons,
erbaut von Robert Adam 1767–69

nommen. Dabei war gerade hier die negative Bewertung der Gotik viel weniger stark ausgeprägt. Der spätgotische Perpendikularstil wurde im Kirchenbau bis weit ins 17. Jahrhundert gepflegt, und selbst Klassizisten wie Hawksmoor fanden nichts dabei, ihn zu verwenden, wenn die Aufgabe oder der Auftraggeber es verlangten. So war es durchaus kein revolutionärer Geschmackswandel, als kurz vor der Mitte des 18. Jahrhunderts eine positivere Bewertung der Gotik einsetzte.

Die neue Wertschätzung beruhte anfangs weniger auf künstlerischer Bewunderung als vielmehr darauf, daß man im Gotischen eine willkommene Abwechslung vom klassizistischen Gleichmaß sah. Repräsentativ für diese Haltung ist der Klassizist Horace Walpole, der sich 1749 ein kleines Landhaus namens Strawberry Hill kaufte und es in den nächsten zwanzig Jahren in einem pseudogotischen Fantasiestil umbaute. Der englische Kunsthistoriker Kenneth Clark spricht von Rokokogotik, die noch nichts mit echtem Verständnis für die mittelalterliche Baukunst zu tun habe. Um ein solches bemühte sich aber schon vorher der Architekt Batty Langley (1696–1751), der in seinem Buch *Ancient architecture, restored and improved... in the Gothick mode* (1742) den Versuch machte, in der mittelalterlichen Architektur ähnliche Stilphasen zu unterscheiden, wie sie für die Antike in den sogenannten *five orders* kanonisiert worden waren.

Daß dieser Geschmackswandel zuerst in England einsetzte, hängt sicher damit zusammen, daß sich hier, wie gezeigt wurde, schon früh das Geschmacksideal des Pittoresken ausgebildet hatte, dem die Gotik sehr entgegenkam. Zudem ließen sich durch Verweis auf das heimische Mittelalter auch patriotische Gefühle mobilisieren, die im 18. Jahrhundert durch die Kriege gegen Frankreich neue Nahrung erhielten.

Die Geburt der englischen Malerei

So merkwürdig wie das Verstummen der Musik nach Purcell ist in England der späte Beginn der Malerei. Zwar wurde auch während der kontinentalen Blütezeiten der Renaissance und des Barock in England gemalt, doch waren es Ausländer wie Holbein, Gheeraerts, van Dyck, Lely und Kneller, die den Markt beherrschten. Mit Sir James Thornhill trat endlich auch ein britischer Barockmaler auf,

Abb. 32: Sir Joshua Reynolds, *Zeit der Unschuld* (1788?).
Eines der meistreproduzierten Bilder des Malers

doch erst sein Schüler und späterer Schwiegersohn William Hogarth, der mit der Tochter seines Lehrers durchbrannte, eröffnete den verspäteten Reigen englischer Maler, in dem sich nun allerdings die Talente nur so drängten. Unter ihnen nimmt Hogarth eine solche Sonderstellung ein, daß ihm ein eigenes Kapitel nach diesem gewidmet sein soll.

Im Zentrum der englischen Tradition stand von Anfang an die Porträtmalerei, wobei sich als nationaltypische Form das Ganzporträt vor einem landschaftlichen Hintergrund ausbildete. Eine weitere englische Spezialität war das Kinderporträt. Gegen Ende des Jahrhunderts nehmen Kinderbilder immer mehr zu. Selbst Säuglinge werden mit ihren Müttern porträtiert. Während es in konservativen Kreisen weiterhin üblich war, Neugeborene einer Amme zu übergeben und sie erst nach der Entwöhnung wieder abzuholen, wurde es bei fortschrittlichen Müttern unter dem Einfluß Rousseaus Mode, die Kinder selber zu stillen. Das erklärt die plötzliche Häufung von Porträts stillender Mütter.

Die lange Reihe britischer Porträtmaler, die an die Tradition der obengenannten Immigranten anknüpften, eröffnete der Schotte Allan Ramsay (1713–84), dem wenig später der Engländer Joshua Reynolds (1723–92) folgte. Reynolds beherrschte als Maler und später als Präsident der Royal Academy die Kunstszene so sehr, daß er viel hämische Kritik auf sich zog. Als Künstler reicht er an seine Vorbilder Tizian, Rubens, Rembrandt und van Dyck nicht heran, und bei seiner immensen Produktion von annähernd 2000 Werken mußte er große Teile seiner Bilder von Werkstattgehilfen malen lassen. Trotzdem gebührt ihm das Verdienst, der heimischen Malerei beim Publikum hohes Ansehen verschafft zu haben. Seine Porträts zeichnen sich durch große Natürlichkeit aus. Vor allem bei Männern gelingt ihm das Herausarbeiten des Charakteristischen, während bei seinen Frauenporträts das Mütterliche dominiert. Berühmt wurden seine Kinderbilder. Eins davon, *The Age of Innocence* (1788), zählt zu den meistreproduzierten englischen Gemälden, wenngleich kritische Betrachter es hart am Rande des Kitsches sehen mögen (Abb. 32).

Weitere Porträtmaler sind George Romney (1734–1802) und der Schotte Sir Henry Raeburn (1756–1823), der mit seiner zuweilen grob-fleischigen, dafür aber sehr vitalen Malweise neues Leben in die etwas blutlos werdende Porträtkunst des ausgehenden Jahrhunderts brachte. Aus der vornehmen Blässe der von Reynolds und Romney Porträtierten stechen die Gesichter seiner Auftraggeber durch blutvolle Frische hervor. Reynolds' großer Rivale, der nie aus dem Schatten des Akademiepräsidenten heraustreten konnte, war Thomas Gainsborough (1727–88). Auch er verdiente seinen Lebensunterhalt mit Porträtmalen, was er als lästige Fron empfand, da er viel lieber Landschaften gemalt hätte. Dadurch aber, daß er in seinen Ganzporträts die Figur völlig in die Land-

Abb. 33: Thomas Gainsborough, *Die Gräfin Howe* (um 1764)

schaft einschmolz, wurde er zum charakteristischsten und in den Augen vieler zugleich größten Maler seines Jahrhunderts. Gainsborough hat wie kein anderer den Typus der englischen Lady geprägt: kühle, unnahbare Schönheit mit einer eigentümlichen Mischung aus blasierter Arroganz und erotischer Anziehungskraft (Abb. 33).

Obwohl Gainsborough sich darüber beklagte, daß niemand seine Landschaften kaufen wollte, wurde die Landschaftsmalerei dennoch zu einem spezifisch englischen Beitrag zur Kunst des 18. Jahrhunderts. Der Anstoß dazu ging von Claude Lorrain aus, mit dessen Bildern englische Adlige auf ihrer Grand Tour in Italien bekannt wurden. Lorrains Verbindung von klassizistischer Architektur und romantischer Landschaft entsprach so sehr ihrem Geschmacksideal, daß sie jedes Bild des französischen Klassizisten aufkauften, dessen sie habhaft werden konnten; und als der Markt leergefegt war, wurde die Nachfrage durch Epigonen befriedigt, die den Stil Lorrains fortsetzten. Kaum ein anderer Maler hat so viele Nachahmer gefunden, und keiner hat auf die englische Malerei und die gesamte englische Kultur einen nachhaltigeren Einfluß ausgeübt. Lorrains Malerei war der bildnerische Ausdruck dessen, was wir an früherer Stelle als die amphibische Kultur des englischen Adels bezeichneten. Die Begeisterung für Lorrain war so groß, daß die Adligen bei der Gestaltung ihrer Schloß- und Parkanlagen oft den ausdrücklichen Wunsch äußerten, es möge wie ein Bild des großen Franzosen aussehen. Als im Lauf des Jahrhunderts der Landschaftstourismus immer stärker zunahm, kam die Mode auf, ein *Claude glass* mit auf die Reise zu nehmen. Es war ein dunkles konvexes Glas, in dem sich ein verkleinerter Landschaftsausschnitt in romantischem Halbdunkel so widerspiegelte, daß man ihn – in Ermangelung eines Fotoapparats – von dort mit Wasserfarben in sein Skizzenbuch übertragen konnte. Der englische Maler, der sich als erster konsequent in die Nachfolge Lorrains begab, war Richard Wilson (1714–82). Obwohl seine Bilder exakt das ausdrückten, was der Landadel in seinen Schlössern und Parkanlagen zu realisieren versuchte, war er als Maler nicht sehr erfolgreich. Vermutlich hatte der Adel wenig Interesse, etwas auf einem Bild zu erwerben, was ein Blick aus dem Fenster noch schöner bieten konnte.

Für den Stadtbürger der unteren Mittelschicht, der seine Wände sicher gern mit Ansichten romantischer Natur geschmückt hätte, waren Ölbilder meist unerschwinglich. Diese Marktlage rief die Aquarellmaler auf den Plan, die Englands charakteristischsten Beitrag zur Landschaftsmalerei des 18. Jahrhunderts lieferten. Die lange Reihe großer, wenn auch international weniger bekannter Aquarellisten beginnt mit Alexander Cozens (1717–86), der zudem mit seinen aus Klecksen nach einer Art Zufallsprinzip entwickelten Bildern etwas schuf, was exakt der bürgerlich-romantischen Vorstellung von individueller Kreativität entsprach. Cozens Sohn, John Robert Cozens (1752–97), setzte die Tradition fort. Mit dem frühverstorbenen Thomas Girtin (1775–1802) erreicht die Aquarellmalerei schließlich ihre Vollendung. Turner, der genialste unter den englischen Aquarellisten, sagte: „Wenn Tom Girtin länger gelebt hätte, wäre ich verhungert."

Eine englische Spezialität sind die Darstellungen von Pferderennen, Fuchsjagden und ähnlichem, die als Drucke reißenden Absatz fanden. Die Vorliebe dafür geht bis in die Mitte des 17. Jahrhunderts zurück. Aus der Flut der *Sporting scenes* des 18. Jahrhunderts ragt ein Maler heraus, der in England hoch geschätzt wird, obgleich er kaum etwas anderes als Pferde gemalt hat. Es ist George Stubbs, der fast alle Derbysieger seiner Zeit porträtierte und dafür oft höhere Honorare erhielt als selbst der gefeierte Reynolds für seine Menschenporträts. Während Gainsborough und Reynolds die urbane Seite der amphibischen Kultur des Adels auf ihre Bilder bannten, widmete sich Stubbs der ländlichen, weshalb er als der eigentliche Chronist des „English way of life" unter den englischen Malern gilt und eben deshalb in England weit höher geschätzt wird als anderswo (Abb. 34).

Dem bürgerlichen Geschmack am meisten entsprachen Genrebilder, sog. *Conversation pieces*, die entweder gefühlvolle Szenen, teils nach literarischen Vorbildern, oder satirische Situationen mit moralisierender Absicht darstellten. Ein Vertreter der erstgenannten Richtung war Joseph Highmore, der durch 12 Illustrationen zu Richardsons *Pamela* bekannt wurde. Für die zweite Richtung ist Hogarth das prominenteste Beispiel, der als nächster betrachtet werden soll. Die große Zahl solcher Genrebilder läßt bereits erkennen, daß sie vor allem auf den wachsenden Markt des Bürgertums ausgerichtet waren. Ebenfalls eine Sonderstellung in der englischen Malerei nimmt Joseph Wright of Derby ein, der als erster Industrie und Naturwissenschaft als malerische Sujets entdeckte. Er malte

Abb. 34: George Stubbs, *Die Familien Milbanke und Melbourne* (um 1770). Die Herren tragen *mode à l'Anglais* (Werther-Tracht)

Arbeiter in Stahlwerken und Wissenschaftler bei der Durchführung von Experimenten.

In einer anderen Bildgattung, die gegen Ende des Jahrhunderts in Europa immer beliebter wurde, der Historienmalerei, wird England durch zwei Amerikaner vertreten. Es sind Benjamin West (1738–1820) und John Singleton Copley (1738–1815). Wests *Der Tod von General Wolfe* (1770) war eines der einflußreichsten Bilder seiner Zeit. Als erste Darstellung einer aktuellen historischen Begebenheit löste es eine ganze Welle ähnlicher Bilder aus. Die Spur dieses Bildes zieht sich durch die ganze europäische Historienmalerei. Er selbst imitierte sich, als er die Pose des sterbenden Wolfe später für ein Bild vom Tode Nelsons übernahm. Über die Gründe, weshalb hier zwei Amerikaner, zu denen zeitweilig als dritter noch John Trumbull hinzukam, aber kein Engländer das Feld beherrschten, läßt sich nur spekulieren. Möglicherweise hängt es damit zusammen, daß seit der Glorreichen Revolution auf englischem Boden kein einschneidendes historisches Ereignis mehr stattgefunden hat. Die großen Kriege und Revolutionen spielten sich in Amerika und Frankreich ab, weshalb es neben den genannten Amerikanern vor allem der Franzose Jacques Louis David und seine Nachfolger Delaroche und Gros waren, die die Ereignisse in Frankreich und auf den napoleonischen Schlachtfeldern für die Nachwelt festhielten.

Hogarth, John Bull und die englische Karikatur

William Hogarth (1697–1764) ist für seine Epoche ebenso repräsentativ wie John Locke für die vorausgegangene und Dr. Johnson für die folgende. Wenn wir den ersten als den Dr. Johnson der englischen Philosophie bezeichneten, so könnten wir die gleiche Bezeichnung auf Hogarth mit Bezug auf die bildende Kunst anwenden. Obwohl er neben der enzyklopädischen Breite des Philosophen eher ein wenig engstirnig wirkt, war er doch viel mehr als nur ein Maler und Graphiker. Seine satirischen und sozialkritischen Stiche vermitteln der Nachwelt die wohl anschaulichste Sozialgeschichte seiner Epoche. Schon sein Freund und zeitweiliger Mitarbeiter, der Romancier Henry Fielding, nannte ihn im Vorwort zu Joseph Andrews einen „Comic History-Painter", um ihn gegen den Vorwurf zu verteidigen, ein bloßer Karikaturist zu sein. Bis weit ins 19. Jahrhundert hinein war Hogarth das bewunderte Vorbild für Künstler und Autoren, die auf ähnliche Weise, nur mit anderen Mitteln, ihrer Zeit den Spiegel vorhielten, allen voran Dickens und Thackeray, die sich beide zu ihm bekannten.

Hogarths Lehrjahre fallen in die Zeit, in der John Bull seinen Einzug in die englische Kultur hielt. Die Figur war von Dr. Arbuthnot kreiert worden, als er 1712 mit einer Sammlung von Pamphleten unter dem Titel The History of John Bull gegen die Mißwirtschaft und Korruption der Regierung zu Felde zog. 1727 brachten Pope und Swift in ihren Miscellanies die Pamphlete in veränderter Fassung neu heraus. Seitdem ist John Bull der Inbegriff des bürgerlichen Engländers. Schon im ersten Pamphlet wird er als ein ehrlicher, freimütiger, mutiger, trinkfester, zuweilen streitsüchtiger und immer streitbarer Mann beschrieben, der der Obrigkeit die Stirn bietet und dennoch für law and order ist. Genau diese Mischung wird von Hogarth exemplarisch verkörpert. Auch er ist kein Moralist von der engherzigen Sorte. In seinen politischen Karikaturen schlägt er nach allen Seiten, rupft die Tories ebenso wie die Whigs, den Adel ebenso wie den geldgierigen Bürger.

Abb. 35: William Hogarth, *Beer Street* (1751; *Bier-Straße*)

Auch als Künstler zeigt er eine erstaunliche Breite. Bei Thornhill lernte er die barocke Malweise, die er in seinen Bildern für die Thomas Coram Foundation for Children mustergültig umsetzte. Doch schon der Umstand, daß es sich hier um eine philanthropische Stiftung für Waisenkinder handelte, zeigt an, daß Hogarths Motivation keinem künstlerischen, sondern einem sozialen Interesse entsprang. Der barocken Tradition van Dycks folgt er in einigen seiner Porträts von hochgestellten Persönlichkeiten. Doch nicht diese verbindet man mit seinem Namen, sondern die sozialkriti-

Abb. 36: William Hogarth, *Gin Lane* (1751; *Gin-Gasse*)

schen Bilderserien *A Harlot's Progress* (ca. 1731), *A Rake's Progress*
(ca. 1735) und *Marriage à la Mode* (1742–44). Noch direkteren
Zeitbezug haben seine gemalten Attacken auf die korrupten Parla-
mentswahlen und auf das soziale Übel des Gin-Konsums. Die
sogenannte *Gin crisis* war ab 1720 aufgekommen, als im Zuge der
landwirtschaftlichen Revolution die Erträge stiegen und die Großgrundbesitzer ein Sinken der Getreidepreise befürchteten. Deshalb
begrüßten sie es, daß die Getreideüberschüsse zur Herstellung von
Gin verwendet wurden, der in den dreißiger Jahren reißenden Ab-

satz fand. So wurden in London 1736 rund 7000 nichtlizensierte Gin-Schenken gezählt. Der exzessive Gin-Konsum hatte auf die Volksgesundheit so verheerende Auswirkungen, daß die Sterberate in London erheblich über der Geburtenrate lag. Wegen des Widerstands der Großgrundbesitzer kam es erst 1751 zu einer prohibitiven Besteuerung durch das *Gin Act*, dessen Einführung wohl auch ein Verdienst Hogarths war, der 1750/51 in einer Serie von Drucken auf drastische Weise den schädlichen Folgen des Gins die wohltuenden Wirkungen des Biers gegenüberstellte (Abb. 35/36).

Hogarth malte seine sozialkritischen Genrebilder zunächst in Öl und stach sie anschließend in Kupfer, um sie beim weniger betuchten Publikum zu vermarkten, das er als einer der ersten nicht nur als Adressaten seiner Botschaft, sondern auch als Käufer in den Blick nahm. Die fast fabrikmäßige Herstellung seiner Stiche betrieb er mit großem Fleiß. Dennoch fand er 1753 Zeit, den Pinsel mit der Feder zu vertauschen und seine ästhetische Theorie in einem Buch zu veröffentlichen, das den Titel *Analysis of Beauty* trägt. Kernstück seiner Theorie ist die Schönheitslinie, die ihm spätestens seit 1745 durch den Kopf gespukt sein muß; denn aus diesem Jahr stammt ein Selbstporträt, das ihn mit einer Palette zeigt, auf der eine Schlangenlinie mit der Unterschrift *line of beauty* zu sehen ist. In seinem Buch versucht er theoretisch zu begründen, weshalb gerade die Schlangenlinie der idealen Schönheit am nächsten kommt. Schönheit beruht seiner Meinung nach auf maximaler Vielfalt in der Einheit. Dabei beruft er sich auf Shakespeare, der in *Antonius und Cleopatra* die Schönheit der ägyptischen Königin auf die Formel „infinite variety" bringt. Die Schlangenlinie ist nun aber eine Sinuskurve. Als solche hat sie an jedem Punkt eine andere Steigung, wobei die Änderung der Steigung der gleichen Kurve folgt, nur um eine Phase verschoben, was in der Mathematik Kosinus heißt. Hogarth konnte von dem mathematischen Zusammenhang noch gar nichts wissen, da die von Newton und Leibniz nahezu gleichzeitig entwickelte Infinitesimalrechnung damals nur Eingeweihten bekannt war und erst von Euler auf die Verhältnisse von Dreiecksseiten angewendet wurde. Dennoch muß Hogarth mit der Intuition des Malers gespürt haben, daß die Kurve ein Maximum an Vielfalt innerhalb ihrer Einheit enthält.

Das Interessanteste an Hogarths Überlegungen aber ist nicht die Entdeckung der Schönheitslinie, sondern die Tatsache, daß er die

Betonung auf maximale Vielfalt legt, während vor ihm und um ihn herum, zumal auf dem europäischen Kontinent, die klassizistische Ästhetik viel stärker dazu neigte, die formale Einheit zu betonen. Hier zeigt sich, daß das Bürgertum in England sich bereits eine eigene Ästhetik ausgebildet hatte. Auf dem absolutistischen Kontinent war die bruchlose Einfügung aller Teile in ein hierarchisch geordnetes, harmonisches Ganzes das Ideal. In England dagegen kam seit der glorreichen Revolution eine Ästhetik auf, die größtmögliche Freiheit der Teile innerhalb des Ganzen favorisierte.

Mit Hogarth beginnt die ruhmreiche Geschichte der englischen Karikatur, obgleich er selber sich eher als kritischer Realist denn als Karikaturist verstand. Deshalb spürt man bei ihm noch das Moralisieren, das bei den Karikaturisten nach ihm auffällig fehlt. Bei seinem Zeitgenossen George Bickham (gest. 1758) ist schon der respektlos anarchische und insofern amoralische Zug ausgeprägt, der danach die englische Karikatur charakterisiert, wie sich an den Werken von James Gillray (1757–1815) und Thomas Rowlandson (1756–1827) leicht ablesen läßt. Von ihnen führt eine ununterbrochene Tradition über George Cruikshank (1792–1878) und die Zeichner des *Punch* zu den Karikaturisten der Gegenwart.

Anarchische Respektlosigkeit ist zugleich ein Grundzug des englischen Humors. Für das Herabziehen des Erhabenen ins Lächerliche hat Alexander Pope den Begriff Bathos geprägt. Er stammt aus dem Griechischen und bedeutet ,Höhe' oder ,Tiefe'. Daß die Deutschen ihn nicht in ihren Fremdwortschatz übernommen haben, ist bezeichnend; denn dem deutschen Humor fehlt diese Tendenz. Er ist entweder moralisierend oder gemütlich. Der englische hingegen ist anarchisch und antiautoritär. Er ist stets darauf aus, Autoritäten vom Sockel zu stoßen, was sich an seinen vier typischen Ausdrucksformen leicht ablesen läßt: In seiner Neigung zur Exzentrizität holt er die Autorität normierter Umgangsformen vom Sockel, in seiner Liebe zum Wortspiel die Autorität des ernsthaften Diskurses, im schwarzen Humor die der Moral und im Nonsens die des Sinns, der bei den Deutschen so hoch im Kurs steht, daß sie von anderen Nationen als humorlose Sinnhuber empfunden werden. Der englische Humor unterscheidet sich vom deutschen grundsätzlich dadurch, daß er sich ohne Rücksicht auf Moral und Gemütlichkeit gegen alles auflehnt, was sich Autorität anmaßt.

Der englische Garten

Bis ins frühe 18. Jahrhundert unterschieden sich englische Parks kaum von denen des Kontinents. Im Gegenteil, sie waren oft noch steifer und geometrischer, was von englischen Zeitgenossen beklagt wurde. Dann aber begann sich ein Gartentyp durchzusetzen, der schon bald überall als „englisch" bezeichnet wurde. Es ist der Landschaftsgarten, der die Illusion weckt, man sehe ein Stück unberührter Natur. Die Pioniere dieses im Grunde anti-klassizistischen Gartens waren paradoxerweise der klassizistische Architekt William Kent und der ebenso klassizistische Dichter Pope. Das unterstützt die These, daß Klassizismus und Romantik Ausdruck der gleichen Interessen sind, nur mit unterschiedlicher Akzentuierung.

Der erste Gartenarchitekt, der einen unverwechselbaren eigenen Stil kreierte, war Launcelot Brown (1716–83), den alle Welt nur als Capability Brown kennt, weil er, um einen Auftrag zu bekommen, den Besitzern des betreffenden Areals zu sagen pflegte, es habe *great capabilities*. Auch Browns Ästhetik war im Kern klassizistisch, doch es war ein Klassizismus, der sich getreu den Lehren Popes an den Regeln der Natur orientierte. In Browns Fußstapfen trat Humphry Repton (1752–1818), der in seinen Gärten aber schon dem neuen Ideal des Pittoresken folgt. Dennoch betrachtete er sich als Schüler Browns und verteidigte diesen, als R. P. Knight und Uvedale Price, die Wortführer des Pittoresken, ihn kritisierten. Das Aufkommen des englischen Gartens hatte auch eine ökonomische Seite. Bis zum Ende des 17. Jahrhunderts war Ackerland in England so knapp, daß englische Touristen sich auf ihren Reisen durch Frankreich darüber wunderten, daß dort so viel Land auf Gärten verschwendet wurde. Erst durch die landwirtschaftliche Revolution wurde es möglich, ausgedehnte Ländereien aus der Produktion zu nehmen. Damit gewann der Garten zugleich hohen Statuswert; denn er brachte zum Ausdruck, was der amerikanische Soziologe Veblen als *conspicuous consumption* bezeichnete. In unserem Fall handelt es sich um eine spezifisch englische Form des Sichtbarmachens von Überlegenheit, nämlich durch *understatement*. Im Lauf des 18. Jahrhunderts bildete sich ein Verhaltenscode aus, der seitdem in aller Welt mit dem Begriff Gentleman assoziiert wird. Zu dessen ungeschriebenen Gesetzen gehört, daß man die

Abb. 37: Landschaftsgarten von Blenheim Palace mit künstlichem See, angelegt von Capability Brown (1764)

Absicht des Beeindruckenwollens nicht bemerken darf. Für den englischen Aristokraten wäre ein elaborierter französischer Garten nicht nur gegen die Natur gewesen, er hätte außerdem wie ein allzu aufdringliches *overstatement* gewirkt.

Der vorgetäuschten Natürlichkeit zum Trotz wurden die Landschaftsgärten mit raffinierter Kunst angelegt. Um die Illusion des bruchlosen Übergangs in die offene Landschaft zu wecken, wurden sie mit sogenannten Hahas umgeben. So hießen versenkte Zäune, die auf der Sohle eines Grabens angelegt waren und erst aus so kurzer Entfernung sichtbar wurden, daß dem überraschten Spaziergänger bei ihrem Anblick ein Haha entschlüpfte. Wichtig waren vor allem Blickfänge, die dem Auge wechselnde Ziele boten. Auftraggeber, die mehr zum Klassizismus neigten, wünschten sich hierfür kleine Tempelchen; die romantischer Gesinnten zogen künstliche Ruinen in gotischem Stil vor. Besonders geeignet waren Brücken. Dazu mußte man aber oft erst einmal für ein Gewässer sorgen, wie etwa im Park von Blenheim (Abb. 37). Künstliche Wasserläufe wurden in Form einer Schlangenlinie angelegt, auch dies ein Beweis für die Wirksamkeit von Hogarths Schönheitslinie. Der Landschaftsgarten war Englands charakteristischster Beitrag zur europäischen Kultur des 18. Jahrhunderts. In seiner pittoresken Form ist er nicht nur die Antwort auf ein romantisches Geschmacksbedürfnis, er ist zugleich Ausdruck von Freiheit und Individualität. Bezeichnend für letzteres ist der Baumkult, der damals in England aufkam. Während deutsche Romantiker die erhabene Totalität des Waldes besangen, galt und gilt die englische Liebe bis heute dem einzelnen Baum.

Kunsthandwerk

Wer einmal das Victoria & Albert Museum in London besucht hat, das als das größte Kunstgewerbemuseum der Welt gilt, wird mit Verwunderung festgestellt haben, daß von den Ausstellungsstücken aus der Zeit vor 1700 nur wenige aus England stammen und daß nichts davon zur Spitzenklasse der jeweiligen Art zählt. Das Museum ist reich bestückt mit italienischer und flämischer Keramik, mit Glas aus Böhmen und Venedig, mit Gobelins aus Beauvais und Brüssel sowie mit Silberschmiedekunst aus Süddeutschland, doch findet man nichts dergleichen aus englischen Werkstätten. Der Grund dafür liegt auf der Hand. England hatte seit dem Hochmittelalter eine halbindustrielle Textilwirtschaft, die Rohwolle und ungefärbtes Tuch in großen Mengen auf den Kontinent exportierte, was genug Geld einbrachte, um im Gegenzug die extrem arbeitsintensiven Luxusprodukte des kontinentalen Kunsthandwerks zu importieren. Für ein Kunstgewerbe von ähnlich hoher Qualität war der Markt im bevölkerungsarmen England zu klein; und außerdem war durch die Wollindustrie ein Markt für Massengüter entstanden, der nach anderen kaufmännischen Gesichtspunkten funktionierte als der auf Spitzenqualität ausgerichtete Markt des Kontinents. Nur schwer zu transportierende Produkte des Kunsthandwerks wie Möbel wurden im eigenen Land hergestellt, wobei auch hier kontinentale Muster als Vorbild dienten. Der erste englische Kunsthandwerker, dessen Name in einer Geschichte der europäischen Kunst nicht fehlen darf, ist bezeichnenderweise ein Holzschnitzer, nämlich Grinling Gibbons (1648 bis 1721), der als Bildhauer in Stein und Bronze nur Zweitklassiges schuf, während seine in Holz geschnitzten Ausschmückungen englischer Schlösser durch virtuose Kunstfertigkeit beeindrucken.

Seine Blüte erreichte das englische Kunsthandwerk erst im 18. Jahrhundert, als mit dem steilen Anstieg der Bevölkerung und dem wachsenden Reichtum der oberen Mittelschicht die Nachfrage nach künstlerisch gestalteten Gebrauchsgegenständen immer stärker wurde. Der erste englische Kunsthandwerker, dessen Name international zu einem Begriff wurde, ist der *cabinetmaker* Thomas Chippendale (1718–79), dem bald die nicht ganz so berühmten, doch ebenso angesehenen Möbelhersteller George Hepplewhite (gest. 1786) und Thomas Sheraton (1751–1806) folgten. Obgleich alle drei eine bunte Vielfalt von Entwürfen in ihren Musterbüchern hatten und vor allem Chippendale nichts dabei fand, seine Auftraggeber je nach deren Geschmack mit klassizistischen, gotischen, chinesischen oder Rokokoformen zu beliefern, haben sie dennoch einen spezifisch englischen Stil geprägt, der als solcher leicht zu erkennen ist. Während französische Auftraggeber schwere, reich vergoldete Möbel orderten, die sich am Repräsentationsbedürfnis des Hofes und der Adligen orientierten, führte der englische Landadel ein eher privates Leben, für das leichte Möbel aus edlen Hölzern ohne Gold und schwere Ornamentik zweckmäßiger waren. So bildete sich der bürgernahe, intime Stil englischer Möbel aus, der seitdem neben dem französischen auch für den Kontinent zur Wahl stand, wobei die Entscheidung für den einen oder anderen meist eine politisch-ideologische Option ausdrückte. Konservative blieben den französischen Möbeln treu, liberal-fortschrittliche entschieden sich für die englischen.

Ebenso bekannt wie Chippendale wurde der Keramiker Josiah Wedgwood (1730–95). Anders als der Möbeltischler versuchte er von Anfang an, einen einheitlichen klassizistischen Stil zu kreieren. Während sich überall in Europa die Keramikproduzenten auf das neuentdeckte Porzellan stürzten, entwickelte er die seit Jahrhunderten bekannten Techniken der Steinguterzeugung weiter und brachte 1765 ein besonders hartes Steinzeug auf den Markt, das er *Queen's Ware* nannte. Zehn Jahre später erfand er eine Keramik, die es an Dichte und Festigkeit fast mit dem Porzellan aufnehmen konnte. Er nannte sie *jasper* und schuf daraus Gefäße und Schmuckgegenstände, die mit ihren weißen Relieffiguren zu Markenartikeln wurden, die noch heute unter seinem Namen hergestellt werden. Da man damals die antiken Vorbilder solcher Reliefs für etruskisch hielt, nannte Wedgwood seine Fabrik *Etruria*. Das

Etruskische galt als neu entdeckter antiker Stil, weshalb es sich bei Anhängern des Klassizismus großer Beliebtheit erfreute. Viele klassizistische Landschlösser erhielten damals einen *tuscan room*, wobei *tuscan* das gleiche bedeutet wie *etruscan*.

Auch auf vielen anderen Gebieten bildete sich ein spezifisch englisches Kunstgewerbe aus, dessen Stil meist als *Georgian* bezeichnet wird. Noch heute werden die damals entwickelten Formen für silberne Leuchter, Teekannen und Zuckerdosen verwendet. Es ist bezeichnend, daß sich in nahezu allen Bereichen der klassizistische Stil gegenüber romantisierenden Formen durchsetzte; denn hier handelte es sich um Gegenstände, die sich anfangs nur die wohlhabende Oberschicht leisten konnte. Als später auch Angehörige der Mittelschicht kostbare Gebrauchsgegenstände erwerben konnten, hielten sie sich an die klassischen Formen, die in ihren Augen Statuswert hatten.

Mode à l'Anglais

Wie im Kunsthandwerk so hatte sich England auch auf dem Gebiet der Mode bis zum Beginn des 18. Jahrhunderts an kontinentalen, vor allem französischen Vorbildern orientiert. Teilweise setzte sich diese Tendenz bis zum Ende des Jahrhunderts fort, wurde jetzt aber in zunehmendem Maße als äffische Nachahmung kritisiert; denn inzwischen war ein ganz anderer, typisch englischer Kleidungsstil aufgekommen. Schon in den dreißiger Jahren hatten vereinzelt Modegecken die Aufmerksamkeit dadurch auf sich gezogen, daß sie sich wie Diener kleideten. Um die Mitte des Jahrhunderts wurde die einfache Kleidung des Bürgertums bereits so selbstverständlich akzeptiert, daß auch der Adel begann, sich einen alltagstauglicheren Stil zuzulegen, der dann ab den sechziger Jahren vom Kontinent als typisch englische Mode wahrgenommen wurde. Anfangs betraf dieser neue Stil nur die Herrenmode, die als *mode à l'Anglais* übernommen wurde und in Deutschland als Werthertracht Berühmtheit erlangte. Sie bestand aus einer blauen, frackartigen Reitjacke mit langen Schößen, einer kurzen Weste, einer langen gelben Hose, oft aus feinem Leder, und langen Reitstiefeln. Es war die Kleidung des englischen Landadels, der oft zu Pferde unterwegs war und keinen Repräsentationspflichten bei Hofe nachkommen mußte. Da es eine bequeme und zweckmäßige Kleidung war, die obendrein viel weniger kostete als die gold- und spitzenverzierte Kleidung der tonangebenden französischen Oberschicht, wurde sie bald vom Bürgertum übernommen. Zudem hatte sie bei fortschrittlich Gesinnten hohen Statuswert und galt als besonders modisch (vgl. Abb. 34). Auch in der Damenmode setzte sich eine neue Einfachheit durch, die allerdings oft mit Raffinement einherging. Das Ziel war jetzt nicht mehr, sich künstlich zu verschönern, vielmehr sollte das Kleid die natürliche Schönheit zur Geltung bringen, was gelegentlich dazu führte, daß selbstbewußte Damen in durchsichtigen Gewändern erschienen, unter denen einige besonders notorische keine Unterwäsche trugen.

Von der Grand Tour zum Naturtourismus

Als sich Europa von den Wirren des Dreißigjährigen Kriegs erholt hatte und der englische Adel nach der Restauration wieder in seine privilegierte Stellung zurückgekehrt war, wurde es Brauch, junge Adlige in Begleitung eines Tutors auf eine zwei- bis dreijährige Bildungsreise durch Westeuropa zu schicken. Erste Station der Reise war Paris. Von dort ging es nach mehrmonatigem Aufenthalt weiter über Nîmes und die Alpen nach Italien, wo oft ganze Wagenladungen von Bildern und Skulpturen erworben und per Schiff in die Heimat verfrachtet wurden. Hauptziele waren Rom, Florenz und Venedig. Der Rückweg führte oft über die Schweiz und Süddeutschland in die Niederlande, aus denen das Haus Oranien stammte. Nach dem Regierungsantritt des Hauses Hannover wurde auch diese Stadt besucht, weshalb die benachbarte Universität Göttingen zur Drehscheibe des deutsch-englischen Kulturaustauschs wurde.

Obwohl diese als Grand Tour bezeichnete Bildungsreise als ein Muß galt, war sie umstritten; denn nicht wenige der jungen Herren brachten von der Reise neben einer lockeren Moral eine Geschlechtskrankheit mit. Zumal bei strengen Protestanten stand das katholische Italien in einem zweifelhaften Ruf. Die Bedenken traten jedoch in den Hintergrund, als 1738 die Ausgrabungen in Herkulaneum und 1748 die in Pompeji begannen. Jetzt zog es die englischen Reisenden an die Ausgrabungsstätten, wo sie die klassischen Vorbilder ihres Geschmacks an der Quelle zu sehen erwarteten und wo sie sich außerdem reiche Beute an Souvenirs versprachen. Die in Pompeji entdeckten Kunstgegenstände und Wandmalereien hatten für den englischen Klassizismus der Folgezeit Vorbildcharakter. Vor allem die 1732 gegründete *Society of Dilettanti*, in der sich die Rückkehrer von der Grand Tour einmal im Monat trafen, trug viel zur Verbreitung des klassizistischen Stilideals bei.

Die Grand Tour machte man nur einmal im Leben. Danach hatten Reisen meist ein englisches Ziel, in der Regel eines der modischen Mineralbäder, die in England nach dem belgischen Vorbild Spa genannt werden. Der bekannteste und beliebteste Badeort war zugleich der mit der ältesten Tradition, nämlich Bath, wo schon die Römer in den warmen Quellen badeten. Als dort 1755 die römischen Bäder wiederentdeckt wurden, zog Bath immer mehr Badegäste an, was zu einer regen Bautätigkeit führte. Damals erhielt Bath, vor allem durch die Bauten der Familie Wood, ein klassizistisches Gesicht von solcher Reinheit, wie es sonst nur noch die New Town von Edinburgh aufzuweisen hat. Durch den Dandy Beau Nash, der ab 1705 in Bath residierte und mit der Zeit eine regelrechte Geschmacksdiktatur ausübte, wurde die Stadt zum Mekka der englischen Mode. Die Konkurrentin von Bath war Tunbridge Wells, wo seit der Entdeckung der Mineralquellen im Jahr 1606 der Badebetrieb florierte. Auch hier übernahm Beau Nash 1735 das Regiment und beherrschte die beiden Städte in Personalunion.

Ab der Mitte des 18. Jahrhunderts erhielten die Spas Konkurrenz durch die ersten Seebäder. Den gleitenden Übergang zu der neuen Badeform illustriert das an der Nordostküste gelegene Scarborough, das anfangs nicht wegen seines Strandes, sondern wegen seiner Heilquelle besucht wurde. Auch Brightons Aufstieg zum Seebad begann damit, daß der Arzt Richard Russell 1753 in einem Traktat dem Meerwasser die gleiche Heilkraft wie den Mineralquellen zuschrieb. Im Zuge des vordringenden romantischen Individualismus wurde aber die Begegnung mit der Naturgewalt des Meeres immer mehr zur Hauptattraktion der Seebäder.

Auch andere Naturphänomene, die das gleiche Erlebnis vermittelten, wurden nun zu Reisezielen. Das waren in erster Linie die Berge in Wales und im Lake District sowie das schottische Hochland, dessen Szenerie dem Geschmacksideal des Erhabenen in besonderem Maße entsprach. Landschaften, die man hundert Jahre früher noch als roh und abstoßend empfunden hätte, übten jetzt eine so starke Faszination aus, daß man auch in Gegenden reiste, wo es weder Hotels noch Gaststätten gab, so daß man sich bei einfachen Bauern unter oft primitiven Bedingungen einquartieren mußte. Die erste Welle des durch Ossian inspirierten Erhabenheitskults war allerdings bald verrauscht. Danach suchte man in der Natur nicht mehr nach dem Sublimen, sondern nach dem Pittoresken. Für dessen vollen Genuß wurden Reiseführer gedruckt, die die besonders pittoresken Blickpunkte angaben, so wie heute auf manchen *scenic drives* dem Autofahrer angezeigt wird, wo er halten soll, um ein Foto zu schießen. Statt der Kamera hatte man damals den Skizzenblock bei sich, auf dem man mit Wasserfarben die besonderen Highlights der Reise festhielt. Das Aquarellieren war vor allem für junge Frauen ein fester Bestandteil ihrer Ausbildung. Noch Königin Viktoria praktizierte es auf ihren Urlaubreisen, nicht ohne Talent.

England in den Augen der Europäer

Zwischem dem 17. Jahrhundert mit seinem religiösen Fanatismus und dem auf bürgerliche Wohlanständigkeit bedachten 19. Jahrhundert liegt das 18. wie eine Insel des unverklemmten Lebensgenusses. Das gilt für ganz Westeuropa, für England aber in besonderem Maße, weil hier der Kontrast noch auffälliger ist und weil die Insel in diesem Jahrhundert von so vielen Besuchern vom Kontinent beschrieben wurde, daß sich daraus ein sehr detailliertes Bild ergibt. Die Toleranz, die man in religiösen Dingen walten ließ, scheint sich auch auf andere Bereiche des Privatlebens erstreckt zu haben. So schreibt der Schweizer César de Saussure, der von 1725 bis 1729 England bereiste: „Wenn eine verheiratete Engländerin entdeckt, daß ihr Ehemann eine Geliebte hat, nimmt sie dies häufig mit großer Gelassenheit hin. Ja, mitunter erfüllt sie sogar die Bitte ihres Gemahls, der Rivalin mit Höflichkeit zu begegnen. Fortan hält sie sich auch einen Liebhaber, und beide Ehegatten sind glücklich und zufrieden." Dies ist der liberale Geist, dem man überall in der Literatur des Jahrhunderts begegnet.

Ausländische Beobachter kommentieren vor allem die weit verbreitete Prostitution. Johann Wilhelm von Archenholtz schreibt 1787: „Man schätzt die Anzahl der Freudenmädchen in London auf über 50000, die Mätressen nicht mitgerechnet. Allein im Kirchspiel Marylebone zählte man vor einigen Jahren nicht weniger als 13000 solcher Weiber, von denen 1700 ganze Häuser für sich allein bewohnten. Diese Gattung der Freudenmädchen hat Kammerzofen und Livree-Bediente, manche sogar eigene Equipagen." Wie sehr die Prostitution das Straßenbild prägte, geht aus einem der Briefe hervor, die Georg Friedrich Lichtenberg 1775 über seinen Englandaufenthalt schrieb: „Man wird alle zehn Schritte von liederlichen Mädchen angefallen; zuweilen sind es zwölfjährige Kinder, die einem durch ihre Anrede die Frage ersparen, ob sie auch wüßten, was sie wollten. Ich habe einige, die wie Fräuleins aussahen, Fragen an mich tun hören, bei denen ein junger Student durch ein sohlendickes Fell rot geworden wäre." Bei aller Direktheit des sexuellen Angebots werden die Straßenmädchen aber von allen Beobachtern als gut gekleidet und meist auch als sehr attraktiv beschrieben. Noch gepflegter ging es in den Bagnos, den Bordellen, zu, die Archenholtz mit geradezu liebevollen Details schildert. Hier scheint er sogar die Kundschaft beobachtet zu haben; denn er schreibt: „Die Engländer behalten ihr ernsthaftes Wesen auch bei ihren Vergnügungen in den Bagnos bei, weshalb denn auch die Geschäfte in einem solchen Lusthause mit einer schweigsamen Artigkeit betrieben werden, die man sich kaum vorstellen kann. Alte und entnervte Personen werden hier, wenn sie es wünschen, mit Birkenruten bedient." Wie perfekt das Lustgewerbe organisiert war, geht aus einer anderen Notiz von Archenholtz hervor: „Ein Tavernenwirt in Drurylane gibt jährlich eine Liste von den Freudenmädchen heraus, die sein Haus besuchen. Dieses Buch hat den Titel ‚Harry's list of Coventgarden ladies'. Hierin sind nicht nur die Namen der Lustmädchen verzeichnet, sondern auch ihre Gesichtsbildung, ihre Gestalt, ihre Manieren und die Talente, über die sie verfügen. Es werden davon alle Jahre achttausend Exemplare gedruckt, die sogleich vergriffen sind."

In den oberen Rängen ging es ähnlich ungeniert zu. Die sexuellen Eskapaden der Adligen beiderlei Geschlechts waren in London Stadtgespräch. Auch in der Kleidung drückte sich Freizügigkeit aus, wenngleich nur wenige so weit gingen wie Miss Chudleigh auf einem Maskenball am 3. Mai 1749, von dem Horace Walpole berichtet: „Miss Chudleigh kam als Iphigenie, aber so nackt, daß man sie für Andromeda halten konnte." Immerhin erreichte sie dadurch, daß sie noch heute in Sittengeschichten des 18. Jahrhunderts erwähnt wird.

Natürlich gab es auch in diesem freizügigen Jahrhundert ein gewisses Maß an Repression. So durften pornographische Romane wie Clelands *Fanny Hill* nur unter dem Ladentisch gehandelt werden; und überall da, wo der bürgerliche Geschmack den Ton angab, mußte die Schicklichkeit gewahrt bleiben. *Fanny Hill* ist ein typisches Beispiel dafür, daß Erotik in dieser Zeit noch ganz in den hellen Farben der Aufklärung gesehen wurde. Obwohl das Buch gar nicht den Anspruch erhebt, über die horizontale Ebene hinauszuwollen, ist es mit sprachlichem Witz geschrieben und stellt Sexualität als die natürlichste und gesündeste Sache der Welt dar. Von verklemmter Prüderie und schwüler Lust am Perversen ist hier noch nichts zu spüren. Das änderte sich von Grund auf, als dem Blutbad der Französischen Revolution die Angst des Menschen vor sich selber entsprang. Wie hier die Vernunft in Barbarei umschlug, so bei de Sade die aufgeklärte Sexualität in Perversion.

Die unbekümmerte Lust am Sex läßt sich auch in den erotischen Bildern und Karikaturen der Zeit beobachten. Schon Hogarth hatte auf das Feigenblatt verzichtet, wenngleich er nicht auf Frivolität, sondern im Gegenteil auf Moral aus war. Gänzlich ungeniert hat danach Rowlandson seine Kundschaft mit Blättern ohne Feigenblatt bedient. Charakteristisch für die englische Sicht ist daran die erdnahe Drastik, die nur eine von vielen Ausdrucksformen der bereits erwähnten englischen Neigung zum Bathos ist.

Mit der englischen Freiheit hängt wohl auch ein Leiden zusammen, das im 18. Jahrhundert als so typisch englisch empfunden wurde, daß Franzosen und Deutsche das noch heute gebräuchliche englische Wort dafür übernahmen, nämlich Spleen. Es bedeutet ,Milz' und bezeichnet das Organ, das als der Sitz ebendieses Leidens angesehen wurde. Seine Symptome waren eine Neigung zu Melancholie, zu bizarrem Handeln und zu Selbstmord aus nichtigem Anlaß. Der Russe Nikolai Karamsin schreibt 1790: „Wer glaubt, daß das Glück in Reichtum und Überfluß besteht, der muß die hiesigen Nabobs sehen, wie sie, umgeben von allen Mitteln zum Genuß, den Geschmack an allem verlieren und lange vor dem Tode sterben. Dies ist der englische Spleen, eine moralische Krankheit, die anderswo unter dem Namen Langeweile und Lebensüberdruß bekannt ist. Doch ist sie in England häufiger als in anderen Ländern, wozu die feuchte neblige Luft, die schwere Nahrung und die viele Ruhe wohl am meisten beitragen." Die Neigung zum Selbstmord galt gegen Ende des Jahrhunderts als so typisch für die Briten, daß im Deutschen dafür die Wendung „den Engländer machen" aufkam.

Am Spleen ist nur der Name neu, das Leiden selber ist das gleiche, das schon bei Betrachtung der elisabethanischen Melancholie beschrieben wurde. Auch die vermutlichen Ursachen wurden bereits dort genannt. Wenn der Spleen nicht zum Selbstmord führte, was er in den seltensten Fällen tat, dann brachte er etwas hervor, was seit dem 18. Jahrhundert als genauso typisch englisch empfunden wird: Exzentrizität. Sie wurde an reisenden Engländern noch viel häufiger beobachtet als das pathologische Syndrom.

Stationen der Frühromantik

Das Heraufziehen der Romantik wurde bereits an einer Reihe von charakteristischen Phänomen aufgezeigt, so am Erhabenheitskult und an der Wiederentdeckung der Gotik, was beides eng miteinander zusammenhängt, da die Gotik vor allem deshalb geschätzt wurde, weil sie nicht wie der Klassizismus den Schönheitssinn, sondern eben das Gefühl für das Erhabene anspricht. Auch die schon bei Pope einsetzende Betonung von Natur und der Kult des Gefühls bereiteten der Romantik den Weg. In der zweiten Hälfte des Jahrhunderts kamen weitere Entdeckungen und Neubewertungen hinzu, die schließlich ihren vollen Durchbruch bewirkten.

Originalgenie

Genius galt, wie gezeigt, schon für Pope als eine wesentliche Voraussetzung für qualitätvolle Kunst. Doch er meinte noch, daß das Genie durch *judgment* kontrolliert werden müsse. Im Verlauf des Jahrhunderts wurde *genius* dann immer mehr als eine irrationale Schöpferkraft gesehen, weshalb sich das Wort mit dem Adjektiv *original* zu einem festen Begriff verband. Um die Jahrhundertmitte war der Begriff in aller Munde. Edward Young, der mit seinen *Nachtgedanken* der romantischen Bewegung bereits einen mächtigen Schub gegeben hatte, schrieb im Alter von 76 Jahren ein zweites Buch, das in Europa Furore machte. Es ist sein Essay *Conjectures on Original Composition* (*Gedanken über die Original-Werke*, 1759), der wesentlich zum Aufkommen des deutschen Geniekults im Sturm und Drang beitrug. In England kam es zwar zu keinem vergleichbaren Kult, doch breitete sich auch hier die Überzeugung aus, daß der Künstler ein gottähnlicher Schöpfer sei, der nicht nach gelernten Regeln, sondern aus Inspiration schaffe. Das Organ, das ihn dazu befähigte, sah man in der Einbildungskraft. *Imagination* wurde deshalb zu einem der meistgebrauchten und meistdiskutierten Begriffe in der ästhetischen Diskussion.

Entdeckung der Geschichte

Daß jedes soziale und kulturelle Phänomen einen bestimmten historischen Ort hat, ist eine Entdeckung, die erst im 18. Jahrhundert gemacht wurde. Bis dahin herrschte die universalistische Weltsicht vor, die von der Annahme ausging, daß etwas, das zu einer bestimmten Zeit wahr und gut war, zu allen Zeiten wahr und gut sein müsse. Deshalb fanden die Verfasser barocker Staatsromane nichts dabei, ihre didaktischen Vorstellungen vom richtigen Staatswesen in ein historisches Gewand zu kleiden, indem sie die Handlung z. B. am persischen Kaiserhof spielen ließen, während sich die verhandelten Probleme auf die unmittelbare Gegenwart bezogen. Mit dem neuen bürgerlichen Individualismus kam zugleich eine individualisierende Sicht der Geschichte auf, die später von Ranke zum Credo des Historismus zusammengefaßt wurde, als er sagte, jede historische Epoche sei „unmittelbar zu Gott". Wenn geschichtliche Ereignisse wie Individuen zu behandeln und nur aus ihrem historischen Ort heraus zu verstehen sind, werden im Bereich der Kultur alle normativen Gesichtspunkte hinfällig; denn dann gibt es keinen Grund mehr, weshalb die alten Griechen höher zu bewerten sein sollen als die Germanen oder irgendeine andere Volkskultur, sofern sie nur authentisch, also original aus ihrer Zeit herausgewachsen und nicht epigonal nachgeäfft ist.

Dieser neue historische Relativismus gab den Blick frei für Epochen, die bis dahin gering geachtet, wenn nicht gar verachtet wurden. Das galt in besonderem Maße für das Mittelalter, das seit der Renaissance als eine unaufgeklärte Zeit des Aberglaubens und der geistigen Verdunklung galt. Jetzt begann man darin die Kindheit der eigenen Nation zu sehen, in der die Kunst noch naiv und unverdorben war. Richard Hurd bescheinigte dem Mittelalter in seiner Schrift *Letters on Chivalry and Romance (Briefe über Rittertum und Romantik*, 1762) bereits ein größeres poetisches Potential als der Antike. Das Ideal des *Poeta doctus* des augustäischen Zeitalters begann der Vorstellung des mittelalterlichen Barden zu weichen, den schon Thomas Gray zum Gegenstand eines langen Gedichts gemacht hatte. James Beattie ließ 1771 bis 1774 ein ganzes Versepos folgen, dessen Titel ein romantisches Programm verrät: *The Minstrel, or, The Progress of Genius (Der Sänger oder Das Werden des Genius)*. Hier wird der mittelalterliche Sänger als der Inbegriff des poetischen Genies dargestellt.

Im Bild des Mittelalters waren wesentliche romantische Werte versammelt: das Naive, das Nationale, das Irrationale und die Vorstellung von naturwüchsiger Ursprünglichkeit. Für die Engländer hatte es außerdem den Reiz des Pittoresken. Während die deutschen Romantiker mit dem Mittelalter die Vorstellung einer noch nicht von der Reformation zerrissenen nationalen Einheit verbanden und deshalb in ihm den Ausgangspunkt für die Wiedererweckung eines gesunden Nationalbewußtseins sahen, ging es den Engländern vor allem um die Wiederbelebung einer authentischen Kunst.

Entdeckung der Volkskunst

Bis zur Mitte des 18. Jahrhunderts galt es als selbstverständlich, daß Kunst von Können kommt und daß sie wie ein schwieriges Handwerk gelernt werden muß. Deshalb wäre zur Zeit Popes niemand auf die Idee gekommen, einem Volkslied den gleichen, womöglich gar höheren Rang zuzubilligen als einem von einem Dichter kunstvoll hergestellten Gedicht. In dem Maße aber, in dem *original genius* zum Qualitätskriterium wurde, sank das Ansehen des Könnens und stieg die Wertschätzung des Naiven. Da man sich geniale Kreativität als einen spontanen, gleichsam naturwüchsigen Schöpfungsakt vorstellte, den niemand, selbst das Genie nicht planen kann, genoß nun umgekehrt jede Art von spontaner Kreativität eine zunehmende Wertschätzung. Das galt z. B. für Kunst, die einem Traum, einem Rausch oder einem Anfall von Wahnsinn entsprang. In der Romantik kam durch die Vergöttlichung der Natur eine weitere Form von Spontaneität hinzu, nämlich die, bei der keinerlei planvolle Kontrolle möglich ist, weil der Schöpfer kein Individuum, sondern eine anonyme Volksgemeinschaft ist. Das ist bei einem großen Teil der Texte der Fall, die Bischof Percy in seiner epochemachenden Anthologie *Reliques of Ancient English Poetry* (1765) zusammengetragen hat. Hier findet sich neben volkstümlichen Texten bekannter Dichter auch eine große Anzahl von Volksliedern und Volksballaden. Viele Leser, die der konfektionierten Verse des Klassizismus überdrüssig waren, empfanden solche Volksdichtungen nach Inhalt, Form und Wortschatz als absolut neu und darum originell. Vor allem den aus der Grenzregion zwischen Schottland und England stammenden *border ballads* haftete etwas Archaisches an, was als Zeichen der Echtheit empfunden wurde. Überhaupt wurde jetzt Echtheit im Sinne von Authentizität zum entscheidenden Wertkriterium anstelle des bis dahin geltenden Kriteriums der formalen Vollendung.

Mit der Volksdichtung erlebten auch regionale Sprachvarianten eine positive Neubewertung, die bis dahin als minderwertige Dialekte angesehen wurden. Vor allem in Schottland, wo die nationale Tradition bis zur endgültigen Niederschlagung der Jakobiten von der englischen Besatzungsmacht gewaltsam unterdrückt worden war, kam es zu immer stärkeren Bemühungen, das Schottische als eine dem Englischen ebenbürtige Literatursprache durchzusetzen. Allan Ramsays (1686–1758) Dichtungen im schottischen Idiom fielen noch in die Zeit, als die literarische Öffentlichkeit Englands den Nachbarn im Norden als die Bastion eines antiliberalen Stuart-Absolutismus empfand. Als diese Gefahr endgültig gebannt war, fand ein Dichter wie Robert Burns auch im Süden der Insel begeisterte Leser. Als Satiriker stand Burns noch ganz in der Tradition des *Augustan Age*, doch als volkstümlicher Sänger war er bereits durch und durch Romantiker.

Entdeckung des Irrationalen

Der dem Geist der Aufklärung verpflichtete bürgerlich-realistische Roman hatte, wie gezeigt wurde, zwei neue „Kontinente" entdeckt: die menschliche Psyche und die Gesellschaft. Einen dritten ließ er bis fast zum Ende des Jahrhunderts unbeachtet: das Irrationale. Zwar hatte Horace Walpole mit seinem angeblich auf eine Traumvision zurückgehenden Buch *The Castle of Otranto (Schloß Otranto)* schon 1764 das Modell eines Schauerromans geliefert, und Clara Reeve war mit *The Old English Baron. A Gothic Tale (Der altenglische Baron)* seinem Beispiel gefolgt, doch erst in den neunziger Jahren schwoll die Produktion von *Gothic novels* zu einer Lawine an. Ausgelöst wurde sie durch den sensationellen Erfolg, den Ann Radcliff 1794 mit *The Mysteries of Udolpho (Geheimnisse von Udolpho*, 1794) hatte. Während bei ihr das vermeintlich Irrationale am Ende rational aufgeklärt wird, überschreitet der zwei Jahre später erscheinende Roman *The Monk* von M. G. Lewis die Schwelle zur Romantik, indem er die Irrationalität des Bösen aufzeigt.

Bei Wordsworth, der Zentralfigur der englischen Romantik, spielt das Irrationale so gut wie keine Rolle. Der Spott, mit dem Jane Austen in ihrem satirischen Roman *Northanger Abbey* die Mode der Schauerromane übergießt, läßt erkennen, wie rasch sich diese erschöpft hatte. Es ist bezeichnend, daß nach der Jahrhundertwende die englische Nachfrage nach Schauerromanen vor allem durch Übersetzungen aus dem Deutschen befriedigt wurde. Hier blieb das Irrationale ein wesentlicher Bestandteil des romantischen Denkens, wie sich am Werk von Novalis und E. T. A. Hoffmann leicht ablesen läßt. Selbst als sich der deutsche Roman dem Realismus zuwandte, setzte sich die Tradition des Irrationalen fort, und zwar in der Kunst, in der die deutsche Kultur ihre größte Leistung hervorbrachte, in der Musik. Es scheint nur folgerichtig zu sein, daß der englische Schauerroman im 19. Jahrhundert in den Detektivroman übergeht und damit zur Tradition der Aufklärung zurückkehrt, während der deutsche Irrationalismus in die Psychoanalyse mündet, die zwar ebenfalls Aufklärung anstrebt, aber gleichzeitig die Irrationalität des Es anerkennt.

Das Athen des Nordens

Keine britische Stadt hatte im 18. Jahrhundert im Verhältnis zu ihrer Einwohnerzahl so viele geniale Köpfe aufzuweisen wie Edinburgh, das sich stolz das Athen des Nordens nannte und das schon in Tobias Smolletts Roman *Humphry Clinker* (1771) als „hotbed of genius" (Treibhaus des Genies) bezeichnet wird. Bedenkt man, daß Smollett die Universität von Glasgow besucht hat, dürfte sein Lob für die Rivalin Edinburgh um so ehrlicher sein. Hier führte David Hume den Empirismus Lockes konsequent zu Ende, hier begründete Thomas Reid die Philosophie des Common Sense und Adam Smith die Theorie der liberalen Marktwirtschaft. Weitere Berühmtheiten sind Adam Ferguson, der „Vater der modernen Soziologie", William Robertson, ein Bahnbrecher der wissenschaftlichen Geschichtsschreibung, und James Hutton, der Begründer der Geologie. Joseph Black entdeckte das Kohlendioxid, und William Cullen wurde berühmt als Lehrer der klinischen Medizin. Allan Ramsay und Henry Raeburn zählen zu den bedeutendsten britischen Porträtisten, Robert Burns und Sir Walter Scott zu den bedeutendsten Dichtern, der eine als freiheitsliebender Sänger des Volkes, der andere als Begründer des historischen Romans. James Watt entwickelte die Dampfmaschine, und die Architekten James und Robert Adam prägten einer ganzen Epoche ihren Stil auf. Neben solchen großen Namen gibt es viele andere, die sich in wissenschaftlichen Einzeldisziplinen internationalen Ruhm erworben haben.

Diese Konzentration genialer Köpfe verdankte Edinburgh dem Umstand, daß es – wie übrigens auch Glasgow und Aberdeen – eine sehr fortschrittliche Universität besaß. Während die englischen Universitäten Oxford und Cambridge unter dem Einfluß der Staatskirche eine politisch konservative, an der klassisch-humanistischen Tradition orientierte Bildung vermittelten, in der die Naturwissenschaften keine Rolle spielten, lehrte man in Edinburgh auch Experimentalwissenschaften. Hier wurden Maschinen konstruiert, Leichen seziert und die anthropologischen Bedingungen der menschlichen Gesellschaft empirisch untersucht. Der Grund für diese Modernität lag hauptsächlich darin, daß sich in Schottland das calvinistisch geprägte, bürgerlich fortschrittliche Lager in den Lowlands um Glasgow und Edinburgh gesammelt hatte, während die konservativ-rückständigen, teils noch katholischen Kräfte ihre Basis in den entlegenen ländlichen Gebieten hatten. In England waren die Lager viel stärker durchmischt, so daß sich das Neue immer erst gegen den Widerstand des Alten durchsetzen mußte.

Abb. 38: Blick von Calton Hill auf Edinburgh, „das Athen des Nordens"

Allerdings kam die Modernisierung erst nach einer langen Stagnation in Gang. Ab 1603 war Schottland durch die Stuarts in Personalunion mit England verbunden. Damit blieb es zwar ein selbständiges Königreich, doch hatten die Könige ihren Hof nach London verlegt, so daß dieser als kultureller Anreger und Auftraggeber für Schottland wegfiel. Als nach der endgültigen Niederschlagung der jakobitischen Rebellion 1746 bei Culloden die Konsolidierung begann, setzten die Schotten zur kulturellen Aufholjagd an, bei der ihnen ihr calvinistisches Ethos und das von den Presbyterianern eingerichtete Elementarschulwesen zugute kamen. Die Arena, in der Schottland den Wettbewerb mit England austrug, war Edinburgh, das in den Jahren 1760 bis 1790 sein goldenes Zeitalter erlebte, dessen Glanz noch heute in der Architektur zu bewundern ist. Schon vorher hatte die Stadt eine architektonische Besonderheit, die sie zu einer Touristenattraktion machte. Es gab dort Häuser von bis zu 14 Stockwerken, was eine Folge von Bodenknappheit und Wohnungsnot war. Als sich die Stadt nun anschickte, das Athen des Nordens zu werden, wurde die Raumnot durch den Bau einer völlig neuen Stadthälfte behoben. Diese New Town wurde am Reißbrett geplant und ab 1767 aus einem Guß in jenem klassizistischen *Georgian Style* erbaut, der auch das Stadtbild von Bath, Dublin und anderen Städten prägt. Doch gibt es nirgendwo eine so große, zusammenhängend geplante Stadtlandschaft in diesem Stil. Die erste New Town, der wenig später eine zweite folgte, wurde 1791 mit der grandiosen Anlage von Charlotte Square gekrönt, die Robert Adam, der berühmte schottische Baumeister, zum Ensemble des Ganzen beisteuerte.

Gegen Ende des Jahrhunderts profitierte Edinburgh vor allem von der romantischen Schottlandbegeisterung, die schon durch die ossianischen Dichtungen geweckt worden war und nun durch Robert Burns und Sir Walter Scott neue Nahrung erhielt. Touristen aus dem In- und Ausland kamen in die Stadt, um von hier aus romantische Reisen in die Highlands und zu den Hebriden zu unternehmen. Auf Deutsche übte Schottland eine besondere Anziehungskraft aus, weil sie hier in der Landschaft die Erhabenheit spürten, die seit dem Sturm und Drang ihr ästhetisches Ideal war.

Der irische Aufstand

Das ganze 18. Jahrhundert hindurch wurde Irland von England mit harter Hand wie eine Kolonie regiert. Der 1695 erlassene und bis 1727 mehrfach verschärfte *Penal Code* machte irische Katholiken weitgehend rechtlos im eigenen Land. Sie durften nicht wählen, kein öffentliches Amt ausüben, kein Land besitzen, keine Schulen betreiben, sie wurden nicht als Anwälte zugelassen, und selbst im Handel waren sie strengen Beschränkungen unterworfen. Während im englischen Mutterland ein Geist zunehmender Toleranz und Liberalität wehte, sahen die Iren sich nicht nur um ihre Kultur, sondern um ihre Menschenrechte gebracht. Als sich im letzten Viertel des Jahrhunderts in England Sympathie für das Freiheitsstreben der amerikanischen Kolonien regte, lockerte sich der englische Würgegriff auch in Irland ein wenig. Ab 1778 wurden nach und nach die Restriktionen des *Penal Code* aufgehoben. Dann aber erlagen die Iren der gleichen Fehleinschätzung wie hundert Jahre zuvor. Als England in den Krieg mit Frankreich verwickelt war, sahen sie die Chance, das Joch abzuschütteln, und unternahmen 1798 das, was als *Irish Rebellion* in die Geschichtsbücher einging. Jeder Anglist kennt 1798 als Erscheinungsjahr der *Lyrical Ballads* von Wordsworth und Coleridge, die die literarische Hochromantik einläuteten. Die wenigsten wissen, daß es auch das Jahr war, in dem 76000 englische Soldaten gegen 50000 irische Aufständische antraten und 30000 von ihnen niedermachten. Während die nach Selbstverwaltung strebenden Neuenglandstaaten in Edmund Burke einen wortgewaltigen Sympathisanten hatten, fanden die Iren keinerlei Unterstützung. England befand sich im Krieg gegen Napoleon, und die Iren paktierten mit dem Erbfeind, der sogar Truppen auf die Insel schickte, die aber von der englischen Armee geschlagen wurden. Diese für die nationale Sicherheit höchst bedrohliche Krise ließ Pitt den Jüngeren den förmlichen Anschluß Irlands an das Vereinigte Königreich betreiben, der 1801 in Kraft trat. Die Aufhebung dieses Anschlusses wurde im 19. Jahrhundert zur Kernforderung der irischen Unabhängigkeitsbewegung.

Das 19. Jahrhundert

Zeittafel

1800/01	*Act of Union.* Irland wird Teil des Vereinigten Königreichs.
1806–13	Napoleon verhängt Kontinentalsperre gegen England.
1815	Wellington und Blücher schlagen Napoleon bei Waterloo.
1819	*Peterloo Massacre.* Blutige Niederschlagung einer friedlichen Protestversammlung auf dem St. Peter's Field in Manchester.
1820–30	Georg VI.
1824	Die 1798/1800 eingeführten *Combination Acts* zur Unterdrückung gewerkschaftlicher Organisationen werden wegen schwerer Unruhen aufgehoben, doch 1825 in milderer Form erneuert.
1829	*Roman Catholic Relief Act:* Gleichberechtigung von Katholiken. Gründung der Londoner Polizei durch Robert Peel (Bobbies).
1830–37	Wilhelm IV.
1832	Erstes Reformgesetz beseitigt den schlimmsten Mißstand, die *rotten boroughs.* Wählerzahl verdoppelt sich auf 7%.
1833	*Factory Act* von Sadler und Lord Shaftesbury verbietet Kinderarbeit unter 9 Jahren und setzt Inspektoren ein.
1834	*Tolpuddle Martyrs.* Sechs demonstrierende Landarbeiter werden zu Zwangsarbeit verurteilt, doch wegen scharfer Proteste 1836 begnadigt. Neues Armenrecht. Einführung von *workhouses.*
1837–1901	Viktoria
1838	Beginn der Chartistenbewegung.
1839	Gründung der *Anti-corn Law League.*
1842	*Mines Act* (Lord Shaftesbury) verbietet Arbeit unter Tage für Frauen und Kinder unter 10 Jahren.
1844–74	*Factory Acts* von 1844, 1847, 1850, 1863 und 1874 begrenzen schrittweise die Arbeitszeit auf zuletzt 10 Stunden pro Tag.
1845–48	Katastrophale Hungersnot in Irland wegen Kartoffelfäule. Irische Bevölkerung sinkt von 8 Mio. (1845) auf 5,5 Mio. (1871).
1846	Unter Robert Peel Aufhebung der Kornzölle. Freihandel.
1851	Eröffnung der Weltausstellung in London (Kristallpalast).
1854–56	Krimkrieg. Florence Nightingale reformiert Sanitätswesen.
1867	Zweites Reformgesetz. Anteil der Wahlberechtigten ca. 16%.
1870	*Education Act* (Foster) verpflichtet zu Elementarschulangebot. *Married Women's Property Act;* wird 1882 verbessert.
1876	Viktoria wird zur Kaiserin von Indien gekrönt.
1880	*Education Act* (Mundella) führt Schulpflicht ein.
1884	Drittes Reformgesetz. Anteil der Wahlberechtigten ca. 29%.
1892–94	Gladstones dritte Regierung scheitert mit dem *Home-Rule-Gesetz.*
1899–1902	Zweiter Burenkrieg endet siegreich, doch mit großen Verlusten.

Großbritannien wird britisch

Am 1. Januar 1801 trat der von William Pitt d. J. betriebene vollständige Anschluß Irlands an das Vereinigte Königreich in Kraft. Von da an förderte die Regierung die Ausbildung eines britischen Zusammengehörigkeitsgefühls. Anfangs halfen ihr dabei der gemeinsame Feind Napoleon und danach der Ausbau des zweiten Empires. Wer als Engländer in Indien Dienst tat, empfand seine schottischen und irischen Kollegen als Landsleute. Im Inland blieb das Bewußtsein einer britischen Identität aber weitgehend auf die Engländer beschränkt. Die Schotten fühlten sich weiterhin als Schotten, und die Mehrheit der Iren strebte nach einer Loslösung von England. ‚Britisch' ist somit ein ideologischer Begriff mit einem imperialistischen Unterton. Auch im Bereich der Kultur kam die Tendenz auf, möglichst alle überregionalen Einrichtungen ‚britisch' zu nennen. Die alten nationalen Gegensätze wurden nun weitgehend durch soziale verdeckt. Während die Engländer im 18. Jahrhundert schottische Jakobiten bekämpften, fürchteten sie nun den Einfluß französischer Jakobiner. Fast das ganze 18. Jahrhundert hindurch war England für den Kontinent ein Lieferant fortschrittlicher Ideen gewesen. Von hier kam der Empirismus, der Toleranzgedanke, der romantische Naturbegriff, die Idee der Gewaltenteilung, die Theorie der liberalen Marktwirtschaft, die sensualistische Ästhetik, kurz, der Kernbestand des aufklärerischen Ideenguts. Vor allem die deutschen Intellektuellen hatten bis fast zum Ende des 18. Jahrhunderts das Gefühl, als Zwerge auf den Schultern englischer Riesen zu stehen. Das änderte sich im 19. Jahrhundert von Grund auf. Jetzt fühlten sie sich auf den Schultern von Kant, Fichte, Schelling und Hegel und schauten verächtlich auf die englischen „Krämerseelen" und „Pfeffersäcke" herab. Auf englischer Seite gab es zwar im Lauf des 19. Jahrhunderts immer wieder Autoren wie Carlyle und Arnold, die ihren Landsleuten deutsche Kulturleistungen als Vorbild vorhielten, doch insgesamt nahm die britische Kultur jetzt einen durchgängig insularen Charakter an. Da die Briten wirtschaftlich und machtpolitisch dem Rest Europas haushoch überlegen waren, gab es für sie kaum Veranlassung, etwas vom Kontinent zu übernehmen. Das bewirkte, daß die Kultur der Insel trotz des Fortbestehens nationaler Traditionen immer einheitlicher und damit britischer wurde. Am auffälligsten ist dies mit Bezug auf Schottland. Hier trug Königin Viktoria selber erheblich dazu bei, die Herzen ihrer schottischen Untertanen zu gewinnen. Genaugenommen war es das Verdienst ihres deutschen Gemahls Prinz Albert; denn er hatte in ihr die Sehnsucht nach „Gemütlichkeit" (sie nannte es coziness) geweckt, die sie in Schottland fand. Dort erwarb sie den Landsitz Balmoral, auf dem sie fortan regelmäßig ihren Sommerurlaub verbrachte. Prinz Alberts Begeisterung für alles Schottische bewirkte, daß Tartanmuster und schottische Volkstänze auch in England immer weitere Verbreitung fanden. Das führte schließlich dazu, daß aus kontinentaler Sicht auch die schottische Welt als englisch angesehen wurde, was die Schotten nicht gern sahen.

Im 19. Jahrhundert vollzog sich eine ähnliche Entwicklung wie im 18., nur stand die Romantik jetzt am Anfang, und den Platz des Klassizismus nahm der Realismus ein. Auch diese beiden Normensysteme bestanden von Anfang an nebeneinander, was sich schon daran ablesen läßt, daß während der Kulminationsphase der Romantik die große Realistin Jane Austen ihre Romane schrieb und daß Sir Walter Scott, der als Versdichter zu den prominenten Romantikern zählt, als Romanautor Realist ist, auch wenn seine historischen Stoffe eher romantisch wirken. Romantik und Realismus haben miteinander gemein, daß sie nicht wie der Klassizismus auf Schönheit, sondern auf Wahrheit aus sind, wobei die Romantiker die *wirkliche Wahrheit* in einer außerhalb der realen Lebenswelt liegenden Sphäre der Transzendenz suchten, während die Realisten sie als *wahre Wirklichkeit* im Kern eben dieser Lebenswelt zu finden hofften. Das charakteristische Ausdrucksmittel der Romantik ist deshalb das Symbol, das auf eine transzendente Wahrheit verweist, während das Merkmal des Realismus das Prinzip des Aufdeckens von Verborgenem ist, was zum Aufkommen des Detektivromans und zum analytischen Drama Ibsens führte. Bei Dickens enthalten bereits die frühen Romane ein detektivisches Moment, und die seiner zweiten Schaffenshälfte sind durchgängig wie Detektivromane gebaut, nur daß sie – mit zwei Ausnahmen – keinen Detektiv haben. Während die Romantiker – besonders die deutschen – das aufzudeckende Geheimnis als etwas Wunderbares und Ersehntes ansahen, ist es im realistischen Roman gewöhnlich eine den Betroffenen belastende Erbschaft, von der sich dieser emanzipieren muß. Nicht mehr Selbstverwirklichung durch Welterfahrung und soziale Integration wie im 18. Jahrhundert ist das Ziel, sondern Selbstfindung durch Emanzipation von der Heteronomie der Gesellschaft. Dies steht im Zentrum der meisten Romane des 19. Jahrhunderts. Deshalb wird überall in der europäischen Literatur das klassisch-romantische Modell des Bildungsromans durch die realistische Form des Desillusionierungsromans verdrängt, als dessen Paradigma Flauberts *Madame Bovary* (1857) angesehen werden kann. Zuletzt mündet diese Entwicklung in den Naturalismus Zolas, der glaubte, im Roman auf geradezu wissenschaftliche Weise die

Gesellschaft analysieren und damit die wahre Wirklichkeit aufdecken zu können.

Begleitet wird der Aufstieg der realistischen Weltsicht von einer
sich abschwächenden, aber dennoch bis zum Ende des Jahrhunderts fortwirkenden Romantik, was vor allem in der Lyrik zum
Ausdruck kommt. Bei den meisten viktorianischen Dichtern ist ein
Zug von Weltüberdruß und von Sehnsucht nach der wirklichen
Wahrheit jenseits der Realität zu spüren. Da diese Sehnsucht von
der Konventionalität des Viktorianismus nicht befriedigt werden
konnte, suchten die Dichter nach Auswegen. Gerald Manley Hop-
kins fand ihn im Katholizismus und wurde Jesuit, die Präraffaeliten
suchten ihn in der autonomen Sphäre der Kunst, andere wählten
Drogen, den Alkohol oder einen amoralischen Ästhetizismus.
Noch gegen Ende des Jahrhunderts ist die romantische Tradition
höchst vital. William Butler Yeats war zuerst ein Romantiker, bevor
er sich von dieser Tradition löste und zum Gründungsvater der
Moderne wurde. Die von Frankreich ausgehende Bewegung des
Symbolismus setzte mit anderen Mitteln die romantische Suche
nach der wirklichen Wahrheit fort. Insofern läßt sich die Romantik
ebensowenig vom Realismus trennen wie zuvor der Klassizismus
von der aufsteigenden Romantik. Das Übergewicht erhält aber
schon bald die Suche nach der wahren Wirklichkeit, die vor allem
durch die aufblühende Naturwissenschaft vorangetrieben wurde.

Romantische Insel im klassizistischen Meer

Obwohl das ganze 18. Jahrhundert durch den Aufstieg des romantischen Denkens geprägt war, wurde dieses doch nur in der aufsteigenden Mittelschicht zum dominanten Ideologem, während Hochadel und Gentry an den Wertnormen des Klassizismus festhielten.
So erscheint die literarische Romantik eher wie eine Insel in einem
klassizistischen Meer. Vor allem die Architektur, die von reichen
Auftraggebern abhing, blieb dem Klassizismus treu. In den Jahren
1811 bis 1820, in denen der spätere Georg IV. die Regentschaft für
seinen geisteskranken Vater ausübte, kam eine besonders elegante
Form von Klassizismus in Mode. Diese als ‚Regency' bezeichnete
Stilepoche läßt man gewöhnlich schon mit 1790 beginnen und erst
1830 ausklingen. Nur einige Exzentriker entschieden sich für neo-

Abb. 39: Fonthill Abbey. Neogotisches Schloß von William Beckford
(erbaut 1796–1812)

Abb. 40: Der Royal Pavilion (1815–21) in Brighton von John Nash

gotische Bauten. Der berühmteste unter ihnen war William Beckford (1759–1844), Sohn und Erbe eines steinreichen Lord Mayor
von London. Er wirkt wie ein potenzierter Horace Walpole, den er
gleich auf zweifache Weise übertraf. Seine *oriental tale* mit dem
Titel *Vathek* (1786) steigerte Walpoles *Castle of Otranto* ins Sata-
nische, und sein neogotisches Schloß Fonthill Abbey (1796–1812)
übertraf Walpoles Strawberry Hill so sehr, daß es auf dem sumpfi-
gen Grund, kurz nachdem der Bauherr es aus Langeweile wieder
verkauft hatte, unter der Last des Turms in sich zusammenstürzte
(Abb. 39).

Wer sich ein Bild von dem „klassizistischen Meer" machen will,
das die Romantik umgab, braucht nur die Romane Jane Austens zu
lesen, die mitten in der romantischen Epoche entstanden. Aus
ihnen wehen dem Leser aufgeklärte Vernünftigkeit und ein mode-
rat klassizistischer Geschmack entgegen. Über die romantischen
Exzesse der Schauerromane macht sich die Autorin ebenso lustig
wie über den sentimentalen Gefühlskult. *Sensibility*, also ‚Empfindsamkeit', ist für sie nur gut, wenn sie durch vernünftigen *sense*
kontrolliert wird. Alle ihre vordergründig so realistischen Romane
enthalten eine verdeckte Didaktik. Sie zeigen mit subtiler Psychologie, wie Menschen von einem Fehlverhalten abgebracht und zu
einem normativen Verhalten hingeführt werden. Dennoch haben
ihre Romane nichts Idealistisches; denn ihre Norm ist schlicht die
Normalität. Typisch für den undogmatischen Klassizismus jener
Zeit ist der Architekt John Nash (1752–1835), der vor allem der
Region um den Regent's Park in London seinen Stempel aufdrückte. Wenngleich seine dortigen Bauten eine monumentale
Klassizität ausstrahlen, machte er daraus kein Prinzip. Vielmehr
bediente er sich vielfältigster Stile. Als er mit dem Landschafts-
gärtner Humphry Repton zusammenarbeitete, fand er nichts dabei,
dessen romantisierendes Ideal des Pittoresken zu übernehmen. Für
sich selbst baute er sogar ein Haus im neogotischen Stil. Seine
bekannteste architektonische Ausschweifung ist der im indischen
Mogulstil erbaute Royal Pavilion in Brighton (1816–20; Abb. 40).
Auch dieses exotisch wirkende Bauwerk ist nicht Ausdruck romantischer Sehnsucht, sondern der gleichen Spielfreude wie Walpoles Rokoko-Gotik und Beckfords exzentrisches Schloß.

In der englischen Dichtung wird der Durchbruch der Romantik
von Literarhistorikern meist exakt auf das Jahr 1798 datiert, in dem

William Wordsworth und Samuel Taylor Coleridge mit der Publikation ihrer *Lyrical Ballads* die neue Epoche einläuteten. Auch die deutsche Romantik läßt man mit diesem Jahr beginnen; denn in ihm vollzog Friedrich Schlegel seinen Bruch mit dem Klassizismus und verkündete in der Zeitschrift *Athenäum* die Romantik als den neuen Epochenstil. Als das Ende der Epoche wird in England oft der Tod Byrons 1824 angesehen. Für die Literatur mögen diese Eckpunkte angehen, doch für die Kulturgeschichte allgemein sollte man eher den Zeitraum von der amerikanischen Unabhängigkeitserklärung 1775 bis zum ersten Reformgesetz von 1832 wählen; denn dies sind Einschnitte, die das geistige Klima tiefgreifend veränderten.

Bis zur amerikanischen Unabhängigkeitsbewegung befanden sich die englischen Intellektuellen weitgehend im Einklang mit der Gesellschaft, und als nach 1832 die viktorianische Konsolidierung einsetzte, bildete sich ein neuer Konsens heraus. Dazwischen aber lag ein halbes Jahrhundert, in dem Künstler und Autoren sich an der Gesellschaft rieben und oft mit scharfer Klinge gegen das Establishment fochten. Zuerst kämpften sie für die Rechte der amerikanischen Kolonien, später für die Ideale der Französischen Revolution. Wordsworth und Coleridge schwenkten nach anfänglicher Begeisterung zwar bald ins konservative Lager um, doch andere wie William Blake blieben ihr Leben lang dem Traum ihrer Jugend treu. Als England allein mit dem Rücken zur Wand den Kampf gegen Napoleon aufnahm, mußte die Regierung im Innern mit harten Repressionsmaßnahmen verhindern, daß der revolutionäre Funke auf die Insel übersprang. Solange der Kampf währte, standen die Engländer aus Patriotismus auf der Seite ihrer Regierung. Das änderte sich schlagartig, als Napoleon endgültig besiegt war. Jetzt kämpfte die zweite Generation der Romantiker, allen voran Shelley, gegen das repressive System im eigenen Lande.

Während sich die Intellektuellen primär gegen die geistige Unfreiheit auflehnten, ging ein weit stärkerer Druck von den materiellen Zwängen aus, nämlich von der sozialen Not, die durch die hohen Kornpreise verursacht wurde. Die von Napoleon gegen England verhängte Kontinentalsperre hatte diese steil nach oben gehen lassen. Nach Waterloo hätten sie bei Freigabe der Importe wieder fallen können, doch die Großgrundbesitzer verfügten über genügend Einfluß im Parlament, um dies zu verhindern. Durch

Einführung der *Corn laws* sorgten sie dafür, daß der Preis nie unter ein festgesetztes Minimum sinken konnte. Das führte zu wachsender Unruhe. Hätte die Französische Revolution nicht die Furcht vor dem „Öffnen der Schleusen" geweckt, dann wäre das Reformgesetz von 1832 vermutlich schon vor der Jahrhundertwende durchgesetzt worden. So aber wurde England, das zu Beginn des 18. Jahrhunderts von allen fortschrittlichen Bürgern des Kontinents als Paradies bürgerlicher Freiheit bewundert und beneidet wurde, in ihren Augen seit dem amerikanischen Unabhängigkeitskrieg zum Hort der Unterdrückung und Reaktion. Doch nach den blutigen Exzessen unter Robespierre wandte sich auch auf dem Kontinent die Romantik von ihrem Jugendtraum ab. So kam es, daß sie sich zu keiner umfassenden Stilepoche entwickelte.

Romantische Dichtung

Von Thomas Grays *Elegy* über Macphersons *Ossian* und Bischof Percys Sammlung von Volksballaden bis hin zu William Blakes prophetischen Visionen und Robert Burns volkstümlichen Gedichten im schottischen Dialekt war die romantische Versdichtung zu einem immer breiter werdenden Strom angeschwollen, der mit dem Erscheinen der *Lyrical Ballads* (1798) von Wordsworth und Coleridge zumindest für die Literatur Epochencharakter annahm. In der zwei Jahre später erscheinenden Neuauflage fügte Wordsworth ein Vorwort hinzu, das seitdem als das Credo der Romantik gilt. „Dichtung", so definiert er dort, „ist das spontane Überfließen eines mächtigen Gefühls. Sie entspringt aus Emotion, die in Ruhe aus der Erinnerung aufsteigt." Was im ersten Satz wie ein Sturm-und-Drang-Bekenntnis klingt, wird im Nachsatz eingeschränkt; denn das spontane Gefühl muß erst zur Ruhe gebracht werden, bevor es aus der Erinnerung heraus zu Dichtung werden kann.

Wordsworth, der reinste unter den englischen Romantikern, hatte nur ein einziges Thema, die Natur, die für ihn heil und heilend zugleich war. Wer sich ihr ganz überließ, mußte von allem Elend der Zivilisation gesunden. Ein ganz anderes Naturbild hatte sein Freund und Co-Autor Samuel Taylor Coleridge, der zu den *Lyrical Ballads* das lange Erzählgedicht *The Ryme of the Ancient Mariner* beisteuerte. Darin, wie auch in dem noch berühmteren Gedicht *Kubla Khan*, erscheint die Natur als eine in sich gespannte, ja gespaltene dämonische Kraft, die kreativ und destruktiv zugleich ist. Bei Coleridge ist etwas von dem zu spüren, was die deutsche Romantik philosophisch mit dem Begriff Dialektik zu fassen versuchte. Neben ihm hatten in England nur William Blake und – mit Einschränkung – Percy Bysshe Shelley eine ähnlich dynamisierte Vorstellung von der Natur.

Unter den dreien war Coleridge der einzige, der nach einer philosophischen Weltdeutung suchte. Nur hatte er das Pech, daß die deutschen spekulativen Idealisten alles schon vor ihm ausformuliert hatten, weshalb er sich wiederholt gegen den Vorwurf des Plagiats verteidigen mußte. Mit der deutschen Philosophie, vor allem derjenigen Schellings, war er auf einer Deutschlandreise bekannt geworden, die er zusammen mit Wordsworth unternahm. Während sich dieser für die spekulativen Höhenflüge der Deutschen überhaupt nicht interessierte, saugte Coleridge ihre Ideen wie ein trockener Schwamm auf. Inwieweit er sie übernahm oder als eigene wiedererkannte, ist schwer zu entscheiden. Coleridge muß sich in England wie in einer philosophischen Wüste gefühlt haben; denn um ihn herum gab es keinen einzigen Philosophen, der einen Dichter hätte inspirieren können. Anfangs suchte er geistige Anregung bei David Hartley, dem Begründer der psychologischen Assoziationslehre, dem zu Ehren er seinen Sohn Hartley taufte. Später mußte er einsehen, daß er von dort keine Inspiration zu erwarten hatte, so daß ihm nur die deutschen Idealisten blieben.

Auch Shelley mußte mit einem Aufklärer, seinem späteren Schwiegervater William Godwin, vorliebnehmen, der kaum als Philosoph, sondern eher als ein atheistisch-anarchistischer Politschriftsteller zu bezeichnen ist. Der älteste dieser Generation, Lord Byron, hatte überhaupt kein Bedürfnis nach philosophischer Unterfütterung und wandte sich statt dessen im Laufe seines kurzen Lebens immer stärker der satirischen Tradition des aufgeklärten 18. Jahrhunderts zu, während der jüngste, John Keats, keine Philosophie brauchte; denn er hatte das, was er selbst *negative capability* nannte und was er an Shakespeare am reinsten ausgeprägt sah, nämlich die Fähigkeit eines Dichters, eine Wahrheit eben nicht in eindeutige Begriffe zu fassen, sondern sie durch sich hindurchgehen und im Gedicht ambivalent aufscheinen zu lassen.

Anders als in der Architektur, die überwiegend von aristokratischen Auftraggebern abhing und deshalb klassizistisch geprägt
blieb, zeigten sich in der auch für Bürger erschwinglichen Malerei
die romantischen Züge viel deutlicher. Zwar setzten sich auch hier
die Traditionen des 18. Jahrhunderts fort – so die der Porträtmalerei bei Raeburn und Lawrence und die der Landschaftsmalerei bei
Crome –, doch gab es daneben große Künstler, die sich entschie-
dener an der neuen, romantischen Ästhetik orientierten. Wer mit
Romantik Erhabenheitspathos und kreative Einbildungskraft verbindet, wird in William Blake den romantischsten aller englischen
Maler sehen. Seine visionären Aquarelle und Stiche, mit denen er
seine eigenen prophetischen Bücher sowie Dantes *Göttliche Komödie*, Miltons *Paradise Lost* und andere ihm kongeniale Werke illustrierte, zählen zum Expressivsten, was die abendländische Kunst
aufzuweisen hat, auch wenn sie, gemessen an der akademischen
Maltechnik, ein wenig dilettantisch anmuten. In der englischen
Kultur wirken sie ähnlich fremd wie seine Dichtungen. Nur bei
dem Schweizer Immigranten Johann Heinrich Füßli, den die Engländer unter dem Namen Fuseli als einen der ihren ansehen und in
dem Blake einen Geistesverwandten sah, findet man Vergleichbares. Die Linearität der Blakeschen Malweise läßt an den späteren
Jugendstil denken, den Blake indirekt über die Präraffaeliten beeinflußte. Doch ist dies nur ein Nebenaspekt; denn das Hauptmerk-
mal seiner Kunst ist ihre visionäre Kraft. Deshalb wird man beim
Betrachten seiner Bilder wohl eher an Michelangelo als an den
Jugendstil denken (Abb. 41).

Auch Joseph Mallord William Turner (1775–1851) kam von der
romantischen Erhabenheitsästhetik her, der Blake bis zuletzt treu
blieb. Bei Turner zeigt sich dies schon in den Motiven seiner frühen
Werke, auf denen er nach dem Vorbild de Loutherburgs mit Vorliebe Schiffbrüche, Schlachten und ossianische Landschaften darstellte. Andere Vorbilder waren Poussin, Claude Lorrain und Sal-
vador Rosa. Als der Schotte David Wilkie mit seinen Genrebildern
große Beachtung fand, nahm Turner auch diese Anregung auf. Allmählich aber verschmolz das heterogene Stilgemisch seines Schaf-
fens zu einem einheitlichen und immer unverkennbarer werdenden
Stil, der sich weder am Erhabenen noch an Wilkies Gemütlichkeit,

Abb. 41: William Blake, *Elohim erschafft Adam* (1795)

sondern am Pittoresken orientierte, was nicht verwundern kann, da
Turners bevorzugte Maltechnik das Aquarell war, das dem Pittoresken am meisten entspricht. Selbst seine Ölbilder wirken eher
wie auf Leinwand übertragene großformatige Aquarelle. Deshalb
sehen die Engländer, die das Pittoreske zu ihrem nationalen
ästhetischen Ideal erkoren haben, in Turner ihren größten Maler
(Abb. 43).

Mit noch größerer Liebe hängen sie aber an John Constable, in
dessen Werk sie neben dem Pittoresken auch noch ihre Heimat
wiederfinden, und zwar so, wie sie ihrem Geschmacksideal entspricht, als offene Landschaft, die den Hauch des Naturbelassenen
trägt und die bei tiefem Horizont unter ziehenden Wolken von
Myriaden niedergegangener Regentropfen zu funkeln scheint.
Beide, Turner und Constable, nehmen bereits die Malweise des
Impressionismus vorweg. Doch ersterer will damit die Realität
transzendieren und deutet bereits auf eine Malerei jenseits des Realismus hin, während letzterer diesem verpflichtet bleibt. Wenn man
den Impressionismus als die Vollendung des Realismus ansieht,

Abb. 42: John Constable, *Der Heuwagen* (1821)

Abb. 43: Joseph Mallord William Turner, *Regen, Dampf und Geschwindigkeit – Die Great Western-Eisenbahn* (1844)

wird man in Constable seinen Vorbereiter sehen müssen. Vergleicht man ihn mit Caspar David Friedrich, hat man in den beiden Malern beispielhafte Repräsentanten der beiden Romantiken: Die deutsche hielt am Erhabenheitsideal und an der romantischen Transzendenz fest, die englische wandte sich dem Pittoresken und dem realen Diesseits zu (Abb. 42).

Alltagskultur zur Zeit der Romantik

So charakteristisch die Dichtungen der Romantiker einerseits und die unromantischen Romane Jane Austens andererseits für die hier betrachtete Epoche auch sein mögen, mit dem Denken und Fühlen der großen Masse hat beides wenig zu tun. Edmund Burke schätzte das englische Lesepublikum im Jahre 1790 auf etwa 240 000 bei einer Gesamtbevölkerung von ca. 10 Millionen. Schon daraus ergibt sich, daß das, was sich in der Literatur widerspiegelt, weit entfernt von dem gewesen sein muß, was die große Masse interessierte. Am weitesten entfernt von der Hochkultur war natürlich die Unterschicht. In den ländlichen Regionen hatte sich deren Volkskultur im Lauf der Jahrhunderte wenig verändert. Zwar sorgte der Methodismus für eine neue Religiosität, doch im übrigen bestand das Kulturleben aus alten Bräuchen, die seit Jahrhunderten gepflegt wurden. Anders verhielt es sich in den Industriestädten, von denen einige innerhalb einer einzigen Generation von kleinen Dörfern zu großen Konglomeraten angewachsen waren. Am ausgeprägtesten zeigten sich die Veränderungen in London. Da die Metropole Zuwanderer aus allen Teilen des Landes und vor allem aus Irland anzog, wirkte sich hier die Auflösung der Familienbindungen besonders kraß aus. Für viele weibliche Zuwanderer war die Prostitution die einzige Möglichkeit, sich den Lebensunterhalt zu verdienen. Selbst wenn die Schätzungen zeitgenössischer Beobachter übertrieben sein sollten, dürfte annähernd ein Zehntel der weiblichen Bevölkerung gelegentlich oder dauernd diesem Gewerbe nachgegangen sein.

Während Prostituierte, zumal wenn sie attraktiv und nicht dumm waren, oft an einem einzigen Tag das monatliche Durchschnittseinkommen eines Arbeiters verdienten, waren die Lebensbedingungen der untersten Arbeiterschicht, vor allem der Iren, erbärmlich. Anders als die schottischen Zuwanderer, die es dank ihrer Sparsamkeit, ihres calvinistischen Arbeitsethos und ihrer verhältnismäßig guten Schulbildung meist bald zu bescheidenem und manchmal auch beträchtlichem Wohlstand brachten, blieben die Iren schon wegen ihres Katholizismus Außenseiter. Außerdem waren sie meist Analphabeten. Oft lebte eine vielköpfige Familie in einem einzigen Kellerraum, den sie sich mit einem Schwein teilte, so daß es gelegentlich vorkam, daß ein Säugling von diesem gefressen wurde.

Das furchtbarste Los traf die Waisenkinder, die von der Kommunalverwaltung in Waisen- und Armenhäusern unterhalten werden mußten. Um sich von dieser Last zu befreien, kaufte die Verwaltung für sie Lehrstellen. Da aber ein Arbeitgeber, der einen solchen, oft erst zehn Jahre alten Lehrling anstellte, dafür fünf bis zehn Pfund erhielt, ging es für ihn nur darum, aus dem kleinen Sklaven entweder eine Arbeitsleistung in mindestens dieser Höhe herauszupressen oder ihn möglichst rasch sterben zu lassen, um die Lehrstelle von neuem verkaufen zu können. So verwundert es nicht, daß damals immer wieder Mordfälle vor Gericht kamen, bei denen einem Meister – öfter sogar einer Meisterin – die Ermordung gleich mehrerer solcher *poor apprentices* nachgewiesen wurde. Die Dunkelziffer dürfte ein Vielfaches davon betragen haben.

Solchen grauenhaften Zuständen zum Trotz waren ausländische Besucher dennoch regelmäßig erstaunt, wie gut genährt und gekleidet die Londoner Unterschicht war. Im Vergleich mit Paris und anderen Städten des Kontinents war die Hauptstadt der „ersten industriellen Nation" auch sozial bereits sehr viel weiter entwickelt. Die durch die industrielle Revolution angekurbelte Wirtschaft brachte nicht nur den Kapitaleignern satte Gewinne, sie produzierte auch genügend Kaufkraft, die bis zur Unterschicht durchsickerte und ihnen Arbeit verschaffte, selbst wenn es nur der Job eines Blumenmädchens oder einer Apfelsinenverkäuferin war, was allerdings meist gleichbedeutend mit Prostitution war. Besagte Blumenmädchen und Apfelsinenverkäuferinnen gingen ihrem Gewerbe vor allem vor den beiden Londoner Theatern in Covent Garden und Drury Lane nach. Die arrivierteren Prostituierten bevölkerten sogar die Theater selbst, wo sie sich zahlungskräftige Kunden suchten. Ausländischen Besuchern fielen sie dort durch ihre kostbaren, meist sehr durchsichtigen Kleider auf. Anders als auf dem Kontinent hatten die Theater hier nichts von einer Bildungseinrichtung. Sie dienten ausschließlich der Unterhaltung. Zwar war die soziale Durchmischung des Publikums nicht so ausgeprägt wie zu Shakespeares Zeiten, doch wurde von Ausländern mit Erstaunen vermerkt, daß die Menge auf den billigen Plätzen ihren Gefühlen ungeniert Ausdruck verlieh und zuweilen eine Aufführung, die ihr Mißfallen erregte, zum Abbruch zwang und anschließend das Theater demolierte. Nicht einmal die Anwesenheit des Königs und seiner Gemahlin schreckte sie von solchen Exzessen ab. Trotz solcher Vorfälle und trotz der hohen Kriminalität beschreiben ausländische Besucher nicht nur die Engländer der gebildeten Schicht, sondern auch das gemeine Volk als freundlich, höflich und erstaunlich gebildet. Letzteres dürfte hauptsächlich darauf zurückzuführen sein, daß sich in einer Millionenstadt, in der sich die Bürger frei bewegen konnten, Informationskanäle ausbildeten, die Bildungsgut auch zu denen gelangen ließen, die sich weder Bücher noch Zeitschriften kaufen konnten. Kaffeehäuser, Theater und die schon erwähnten Vergnügungsgärten von Ranelagh und Vauxhall waren solche Umschlagplätze der Alltagskultur. Hinzu kamen als weniger respektable Unterhaltungsformen die öffentlichen Hinrichtungen. Sie lockten riesige Menschenmengen an und wurden wie heute etwa ein Fußballspiel genossen. Die Delinquenten nahmen ihre Exekution nicht selten von der sportlichen Seite, indem sie unter dem Galgen eine wohleinstudierte Rede hielten, um sich so mit Anstand von der Welt zu verabschieden.

Wenn eingangs gesagt wurde, daß die romantische Hochkultur wenig mit der Volkskultur zu tun hatte, bedarf das einer Einschränkung; denn die von Rousseau geprägte romantische Ethik, die die Entfremdung des Menschen von der Natur als ein durch die Gesellschaft hervorgerufenes Übel ansah, führte zu humanitären Kampagnen, die sich mit der Zeit auch auf die alltäglichen Arbeitsbedingungen der Unterschicht auswirkten. Die erste davon wurde von William Wilberforce gegen den Sklavenhandel betrieben, gegen den schon die Quäker massiv opponierten. Doch erst das neue romantische Denken ließ den Druck der öffentlichen Meinung so stark werden, daß das Parlament 1807 ein Verbot beschloß. Die nächsten Kampagnen galten Reformen auf den Gebieten Arbeit, Gesundheit und Volksbildung. Neben gesetzlichen Maßnahmen kam auch ein utopisches Denken auf, das die Humanisierung der

Arbeitswelt durch modellhafte Fabriken zu befördern suchte. Der berühmteste Pionier auf diesem Felde war Robert Owen, der als Manager eine Textilfabrik im schottischen Lanark leitete und sie zusammen mit seinen Partnern ab 1800 in die Modellfabrik New Lanark umzuwandeln begann.

Die Eisenbahn

Nichts hat die Gesellschaft des 19. Jahrhunderts so sehr verändert wie die Eisenbahn. Sie bewirkte eine Zunahme der Mobilität wie zuvor nur das Verschwinden der Leibeigenschaft und danach das Auto. Als 1825 die erste Linienverbindung zwischen Stockton und Darlington eröffnet wurde, hätten wohl nur wenige für möglich gehalten, daß 25 Jahre später das Land mit einem Schienennetz von 10500 km Gesamtlänge überzogen sein würde. Waren Eisenbahnfahrten anfangs noch zeitraubend, kostspielig und nicht ganz ungefährlich, machte das von Gladstone unter der Regierung Sir Robert Peels 1844 eingebrachte *Railway Act* aus dem rauchenden Ungeheuer ein Massenverkehrsmittel; denn das Gesetz führte nicht nur die ersten Sicherheitsbestimmungen ein, sondern legte auch Höchstpreise pro Meile fest und verpflichtete die Betreiber, auf ihren Strecken täglich mindestens einen Zug fahren und an jeder Station halten zu lassen. Eine der einschneidensten Auswirkungen dieser Maßnahme war, daß nun zum erstenmal die arbeitende Bevölkerung aus den Industriestädten die Möglichkeit hatte, Wochenendfahrten zu nahegelegenen Seebädern oder anderen Erholungsgebieten zu unternehmen. Das führte zu einem raschen Aufblühen von Städten wie Blackpool, wo sich Arbeiter mit ihren Familien am Sonntag etwas leisten konnten, was bis dahin den Bessergestellten vorbehalten war. Auf diese Weise bildete sich ein Dienstleistungsbereich aus, der bald zu einem wesentlichen Bestandteil der Alltagskultur wurde.

Neben Gastronomie und Unterhaltungsgewerbe am jeweiligen Urlaubsort profitierte auch ein so traditioneller Kulturbereich wie der Buchmarkt von der Eisenbahn; denn Reisende verlangten nach Lektüre, die während einer einzigen Bahnfahrt ausgelesen werden konnte. William H. Smith war der erste, der diesen Markt für sich entdeckte und an Bahnhöfen Kioske einrichtete, in denen Paperback-Reprints von Romanen angeboten wurden. Diese wegen ihres Einbands als *yellowbacks* bezeichneten *railway novels* erreichten bald ein breites Lesepublikum, während die üblichen dreibändigen Romane weiterhin auf die obere Mittelschicht beschränkt blieben. Die Firma W. H. Smith ist noch heute auf englischen Bahnhöfen und Flughäfen vertreten.

Die Eisenbahn veränderte nicht nur die Alltagskultur, sie trug vor allem zu deren ökonomischer Fundierung bei; denn ihr enormer Eisenbedarf war der entscheidende Anstoß für die zweite Phase der industriellen Revolution, in der nun nicht mehr die Baumwolle, sondern Kohle und Eisen im Mittelpunkt standen. Daß England dem Rest der Welt auf diesem Felde weit vorausgeeilt war, sollte sich freilich schon bald als Handicap erweisen; denn in der ersten Hälfte des Jahrhunderts wurden große Teile der Eisenbahn noch aus schwerem Gußeisen gefertigt, da Stahl nur durch neuerliches Erhitzen des Roheisens gewonnen werden konnte. Erst als Henry Bessemer 1856 ein Verfahren erfand, das flüssiges Roheisen ohne zweites Erhitzen in einem Konverter, der Bessemer-Birne, in Stahl umwandelte, ließ sich der Werkstoff in großen Mengen preisgünstig herstellen. Der aus Deutschland eingewanderte William Siemens und der Waliser Gilchrist Thomas fügten dem Verfahren bald zwei weitere hinzu. Während die neuen Technologien von der erst jetzt aufblühenden deutschen und amerikanischen Stahlindustrie sogleich übernommen wurden, saß England auf seinen alten Gußeisenanlagen fest und wurde deshalb schon bald von den Konkurrenten überholt, so daß der Grund für Englands anfängliche Führungsrolle zugleich eine der Ursachen für sein späteres Zurückbleiben war.

Neben den materiellen Auswirkungen auf Wirtschaft und Gesellschaft bewirkte die Eisenbahn auch immaterielle Veränderungen, die z.T. noch wenig erforscht sind. So trug sie nicht nur zur regionalen Durchmischung der Bevölkerung bei, sie führte auch auf jeder einzelnen Fahrt fremde Reisende unterschiedlicher Herkunft zusammen, so daß sie nicht unerheblichen Anteil an der sich beschleunigenden Demokratisierung hatte. Daß die viktorianische Gesellschaft in ihren Ansichten, Lebensgewohnheiten und Verhaltensweisen viel homogener war als die Gesellschaften früherer Zeiten, geht vermutlich zum Teil auf das Konto dieses Verkehrsmittels.

Evangelikalismus und Oxford-Bewegung

Der Methodismus, der sich nach dem Tode seines Gründers John Wesley in verschiedene Sekten spaltete, betrieb das ganze 19. Jahrhundert hindurch Seelsorge vor allem bei Arbeitern und stand damit auf der linken Seite des politischen Spektrums. Nach dem Auszug der Methodisten aus der Staatskirche bot diese vielen Gemeindemitgliedern keine Befriedigung ihrer religösen Bedürfnisse mehr. Das führte zu einer langsam anschwellenden evangelikalischen, nun eher rechts stehenden Bewegung innerhalb der Kirche, die bemüht war, die unteren Schichten vom Bazillus der Revolution fernzuhalten. Die Repräsentanten der Bewegung im frühen 19. Jahrhundert waren deshalb vor allem hochrangige Vertreter der einflußreichen Klasse. Einer ihrer prominentesten Initiatoren war William Wilberforce, der unermüdliche Kämpfer für das Verbot des Sklavenhandels und Mitbegründer einer Reihe von religösen Gesellschaften, so der *Proclamation Society*, die der Gotteslästerung und dem Laster den Kampf ansagte, der *Society for Bettering the Condition of the Poor* und der *Bible Society*.

Während des Kriegs gegen Napoleon und der anschließenden, bis zum ersten Reformgesetz andauernden innenpolitischen Unruhen war das *evangelical movement* vor allem bestrebt, den sozialen Unmut in geordneten Bahnen zu halten und den Respekt für die bestehende Ordnung zu stärken. Danach betrieben die Evangelikalen verstärkt Seelsorge, blieben aber im Unterschied zum Methodismus stärker auf die Mittelschicht ausgerichtet. Innerhalb der Kirche repräsentierten sie das, was damals *low church* genannt wurde. Der Begriff war schon im 17. Jahrhundert für die latitudinarische Bewegung aufgekommen, dann aber wieder aus der Diskussion verschwunden. Jetzt bezeichnete er den an der Seelsorge interessierten und sozial engagierten Teil der Kirche, aber ohne den theologischen Liberalismus der Latitudinarier.

Während die Evangelikalen an allgemein moralische und diffus religöse Gefühle appellierten, vermißten strenggläubige Angehörige der Kirche in der immer liberaler werdenden Gesellschaft den religösen Ernst eines verbindlichen Ritus. 1833 hielt John Keble eine scharfe Predigt gegen das Vorhaben der Regierung, die Präsenz der anglikanischen Kirche in Irland zurückzustutzen, was er als unerträglichen Eingriff der weltlichen Macht in die kirchliche

Organisation darstellte. Die Predigt war der Startschuß für die Oxford-Bewegung, die eine strengere Form von Anglo-Katholizismus durchzusetzen versuchte. Ihr Ziel war eine Kirche, die weithin der römisch-katholischen glich, nur daß sie nicht dem Papst unterstand. Die Hauptvertreter der Bewegung neben Keble waren Edward Bouverie Pusey und John Henry Newman. In den Jahren 1833 bis 1841 veröffentlichten die Wortführer der Bewegung eine Serie von *Tracts for the Times*, weshalb die Bewegung auch als *tractarianism* bezeichnet wurde. Als Newman die letzte Konsequenz zog und in die römisch-katholische Kirche eintrat, in der er bald zum Kardinal aufstieg, war die Bewegung als solche am Ende. Doch ihr Gedankengut wirkte weiter und führte innerhalb der anglikanischen Kirche zur Ausbildung eines Anglo-Katholizismus, der bis in die Gegenwart fortwirkte. Auch für diese Fraktion innerhalb der Kirche wurde ein Begriff aus dem 17. Jahrhundert reaktiviert. Im Unterschied zur *low church* der Evangelikalen nannte man sie *high church*.

Beide Bewegungen trugen wesentlich zu einer längst überfälligen Reinigung der Kirche bei, in der seit dem Mittelalter Praktiken herrschten, die mit Seelsorge nichts zu tun hatten. So war es bis zum *Pluralities Act* von 1838 üblich, daß Geistliche mit guten Beziehungen zur Regierung und zur Kirchenleitung mehrere Pfründen innehatten, aus denen sie erkleckliche Einkünfte bezogen, während sie einem *curate* für ein mageres Entgelt das Predigen überließen. Es gab Großverdiener in der Kirche, die den größten Teil ihrer Zeit an der Riviera verbrachten und in ihren Gemeinden nie gesichtet wurden. Das genannte Gesetz galt übrigens nur für neu bestallte Priester. Die alten durften ihre Privilegien behalten. Heute ist es zwar wieder die Regel, daß ein Pfarrer mehrere Gemeinden hat, doch rührt das daher, daß es nicht genügend Pfarrer gibt, weil sie sehr schlecht bezahlt werden.

Erziehungswesen

Großbritannien stand im 19. Jahrhundert ökonomisch und technisch an der Spitze des Fortschritts und beherrschte politisch ein Viertel der Erde. Um diese Stellung zu halten, bedurfte es eines Erziehungssystems, das die Bürger befähigte, mit dem Fortschritt

Schritt zu halten und ihn weiter voranzutreiben. Außerdem brauchte man eine zivile Armee von Staatsdienern, die das Weltreich verwalteten. An einem solchen System mangelte es jedoch wie an sonst nichts. Bis zum Ende des 18. Jahrhunderts hatte sich die große Freiheit, die der englische Bürger genoß, als Freiheit zur Selbstentfaltung ausgewirkt. Jetzt aber hatte der Fortschritt ein Niveau erreicht, auf das man sich nicht mehr als Autodidakt allein durch den freien Gebrauch seiner Intelligenz und Kreativität emporschwingen konnte. Deshalb wurde es für England immer dringlicher, sich um sein Erziehungssystem zu kümmern; denn dies war der einzige Bereich, in dem es hinter den europäischen Konkurrenten zurücklag.

Elementarschulwesen

Das ganze 18. Jahrhundert hindurch war Erziehung, selbst im Elementarschulbereich, Privatsache. Zwar bemühten sich die Gemeinden der anglikanischen Kirche und die verschiedenen Sekten, möglichst vielen Kindern wenigstens Lesen und Schreiben beizubringen, doch reichten die *charity schools* und später die *Sunday schools* für die Erfordernisse einer Industriegesellschaft nicht aus. Das Haupthindernis war die Angst der Oberschicht, daß durch die Zunahme der Lesefähigkeit die Unterschicht anfällig für aufrührerische Ideen werden könnte. Deshalb wurde der 1807 eingebrachte Gesetzentwurf zur Einführung eines staatlichen Elementarschulangebots für alle Kinder, die privaten Unterricht nicht bezahlen konnten, vom Oberhaus abgelehnt. 1833 verpflichtete ein *Factory Act* die Fabrikherren, den bei ihnen arbeitenden Kindern ein Minimum an Unterricht anzubieten, doch blieb das Schulwesen weiterhin in privater Hand. 1859 wurde eine Königliche Kommission eingesetzt, die den Zustand des Elementarschulwesens erheben sollte. Sie legte 1861 ihren Bericht vor. Doch erst 1870 wurde mit dem *Foster Act* die staatliche Überwachung des Schulwesens und die allgemeine Bereitstellung von Elementarunterricht eingeführt. Die allgemeine Schulpflicht für Kinder bis zu 10 Jahren kam aber erst durch das *Mundella Act* von 1880.

Die charakteristischste englische Bildungseinrichtung ist die *Public School*. Der Name ist für Nichtbriten irreführend; denn es sind keine öffentlichen Schulen, sondern private Einrichtungen, die aber im Unterschied zu anderen Privatschulen nicht kommerziell betrieben werden, sondern als unabhängige Stiftungen trotz hoher Gebühren nicht auf Profit, sondern auf Kostendeckung aus sind. Die meisten der heutigen *Public Schools* entstanden im 19. Jahrhundert. Nur einige der berühmtesten gehen bis auf das Spätmittelalter und die Frühe Neuzeit zurück, so Winchester (1382), Eton (1440), Bedford (1552), Rugby (1567) und Harrow (1571). Die Entstehung der Schulen ist sehr unterschiedlich. Einige gingen aus alten Kathedralschulen hervor, andere aus humanistischen *grammar schools*. Die berühmte Schule von Dulwich, die sogar eine Bildergalerie von unermeßlichem Wert besitzt, wurde, wie schon erwähnt, von einem Schauspieler gestiftet.

Obwohl die *Public Schools* heute wegen ihrer Gebühren von bis zu 30000 DM nahezu ausschließlich von Kindern der Oberschicht besucht werden, waren die meisten ursprünglich Stiftungen für begabte Kinder armer Eltern, die sich sonst eine Schulbildung nicht hätten leisten können. Viele der Schulen vergeben deshalb gemäß den Bedingungen ihrer Stifter auch heute noch Freiplätze. Trotz des Alters der ehrwürdigsten unter ihnen ist das, was das Wesen der *Public Schools* ausmacht, ein Produkt des 19. Jahrhunderts. Erst Dr. Arnold, der Vater des Dichters und obersten Schulinspektors Matthew Arnold, machte als Leiter von Rugby seine Schule zu einem Modell, das von den anderen übernommen wurde. Arnolds vorrangiges Ziel war nicht die Bildung des Intellekts, sondern die des Charakters. Deshalb gewährte er dem Sport breiten Raum. Nicht ohne Grund trägt eine in England beliebte und mit hohem Statuswert verbundene Sportart den Namen seiner Schule. Die Hauptaufgabe der *Public School*, aus nationaler Sicht, war die Heranbildung des Führungskaders für das weltumspannende Empire. Dafür wurden keine hochgebildeten Menschen mit Befähigung zu wissenschaftlicher Arbeit gebraucht, sondern solche, die zwei Dinge gelernt hatten: sich unterzuordnen und Führungsaufgaben zu übernehmen. Um beides zu lernen, mußten Schulanfänger erst einmal als *fags* den Laufburschen für ältere Schüler spielen. Aus zahlreichen Biographien berühmter Engländer, die in einer solchen Schule oft Höllenqualen gelitten haben, läßt sich entnehmen, wie demütigend diese Dienste waren. Doch wer sie überstand, ohne seelisch Schaden zu nehmen, wurde danach selber Herr über einen *fag* und lernte Autorität auszuüben. Ein anschauliches Bild des Innenlebens einer *Public School* in jener Zeit bietet der Roman *Tom Brown's Schooldays* (*Tom Browns Schulzeit*, 1857) von Thomas Hughes. Er ist noch immer eines der interessantesten Jugendbücher der englischen Literatur.

Ein weiteres Bildungsziel war es, Schülern die Fähigkeit zu vermitteln, Gefahren, Niederlagen oder kritische Situationen mit Haltung hinzunehmen, was die Engländer *to keep a stiff upper lip* nennen. Diese Fähigkeit ist das, was einen Gentleman zuallererst auszeichnet. Deshalb hat man die *Public Schools* auch als *factories of gentleman* bezeichnet. Da England nur eine kleine Armee und keine ausgeprägte militärische Tradition hatte, mußte hier das, was in Preußen die Armee leistete, von der *Public School* übernommen werden. Bei aller Kritik an ihr hat sie sich dabei besser bewährt als das preußische Militär. Bedenkt man, wie gering die Zahl derer war, die in den – für sie oft zweifelhaften – Genuß dieser elitären Ausbildung kamen, so spricht es für die Ausstrahlungskraft der *Public School*, daß sie einen von der ganzen Nation als Vorbild akzeptierten Menschentypus prägte, der wie ein Markenartikel überall in der Welt erkannt wurde und dem erstaunlicherweise selbst die kolonisierten Völker Respekt zollten, die ihren Kolonialherren ansonsten feindlich gesinnt waren.

Universitäten

Bis 1834 gab es in England nur die Universitäten Oxford und Cambridge, während das viel kleinere Schottland vier hatte: St. Andrews (1411), Glasgow (1451), Aberdeen (1495) und Edinburgh (1583). Als sich nach dem Sieg über Napoleon der Wettbewerb der europäischen Nationen vom Schlachtfeld in die friedlichen Arenen der Wirtschaft und Kultur verlagerte, merkten die Engländer bald, daß sie auf dem universitären Felde weit zurücklagen. Hier setzten sich die deutschen Universitäten, angeführt von der Humboldtschen Neugründung in Berlin, an die Spitze.

Das Problem von Oxford und Cambridge war, daß beide von der Kirche kontrolliert wurden. Das Gesetz, das von Studienbewerbern ein Bekenntnis zur anglikanischen Kirche verlangte, wurde erst 1871 abgeschafft, und erst ab 1872 durften Fellows der Colleges verheiratet sein. Aufgeklärte Geister wie Jeremy Bentham setzten nach langem Drängen die Gründung einer neuen, unabhängigen Universität in London durch. Doch als diese 1828 den Lehrbetrieb aufnahm, wurde ihr erst einmal die Carta verweigert und sie durfte keine akademischen Grade verleihen. Inzwischen hatte die Kirche mit Unterstützung des Königs als Konkurrenz zu Benthams späterem University College die Gründung von King's College durchgesetzt, das schon 1829 eine Carta enthielt, doch bei seiner Eröffnung 1831 ebenfalls keine Grade verleihen durfte. Erst nach dem Reformgesetz von 1832 war der konservative Widerstand so weit überwunden, daß nun beide Colleges 1836 zur University of London zusammengefaßt und mit allen Rechten einer Universität ausgestattet werden konnten.

Vorher war es bereits zu einer anderen Neugründung gekommen, deren Hintergrund nicht minder bezeichnend ist. Die Diözese von Durham, die traditionell zu den reichsten des Landes gehörte, fürchtete nach dem Reformgesetz, daß im Zuge einer weiteren Demokratisierung die Besitzstände der Kirche angetastet werden könnten. Deshalb beschloß das Domkapitel, einen Teil seines Vermögens in die Stiftung einer Universität einzubringen, die selbstverständlich kirchlich kontrolliert war. Von dieser 1832 gegründeten und zwei Jahre später eröffneten Universität war deshalb keine innovative Forschung zu erwarten. Erst mit der Gründung der industrienahen Universitäten von Manchester (1851) und Newcastle (1852) entstanden Hochschulen, die gemeinsam mit London die Modernisierung des tertiären Bildungssektors voranbringen konnten. Da diese Universitäten nicht wie die ehrwürdigen Colleges in Oxford und Cambridge aus Naturstein, sondern aus Backstein gebaut waren, bürgerte sich für sie und die späteren der Spitzname *red brick universities* ein. Für den akademischen Wettbewerb mit den deutschen Universitäten reichten die englischen zahlenmäßig aber noch immer nicht aus. Deshalb kam es, als sich England um die Jahrhundertwende ökonomisch von Deutschland überflügelt sah, zu einer zweiten Gründungswelle. Jetzt entstanden innerhalb eines Jahrzehnts die Universitäten Birmingham (1900), Liverpool (1903), Sheffield (1905), Belfast (1908) und Bristol (1909).

Das ganze 19. Jahrhundert hindurch spielte sich ein großer Teil der englischen Wissenschaft und Gelehrsamkeit außerhalb der Universität ab. Privatgelehrte betrieben Forschung, als sei es der Zeitvertreib eines Gentleman, wobei das Ergebnis nicht selten ein profundes Buch war. Akademische Berufe, die sogenannten *professions*, wurden seit dem Mittelalter statusmäßig der Gentry zugerechnet, da ihre Tätigkeit den Anschein kultivierten Müßiggangs hatte und darum eines Gentlemans würdig war. Ein wenig davon hat sich bis heute erhalten. Englische Professoren, auch wenn sie ebenso hart, wahrscheinlich sogar noch härter arbeiten als deutsche, wird man selten über ihre Arbeitsbelastung klagen hören; denn dann würden sie zugeben, daß ihre Tätigkeit Mühsal und nicht der Müßiggang eines Gentleman ist. Bis vor kurzem wurden selbst Studenten dieser Statusgruppe zugerechnet, was daran abzulesen war, daß Briefe an sie nicht an ‚Mr. John Smith‘, sondern an ‚John Smith, Esq.‘ adressiert waren. Esq. ist die Abkürzung für *esquire* und bezeichnet die Statuszugehörigkeit zur Gentry. Konservative Engländer benutzen sie noch heute.

Viktorianismus

Aus heutiger Sicht erscheint das viktorianische Zeitalter so einheitlich wie kaum eine andere Epoche. Weder gab es darin innenpolitische Einschnitte wie in Deutschland die 48er Revolution noch außenpolitische wie den deutsch-französischen Krieg. Künstler und Schriftsteller, die zur Zeit der Romantik die Rolle der kritischen Außenseiter eingenommen hatten, fühlten sich mit wenigen Ausnahmen nun wieder als Sprachrohre der Gesellschaft. Nicht Revolution, sondern Reform, nicht Ringen um nationale Einheit, sondern stetige Expansion des Weltreichs prägten die 64 Regierungsjahre Viktorias. Deshalb läßt man die Epoche auch nicht erst mit ihrem Regierungsantritt 1837, sondern schon fünf Jahre früher mit dem ersten Reformgesetz beginnen.

Sieht man jedoch genauer hin, wird man feststellen, daß die scheinbar so monolithische Epoche starke innere Spannungen aufweist. Das politische Widerspiel zwischen Whigs und Tories, die sich bald Liberale und Konservative nannten, mag man noch als Ausdruck eines gesunden Parlamentarismus ansehen. Doch als im letzten Drittel des Jahrhunderts die Liberalen *Home Rule for Ireland* und die Konservativen das Empire auf ihre Fahnen schrieben, kommt darin eine Spannung zum Ausdruck, die sich lange vorher aufgebaut hatte. Freiheit für das bürgerliche Individuum und nationale Machtentfaltung waren zwei Ziele, die in manchen Punkten gleichermaßen den bürgerlichen Interessen entsprachen und in anderen schwer vereinbar waren. Einige der charakteristischsten inneren Widersprüche sollen im folgenden gesondert betrachtet werden.

Imperialismus und Liberalismus

Der weltweit am deutlichsten sichtbare Widerspruch des viktorianischen Zeitalters war der zwischen dem Ausbau des Weltreichs nach außen und der Zunahme des Liberalismus im Innern. Nachdem der Verlust der Vereinigten Staaten von Nordamerika dem ersten britischen Empire ein Ende bereitet hatte, richtete sich der weltpolitische Blick Großbritanniens ganz auf Asien und Afrika. Die 1599 gegründete East India Company hatte im Lauf des 17. und frühen 18. Jahrhunderts ihr Handelsmonopol im China- und Ostasienhandel so weit ausgebaut, daß sie in Indien als militärische Macht auftreten konnte. Nachdem Robert Clive 1755 in der Schlacht bei Plassey mit nur 3000 Soldaten eine von Frankreich unterstützte indische Übermacht von 50000 geschlagen hatte, war die englische Dominanz in Indien gesichert. Allerdings lag sie anfangs ganz in den Händen der East India Company, die ein von der englischen Regierung zwar begünstigtes, doch ansonsten privates Regiment in Indien führte, das erst hundert Jahre später in staatliche Zuständigkeit überführt wurde. Der Anlaß dafür war der indische Aufstand von 1857, der nur durch massiven Militäreinsatz niedergeschlagen werden konnte. Um weitere Aufstände zu verhindern, wurde das *India Act* von 1858 erlassen, das den Subkontinent einem Vizekönig unterstellte, der im Auftrag der englischen Regierung handelte. Die Einverleibung Indiens in das englische Weltreich fand ihren buchstäblich krönenden Abschluß in der von Disraeli betriebenen und 1878 vollzogenen Krönung Viktorias zur Kaiserin von Indien.

Getragen wurde die imperiale Expansion teils von privatem Gewinnstreben, teils von nationalem Machthunger. Als aber das Mutterland zur Verwaltungszentrale eines Weltreichs geworden war, das von Kanada über Afrika und Indien bis nach Neuseeland reichte, bedurfte es einer ideologischen Rechtfertigung, die solcher Expansion das Stigma der bloßen Ausplünderung nahm. Die griffige Formel dafür lieferte erst der von Kipling 1899 geprägte Slogan von der „Bürde des weißen Mannes", *the white man's burden.* Doch was sich darin ausdrückt, war jener Paternalismus, den das Tory-Lager von Anfang an und später auch die Konservative Partei in allen sozialpolitischen Fragen vertrat. Es war die Ideologie überlegener Aristokraten, die die Entmündigung der Untergebenen dadurch rechtfertigten, daß sie sich als deren treusorgender Vormund verstanden.

Diesem altruistisch verbrämten Paternalismus stand ein offen eingestandener Egoismus gegenüber, der seine Rechtfertigung aus der Berufung auf die bürgerliche Grundfreiheit zog. Da die Freiheit des Einzelnen stets durch die Freiheit der anderen bedroht ist, muß jeder Liberalismus die Gleichheit der Einzelfreiheiten anstreben, was bedeutet, daß jeder für sich selbst sorgen muß und niemand das Recht oder die Verpflichtung hat, sich als Vormund der anderen aufzuspielen, außer wenn diese es ausdrücklich wünschen. Das war die ideologische Position des Liberalismus, der im Verlauf des 19. Jahrhunderts mit zunehmendem Gewicht des Bürgertums auch politisch immer mehr an Boden gewann.

Liberalismus und Imperialismus standen sich das ganze Jahrhundert hindurch als ideologische Gegensätze gegenüber, die sich gleichwohl gegenseitig durchdrangen, da die liberalen Unternehmer, die mit der Ausplünderung der Kolonien ihre Vermögen machten, auf den Schutz des imperialen Machtapparats angewiesen waren, während umgekehrt die paternalistischen Sachwalter des Empires im Interesse ihrer Mündel bestrebt sein mußten, die Ausplünderung in Grenzen zu halten. Das Widerspiel der beiden Ideologien und der sie vertretenden politischen Lager prägt die gesamte viktorianische Zeit, was äußerlich schon darin zum Ausdruck kommt, daß sich Konservative und Liberale mit großer Regelmäßigkeit in der Regierung ablösten und beide je einen Parteiführer als ideologischen Repräsentanten hervorbrachten. Gladstone, mit dessen Namen die *Home-Rule*-Debatte um die irische

Selbstregierung verbunden ist, steht für den Liberalismus; der konservative Disraeli, der die Krönung Viktorias zur Kaiserin von Indien erreichte, steht für den paternalistischen Imperialismus. Bevor Disraeli zum Premierminister aufstieg, hatte er sich als Autor sozialkritischer Romane profiliert, in denen der Paternalismus bereits deutlich zum Ausdruck kommt. Sein Gegenspieler Gladstone versuchte seinerseits die liberalen Gefühle der Nation zu mobilisieren, um Irland, die Kolonie vor der englischen Haustür, in die Freiheit zu entlassen.

Optimismus und Melancholie

Von außen gesehen erscheint das viktorianische Zeitalter als eine Epoche von ungebrochenem Optimismus. In geradezu triumphaler Form zeigte sich dieser auf der Großen Weltausstellung von 1851, die Prinz Albert initiiert hatte. Sie sollte der ganzen Welt zeigen, zu welchen technischen, zivilisatorischen und kulturellen Leistungen eine liberal-aufgeklärte Gesellschaft wie die englische fähig war. Der eine Fläche von acht Hektar überspannende Kristallpalast, den Joseph Paxton in Rekordzeit im Hyde Park errichtete, wurde als ein modernes Weltwunder bestaunt; und auch sonst sah man die Ausstellung als ein Monument des Fortschritts an. Königin Viktoria besuchte sie 34 Mal. Am Tag der Schließung schrieb sie in ihr Tagebuch: „Zu denken, daß diese große und strahlende Zeit vorbei ist, wie ein Traum, mit all ihrem Erfolg und Triumph, und daß all die Mühe und Besorgnis, die sie zwei Jahre lang verursacht hat, nun ebenfalls nur noch als etwas Vergangenes erinnert werden kann, erscheint unglaublich und stimmt melancholisch." Damit schlägt sie den zweiten Grundton an, der den optimistischen wie ein Kontrapunkt begleitet. Melancholie ist allenthalben in der viktorianischen Kultur präsent. Tennyson verlieh ihr den wirksamsten Ausdruck in seiner Dichtung *In Memoriam A. H. H.*, der Totenklage um seinen Freund Arthur Henry Hallam. Viktoria sagte dem Dichter persönlich, daß sie das Buch gleich nach der Bibel am höchsten schätze.

Melancholie durchzieht auch die Werke der meisten anderen Dichter, was zuweilen schon im Titel zum Ausdruck kommt, so etwa in James Thomsons Gedicht *The City of Dreadful Night* (*Die Stadt der furchtbaren Nacht*, 1874). Beeinflußt wurde Thomson durch seinen Landsmann Percy Bysshe Shelley und den Deutschen Novalis, den Dichter der *Hymnen an die Nacht*, weshalb er sich Bysshe Vanolis (Anagramm zu Novalis) oder kurz B. V. nannte. Auch Matthew Arnold, der liberale Kulturkritiker, trauert in seinem berühmten Gedicht *Dover Beach* um den Verlust der mittelalterlichen Glaubenswelt und beklagt die geistige Unbehaustheit des modernen Menschen.

Selbst in dem breiten Strom von Sentimentalität, der sich durch die viktorianische Romanliteratur zieht, klingt immer wieder als melancholischer Grundton die Klage um das verlorene Paradies und um die Entfremdung des Menschen in der Industriegesellschaft durch. Dickens, der oft als der Verkünder einer optimistischen „Weihnachtsphilosophie" bezeichnet wurde, war zugleich ein tief melancholischer Mensch, den depressive Anwandlungen immer wieder zu langen Nachtwanderungen antrieben.

Self-Help *und Philanthropie*

Nach einer langen Tradition der Verantwortung für andere, die im Mittelalter der christlichen Ethik und danach dem paternalistischen Ethos einer hierarchisch geordneten Gesellschaft entsprang, hatte sich im Zuge der bürgerlichen Horizontalisierung eine liberale Ideologie ausgebildet, die erwartete, daß jeder für sich selbst sorgen und der Staat nur dort eingreifen solle, wo Menschen zu schwach sind, sich selbst zu helfen. Dies Prinzip liegt der gesamten sozialen Gesetzgebung des 19. Jahrhunderts zugrunde. Es wurde nicht nur von der Mittelklasse akzeptiert, die es individualistisch praktizierte, sondern auch von der Arbeiterschaft, die ihre eigenen Angelegenheiten in die Hand nahm, indem sie freiwillige Kollektive gründete. Eines der meistgelesenen Bücher der Zeit, das in viele Sprachen übersetzt wurde und geradezu als die Bibel des Viktorianismus gelten kann, trägt sogar den Titel *Self-Help* (1859). Es stammt von Samuel Smiles, einem unermüdlichen Apologeten des Manchester-Liberalismus. Die Ideologie des *Self-Help* bewirkte, daß England viele staatliche Maßnahmen wie die Schulpflicht und die Pflichtversicherung für den Krankheitsfall erst sehr spät einführte.

Trotz des rigoros vertretenen Prinzips der Selbstverantwortung gab es aber das ganze Jahrhundert hindurch einen breiten Strom philanthropischer Aktivitäten, die dem christlichen Gebot der

Nächstenliebe folgten und einen Altruismus praktizierten, der zu dem hemdsärmligen Egoismus der *Manchester School* in eigentümlichem Widerspruch steht. Private Wohltätigkeit wurde zu einem wesentlichen Bestandteil des gesellschaftlichen Lebens. Statt dem Staat die Verantwortung für die Linderung von Not und Elend zu überlassen, entsprach es eher der *Self-Help*-Ideologie, auch den Altruismus aus eigenem Antrieb zu betreiben. Auch dies hat bis zum Anfang der Thatcherzeit nachgewirkt; denn bis dahin waren *private charities* ein charakteristisches Element des englischen Gesellschaftslebens, das erst in jüngster Zeit einer härteren Wettbewerbsideologie zu weichen beginnt.

Vergötzung der Arbeit und Industriefeindlichkeit

Bis etwa zur Mitte des 19. Jahrhunderts werden die Engländer von ausländischen Besuchern als ein arbeitswütiges Volk beschrieben. Wenn der italienische Emigrant Graf Pecchio 1833 das Vorherrschen einsilbiger Wörter in der englischen Sprache damit erklärt, daß die Engländer Zeit für die Arbeit sparen wollten, so mag man das noch zu den *Semi-serious Observations of an Italian Exile* zählen, die der Titel seines Buches ankündigt. Doch wenn der Amerikaner Ralph Waldo Emerson, der das puritanische Arbeitsethos seiner eigenen Landsleute kannte, auf seiner Englandreise 1847/48 die Beobachtung macht, daß „die Engländer dreimal mehr Stunden im Jahr arbeiten als die übrigen Europäer" und daß „in England alles mit sehr viel schnellerem Tempo geschehe", dann muß diesen Feststellungen eine reale Wahrnehmung zugrunde gelegen haben. Ohne solche Arbeitswut hätten die Engländer wohl kaum die rasante Expansion ihrer Industrie zustande gebracht, die Disraeli bereits 1838 dazu veranlaßte, in seiner Parlamentsrede vom 15. März zu warnen: „The continent will not suffer England to be the workshop of the world." Den Titel „Werkstatt der Welt" hat sich die Nation danach stolz an die Brust geheftet. Arbeit war für sie nicht nur real, sondern auch ideologisch ein zentraler Wert; unermüdlich priesen Dichter, Schriftsteller und politische Propagandisten beider politischen Lager ihren moralischen Wert und ihre volkswirtschaftliche Notwendigkeit.

Den Gipfelpunkt erreichte die erste Welle der viktorianischen Arbeitswut in der großen Weltausstellung, auf der England der ganzen Welt zeigte, was sich durch harte Arbeit erreichen läßt. Danach hielt die Vergötzung der Arbeit zwar weiterhin an, doch kam daneben paradoxerweise eine Ablehnung der Industrie auf, die im Verlauf der zweiten Jahrhunderthälfte stetig zunahm. Die lebende Verkörperung dieser Paradoxie war der Schotte Thomas Carlyle, der von Anfang an sein presbyterianisch geprägtes Credo der Arbeit verkündete, zugleich aber den *cash nexus* des modernen Kapitalismus geißelte und die entfremdete Arbeit in den Fabriken beklagte. Anfangs galt seine Kritik vor allem der sozialen Ungerechtigkeit, die in der ungleichen Verteilung der Früchte der Industrialisierung lag. Doch schon bald ging es ihm nur noch um die Überwindung dessen, was auch für Marx der Anstoß seines sozialreformatorischen Denkens war, eben der Entfremdung. Doch anders als Marx, der die Voraussetzung dafür in der vollen Entfaltung der Produktivkräfte durch die Industrialisierung sah, suchte Carlyle die Lösung in entgegengesetzter Richtung, nämlich in der Rückkehr zu den paternalistisch geleiteten und handwerklich ausgeführten Produktionsweisen des Mittelalters. Während Marx für die Verwirklichung seiner Utopie die Diktatur des Proletariats zur Bedingung machte, forderte Carlyle für die seine das Wirken charismatischer Führer; denn „unter allen Menschenrechten ist am unbestreitbarsten das Recht der Unwissenden, von den Weiseren geführt zu werden" (*Chartism*, Kap. 6).

Carlyle war nicht der einzige Kritiker der Industrie. Von rechts bis links stießen fast alle Intellektuellen ins gleiche Horn. Was Carlyle durch die Moralisierung der Arbeitswelt erreichen wollte, strebte John Ruskin durch ihre Ästhetisierung an, wobei auch er nicht nach vorn schaute, sondern zurück ins Mittelalter. Die Gotik hielt er für den Kunststil, der als Ausdruck eines naturwüchsigen Kollektivismus am ehesten geeignet war, die Entfremdung der Arbeitswelt zu überwinden. Deshalb setzte er sich entschieden für ihre Wiederbelebung ein und ebenso für eine Wirtschaftsform, in der die Menschen ihre Arbeitskraft nicht um des Profits, sondern um der Verschönerung der Welt und ihres geistigen Innenraums willen verausgaben. Ein solches Programm verfolgten auch die Präraffeliten, weshalb sich Ruskin sogleich für sie einsetzte, noch bevor er einen von ihnen überhaupt kennenlernte. Einer darunter, William Morris, gehört wie Carlyle und Ruskin zu den herausragenden Sozialreformern des Jahrhunderts, nur daß er sich politisch als Sozialist marxistischer Prägung verstand. Doch mit Marx hat auch seine Utopie nichts zu tun, wie später noch gezeigt werden soll.

Während Carlyle die rechte und Morris die linke Position repräsentierten, stehen in der Mitte Liberale wie John Stuart Mill und Matthew Arnold. Auch ihnen ist der Industriekapitalismus aus tiefstem Herzen verhaßt. Dabei gehen sie sogar noch einen Schritt weiter und stoßen sogar den Götzen Arbeit vom Sockel. 1850 antwortet Mill in *Frazer's Magazine* auf Carlyles dort verkündetes „Evangelium der Arbeit" mit den Worten: „Arbeit ist, wie mir scheint, kein Wert an sich. Es liegt nichts Lobenswertes in Arbeit um der Arbeit willen." Auch Arnold wendet sich gegen die Fetische Arbeit und Fortschritt. In *Culture and Anarchy* attackiert er das Gewinnstreben der Mittelklasse ebenso scharf wie Carlyle, nur gilt seine Attacke, wie diejenige Mills, zugleich auch der Vergötzung der Arbeit. An die Stelle der Carlyleschen Askese setzt er den Hedonismus einer verfeinerten Sensibilität: „Die Feinheit und Fähigkeit des menschlichen Geistes zeigt sich in dem, woran er sich erfreut. Eure Mittelklasse erfreut sich am Business und hat, zugegeben, damit Erfolg und macht Geld; doch was dann? Betäubt vom Business werden eurer Mittelklasse die Sinne stumpf für jeden anderen Reiz."

In der zweiten Hälfte des Jahrhunderts greift dieser antiindustrielle Affekt unter den Intellektuellen immer weiter um sich, wobei Konservative, Liberale und Sozialisten sich kaum unterscheiden. Sie alle eint die Überzeugung, daß die industrielle Revolution Englands großer Sündenfall war, den es zu kurieren galt. Das Heilmittel sahen sie in der Abkehr vom blinden Erfolgs- und Profitstreben und in der Rückkehr zu einer humaneren Lebensweise, für die es in England seit langem ein Modell gab, nämlich den Lebensstil der Gentry.

„Engel im Haus" und Femme fatale

Ein weiteres Charakteristikum der viktorianischen Gesellschaft ist die Idolisierung der reinen Frau bei gleichzeitiger Dämonisierung der *Femme fatale*. Die von Freud später psychoanalytisch gedeutete Aufspaltung des männlichen Frauenbildes in die Heilige und die Hure ist für keine Epoche so charakteristisch wie für die viktorianische. In Dichtung und erzählender Prosa findet man allenthalben Darstellungen von Frauen, die sich durch engelhafte Reinheit auszeichnen. Der Titel *The Angel in the House*, den Coventry Patmore seiner zwischen 1854 und 1863 erscheinenden vierteiligen Gedichtsammlung gab, wurde zu einem stereotypen Etikett des Viktorianismus. Das Ideal war die reine, asexuelle Frau, die dazu bestimmt ist, die Triebhaftigkeit des Mannes zu zivilisieren. Diesem Wesen wurde eine geradezu religiöse Verehrung entgegengebracht, die wie eine säkularisierte Form des mittelalterlichen Marienkultes anmutet. Männer wie Frauen teilten die Einstellung, und es störte nur wenige, daß das vergöttlichte Wesen in jeder anderen Hinsicht wie ein unmündiges Kind behandelt wurde.

Viktoria selber teilte den viktorianischen Glauben an den Engel im Haus so sehr, daß sie sich entschieden gegen das Frauenwahlrecht aussprach. Wie die meisten ihrer Untertanen war sie der Meinung, daß es die von Gott bestimmte Aufgabe der Frau und geradezu ihr Privileg sei, am häuslichen Herd eine Sphäre der Sittlichkeit aufrechtzuerhalten, während die Männer im täglichen Kampf ums Dasein ständigen Versuchungen ausgesetzt waren, denen sie von Zeit zu Zeit erlagen. Das Heim war das Rückzugsgebiet des Mannes. Hier sollte er sich vom Streß des Erwerbslebens erholen und neue Kräfte sammeln können. Deshalb durfte er keine Frau haben, die ihn intellektuell herausforderte oder an seine Männlichkeit sexuelle Ansprüche stellte. So bildete sich das Ideal der naiven Kindfrau aus, wie es in Dickens' Romanen allenthalben anzutreffen ist.

Nicht nur in der Fiktion, sondern auch im realen Leben strebte man diesem Ideal nach. Dickens ist dafür ein typisches Beispiel. Schon während seiner Werbung um seine spätere Frau entwickelte er eine tiefe, wenngleich äußerlich ganz spirituelle Liebe für seine erst vierzehnjährige Schwägerin, die schon mit siebzehn starb, ein Verlust, den er nie ganz verwand. Als er später ein Verhältnis mit der jungen Schauspielerin Ellen Ternan einging, erlebte er noch einmal die Liebe zu einer Kindfrau. Zwar vollzog er 1858 die förmliche Trennung von seiner Frau, doch das Verhältnis zu seiner Geliebten blieb ein Geheimnis, das nur die engsten Freunde kannten. Die Literaturgeschichte hat den Skandal erst in diesem Jahrhundert zur Kenntnis genommen. Dabei ist noch immer unbewiesen, ob Dickens zu der jungen Schauspielerin überhaupt ein

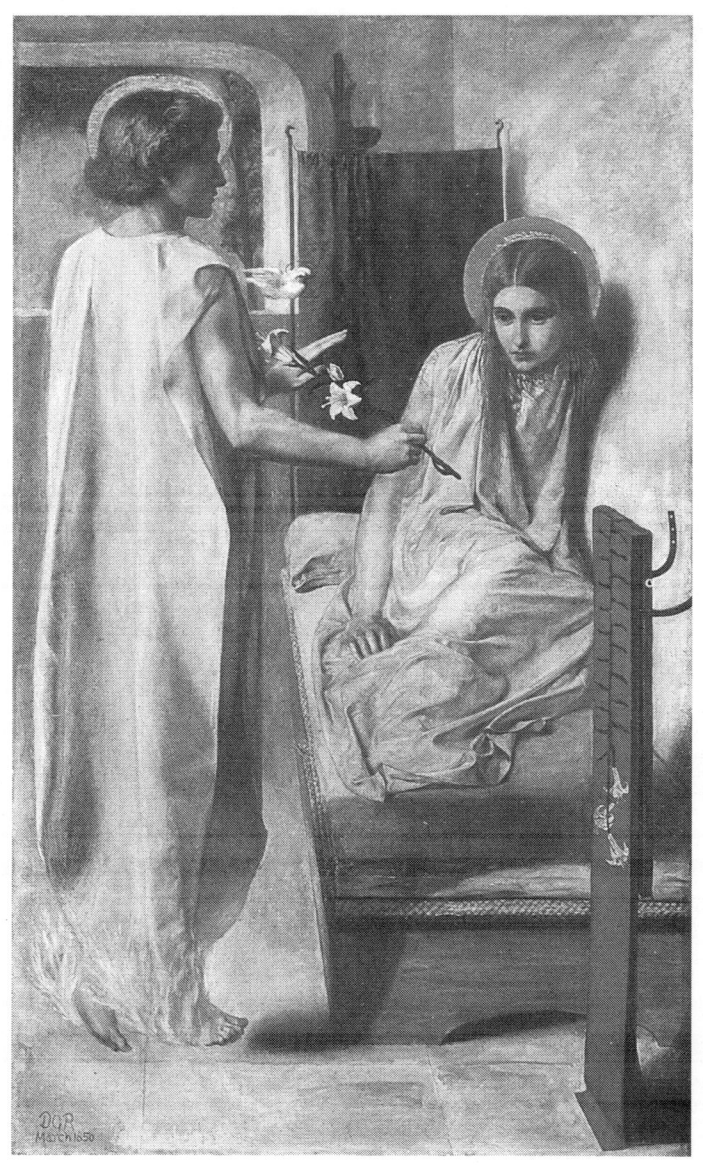

Abb. 44: Dante Gabriel Rossetti, *Ancilla Domini* (1849–50).
Die vergöttlichte Frau

Abb. 45: Dante Gabriel Rossetti, *Astarte Syriaca* (1875–77).
Die dämonisierte Frau

sexuelles Verhältnis hatte. Die einander widersprechenden Aussagen der Zeitzeugen scheinen, wenn man sie im Lichte des Dickensschen Werkes betrachtet, eher dafür zu sprechen, daß der Dichter hier in seinem Leben das gefunden hatte, was er in seinen Romanen immer wieder als Traumbild beschwor: eine vom Liebreiz der Unschuld umgebene Kindfrau. Wenn die idolisierte Unschuld für ihn einen so hohen Wert darstellte, könnte seine Entrüstung ehrlich gewesen sein, als man ihn ehebrecherischer Beziehungen verdächtigte. Auch wenn hier nichts beweisbar ist, scheint die Anbetung der Kindfrau für ihn ein höherer Wert gewesen zu sein als die sexuelle Befriedigung, und es ist eher unwahrscheinlich, daß er sich den Traum durch die physische Liebe zerstört haben sollte. Da seine Frau ihm zehn Kinder gebar – was er ihr in zunehmendem Maße als schuldhafte Störung des Familienfriedens vorwarf –, waren ihm empfängnisverhütende Maßnahmen offenbar fremd. Von seiner Geliebten ist allen Gerüchten zum Trotz keine Schwangerschaft bekannt. Auch das spricht für ein rein spirituelles Verhältnis. Dickens ist kein Einzelfall. Der Mathematikprofessor Charles Lutwidge Dodgson, besser bekannt als Lewis Carroll, hat aus seiner Verehrung für die zehnjährige Alice Liddell, für die er seine *Alice im Wunderland* schrieb, nie ein Hehl gemacht, da er den Verdacht eines sexuellen Verhältnisses offensichtlich für völlig undenkbar hielt. Auch John Ruskin verliebte sich als Vierzigjähriger in ein zehnjähriges Mädchen, dem er sieben Jahre später einen Heiratsantrag machte. Sex dürfte dabei kaum im Spiel gewesen sein; denn seine erste Ehe wurde annulliert, weil er sie aus Angst oder Abscheu vor dem Geschlechtsakt nicht vollzog.

Der Sehnsucht nach der unschuldigen Kindfrau stand auf der anderen Seite eine ebenso obsessive Faszination durch die *Femme fatale* gegenüber. Während sie in populären Romanen als unmoralische Verführerin auftritt, wird sie in der Lyrik zur mythischen Gestalt dämonisiert. Keats eröffnete mit *La belle dame sans merci* den langen Reigen dämonischer Frauen in der Dichtung, der bei Swinburne einen Kulminationspunkt erreicht. Am sichtbarsten kommt der Widerstreit zwischen der Sehnsucht nach Unschuld und der Faszination durch die Verführerin in der Malerei der Präraffaeliten zum Ausdruck, und dort vor allem bei Dante Gabriel Rossetti. Anfangs malte er Bilder der Jungfrau Maria (Abb. 44), später vor allem solche von dämonischen Frauen wie Venus Verticordia (die Herzverdreherin), Astarte (Abb. 45), Pandora und Proserpina. Es scheint, daß sich in dieser ambivalenten Einstellung eine zunehmende Angst des Mannes ausdrückt, dem die klassischen Grenzen, an denen er sich als Mann beweisen konnte – der Kampf, die Jagd und die Endeckungsreise – abhanden gekommen waren. Jetzt blieb als *last frontier*, wie es der amerikanische Soziologe David Riesman nannte, nur noch die Sexualität, die infolgedessen „zuviel psychische Last trug, um noch wirklich Spaß zu machen".

Prüderie und sexuelle Aufklärung

Prüderie gilt als eine so typische Eigenschaft der Viktorianer, daß ‚viktorianisch' und ‚prüde' geradezu als Synonyme verwendet werden. Beredtes Zeugnis dafür ist das Schweigen der Literatur über Sexualität. Vorehelicher Geschlechtsverkehr, Ehebruch und selbst körperliche Leidenschaft in der Ehe waren weitgehend tabu, erst recht sexuelle Abweichungen von der Norm wie Homosexualität, Sado-Masochismus und andere als pervers geltende Praktiken. Welche Dominanz das sexuelle Schamgefühl gegenüber dem allgemeinen Moralgefühl hatte, läßt sich an der Argumentation über das Verbot von Frauenarbeit in Bergwerken ablesen. Das 1842 in Kraft gesetzte Verbot wurde nicht etwa damit begründet, daß die Schinderei unter Tage für Mädchen und Frauen körperlich zu anstrengend sei; der Hauptgrund war vielmehr, daß die Arbeiter in den heißen Stollen fast nackt waren. Der Gedanke, daß Frauen mit nackten Brüsten neben Männern mit nacktem Oberkörper arbeiteten, war für die Viktorianer viel anstößiger, als daß ein elfjähriger Junge zwölf Stunden am Tag in einem Bergwerk schwere Lasten schleppt; denn das genannte Gesetz verbot Kinderarbeit unter Tage nur bis zum Alter von zehn Jahren.

Wie bei fast allen Klischees über die Viktorianer steht auch diesem etwas Gegenteiliges gegenüber. Wie prüde sie auch gewesen sein mögen, so waren sie doch die ersten, die sich rational um eine gesunde Sexualität bemühten, wobei die Betonung auf ‚gesund' lag. Während im 18. Jahrhundert eine irrationale Kampagne gegen das Onanieren aufgekommen war, die das ansonsten meist noch problemlose Sexualleben der Menschen zu vergiften begann, waren die Viktorianer die ersten, die die sexuelle Aufklärung wissenschaftlich betrieben. Freilich hing die Aufklärung immer von den moralischen Vorurteilen des jeweiligen Aufklärers ab. Wer Sex als Gefahrenquelle empfand, riet zu Selbstkontrolle und Beschränkung auf den notwendigen Zeugungsakt; wer die Gefahr in der Unterdrückung des Geschlechtstriebs sah, empfahl geregelte Befriedigung in der Ehe. Beide Seiten waren sich darin einig, daß die Erhaltung der Gesundheit den Vorrang hatte. Deshalb wurde weder für absolute Askese noch für ungehemmten Hedonismus plädiert. Vielmehr bemühten sich die Mediziner auf beiden Seiten, wissenschaftliche Ratschläge für ein gesundes Sexualleben zu geben. Die den Viktorianern zugängliche sexuelle Information war reicher, als allgemein bekannt ist. Es war keineswegs so, daß z. B. der weibliche Orgasmus unbekannt war oder für etwas Widernatürliches gehalten wurde. Vielmehr wurde er von einigen Autoren durchaus als der Gesundheit zuträglich angesehen, während andere seine Unterdrückung als ein Mittel zur Empfängnisverhütung empfahlen. Überhaupt spielte Verhütung eine viel größere Rolle in der Diskussion, als man den Viktorianern zugetraut hätte. Nur leider waren die medizinischen Kenntnisse so gering, daß z. B. in einem Fall ausgerechnet die empfängnisgünstigsten Tage als die für die Verhütung geeignetsten empfohlen wurden. Trotz all dieser Einschränkungen war den Menschen ein erstaunlich breitgefächertes Schrifttum zur sexuellen Aufklärung zugänglich. Daß es auch genutzt wurde, ist daran abzulesen, daß eines der fortschrittlichsten und liberalsten Bücher, das von Dr. George Drysdale, zwischen 1854 und 1905 30 Auflagen erlebte.

Heuchelei und Wahrheitsliebe

Als ebenso typisch viktorianisch wie die Prüderie gilt die Heuchelei. Dabei ist dieses Laster nie schärfer kritisiert worden als in viktorianischer Zeit. Dickens schuf mit seiner satirischen Figur des Mr. Pecksniff die geradezu archetypische Verkörperung schmieriger Selbstgefälligkeit und Unaufrichtigkeit, und bei anderen Autoren findet man ähnliche Geißelungen dieser Untugend. Und doch hielt der gleiche Dickens seine außereheliche Beziehung streng verborgen und gab sich nach außen als ein hochmoralischer Bürger. Einer der krassesten Fälle von Doppelleben aus jener Zeit kam erst 1992 ans Licht. Dickens' erster Illustrator, der berühmte Karikaturist George Cruikshank, verführte im Alter von 61 Jahren das junge Dienstmädchen seiner Frau, worauf er der Geliebten eine Wohnung zwei Minuten von der eigenen entfernt einrichtete und sie dort wie eine zweite Ehefrau unterhielt. Cruikshanks Ehefrau, die von der zweiten Familie erst an seinem Sterbebett erfuhr, trug danach erheblich zum Unterhalt der Kinder der Nebenfrau bei. Auch dies ist bezeichnend für die eigentümliche Verbindung von Heuchelei und aufgeklärter Vernünftigkeit in der viktorianischen Gesellschaft. Wurde im 18. Jahrhundert die Vernunft durch das Gefühl temperiert, so wollten die Menschen im 19. Jahrhundert möglichst auch ihre Gefühle durch die Vernunft rechtfertigen können. An die Stelle der einst florierenden Erbauungsliteratur trat nun ein stetig anschwellender Strom von Populärwissenschaft, der den Lesern bei der Rationalisierung ihres Lebens half. Das Erklären der Welt wurde zu einem Grundzug des Jahrhunderts. Herbert Spencer tat es in seinem Monumentalwerk *A System of Synthetic Philosophy* (*Ein System der synthetischen Philosophie*, 1855–96) mit Bezug auf die Gesamtheit des Wissens, Henry Thomas Buckle in seiner *History of Civilization in England* (*Geschichte der Zivilisation in England*, 1857–61) mit Bezug auf die Geschichte und Darwin mit Bezug auf die gesamte Biosphäre.

So sehr die Viktorianer sich selber voreinander verbargen, so begierig waren sie andererseits auf das Aufdecken der Wahrheit. Eine besondere Form der Heuchelei beobachteten kontinentale Liberale an der englischen Regierung, die Lippenbekenntnisse für Freiheitsbewegungen aller Art abgab, am Ende aber doch immer die Seite unterstützte, die ihren eigenen Interessen am meisten entgegenkam. Auf dem Felde der Politik trat für die Briten an die Stelle der Wahrheit der handfeste Nutzen. Dieser Pragmatismus unter der Maske des Liberalismus hat England lange Zeit den Schimpfnamen „perfides Albion" eingebracht, den der französische Dichter Marquis de Ximénèz während der napoleonischen Kriege geprägt hatte.

Lesekultur

Dank der *Sunday schools* konnten zu Beginn des viktorianischen Zeitalters rund achtzig Prozent der Bevölkerung lesen. Was sie jetzt noch zurückhielt, war nur der Preis der Bücher. Sir Walter

Scott – der erste Romanautor, der in den Bereich fünfstelliger Auflagen vordrang – hatte mit dem Preis von 31 *shillings* 6 *pence* für einen „Dreidecker", wie man die üblichen dreibändigen Romane nannte, einen Standard gesetzt, der fast bis zum Ende des Jahrhunderts beibehalten wurde. Der für Nichtbriten merkwürdig anmutende krumme Preis entspricht anderthalb Guineen. Eine *guinea* war ursprünglich eine Goldmünze im Wert von 21 *shillings*, also einen Schilling mehr als ein Pfund. Auch nach dem Aufkommen von Papiergeld behielt man die Währungseinheit neben dem üblichen Pfund bei. Allerdings wendete man sie nur auf Waren und Dienstleistungen an, die einen gewissen Status hatten, wie z.B. Gemälde oder Künstlerhonorare. Dies ist zum Teil noch heute üblich. Wenn der Preis eines Romans mit anderthalb Guineen angegeben wird, ist daraus zu ersehen, daß es sich um den Luxus einer privilegierten Klasse handelt.

In den zwanziger Jahren, als um das erste Reformgesetz gerungen wurde und manche einen Bürgerkrieg befürchteten, gab es höchst gegensätzliche Tendenzen. Die konservative Seite befürchtete, daß die Masse, wenn sie erst einmal lesen konnte, empfänglich für revolutionäre Ideen würde. Deshalb wurde während der napoleonischen Kriege die Stempelsteuer auf Zeitungen so heraufgesetzt, daß diese für die Unterschicht unerschwinglich waren. So kostete beispielsweise die *Times* 7 Pence, was für manchen Arbeiter einen Tagesverdienst darstellte. Dieser mißtrauischen Haltung standen im liberalen Lager Bestrebungen gegenüber, den sozialen Druck dadurch zu mildern, daß man auch die unteren Schichten an der Kultur teilhaben ließ. Einer, der sich hier besonders hervortat, war Henry Peter Brougham, der später als Lordkanzler in den Adelsstand erhoben wurde. Er hatte maßgeblichen Anteil an der Gründung der *Society for the Diffusion of Useful Knowledge* (1827). Der Agitation dieser Gesellschaft ist es vor allem zu verdanken, daß Bücher auch für die Unterschicht erschwinglich wurden. Zwar kamen die Erstauflagen weiterhin zum Standardpreis von anderthalb Guineen heraus, doch folgte meist schon bald eine *popular edition* zu 6 *shillings* und etwas später eine *cheap edition* zu 2 *shillings* 6 *pence*, also einer halben Krone. Zu diesem Preis konnte sich nun auch die untere Mittelschicht Romane leisten. Für die meisten Arbeiter blieben sie aber auch dann noch unerschwinglich.

Auch auf dem Zeitungsmarkt schuf die obengenannte *Society* Abhilfe durch Gründung des *Penny Magazine*, das zeitweilig eine Auflage von 200 000 erreichte. Als 1855 die Stempelsteuer abgeschafft wurde, kam die große Zeit der Massenblätter. Jetzt kostete der *Daily Telegraph* nur noch einen Penny. Damit war allerdings auch das Meinungsmonopol der *Times* gebrochen, die wegen ihres anspruchsvollen Niveaus und der dadurch bedingten niedrigen Auflage mit dem Preis nicht so weit heruntergehen konnte. Die Hauptmasse populärer Lektüre wurde aber nicht gekauft, sondern aus den *Circulating Libraries* gegen ein geringes Entgelt entliehen. Die drei über das ganze Land verteilten marktbeherrschenden Büchereien von W. H. Smith, Boots und Mudie übten einen beträchtlichen Einfluß auf die literarische Produktion aus. Da sie bei Erscheinen eines Romans oft ein paar Tausend Exemplare auf einen Schlag kauften, durfte kein Autor es sich mit ihnen verderben. Ihre Einkaufspolitik wirkte wie eine Zensur; zumindest sorgte sie für die „Schere im Kopf" der Verleger und Autoren. Obgleich Mudie alle großen viktorianischen Erzähler tausendfach im Programm hatte, bestritt er gut die Hälfte seines Umsatzes mit Büchern, die heute als Trivialliteratur angesehen werden. Die Zunahme des Lesepublikums kam also vor allem der anspruchslosen Unterhaltungsliteratur zugute.

Rein quantitativ waren auch im 19. Jahrhundert die meistgelesenen Druckerzeugnisse religiöse Traktate. Doch das, was der Kulturgeschichte seinen Stempel aufdrückte, war der Roman. Der obengenannte Sir Walter Scott war der erste, der die Romanproduktion geradezu fabrikmäßig betrieb, was er anfangs freiwillig tat, dann aber unter dem Zwang, einen Schuldenberg von fast 120 000 Pfund abzubauen, etwa dem zwanzigfachen Jahreseinkommen eines gut bezahlten Bischofs. Das von ihm selbst anonym geleitete Verlagshaus, das seine Romane herausbrachte, arbeitete mit einer Bank zusammen, die Bankrott machte, so daß der reichste Autor seiner Zeit über Nacht arm war und den Rest seines Lebens damit verbrachte, Schulden abzuzahlen. Als er schließlich an Erschöpfung starb, war der Berg auf 40 000 Pfund reduziert, und nach dem Verkauf seines Besitzes durch die Erben blieb sogar ein kleines Vermögen übrig. Scott hatte bewiesen, daß man mit dem Schreiben von Romanen reich werden konnte. Nicht alle, die seinem Beispiel folgten, waren ähnlich erfolgreich, doch die meisten hatten ein gutes Auskommen, und manche, wie Dickens, wurden sehr wohlhabend. Selbst wenn ein Roman nur 500 Pfund einbrachte, war dies das zehnfache Jahreseinkommen eines Handwerkers. Erfolgreiche Autoren wie Dickens, Thackeray und George Eliot brachten es aber auf 5000 Pfund und mehr.

Fielding und Richardson hatten im 18. Jahrhundert die beiden Standardtypen des realistischen Romans kreiert, den Gesellschaftsroman, meist nach pikarischem Muster episodisch erzählt, und den psychologischen Roman in Briefform. Jane Austen verschmolz beides, indem sie die Form der Sittenkomödie auf die Erzählung übertrug. Bei ihr geht der Vorhang auf, die Handlung beginnt, und die Anwesenheit des Erzählers ist nur noch an der durchgängigen Ironie zu erkennen. Einblick in die Psyche ihrer Figuren erreicht sie durch das von ihr entwickelte Verfahren der erlebten Rede, das später von Henry James weiterentwickelt wurde. Einen weiteren Romantyp steuerte die *Gothic novel* bei; und schließlich kam durch Sir Walter Scott noch der historische Roman dazu. Richardsons Briefroman spielte im 19. Jahrhundert so gut wie keine Rolle, doch die vier anderen Typen wurden in vielfältigen Varianten verwendet. Dickens übernahm das pikarische Schema von Fielding und Smollett und fügte ihm in seiner zweiten Schaffenshälfte das Detektivschema hinzu, das schon in der *Gothic novel* angelegt war. Auch Thackeray knüpfte an Fielding an. George Eliot folgte Jane Austen, verzichtete aber auf die *Comedy-of-manners*-Form und erzählte statt dessen auf recht altmodische Weise auktorial. Die Verbrechensliteratur, die mit den sogenannten *Newgate Novels* einsetzte, in deren Mittelpunkt das Newgate-Gefängnis in London steht, wurde von Wilkie Collins zum Kriminalroman weiterentwickelt, der dann durch Arthur Conan Doyles Sherlock-Holmes-Geschichten die klassische Form des Detektivromans erhielt.

Die große Masse der Romane zerfällt in drei Klassen, in Gesellschaftsromane, historische Romane und Abenteuerromane. Unter den Autoren von Gesellschaftsromanen befinden sich auffallend viele Frauen. Einige bewiesen eine erstaunliche Produktivität. So schrieben Charlotte Yonge und Margaret Oliphant rund 100, Catherine Gore 56, Ouida (Pseudonym für Marie Louise de la Ramée) über 40 und Mrs. Craik 34 Romane. Bei Charlotte Yonge beeindruckt, daß sie fast noch einmal so viele Bücher über andere Gegenstände schrieb. Ähnlich produktiv waren die Autoren von

Abenteuerromanen, wo die Männer überwogen. Robert M. Ballantyne und George A. Henry, die beide vor allem für die Jugend schrieben, kamen auf 90 bzw. 110 Romane. Die Autoren historischer Romane, wiederum überwiegend Männer, waren nicht ganz so produktiv, da hier ein gewisses Studium der Geschichte als Vorarbeit nötig war. Dennoch war die Schreibleistung der meisten enorm.

Die prominenteren und heute noch gelesenen Autoren haben sich selten damit begnügt, nur spannende Geschichten zu erzählen, sie nahmen sich oft die bestehende Gesellschaft vor und zeigten dort gravierende Mißstände auf oder sie analysierten psychologische Probleme, die sich aus der aktuellen Wirklichkeit ergaben, vor allem solche von Frauen, die um ihre Selbstverwirklichung rangen. Insgesamt hat die englische Literatur hier eine ebenso große Fülle aufzuweisen wie zur Zeit Shakespeares im Drama. Und wie dort gilt auch hier, daß selbst ohne die großen Namen Charlotte und Emily Brontë, Dickens, Thackeray, Trollope, Elizabeth Gaskell, George Eliot, Meredith und Hardy der verbleibende Rest immer noch mehr zu bieten hat als die an Romanen arme deutsche Literatur.

Ebenso produktiv und entsprechend erfolgreich waren die Versdichter. Sie hatten zwar geringere Auflagen als die Romanautoren, doch dafür ein gebildeteres und treueres Publikum. Als Tennysons Verserzählung *Enoch Arden* 1864 mit einer Auflage von 60000 herauskam, waren 40000 Exemplare schon nach wenigen Wochen verkauft. Von solcher Nachfrage können Dichter des 20. Jahrhunderts nur träumen.

Dickens

Kein Autor außer Shakespeare lebt im Bewußtsein der Briten durch so zahlreiche Geschöpfe fort wie Dickens. Eine vergleichbare Volkstümlichkeit hatte in früherer Zeit nur John Bunyan. Selbst das Wort *Dickensian* ist zu einem Bestandteil der englischen Sprache geworden, wobei es allerdings zwei sehr unterschiedliche Bedeutungen hat. Zum einen bezeichnet es die unnachahmliche Qualität der Dickensschen Erzählkunst, zum andern wird es gleichbedeutend mit ‚viktorianisch‘ verwendet und meint dann etwas entschieden Negatives. Dieser eigentümliche Zwiespalt von

Bewunderung und Geringschätzung war lange Zeit charakteristisch für Dickens' Status in der literarischen Öffentlichkeit. Die einen sahen in ihm den Schöpfer eines Kosmos von unvergleichlicher Originalität, die anderen hielten ihn für einen Märchenerzähler für Erwachsene. Der Widerspruch ist deshalb so schwer aufzulösen, weil sowohl die Stärken wie die Schwächen seiner Kunst offen zutage liegen. Für die Stärken spricht die Überlebenskraft seiner Werke, für die Schwächen ihre Sentimentalität und biedermeierliche Idyllik. Doch diese Einschränkung hat nicht verhindert, daß er in die Weltliteratur eingegangen ist und als einziger der großen Viktorianer ebenbürtig neben Balzac, Flaubert, Tolstoi und Dostojewski steht.

Das wohl charakteristischste Merkmal seiner Grundhaltung ist eine Mischung aus Liberalität und Radikalität. Er haßte alle verkrusteten Institutionen und forderte in einem Aufruf „An die Arbeiter" vom Oktober 1854 beinahe unverhohlen zum Marsch auf London auf. Und doch hielt er nichts von einer Demokratisierung des parlamentarischen Systems. Er attackierte die kapitalistischen Fabrikunternehmer, sah aber in der gewerkschaftlichen Agitation der Arbeiter die gleiche inhumane Gesinnung. Auf seiner Reise durch Amerika bewunderte er dort das Fehlen von Armut und die Vorbildlichkeit der Bildungseinrichtungen. Und doch war er am Ende zutiefst desillusioniert von seiner „neuen Liebe". „Schafft die Hochkirche ab und ich würde England, was immer geschieht, an mein Herz drücken und diese neue Liebe ohne Qualen und ohne einen Moment zu zögern wieder aufgeben", schrieb er am 22.3.1842 an Macready. Dickens war vielleicht die reinste und vollständigste Verkörperung aller Widersprüche, die das viktorianische Zeitalter charakterisieren. Er war liberal und paternalistisch, er kritisierte sein Land und war doch allem Fremden gegenüber mißtrauisch. Er haßte Geldgier, war aber selber äußerst geschäftstüchtig. In der Figur des Pecksniff aus *Martin Chuzzlewit* schuf er die Inkarnation des von öliger Selbstgefälligkeit triefenden Heuchlers, und doch praktizierte er selber gegenüber der viktorianischen Moral uneingeschränkten Konformismus.

Als Erzähler zeichnet er sich dadurch aus, daß er seine Romane wie große Prosagedichte komponierte. Ab *Bleak House* beginnt jeder von ihnen mit einer grandiosen Ouvertüre, in der sich die thematische Grundkonstellation bereits ankündigt. Wenn sich danach der Vorhang hebt, stehen alle Figuren in einem Schicksalsnetz, das aus der Vergangenheit in ihr Leben hineinreicht, wobei die Fäden regelmäßig in einer Erbschaft zusammenlaufen. Hier nimmt Dickens vorweg, was später bei Ibsen zum zentralen Thema wird. Doch anders als dieser sah er die Probleme ausschließlich im Innern der Menschen und nicht in der Struktur der Gesellschaft. Insofern hat George Orwell recht, wenn er sagt, Dickens' Gesellschaftskritik reduziere sich auf die „enorme Platitüde, daß die Welt gut wäre, wenn alle Menschen gut wären". Doch als Kritik ist die Aussage kaum berechtigt; denn wenn Dickens in seinen symbolischen Partituren zeigt, wie sich seine Charaktere entweder emanzipieren oder sich selbst verlieren, dann sagt dies natürlich auch etwas über die gesellschaftlichen Bedingungen aus.

Selbstentfremdung und Emanzipation sind die Eckpunkte aller Charakterentwicklungen in seinen Romanen. Es sind aber auch – und nicht erst seit Marx – die zentralen Begriffe, die die individuelle Psychologie mit den gesellschaftlichen Bedingungen verknüpfen. G. K. Chesterton, der Dickens als den Propheten einer „Weihnachtsphilosophie" sah und damit seine dunkle Seite ganz ausblendete, hat dennoch recht, wenn er ihn Thackeray gegenüberstellt und sagt, dieser sei ein Klassiker geworden, doch Dickens sei modern geblieben.

Schwarze Romantik

An der Oberfläche war die englische Literatur im 19. Jahrhundert so moralisch wie in keinem früheren. Romane mußten so geschrieben sein, daß sie im Familienkreis vorgelesen werden konnten, ohne daß es zu Verlegenheit kam. Sexualität und alles, was damit zusammenhängt, war tabu. Hättten die Viktorianer die unzähligen sexuellen Anspielungen in Shakespeares Stücken verstanden, hätten sie ihn vermutlich verboten. Das, was nicht zu übersehen war, hatte Bowdler in seiner kastrierten Shakespeare-Ausgabe bereits ausgemerzt, was immerhin seinen Namen im englischen Wortschatz verewigte; denn seitdem bezeichnet man gereinigte Ausgaben von Texten als *bowdlerized*. Ein wenig mehr Freiheit hatten Versdichter. Hier ließ der Kunstanspruch der Versform eine etwas weniger gedämpfte Erotik zu, so wie man einem Maler von Aktbildern gestattete, was einem Photographen Gefängnis eingebracht hätte. Dennoch mußte sich auch in der Versdichtung die Liebe an die Norm des vermeintlich Natürlichen halten. Gelegentlich unterlief selbst den moralischsten Autoren ein unfreiwilliger Fauxpas. So stieß Robert Browning auf der Suche nach unverbrauchter Sprache auf die Wendung „a nun's twat", was er für eine weibliche Kopfbedeckung hielt und darum arglos in ein Lied seines Unschuldsengels Pippa in *Pippa Passes* einbaute. *Twat* ist aber ein Vulgärwort für die Vagina.

Was für Shakespeare selbstverständlich war und was in der Restaurationszeit keinen und im 18. Jahrhundert wenig Anstoß erregt hätte, war nun aus der Literatur verbannt. Allerdings nur aus der, die ins helle Licht der Öffentlichkeit trat. Unter dieser Oberfläche gab es einen immer stärker anschwellenden Strom des Verbotenen, der zwar größtenteils aus Pornographie bestand, daneben aber auch anspruchsvolle Werke enthielt, die den „gesunden" Realismus als schwarze Romantik begleiteten. Der italienische Kunsthistoriker Mario Praz hat dies in seinem Buch *Liebe, Tod und Teufel. Die schwarze Romantik* (zuerst 1930) als ein gesamteuropäisches Phänomen aufgezeigt. In England blieb der Unterstrom deutlicher von der Oberfläche getrennt als in Frankreich oder Deutschland. Dennoch trat er im Werk eines so prominenten Dichters wie Charles Algernon Swinburne und in der Malerei Rossettis offen zutage.

Die beiden Hauptmerkmale dieser von den Aposteln der Normalität als pervers empfundenen Kunst waren das obsessive Hingezogensein zur *Femme fatale* und die ebenso obsessive Beschäftigung mit dem sadomasochistischen Gefühlskomplex. Falls es richtig ist, daß sadomasochistische Sexualpraktiken nur in Gesellschaften anzutreffen sind, die Sexualität stark reglementieren, dann ließe sich die viktorianische Obsession plausibel erklären. Man müßte dann annehmen, daß in einem solchen Klima sexuelle Lust nur genossen werden kann, wenn sie mit Bestrafung einhergeht. Was immer der Grund gewesen sein mag, Masochismus galt allgemein als so typisch englisch, daß er als das *vice anglais*, das englische Laster, bezeichnet wurde.

Bis zum *Licensing Act* von 1843 gab es in London nur die beiden Sprechtheater von Covent Garden und Drury Lane, die gleich nach der Restauration ihre Lizenzen erhalten hatten. Daneben gab es aber zahlreiche nichtlizenzierte Spielstätten, die das Gesetz dadurch umgingen, daß sie keine Stücke, sondern eine bunte Mischung aus theatralischer und musikalischer Unterhaltung anboten. Es liegt auf der Hand, daß es bei so beschränkten Aufführungsmöglichkeiten für Autoren nicht sonderlich attraktiv war, für das Theater zu schreiben. Ein erfolgreicher Roman brachte ihnen zehnmal mehr ein als ein gutes Stück. Mit dem *Licensing Act* wurden auch die bis dahin nichtlizenzierten Theater legalisiert, doch gleichzeitig wurden sie der Zensur des Lord Chamberlain unterstellt, der ein anstößiges Stück jederzeit verbieten konnte. Auch dies war nicht dazu angetan, dem Theater Leben einzuhauchen. Zwar schritt der Zensor nur selten ein, doch die Schere im Kopf der Produzenten sorgte dafür, daß nur unverfängliche und damit künstlerisch wenig bedeutende Stücke auf die Bühne kamen. Das Gesetz wurde erst 1968 abgeschafft, so daß selbst zeitgenössische Dramatiker wie Osborne, Arden, Wesker und Bond noch Kämpfe mit dem Lord Chamberlain auszufechten hatten. Im viktorianischen London gab es allerdings kaum einen Dramatiker, der überhaupt das Verlangen hatte, wider den Stachel zu löcken.

Ins Theater gingen die Viktorianer in erster Linie, um sich zu unterhalten, wofür Musik und Sprechtheater gleich gut geeignet waren. Da Musik die unanstößigste der drei Künste ist, erfreute sie sich besonderer Beliebtheit. In fast jedem gutbürgerlichen Haushalt stand ein Klavier, oft sogar ein Flügel der englischen Firma Broadwood, die seit 1781 die besten Konzertflügel in Europa baute; und fast jede höhere Tochter erhielt Klavierunterricht. In London gastierten die berühmtesten Komponisten und Virtuosen der Welt und erhielten Gagen, von denen sie anderswo nur träumen konnten. Doch von der Musik, die in den Konzertsälen zu hören war, stammte kaum etwas von englischen Komponisten. Erst gegen Ende des Jahrhunderts, als die kontinentale Romantik ihren Zenith längst überschritten hatte, führten englische Spätromantiker wie Edward Elgar und der deutschstämmige Frederick Delius die Musik ihres Landes zu einer neuen, wenn auch im internationalen Vergleich eher bescheidenen Blüte.

Während auf den seriösen Konzertpodien die englische Musik durch Abwesenheit glänzte, war sie im Bereich der Populärkultur um so präsenter. Schon in der ersten Hälfte des Jahrhunderts gab es zahlreiche Varietés, die ihr Publikum mit einem bunten, anfangs sogar noch recht frivolen Programm unterhielten. Doch erst Charles Morton machte daraus eine kulturelle Institution. 1851 eröffnete er im Süden Londons die erste *music-hall*, und schon vierzehn Jahre später gab es allein in London über 300. Danach blieb die Einrichtung ein charakteristisches Element der englischen Alltagskultur, das erst nach dem zweiten Weltkrieg durch das Fernsehen aus der Gunst des Publikums verdrängt wurde.

Ein anderes, ebenso charakteristisches Element, das sogar weit über England hinaus populär wurde, sind die Savoy-Operetten, für die William Schwenck Gilbert die Libretti und Arthur Sullivan die Musik schrieb. Als der Impresario Richard D'Oyly Carte, der die beiden Künstler zusammenführte, schon mit deren ersten Werken ein Vermögen machte, ließ er 1881 das Savoy-Theater bauen, das bis in die sechziger Jahre das Monopol auf die Gilbert-und-Sullivan-Operetten hatte. Die bekanntesten und beliebtesten Werke des Teams sind *The Pirates of Penzance* (1880), *Iolanthe* (1882), *The Mikado* (1885), *Ruddigore* (1887) und *The Yeomen of the Guard* (1888). Was diese Operetten von ihren Wiener und Berliner Gegenstücken unterscheidet, ist ihr Sprachwitz und die durchgängige Ironie, die die vordergründige Sentimentalität subtil verspottet und ihr damit jede Penetranz nimmt. Die *Savoy operas* erfreuen sich noch heute bei den Briten großer Beliebtheit. Vor allem zur Weihnachtszeit gibt es in vielen Städten Aufführungen durch Laien-Ensembles, was den Charakter der kulturellen Institution unterstreicht.

Kostümfest der Stile

Wenn von der bildenden Kunst des 19. Jahrhunderts in Europa die Rede ist, stellt man sich ein Meer von Kitsch und Epigonentum vor, aus dem nur einzelne große Maler wie der späte Goya, Delacroix, Ingres, Caspar David Friedrich, Turner und Constable sowie die französischen Impressionisten herausragen. Was für ganz Europa gilt, war in England nicht anders. Auch hier hat der Begriff ,viktorianisch' den gleichen negativen Beigeschmack wie in Deutschland ,wilhelminisch'. Ein Blick auf die Hauptformen der bildenden Kunst mag dies veranschaulichen.

Architektur

Das 19. Jahrhundert ist in ganz Europa das erste, das in der Architektur keinen erkennbar eigenen Stil ausgebildet hat, obwohl seine Bauten gerade an ihrem Imitatcharakter leicht zu erkennen sind. Schon im 18. Jahrhundert war neben den vorherrschenden klassizistischen Stil der gotische getreten, woraus sich unter Viktoria ein heftiges Ringen zwischen den beiden entwickelte. Als in der Nacht des 16. Oktober 1834 ein Feuer das Londoner Parlamentsgebäude zerstörte, kam es zum ersten Showdown, bei dem die Gotik siegte. Für den Wiederaufbau wurde unter rund 1400 Entwürfen von 97 Architekten der von Charles Barry ausgewählt, dessen Houses of Parliament dem gotischen Stil zum Durchbruch verhalfen. Der nächste Showdown 1856 wuchs sich zu einem regelrechten „Krieg der Stile" aus, als im Parlament heftig um den Auftrag für den Bau des Außenministeriums gestritten wurde. Sir Gilbert Scott, der produktivste Repräsentant des *Gothic Revival*, mußte jetzt umgekehrt dem Druck der Klassizisten nachgeben und seinen gotisierenden Entwurf in einen an die italienische Renaissance angelehnten umarbeiten. Doch danach schuf er weit über 700 Bauwerke im gotischen Stil, darunter 39 Kathedralen und Münster, 476 Kirchen, 25 Schulen, 23 Pfarrhäuser, 43 Landsitze, 26 öffentliche Gebäude, 58 Monumente und 25 Colleges und College-Kapellen. Die Zahlen signalisieren den endgültigen Sieg des gotischen Stils, wenngleich auch der klassische weiterhin gepflegt wurde.

Für die Wahl zwischen den beiden Alternativen gab es sehr unterschiedliche Motive. Die Gotik appellierte vor allem an die religiösen Gefühle. Zudem galt sie als nationales Erbe und wurde deshalb aus patriotischen Gründen geschätzt. Andererseits haftete ihr der Geruch von illiberalem Feudalismus und unaufgeklärtem Mittelalter an. Der Klassizismus auf der anderen Seite stand für aufgeklärte Vernunft und Liberalismus, war aber zugleich der bevorzugte Stil des Absolutismus und der herrschenden Eliten. Der Hauptgrund für den Siegeszug der Neogotik dürfte darin liegen, daß sie das architektonische Pendant zur literarischen Romantik war. Indem sie irrationale Gefühle ausdrückte und gemeinschaftsstiftende Gruppenidentität herstellte, kam sie in einer zunehmend industrialisierten Welt der Sehnsucht nach Aufhebung der Entfremdung entgegen. Anders als in Deutschland, wo sich die Wiederbelebung der Gotik unter dem Banner des Erhabenen vollzog, folgte die englische Neogotik dem Pittoresken, das sich im Verlauf des 19. Jahrhunderts vollends zum englischen Geschmacksideal ausbildete.

Welche Blüten der Geschmacklosigkeit die Neogotik des 19. Jahrhunderts trieb, läßt sich an zahllosen Beispielen ablesen. Londonbesucher sollten sich zumindest zwei nicht entgehen lassen: das von G. E. Street 1883 fertiggestellte Gebäude der Royal Courts of Law und den von Gilbert Scott errichteten Bahnhof St. Pancras Station (1868–74), der für die Zuckerbäckergotik jener Zeit geradezu sprichwörtlich wurde. Nicht weit davon entfernt findet sich auch ein Beispiel für die nicht viel geschmackvollere Nachahmung der Antike in Gestalt der Gemeindekirche von St. Pancras, die William und Henry Inwood 1819 bis 1822 aus griechischen Versatzstücken zusammenfügten, wobei sie sich nicht scheuten, ein Stück des Erechteion der Akropolis nachzubauen.

Erklärungsbedürftig ist vor allem, weshalb das 19. Jahrhundert in der Architektur in ganz Europa nur historisierende Stilimitate, aber keinen eigenen Stil hervorbrachte, während die Malerei sowohl in der Romantik als auch später im Impressionismus durchaus Originalität bewies. Solche Fragen lassen sich naturgemäß nur mit Vermutungen beantworten. Vielleicht liegt der Grund darin, daß Bauwerke nicht mehr von Individuen in Auftrag gegeben wurden, die ihren Geschmack durch ständigen Umgang mit Künstlern und Kennern ausgebildet hatten, sondern von Gremien, die sich aus politischen Fraktionen zusammensetzten. Für diese ging es nicht darum, mit der Originalität des eigenen Schlosses oder Doms die politischen und sozialen Rivalen zu übertrumpfen, sondern die Erwartungen von Gleichgesinnten zu befriedigen. Für die Bilder der Impressionisten gab es dagegen weiterhin ein kleines Publikum von Kennern, die sich so verhielten wie in der Renaissance und im Barock Fürsten und Bischöfe bei der Vergabe von Bauaufträgen.

Wirklich authentische Architektur entstand im 19. Jahrhundert nur dort, wo es keine historischen Vorbilder gab. Das war der Fall

Abb. 46: Die Brücke über den Forth bei Edinburgh (1890)

bei technischen Bauwerken. Auf diesem Felde entstand ab 1883 in
siebenjähriger Arbeit das von den Abmessungen her größte und in
der Wirkung imposanteste Bauwerk des Jahrhunderts, die Brücke
über den Forth bei Edinburgh. Um die Originalität des technischen
Wunderwerks richtig würdigen zu können, muß man wissen, daß
die Brücke zunächst als Hängebrücke mit Pfeilern von 168 Metern
Höhe geplant war. Doch als dann 1879 die Brücke über den Tay
einstürzte, wurde der Entwurf als zu riskant empfunden. So entwickelte ein neues Team die heutige Brücke (Abb. 46), die mit ihren
gespreizten Stützpfeilern die Torsionskräfte auffängt, die der
Taybrücke zum Verhängnis wurden.

Skulptur

Die in England schon in früheren Jahrhunderten schwach entwickelte Bildhauerei glänzt im 19. Jahrhundert durch völlig Abwesenheit, jedenfalls qualitativ. Rein quantitativ gab es dagegen eine
unerhört reiche Produktion. Doch beschränkte sich diese auf
Denkmäler und Grabskulpturen, die dem Zeitgeschmack naturgemäß besonders stark verpflichtet waren, da es bei solchen Monu-
menten nicht darauf ankam, ästhetische Bewunderung zu wecken,

Abb. 47: Sir Edwin Landseer, *Würde und Dreistigkeit* (1839)

sondern ein ethisches Gefühl auszudrücken, nämlich die Wertschätzung für den verehrten Toten. Die Ethisierung der Kunst ist aber seit je eine Hauptquelle des Kitsches. Ein charakteristisches Beispiel für die Situation im viktorianischen England ist die Entstehung des Monuments zu Ehren des Grafen Wellington, des Siegers von Waterloo. 1856 wurde ein Wettbewerb für die Errichtung eines 20000 Pfund teuren Denkmals ausgeschrieben, das unter einem der großen Gewölbebögen der St.-Pauls-Kathedrale stehen sollte. Den Auftrag erhielt schließlich Alfred Stevens, obwohl er bei dem Wettbewerb nur auf Platz sechs gelandet war. Da man die Sieger des Wettbewerbs honorieren mußte, wurden ihm 6000 Pfund von der ursprünglichen Summe abgezogen. Ohne die Einzelheiten näher darzulegen, geht schon aus dem ungewöhnlichen Verfahren hervor, daß für die Skulptur andere als nur ästhetische

Abb. 48: Georg Fredrick Watts, *Die Hoffnung* (1886)

Kriterien galten. Eben deshalb spielte sie in der Kunst des 19. Jahrhunderts eine so geringe Rolle.

Malerei

Ähnlich epigonal wie die Architektur war die Hauptmasse der viktorianischen Malerei. Auch hier konnten die Auftraggeber zwischen verschiedenen Richtungen wählen. Die Anhänger des aufgeklärten Liberalismus bevorzugten einen an der Renaissance orientierten Klassizismus, wobei zu den traditionellen klassischen Motiven jetzt noch orientalische hinzukamen. Waren schon vorher mythologische Themen die Legitimation für die Darstellung nackter Frauen, so dienten jetzt Haremszenen und tanzende Bajaderen dem gleichen Zweck. Die erfolgreichsten auf diesem Felde waren

Abb. 49: Eyre Crowe, *Mittagspause in Wigan* (1874)

Fredric Leighton (1830–96), der kurz vor seinem Tode sogar in den Adelsstand erhoben wurde, sowie Sir Lawrence Alma-Tadema und Edward Poynter. Leighton malte in Rom eine Reihe von Frauenbildern, für die Nanna Risi Modell stand, die deutschen Museumsbesuchern durch Bilder von Anselm Feuerbach vertraut ist. Noch höher hinaus wollte George Fredrick Watts (1817–1904), der in seinen Allegorien tiefe Wahrheiten auszudrücken versuchte, was heute meist als Kitsch empfunden wird. Sein Bild *Hoffnung* (Abb. 48) zählte lange Zeit zu den höchstgeschätzten englischen Bildern des späten 19. Jahrhunderts.

Das konservative Lager neigte eher zu romantischen Bildern, die Szenen aus der Artussage und dem Mittelalter darstellten, oder zu sentimental-realistischen Genreszenen, die sich an Niederländern wie Teniers orientierten. Bilder des letztgenannten Typs hatte Sir David Wilkie (1785–1841) popularisiert. An Beliebtheit wurde er noch von Edwin Landseer (1802–73) übertroffen, der sich vor allem auf Tierbilder spezialisierte. Er übertrug das Niedliche und Gemütliche der Genremalerei auf die Welt der Tiere und wurde dadurch nicht nur zum populärsten Maler seiner Zeit, sondern zum Lieblingsmaler von Königin Viktoria. Sein röhrender Hirsch, *The*

Monarch of the Glen, befriedigt das gleiche Bedürfnis noch sentimentalisierter Erhabenheit wie die unzähligen Hirsche über deutschen Biedermeiersofas. Noch typischer für die Zeit ist sein Bild *Würde und Dreistigkeit* (Abb. 47), das die viktorianische Vorliebe für Hunde ansprach. Wie Stubbs im 18. Jahrhundert das für die Gentry charakteristische Haustier, das Pferd, auf unzähligen Bildern verewigte, so Landseer den Hausgenossen bürgerlicher Familien, den Hund.

Nur selten gab es neben sentimentaler Verniedlichung und ästhetisierender Überhöhung auch Versuche der realistischen Wiedergabe zeitgenössischer Wirklichkeit. Wie gering deren Anteil an der Gesamtproduktion war, geht daraus hervor, daß in sozialgeschichtlichen Darstellungen des viktorianischen England mit großer Regelmäßigkeit ein und dasselbe Gemälde eines nahezu unbekannten Malers abgebildet wird, der nicht einmal im *Oxford Companion to Art* erwähnt wird. Es ist das Bild *Mittagspause in Wigan* (1874) von Eyre Crowe (1824–1910). Crowe war in erster Linie Historienmaler. Das Kompositionsverfahren der Historien übertrug er auf das um Realismus bemühte Bild von Arbeiterinnen, die vor der Fabrik ihr Mittagsmahl einnehmen (Abb. 49). Wegen der Seltenheit solcher Darstellungen wird das Bild allgemein geschätzt. Dennoch ist unverkennbar, daß auch Crowe die Wirklichkeit schönt; denn die auf dem Bild versammelten Mädchen sind allesamt hübsch, sauber, adrett gekleidet und von gepflegten Manieren. Henry Mayhew, der unbestechliche Chronist der viktorianischen Verhältnisse, hätte auf dem Bild vermutlich sein England nicht wiedererkannt.

Karikatur

Am originellsten und wohl auch am englischsten ist die englische Malerei des 19. Jahrhunderts auf dem Gebiet der Karikatur. Die großen Vorläufer aus dem 18. Jahrhundert – Hogarth, Gillray und Rowlandson – fanden hier in George Cruikshank (1792–1878) einen würdigen Nachfolger. Als 1841 die satirische Zeitschrift *Punch* gegründet wurde, eröffnete sich ein breites Betätigungsfeld für eine ganze Phalanx von Karikaturisten, aus der John Tenniel (1820–1914) und George du Maurier (1834–96) besonders herausragen. In *Punch* fand der skurrile, anarchisch-respektlose Humor der Briten seinen typischen Ausdruck. Anders als die deutsche

Karikatur, die entweder moralisiert oder Gemütlichkeit anstrebt, hat die englische selten eine frontal attackierte Zielscheibe. Sie ist mit ihrer Vorliebe für hinterlistige Nackenschläge aber auch nicht gemütlich. Vielmehr drückt sich in ihr ein individualistisches Freiheitsverlangen aus, das jede Autorität vom Sockel zu stoßen versucht. Allerdings muß man hinzufügen, daß in viktorianischer Zeit selbstverständlich die Autorität der Moral, zumal der sexuellen, strikt respektiert wurde. Vielleicht war dies der Grund dafür, daß der englische Humor in dieser Zeit die Flucht in den Nonsens entdeckte. Edward Lear und Lewis Carroll alias Charles Lutwidge Dodgson kreierten diesen spezifisch englischen Ausdruck von Humor sowohl in sprachlicher als auch in zeichnerischer Form. Nonsens ist die radikale Absage an jede sinnstiftende Autorität, doch ohne dabei die alles entscheidende Autorität, die der Moral, zu verletzen. Selbst da, wo die Grenze zum Nonsens noch nicht überschritten wird, pflegten die Karikaturisten des Punch eine spürbare Nähe zu ihm, und zwar in Form von Skurrilität. Während Hogarth noch den moralisierenden Säbel schwang, liebten die Zeichner des *Punch* den hinterlistigen Stich mit nadelfeinem Florett.

Die Präraffaeliten

Aus dem Meer des gefälligen Epigonentums der viktorianischen Zeit ragt wie eine Insel die *Pre-Raphaelite Brotherhood* heraus. Unter diesem Namen schlossen sich 1848 die Maler John Everett Millais, Dante Gabriel Rossetti und William Holman Hunt zusammen. Wenig später kamen noch Rossettis Bruder William Michael und die Maler T. Woolner, Frederick George Stephens und James Collinson hinzu. Der Bruderschaft eng verbunden waren außerdem Ford Madox Brown, William Dyce, Henry Wallis, Arthur Hughes, Edward Burne-Jones und William Morris. Das Motiv für die Gründung der Bruderschaft war die Sehnsucht nach einer Malerei, die wieder originell, authentisch und seriös sein sollte, statt sich in der akademisch perfekten Nachahmung alter Meister zu erschöpfen, noch dazu, wenn deren Kunst zur bloßen Repräsentation konfektioniert oder zur Befriedigung sentimentaler Bedürfnisse verniedlicht wurde. Doch anders als Gustave Courbet und die über ihn hinausgehenden Impressionisten, die nach vorn schauten und Originalität in der radikalen Vollendung des Realismus suchten, richteten die Präraffaeliten den Blick zurück und nahmen sich die Frühzeit der Renaissance zum Vorbild, in der sie das Ideal einer vom Akademismus noch unverdorbenen Kunst beispielhaft verkörpert sahen.

Die Zentralfigur der Gruppe war Rossetti, der als einer der bedeutendsten Lyriker seiner Zeit auch einen wichtigen Platz in der englischen Literaturgeschichte einnimmt. Als Maler ist er der wohl charakteristischste Vertreter der Gruppe, wenngleich selbst seinen späten Bildern noch etwas technisch Unvollkommenes und Dilettantisches anhaftet. Darin erinnert er an Blake, den er als einer der ersten wiederentdeckte. Das Charakteristische an seinen Bildern ist im Formalen die starke Betonung der Linearität und im thematischen das Hin- und Hergerissensein zwischen anfänglicher Religiosität und dann immer stärker werdender erotischer Sinnlichkeit (Abb. 44 und 45). Das Motiv der dämonisierten Frau in Gestalt von Venus, Astarte, Proserpina, Pandora oder einer ähnlichen Figur aus der Literatur zieht sich durch seine Bilder wie eine Obsession. Alle seine Frauen haben den gleichen, zwischen Unschuld und Verführung changierenden schmachtenden Gesichtsausdruck. Obgleich ihm dafür mehrere Frauen Modell standen, formte er sie alle zu einem sehr ähnlichen Typ, wobei der sinnliche Mund mit dem ausgeprägten Amorbogen wie ein Markenzeichen wirkt.

Rossettis erstes Modell war die spirituelle, selber malende und schreibende Lizzie Siddal, die er 1860 aus Pflichtgefühl heiratete, obwohl er sie schon nicht mehr liebte und sich viel mehr zu der sinnlichen Fanny Cornforth hingezogen fühlte. Lizzie nahm sich zwei Jahre später mit einer Überdosis Opium das Leben, worauf Rossetti sein Schuldgefühl dadurch zu betäuben versuchte, daß er als Sühneopfer alle seine bis dahin geschriebenen Gedichte in ihren Sarg legte und mit ihr begrub. Später verliebte er sich in ein anderes Modell, Jane Burden, die aber William Morris heiratete. Inwieweit er zu ihr auch danach noch ein intimes Verhältnis unterhielt, ist umstritten. Jedenfalls regte Jane erneut seine dichterische Ader an, weshalb er 1869 das Grab Lizzies öffnete und seine exhumierten Gedichte veröffentlichte.

Der technisch vollkommenste Maler der Gruppe war John Everett Millais, was ihm als Künstler zum Verhängnis wurde, während es ihm finanziell ein Vermögen einbrachte. Nachdem er eine Reihe bedeutender Bilder im ursprünglichen Geist der Bruderschaft geschaffen hatte, verführte ihn die Nachfrage nach seinen süßlichen Kinderbildern zu einer nahezu fabrikmäßigen Herstellung gefälliger Dutzendware, wobei ihm das Copyright für massenhaft verkaufte Drucke noch weit mehr einbrachte als seine stark nachgefragten Ölbilder. Weit weniger erfolgreich war dagegen Ford Madox Ford, der sprödeste Maler der Gruppe, der zudem noch sehr langsam arbeitete, so daß er öfter in Not geriet, obgleich auch seine Bilder erstaunlich hohe Preise erzielten. Am längsten lebte William Holman Hunt, der sich deshalb in zunehmendem Maße – sicher zu Unrecht – als das geistige Haupt der Bruderschaft betrachtete. Er ist derjenige, der die ursprünglich für die Gruppe charakteristische religiöse Ausrichtung am konsequentesten beibehielt.

Die größte Nachwirkung hatte William Morris, der als Maler nur ein einziges Bild vollendete und sich danach ganz der Erneuerung des Kunstgewerbes widmete. Aus seiner Werkstatt kamen dekorative Entwürfe für Möbel, Tapeten, Bucheinbände und vieles mehr, wodurch er zu einem Ahnherrn des Jugendstils wurde. Wie Rossetti war Morris Dichter und bildender Künstler zugleich. Daneben war er aber auch noch bekennender Sozialist, der anläßlich des *Bloody Sunday* vom 13. November 1887 vorübergehend sogar in Polizeigewahrsam geriet. Obgleich er einiges von Marx gelesen hatte, ist sein Sozialismus meilenweit von dessen Theorie entfernt. Nicht die progressive, auf die Weltrevolution ausgerichtete Sicht Marxens prägte das Denken der Präraffaeliten, sondern der auf das Mittelalter und die Gotik gerichtete Blick John Ruskins, der sich zum Fürsprecher der Bruderschaft machte, noch bevor er deren Mitglieder persönlich kennenlernte.

Bemerkenswert an den Präraffaeliten ist, daß sie trotz ihres bewußt gewählten Außenseitertums kaum Mühe hatten, ihre Bilder zu verkaufen. Fast alle erzielten Preise, die denen der akademischen Malerfürsten kaum nachstanden. Während die französischen Impressionisten echtes Neuland eroberten, boten die Präraffaeliten eine Kunst, die zwar auf die gewohnte akademische Glätte und Gefälligkeit verzichtete, thematisch und stilistisch aber einer Tradition entstammte, die dem gutsituierten gebildeten Bürgertum durchaus vertraut war. Insofern haben sie kaum wirklich Neues geschaffen. Man könnte sie eher mit jenen viktorianischen Puristen vergleichen, die die gotischen Kathedralen von allen barocken und klassizistischen Zutaten reinigen ließen, worauf diese Bauten dann zwar authentischer wirkten, zugleich aber auch anachronistischer.

Neues schuf nur Morris, dessen Kunsthandwerk auf Inhalte weitgehend verzichtete und statt dessen eine dekorative Formensprache entwickelte, die den bis heute anhaltenden Siegeszug des Designs einleitete. Sein Impuls wurde vom Jugendstil aufgenommen, der seine nachhaltigste Ausformung auf britischem Boden von dem Schotten Charles Rennie Mackintosh (1868–1928) in Glasgow empfing.

Darwin

Wahscheinlich hat kein wissenschaftliches Werk die Menschen tiefer beunruhigt als Darwins *On the Origin of Species by means of Natural Selection, or the Preservation of Favoured Races in the Struggle for Life* (1859). Als Kopernikus verkündete, daß die Erde nicht im Zentrum des Universums stehe, sondern ein kleiner Planet sei, der sich um die Sonne drehe, konnte der Mensch sich noch immer als Krone der Schöpfung und als Macher seiner Geschichte verstehen; und alle späteren wissenschaftlichen Entdeckungen, von Newtons Gravitationsgesetzen bis zur Kernspaltung, bestärkten das Bild vom modernen Prometheus, dem zwar wie Goethes Zauberlehrling die eigene Schöpfung entgleiten konnte, der aber trotz allem der uneingeschränkte Herrscher über die Natur war. Selbst Freud, der zeigte, wie das bewußte Ich durch das unbewußte Es bedrängt wird, entwickelte seine Psychotherapie mit dem Ziel, eben dieses Ich zu stärken und vom Unbewußten zu emanzipieren. Darwins Theorie hingegen nahm dem Menschen die Rolle des Produzenten und degradierte ihn zum Produkt. Wie sehr ihn dies selber beunruhigte, zeigt sich daran, daß er die Publikation seiner Theorie lange hinausschob und in dem 1859 erscheinenden Buch den Menschen noch ganz ausklammerte. Erst 1871 wandte er in *The Descent of Man* die Theorie auf die Entwicklung des Menschen an und legte wissenschaftlich dar, was jeder aufmerksame Leser schon aus dem ersten Buch herauslesen konnte.

So sensationell Darwins Theorie wirkte, so wenig neu war der Evolutionsgedanke an sich. Schon sein Großvater Erasmus hatte in seinem langen Lehrgedicht *The Botanic Garden* (1791) und in der wissenschaftlichen Prosaabhandlung *Zoonomia* (1794–96) eine Gesamtschau der Natur im Sinne eines ständigen Evolutionsprozesses dargelegt. Als der Enkel Charles 1831 Vizeadmiral Fitzroy auf der *Beagle* auf einer fünfjährigen Forschungsreise rund um den Erdball begleitete und dabei das Material für seine spätere Theorie sammelte, war der Evolutionsgedanke bereits ein Gesprächsthema aufgeklärter Kreise. Was Darwin dem Grundgedanken einer auf Optimierung angelegten Entwicklung der Arten hinzufügte, war die „natürliche Zuchtwahl", die auf dem Prinzip des *Survival of the fittest* beruht. Interessanterweise stammt der letztgenannte Ausdruck nicht von Darwin selber, sondern von Herbert Spencer, der ihn in *Principles of Biology* (1865) zuerst formulierte. Ganz offensichtlich war der Gedanke eines erbarmungslosen Überlebenskampfes aller gegen alle das, was Darwin so lange mit der Veröffentlichung zögern ließ, nachdem er den Kern der Theorie bereits 1838 formuliert hatte. Einem von der Theologie herkommenden Wissenschaftler wie ihm mußte es in der Tat schwerfallen, sich zu einer solchen Sicht der Natur durchzuringen. Deshalb suchte er zwei Jahrzehnte weiter nach Beweismaterial, um die Theorie absolut wasserdicht zu machen. Erst als ein anderer Naturforscher, Arthur Russell Wallace, 1858 auf einer Forschungsreise in die Südsee den gleichen Gedanken hatte und ihn Darwin mitteilte, entschloß dieser sich zur Publikation seines Buches. Wallace war fair genug, Darwin das Erstgeburtsrecht zuzugestehen, da dieser das weitaus umfassendere Belegmaterial vorlegen konnte.

Was das Prinzip der „natürlichen Zuchtwahl" für Darwin selber und erst recht für das viktorianische Publikum so irritierend machte, war, daß man damit einerseits zwar die imperiale Entfaltung der weißen Herrenrasse biologisch rechtfertigen konnte, daß es andererseits aber den rücksichtslosen Wettbewerb zum Naturgesetz erklärte, der just zu der Zeit von allen Seiten als das Erzübel des Industriekapitalismus beklagt wurde. Schon der Spätromantiker Tennyson hatte erkannt, daß die Natur nicht die heile und heilende Sphäre ist, zu der Wordsworth sie verklärt hatte. In seinem zwischen 1833 und 1850 entstandenen meditativen Gedicht *In Memoriam A. H. H.* nennt er sie „rot an Zähnen und Klauen". Jetzt war wissenschaftlich bewiesen, daß der Mensch nur deshalb existiert, weil er sich im Kampf ums Dasein durchsetzen konnte, wobei dieser Triumph schon beim nächsten Auftauchen eines stärkeren Wettbewerbers zunichte werden kann. Kein Wunder, daß dies die zwischen Optimismus und Melancholie, zwischen Materialismus und Idealismus hin- und hergerissenen Viktorianer zutiefst beunruhigte.

Fin de siècle – Unruhe und Müdigkeit

In den letzten Jahrzehnten des Jahrhunderts ging der viktorianische Zwiespalt immer weiter auseinander. Der pragmatische Optimismus steigerte sich zu imperialem Überlegenheitsgefühl, für das nach einem patriotischen Music-Hall-Lied von 1878 der Ausdruck *jingoism* aufkam, während die Melancholie in eine Stimmung allgemeiner kultureller Erschöpfung überging. So prägten Unruhe und Müdigkeit die Kultur der Zeit gleichermaßen. Großbritannien stand auf dem Gipfel seiner Macht. Fast jede Familie der Mittelklasse hatte Verwandte, die irgendwo in Indien oder Afrika Dienst taten und so an der imperialen Machtentfaltung beteiligt waren. Die Alltagskultur der Zeit war durchsetzt von Kolonialimporten, die ihren Niederschlag sogar im englischen Wortschatz fanden. Man aß Mulligatawnysuppe und Chutney, baute sich Bungalows und spielte Polo. Dies sind nur vier der zahlreichen Dinge, die von Indien nach England kamen. In den Kolonien selber praktizierten die Engländer, im Unterschied zu Franzosen und Portugiesen, strikte Segregation. Privater Kontakt zu den Eingeborenen war verpönt. Natürlich waren sexuelle Beziehungen gang und gäbe. Doch wenn diese durch Eheschließung offiziell gemacht wurden, war der englische Partner sozial geächtet. Das verstärkte selbst in den Augen der Kolonialvölker die Aura der Überlegenheit, die die Kolonialherren umgab, und erleichterte diesen die Aufrechterhaltung ihrer Macht. Die Aura wirkte zugleich aber auch zurück auf das Mutterland und führte hier zur Ausbildung eines britischen Überlegenheitsgefühls, das von den kontinentalen Nachbarn mit Irritation und wachsender Ablehnung wahrgenommen wurde.

Während im englischen Weltreich, wie einst in dem Karls V., die Sonne nie unterging, begann sich die Sonne im Mutterland allmählich zu verdunkeln, was aber nur wenige Engländer bemerkten. In den siebziger Jahren setzte etwas ein, was von Historikern zeitweilig als *the Great Depression* bezeichnet wurde. Die Wachstumskurve der englischen Wirtschaft begann sich abzuflachen, und die Hauptkonkurrenten Amerika und Deutschland zogen auf immer mehr Feldern der Industrieproduktion an England vorbei. Zudem wurde das seit Jahrzehnten bestehende Defizit in der Handelsbilanz immer größer, so daß das Land eigentlich über seine Verhältnisse lebte. Doch das beunruhigte nur die Fachleute; denn was bei den sichtbaren Exporten fehlte, wurde durch die unsichtbaren Leistungen der Banken und Versicherungen sowie durch die Handelsflotte mehr als wettgemacht. Außerdem flossen unaufhörlich die Gewinne aus Kolonialinvestitionen zurück ins Mutterland. Trotz stagnierendem Wachstum stiegen die Löhne, so daß allenfalls Großkapitalisten ein Sinken ihrer Erträge beobachteten.

Dennoch blieb die schleichende Krise nicht unbemerkt. Um die englischen Produkte gegen ausländische Konkurrenz zu schützen, erließ die Regierung 1887 das *Merchandise Marks Act*, das auf jedem Produkt die Angabe des Herkunftslandes verlangte. Fatalerweise bewirkte das aber, daß die Angabe *made in Germany* schon bald als Qualitätszeugnis empfunden wurde, was E. E. Williams 1896 dazu veranlaßte, seinen Landsleuten die neue Gefahr in einem Buch vor Augen zu halten, das ebendiesen Titel trug. Beunruhigender als die wirtschaftliche Erlahmung war das Knistern im Gebälk des Empires. Der erste Burenkrieg von 1880–81 war nicht mehr als ein Scharmützel, doch er kündigte weitere Spannungen an, die sich im zweiten Burenkrieg von 1899–1902 entluden. Auch diesen Krieg konnte England für sich entscheiden, doch mit höheren Verlusten als auf der Gegenseite. Im Inland trug die Home-Rule-Debatte um Irland gleichfalls zur Unruhe bei, so daß von Müdigkeit eigentlich nichts zu spüren sein sollte. Und doch machte sich gegen Ende des Jahrhunderts, wie überall in Europa, Endzeitstimmung breit. Es war nicht Angst vor dem Weltuntergang, sondern ein Gefühl von kultureller Erschöpfung. Hundert Jahre früher hatten die Menschen mit hoffnungsvoller Erwartung dem neuen Jahrhundert entgegengesehen, von dem sie mehr Freiheit, mehr Wissenschaft und Philosophie und dazu eine Kunst erhofften, die an die Stelle der abgedankten Religion treten würde. Am Ende des 19. Jahrhunderts aber hatte die Wissenschaft den Menschen zum Nachkommen des Affen degradiert, die Freiheit war der armselige Spielraum, den gesellschaftliche Zwänge und die Erbgesetze dem Individuum ließen, die Philosophie schwankte zwischen Pessimismus und Nihilismus, und die Kunstschaffenden hatten das Gefühl, daß in allen Bereichen das Höchste längst erreicht war. Auf diese Mischung von Unruhe und Müdigkeit konnte man auf unterschiedliche Weise reagieren.

Ästhetizismus

Als Ausweg aus der Vulgarität der industriellen Konsumgesellschaft bot sich die Kunst an; denn sie schafft Gegenstände von zeitloser Schönheit, die nicht verzehrt werden. Der Genuß der Schönheit wiederum bewirkt die Ewigkeit des erfüllten Augenblicks, während Konsum nur gesättigte Leere zurückläßt. Das Programm für diesen Fluchtweg hatte Walter Pater mit seinem Buch *Studies in the History of the Renaissance* (*Studien zur Geschichte der Renaissance*, 1873) geliefert. Wer nicht dem ethischen Programm Carlyles und der ästhetisierten Ethik Ruskins folgen wollte, fand bei Pater das Credo eines moralfreien Ästhetizismus.

Der prominenteste Künstler, der diesen Weg einschlug, war Oscar Wilde, der die Rolle des amoralischen Dandys so virtuos spielte, daß durch ihn das englische *Fin de siècle* viel dekadenter wirkt als es tatsächlich war; denn die große Masse der spätviktorianischen Engländer hielt sich, vor allem im Vergleich mit den in ihren Augen moralisch verdorbenen Franzosen, für durch und durch gesund. Vermutlich entschied sich Wilde nur darum für die Rolle des amoralischen Rebellen, weil er als Ire und Homosexueller in doppelter Hinsicht Außenseiter war. Es mutet wie bittere Ironie an, daß Wildes Flucht aus der bürgerlichen Enge nicht in der ersehnten Freiheit, sondern im Gefängnis endete, zu dem er wegen homosexuellen Verkehrs verurteilt wurde. Er hatte die allgemeine Libertinage der ihn umgebenden Gesellschaft fälschlich für Liberalität gehalten.

Zur kleinen Schar der englischen *decadents* gehört noch der Zeichner Aubrey Beardsley, der durch die Illustrationen zu Wildes Salome und durch Zeichnungen für die Zeitschrift *Yellow Book*, das Zentralorgan des Ästhetizismus, berühmt wurde. Doch er starb bereits im Alter von fünfundzwanzig Jahren.

Wer nicht den Fluchtweg in die Kunst um der Kunst willen einschlagen wollte, dem blieb als andere Alternative, auf die geduldige Verbesserung der Gesellschaft hinzuarbeiten. Diesen Weg wählte die 1884 gegründete *Fabian Society*, die sich nach Quintus Fabius Maximus benannte, der als Cunctator, d. h. Zauderer, in die römische Geschichte einging. Schon dadurch gab die Gesellschaft zu erkennen, daß sie nicht auf Revolution, sondern auf Evolution setzte. In der *Fabian Society* versammelten sich einige der aufrechtesten Geister der Zeit, unter denen das Ehepaar Beatrice und Sidney Webb wegen ihres unermüdlichen sozialreformerischen Einsatzes einen besonderen Platz einnimmt. Die Gesellschaft hatte über ihre engeren Mitarbeiter hinaus weitreichende Ausstrahlung und drückte vor allem der Labour-Partei ihren Stempel auf. Der bekannteste Fabianer ist George Bernard Shaw, der unter dem Einfluß Ibsens das Drama zum Vehikel seiner sozialkritischen Botschaften machte.

Auch außerhalb der *Fabian Society* gab es Literaten, die sich der geduldigen Verbesserung der Gesellschaft durch Kritik widmeten. Zu ihnen zählen vor allem die Romanautoren George Moore und George Gissing, die man als englische Naturalisten bezeichnen könnte. Da aber lange vor ihnen schon die großen Viktorianer Dickens, George Eliot, Elizabeth Gaskell und später Thomas Hardy das gleiche getan hatten, sah die englische Literaturgeschichtsschreibung keine Veranlassung, analog zum Kontinent von einer naturalistischen Phase zu sprechen. Was den kontinentalen Naturalismus Zolascher Prägung charakterisiert, ist die mit Wissenschaftsanspruch betriebene Gesellschaftsanalyse. Da ein solcher Anspruch – im Unterschied zur bloß moralischen Gesellschaftskritik bei Dickens – in England erst gegen Ende des Jahrhunderts aufkam, als durch Darwin, Marx und die analytische Dramentechnik Ibsens ein geschärftes, wissenschaftsähnliches Bewußtsein in die Literatur eindrang, läßt sich diese Spätform des viktorianischen Realismus aber durchaus als Naturalismus bezeichnen.

Wo über die Verbesserung der Gesellschaft nachgedacht wird, ist die Utopie nicht weit. Utopisches Denken hatte es in England immer wieder gegeben, seit Thomas Morus den Namen Utopia prägte; doch waren es meist satirische oder phantastische Darstellungen, die nicht für bare Münze genommen werden wollten. Jetzt aber kamen unter dem Einfluß der sozialistischen Bewegung Utopien auf den Markt, die einen erhofften Gesellschaftszustand als reale Möglichkeit antizipierten. Der literarische Anstoß kam aus Amerika, wo 1887 Edward Bellamys *Looking Backward: 2000–1887* erschien. Das Buch schildert in der Form eines Rückblicks einen Blick nach vorn in eine nahe Zukunft, in der dank der vollen Entfaltung der technischen Produktivkraft alle Probleme gelöst sind. Alle Bedürfnisse werden befriedigt, und die Arbeit ist dank hochentwickelter Technik mit wenig Anstrengung verbunden, so daß es keinen Grund mehr für soziale Unruhe gibt. Bellamys Buch hatte einen ungeheuren Erfolg. Überall in Amerika wurden Bellamy-Vereine gegründet, die sich für seine Ideen einsetzten und sie in die Realität umsetzten, was regelmäßig scheiterte.

Der amerikanischen Utopie des technischen Fortschritts stellte William Morris drei Jahre später die englische Vision der Rückkehr in eine nichtentfremdete, vorindustrielle Gesellschaft gegenüber. Sein Buch *News From Nowhere* beschreibt ein Arkadien, in dem die Industrie samt den Städten verschwunden und das Geld abgeschafft ist. Jeder arbeitet nur noch aus Freude an der eigenen Kreativität und vermehrt die Freude dadurch, daß er die Produkte an die verschenkt, die sie brauchen. Das Merkwürdige an diesem Buch ist, daß es von einem überzeugten Sozialisten und Marxisten stammt. Bei Marx aber wird das Paradies der klassenlosen Gesellschaft – wie bei Bellamy – erst nach dem Durchgang durch die volle Entfaltung der Produktivkraft im Kapitalismus erreicht. Morris dagegen sieht den Schlüssel zur Zukunft in der vorindustriellen Vergangenheit. Dies entspricht exakt der antiindustriellen Mentalität, die sich im viktorianischen England ausgebreitet hatte.

Was bei Morris fiktionales Gedankenspiel ist, versuchte der Gerichtsstenograph und passionierte Weltverbesserer Ebenezer Howard mit seinem Buch *Tomorrow: A Peaceful Path to Real Reform* (1898) in die Tat umzusetzen. Seine darin entwickelte Idee der Gartenstadt wurde rasch aufgegriffen. Schon ein Jahr später wurde eine *Garden Cities Association* gegründet. 1903 entstand mit Letchworth die erste Gartenstadt, der 1920 mit Welwyn Garden City eine zweite folgte. Auch später noch hatte die Gartenstadt-Idee in England und auf dem Kontinent großen Einfluß auf die Stadtentwicklung.

Exotismus

Interesse an den neueroberten Gebieten des Empire war schon früh aufgekommen, doch wurde es hauptsächlich von Abenteuerromanen für jugendliche Leser befriedigt. Jetzt aber verstärkte es sich auch bei den Erwachsenen, weshalb nun auch bedeutende Autoren wie Joseph Conrad das Thema aufgriffen. Für das verstärkte Interesse am Exotischen gibt es einleuchtende Gründe. Hier war noch einmal eine Grenze, an der sich das erleben ließ, was Amerikaner mit dem Begriff *frontier* verbinden. Von den klassischen *frontiers* des Mannes – Kampf, Jagd, Entdeckungsreise und Sexualität – waren die ersten beiden keine realen Möglichkeiten mehr, und auch das Grenzerlebnis der Entdeckung des schlechthin Anderen war nur noch in den schwindenden Regionen des Exotischen möglich. Kein Wunder, daß sich dieses nun mit der letzten, heute noch bestehenden *frontier*, der Sexualität, verband; denn typisch für die exotistische Literatur ist, daß sie das Eindringen in die fremde Welt regelmäßig in mehr oder minder verhüllter Form wie das Eindringen in einen Frauenkörper beschreibt. In Rider Haggards populärem Roman *King Solomon's Mines* (*König Salomons Schatzkammer*, 1885) machen sich drei Engländer auf den Weg, um anhand einer geheimnisvollen Karte den Schatz König Salomons aufzuspüren. Es gehört nicht viel Phantasie dazu, um in der Karte den Umriß eines Frauenkörpers zu sehen. Zwei Berge werden sogar direkt als *Sheba's breasts* bezeichnet. In welcher Höhle der Schatz zu finden ist, läßt sich unschwer erraten. Erstaunlich ist nur, daß die Viktorianer dies offenbar gar nicht bemerkten – oder nicht bemerken wollten. Selbst bei Joseph Conrad, der die exotistische Abenteuerliteratur zu großer Kunst adelte, ist in *Heart of Darkness* (*Das Herz der Finsternis*, 1899) die Erotisierung des Exotischen unübersehbar.

Die Frauenfrage und *the new woman*

Der ersten Emanzipationsbewegung der Frauen im 18. Jahrhundert ging es noch nicht um das Wahlrecht, sondern um gleichberechtigte Teilhabe am gesellschaftlichen Leben und an der Kultur. Auf diesem Felde hatten es die englischen Frauen schon weiter gebracht als ihre kontinentalen Geschlechtsgenossinnen, weshalb diese erste Bewegung eine fast ausschließlich englische Angelegenheit war. Als aber nach 1830 die zweite Emanzipationswelle einsetzte, die in England und Deutschland mit dem Schlagwort *The Woman Question* bzw. ‚die Frauenfrage‘ bezeichnet wird, hatten die Engländerinnen eine schwächere Ausgangsposition, jedenfalls die verheirateten; denn sie wurden wie unmündige Kinder durch ihren Ehemann vertreten. Er verfügte nicht nur über ihr gesamtes Eigentum, sondern sogar über ihre Einkünfte. Es gab Fälle, wo ein trunksüchtiger Ehemann einen Zahlungsbefehl erwirkte, mit dem er den Lohn seiner arbeitenden Frau per Gerichtsvollzieher einforderte. Das Common law definierte die Ehefrau als Teil der juristischen Person des Mannes, der alle Entscheidungen für sie zu treffen hatte. Es war nur ein schwacher Trost für sie, daß sie für ein Verbrechen, das sie in seiner Gegenwart beging, nicht haftbar gemacht werden konnte.

Etwas mehr Recht gewährte den Frauen das Billigkeitsrecht, das es erlaubte, den Besitz der Braut vor der Eheschließung einem Treuhänder zu übergeben und ihn damit vor dem Zugriff des Ehemanns zu sichern. Doch über die Einkünfte aus ihrem Vermögen konnte sie auch dann nicht verfügen. Im übrigen kam diese Möglichkeit ohnehin nur für vermögende Frauen in Frage. Aber auch diese waren in jeder anderen Hinsicht ihrem Ehemann zum Gehorsam verpflichtet. Während dieser sich im Falle eines Ehebruchs der Frau scheiden lassen konnte, mußte sie seine Seitensprünge hinnehmen und selbst physische Mißhandlungen ertragen. Wenn sie ihn dann doch verließ, verlor sie jedes Recht auf Umgang mit den Kindern. Frauen waren von jeder Mitwirkung am öffentlichen Leben ausgeschlossen. Sie durften weder wählen noch öffentliche Ämter bekleiden, und das in einer Epoche, der eine Königin den Namen gab.

Viktoria selber teilte die Überzeugung, daß es die von Gott bestimmte Aufgabe der Frauen und geradezu ihr Privileg sei, am häuslichen Herd eine Sphäre der Sittlichkeit aufrechtzuerhalten und dem Mann ein moralisches Vorbild zu sein. Das einzige, wodurch sie sich um die Frauen verdient gemacht hat, scheint darin bestanden zu haben, daß sie bei der Novellierung des Strafgesetzes gegen Homosexualität die Frauen ausnahm. Als man ihr ein Gesetz vorlegte, in dem auch die Strafandrohung gegen lesbische Liebe enthalten war, soll sie dies gestrichen haben, weil sie meinte, so etwas gebe es gar nicht.

Eine erste Verbesserung der rechtlichen Lage brachte das *Matrimonial Causes Act* von 1857, das der verlassenen oder betrogenen Ehefrau unter gewissen Umständen das Recht der Scheidung gewährte. Von größerer Bedeutung war das *Married Women's Property Act* von 1870 (erweitert 1882), das Ehefrauen das Eigentumsrecht an ihrem Besitz und Einkommen sicherte. Auf das Wahlrecht mußten die Frauen aber noch bis 1918 warten. Inzwischen ging es den Frauen aber nicht nur um formalrechtliche Gleichstellung, sie wollten die reale Möglichkeit, sich im Wirtschafts- und Bildungssystem uneingeschränkt zu entfalten. Dazu mußten sie aber erst einmal die Schranken beseitigen, die sie selbst durch die Verinnerlichung der gesellschaftlichen Normen in ihren Köpfen trugen. Da dies der Münchhausenschen Aufgabe gleichkam, sich an den eigenen Haaren aus dem Sumpf zu ziehen, übernahmen es vor allem fortschrittlich gesinnte Männer, ein neues Frauenbild zu propagieren.

Den Begriff *the new woman* scheint aber dennoch eine Frau geprägt zu haben, nämlich Sarah Grand, die den sehr erfolgreichen Roman *The Heavenly Twins* (*Die himmlischen Zwillinge*, 1893) schrieb, in dem sie sich mit den ungleichen Chancen von Männern und Frauen auseinandersetzt und dabei auch das Problem der sexuellen Selbstverwirklichung anpackt. Im letzten Jahrzehnt kamen zahlreiche Romane heraus, in deren Mittelpunkt Frauen stehen, die sich der Ehe verweigern und dennoch ein erfülltes – in einigen Fällen auch sexuell erfülltes – Leben führen. Die komplexeste dieser *new women* dürfte Thomas Hardys Sue Bridehead aus *Jude the Obscure* (*Juda der Unberühmte*, 1895) sein; denn Hardy zeigt in ihr nicht nur eine geistig emanzipierte, sondern zugleich eine durch die Gesellschaft sexuell verkrüppelte Frau, was einen Skandal verursachte. Einfacher und auf einen positiven Typus reduziert ist Shaws Vivie in *Mrs. Warren's Profession* (*Frau Warrens Gewerbe*,

1893). Sie ist eine junge Frau, die sich durch berufliche Tätigkeit unabhängig macht und auf Sex keinen Wert legt. Insofern wirkt sie eher wie eine moderne Puritanerin als wie eine sich voll verwirklichende Frau.

Während des letzten Jahrzehnts wird in der Literatur heftig um das neue Selbstverständnis der Frau gerungen. Dabei geht der Streit zuweilen quer durch die eigenen Reihen. Offenbar war es schwer, sich auf das neue Rollenprofil zu verständigen. In den meisten Romanen geht es zuerst einmal um die Verweigerung der Ehe, was von Konservativen heftig kritisiert wurde. Das Problem der Beziehung zwischen Mann und Frau auf der Basis völliger Gleichberechtigung, das Ibsen angeschnitten hatte, wird in der englischen Literatur erst von D. H. Lawrence ins Zentrum gerückt. Auch er blieb umstritten. Während die einen in ihm den Macho und Phallokraten sehen, meinen die anderen, daß er sich am meisten für die sexuelle Befreiung beider Geschlechter eingesetzt habe.

Die *Home-Rule*-Debatte

Auch das 19. Jahrhundert endete mit einer Zuspitzung des Irlandproblems. Doch anders als im Falle der beiden vorausgegangenen Jahrhunderte befand sich Großbritannien jetzt nicht im Kriege, so daß es nicht fürchten mußte, der Feind könne durch die irische Hintertür ins Land eindringen. So konnten die Engländer das beweisen, was sie ihrer jahrhundertealten Tradition eigentlich schuldig waren: Liberalität. Die Liberalen taten das auch, indem sie unter Gladstone die *Home-Rule*-Bewegung der Iren unterstützten. Das Verlangen der Iren nach einem eigenen Parlament und einer eigenen Regierung hatte in Irland seit der 1801 aufgezwungenen Vereinigung mit dem Königreich zu immer neuen Kampagnen geführt, die aber auf englischer Seite wenig Gehör fanden. Als 1845 die Kartoffelpest über Irland hereinbrach, die in den Jahren 1845–51 eine katastrophale Hungersnot heraufbeschwor, wurde das politische Problem zeitweilig durch das soziale verdeckt. Fast eine Million Iren verhungerte und etwa 3 Millionen wanderten in den darauffolgenden Jahrzehnten nach Amerika aus, so daß sich bis 1900 die Bevölkerung der Insel von vorher 8,2 auf 4,7 Millionen reduzierte.

Das irische Elend ließ auch die Nachbarn in England nicht kalt, zumal man hier wußte, daß die katastrophale Ernährungslage primär durch die von England aufgezwungene, ungerechte Landverteilung hervorgerufen worden war. Während der Ire Daniel O'Connell, der schon vor der Hungerkatastrophe für die Entlassung Irlands aus dem Vereinigten Königreich agitierte, auf großes Mißtrauen gestoßen war und die noch radikalere Bewegung *Young Ireland* 1848 mit Gewalt unterdrückt wurde, fand der 1875 ins Parlament gewählte Charles Stewart Parnell offenere Ohren. Als Präsident der 1879 gegründeten *Irish Land League* setzte er sich für eine gerechtere Landverteilung und für gesicherte Pachtverhältnisse in Irland ein. Diesem Verlangen kam der liberale Premierminister Gladstone 1881 mit dem *Land Act* nach.

Die weitergehende Forderung nach irischer Selbstregierung konnte Gladstone aber trotz eines zweimaligen Anlaufs im Parlament nicht durchsetzen. Da er im Unterhaus auf die Stimmen der irischen Abgeordneten angewiesen war, war sein Einsatz für die *Home-Rule*-Bewegung nicht ganz uneigennützig. Die Unterstützung der Bewegung in der Bevölkerung war dagegen ein unbezweifelbares Ruhmesblatt des englischen Liberalismus. Da die Iren keinerlei eigene Machtmittel zur Durchsetzung ihrer Forderung hatten, waren die englischen Sympathisanten ihre wirkungsvollste Armee. 1893 brachte Gladstone seine zweite *Home Rule Bill* immerhin durchs Unterhaus, während das Oberhaus die Zustimmung verweigerte. Erst nach der Entmachtung der Lords durch das *Parliament Act* von 1911, das ihnen nur noch ein aufschiebendes Vetorecht von zwei Jahren zubilligte, konnte das Gesetz 1914 verabschiedet werden.

20. Jahrhundert

Zeittafel

1901	Tod der Königin Viktoria.
1901–10	Eduard VII.
1903	Die Suffragette Emmiline Pankhurst gründet die *Women's Social and Political Union*.
1907	Frauen werden zu County- und Borough-Councils zugelassen.
1910–36	Georg V.
1911	Parlament nimmt dem Oberhaus das Vetorecht.
1913	*Cat-and-Mouse Act* verschärft Unterdrückung der Suffragetten.
1914–18	Erster Weltkrieg.
1918	Wahlrecht für Frauen ab 30 Jahren.
1920–22	Krieg zwischen England und Irland.
1922	Gründung des *Irish Free State*.
1926	Generalstreik.
ab 1928	Wirtschaftskrise.
1931	*Statute of Westminster*. Beginn des Commonwealth.
1936	Eduard VIII. Dankt nach 11 Monaten ab.
1936–52	Georg VI.
1938	Münchner Abkommen.
1939–45	Zweiter Weltkrieg.
1944	Landung der Alliierten in der Normandie. *Education Act* von R. A. Butler.
1945	Wahlsieg der Labour-Partei. Beginn des Wohlfahrtsstaats.
1946	Churchill fordert „eine Art Vereinigte Staaten von Europa".
ab 1947	Rigorose Austerity-Politik.
1948	Verstaatlichung der Eisenbahn. National Health Service.
1952–	Elisabeth II.
1956	Suez-Krise.
1957–64	Regierungen unter Macmillan u. Douglas-Home (Kons.).
1964–70	Regierung Wilson (Lab.). Zahlungsbilanzprobleme.
1970–74	Regierung Heath (Kons.).
1973	England tritt der EG bei.
1974	Krisenjahr.
1974–76	Regierung Wilson (Lab.).
1975	EG-Referendum. Hohe Inflation.
1976–79	Regierung Callaghan (Lab.). 78/79 *winter of discontent*.
1979–90	Regierung Thatcher (Kons.). *Thatcherism*.
1982	Falkland-Krieg. Entmachtung der Gewerkschaften.
1990–97	Regierung John Major (Kons.).
1997–	Erdrutschsieg von Tony Blair (Lab.).
1997	Schotten stimmen bei Referendum für eigenes Parlament.

Das 20. Jahrhundert begann für Großbritannien mit dem Burenkrieg und es klingt aus mit Tony Blairs Versuch, seine Wähler zum Euro zu bekehren. Diese Eckpunkte charakterisieren einen tiefgreifenden Wandel in der geopolitischen Blickrichtung, der sich im Vereinigten Königreich im Verlauf des Jahrhunderts vollzog. Im Politischen wurde der Wandel durch die harten Fakten der Weltgeschichte erzwungen. Obwohl Großbritannien aus dem Ersten Weltkrieg als Sieger hervorging, mußte es danach die weltpolitische Führungsrolle an die USA abtreten. 1924 versuchte die britische Regierung, mit einer großen Ausstellung (Abb. 50) den Geist des Empires neu zu beleben, doch schon 1931 mußte sie dem Freiheitsstreben der Dominions nachgeben und mit dem *Statute of Westminster* die paternalistische Struktur des Empires in ein fraternalistisches Commonwealth umformen. Auch aus dem Zweiten Weltkrieg ging das Vereinigte Königreich als Sieger hervor, doch diesmal mit so tiefen Wunden und einer so hohen Schuldenlast, daß es nicht einmal als Mutterland des Commonwealth weltpolitische Macht entfalten konnte. Churchill scheint diesen Machtverlust früh erkannt zu haben, weshalb er als einer der ersten ein Vereintes Europa forderte. Doch als es 1959 zur Gründung der Europäischen Wirtschaftsgemeinschaft (EWG) kam, aus der die spätere Europäische Union hervorgehen sollte, blockte de Gaulle den Beitritt Großbritanniens erst einmal ab. Es dauerte dreizehn Jahre, bis erneute Beitrittsverhandlungen schließlich Erfolg hatten. Der verspäteten Europäisierung auf politischem Gebiet entsprach eine solche auf kulturellem. Schon in der Einleitung zum 19. Jahrhundert wurde gesagt, daß sich in diesem neben der regionalen Identifikation eine britische ausbildete, die sich auf das ganze britische Weltreich erstreckte. Diese Entwicklung setzte sich im 20. Jahrhundert fort, und zwar auch dann noch, als das Empire in das Commonwealth umgeformt wurde. Selbst nach dem Zweiten Weltkrieg, als die Kolonien nach und nach in die Selbständigkeit entlassen wurden, bildete sich ein postkoloniales Bewußtsein der Zugehörigkeit zu einer großen Kulturgemeinschaft aus. Was in der heutigen englischen Literatur geschieht, hat Salman Rushdie mit Anspielung auf die Science Fiction Serie *The Empire Strikes Back* auf die Formel gebracht: „The Empire writes back". Er selbst und andere indische, pakistanische und karibische Autoren haben sich in diese postkoloniale englischsprachige Kultur eingereiht. Insofern wird der englische Blick noch lange über Europa hinaus auf die Regionen des einstigen Weltreichs gerichtet sein, während sich gleichzeitig im Inland die einst ganz auf London konzentrierte Kultur zunehmend regionalisiert und selbst eine Abspaltung Schottlands nicht ausgeschlossen ist. Das Referendum von 1997, in dem sich die Schotten für ein eigenes Parlament und die Waliser für mehr kulturelle Autonomie entschieden, wird man jedoch als Indiz einer beginnenden Entbritisierung und Europäisierung Großbritanniens ansehen müssen.

Highbrow-, middlebrow- und lowbrow-Kultur

Im 20. Jahrhundert kam es überall in den entwickelten Ländern zu einer geradezu explosionsartigen Entfaltung der Massenkultur. Bei Betrachtung der früheren Epochen wurde mehrfach von unterschiedlichen Kulturen gesprochen, die nebeneinander existierten. Es sei nur an die renaissancehaft-progressive, die konservativ-hierarchische und die puritanisch-egalitäre Kultur im elisabethanischen England erinnert. Hier handelte es sich um eine horizontale Ausfächerung der Hochkultur, wobei die ideologische Spreizung dem heutigen Rechts-Mitte-Links-Schema der Politik vergleichbar ist. Nach dem Zweiten Weltkrieg hat der englische Physiker und Romancier C. P. Snow die These von den zwei Kulturen ins Gespräch gebracht, die besagt, daß sich das naturwissenschaftliche und das schöngeistige Denken verständnislos gegenüberstehen und damit zwei gegensätzliche Kulturen darstellen. Der deutsche Soziologe Wolf Lepenies hat den beiden eine dritte Kultur hinzugefügt, die des sozialwissenschaftlichen Denkens. Mögen diese drei Denkweisen auch wenig Verständnis für einander zeigen, so werden sie doch dadurch geeint, daß alle drei von einer kleinen akademischen Bildungsschicht getragen werden. Für die heutige Kultur in ihrer Gesamtheit ist aber nicht die horizontale, sondern die vertikale Spreizung charakteristisch. In England haben sich dafür die Begriffe *highbrow*, *middlebrow* und *lowbrow* eingebürgert, wobei die Rangzuweisung zwar von der *highbrow*-Kultur ausgeht, aber von den beiden anderen stillschweigend anerkannt wird.

Eine Differenzierung zwischen hoher und niederer Kultur gab es natürlich auch früher schon; denn jede der bekannten Hochkulturen ruhte auf einer Volkskultur, die nur deshalb meist übersehen wird, weil Kulturhistoriker sie selten eines Blickes würdigen. Der Unterschied zwischen den beiden besteht vor allem darin, daß sich die Hochkultur im Wettbewerb der Kulturschaffenden stetig verändert, während die Volkskultur ein großes Beharrungsvermögen aufweist und ihr Brauchtum oft über Jahrhunderte hinweg unverändert beibehält. Noch im 19. Jahrhundert ist dieser Dualismus klar ausgeprägt, wenngleich sich jetzt schon zwischen die beiden eine dritte Kultur schob, die im wesentlichen aus herabgesunkenen Elementen der Hochkultur bestand. Diese Populärform der Hochkultur reicht von konventionalisierter Reproduktion über vermarktete Konfektion bis hin zum gefälligen Kitsch. Im 20. Jahrhundert wurde die Volkskultur fast ganz von dieser dritten Kultur verdrängt, so daß an die Stelle einer gleichbleibenden Volkstradition der rasche Wechsel geschmacklicher Moden trat. Der Schlager ist schon vom Begriff her das Paradigma dieses Wechsels; denn er ist das, was einschlägt und im nächsten Jahr vergessen ist. In dem Maße, in dem die Populärkultur an Breite gewann, zog sich die Hochkultur in elitäre Höhen zurück. So konnte es nicht ausbleiben, daß sich dazwischen eine *middlebrow*-Kultur ausbildete, die sich am Wertanspruch der Spitze orientierte, gleichzeitig aber das Verlangen nach Verstetigung befriedigte, das einst die Volkskultur charakterisierte.

Spezifisch für die englische Entwicklung ist, daß diese Kultur hier viel größeren Raum einnimmt als auf dem Kontinent. Das dürfte damit zusammenhängen, daß die englische Gesellschaft im 19. Jahrhundert in jeder Hinsicht homogener war als die der kontinentalen Völker. Die größeren Spannungen in Frankreich und Deutschland sind schon daran abzulesen, daß hier das Jahrhundert durch Revolutionen und Kriege zerschnitten war, was naturgemäß zu Lagerbildungen führt. Dagegen hat in England die breite bürgerliche Mitte bis heute an einer sehr homogenen Kultur festgehalten, deren charakteristisches Merkmal darin besteht, daß sie nicht Bildungserlebnisse, sondern qualitätvolle Unterhaltung sucht. Das Niveau dieser Unterhaltung ist meist höher als in der deutschen Populärkultur, während andererseits die *highbrow*-Kultur bis vor kurzem deutlich weniger experimentierfreudig war als auf dem Kontinent. Das änderte sich erst in der Postmoderne, was mit dem Verlust der alten Homogenität und der Zunahme der Multikulturalität zu erklären sein dürfte. Die *middlebrow*-Kultur ist aber nach wie vor dominant. Typisch dafür sind die immer neuen Literaturverfilmungen, die nicht abreißende Nachfrage nach Biographien und die ausgeprägte *heritage*-Kultur, die nicht nur die Bedürfnisse der Touristen, sondern ebenso die der eigenen Mittelschicht befriedigt.

Daß die englische *middlebrow*-Kultur nicht wie in Deutschland das Stigma der Halbbildung trägt, rührt vor allem daher, daß es in Eingland nie den Bildungsdünkel gab, der für die deutsche Tradition des 19. Jahrhunderts charakteristisch war. Im Gegenteil, eher schwingt im Begriff *highbrow* eine gewisse Geringschätzung mit;

denn er impliziert den Vorwurf, daß jemand mit seiner Bildung zu protzen versucht, was in England traditionell verpönt ist. Während sich in Deutschland im vorigen Jahrhundert ein Diskussionsstil ausbildete, der es den Gebildeten geradezu zur Pflicht machte, ihr hohes Niveau durch komplexen Satzbau und abstraktes Denken zum Ausdruck zu bringen, kultivierten die Engländer das Gegenteil. Hier war *understatement* Pflicht. Je gebildeter einer war, um so mehr stand er unter dem Zwang, sich seine Überlegenheit nicht anmerken zu lassen. Diese schon im frühen 18. Jahrhundert einsetzende Entwicklung hatte jenen spezifisch englischen Stil hervorgebracht, der sich durch Klarheit, Konkretheit und einen Hauch von Selbstironie auszeichnet. Es ist der Stil, der der englischen *middlebrow*-Kultur ihre Qualität verleiht. Literaten wie Somerset Maugham, Graham Greene und der Dichter John Betjeman werden gewöhnlich dieser Kultur zugerechnet, was ihrer Wertschätzung keinen Abbruch tut.

Zu Beginn des 20. Jahrhunderts war der englische Stil noch ganz entschieden am Ideal des Understatement und der Allgemeinverständlichkeit orientiert. Inzwischen aber treiben englische Literatur- und Kulturwissenschaftler die gleiche Hirnakrobatik, die einst als nationales Laster der Deutschen galt. Während diese sich auf dem Hegelschen Hochplateau bewegten, zeigen die heutigen englischen Intellektuellen ihre geistigen Muskeln, in dem sie Foucault, Lacan und Derrida zitierten. Hier hat sich – von den Beteiligten selbst kam bemerkt – ein fundamentaler Stilwandel vollzogen; denn das intellektuelle Muskelspiel, das sich nun überall beobachten läßt, wäre in der ersten Hälfte des Jahrhunderts noch als Angeberei gebrandmarkt worden. Die sozialgeschichtliche Erklärung dafür liegt auf der Hand. Understatement ist eine aristokratische Tugend. Mit dem Schwinden der traditionellen Gentry-Kultur unter Thatcher machte aber die aristokratische Haltungsethik der bürgerlichen Leistungsethik Platz. Nun müssen auch englische Intellektuelle ihre Hirnschwielen zur Schau stellen.

Auto und Telefon

Was die Eisenbahn für das 19. Jahrhundert, bedeutete das Automobil für das 20. Doch während jene die Menschen zusammenführte, indem sie sie zwang, gemeinsam das gleiche Verkehrsmittel zu benutzen, bewirkte dieses das Gegenteil. Es setzte an die Stelle der traditionellen Gesellschaftsreise in Postkutsche und Bahn den Individualverkehr. Damit erhielt die Vereinzelung des Bürgers, die in England früher als im übrigen Europa eingesetzt hatte, einen weiteren Schub. Englands Vorreiterrolle ist unter anderem an einem so banalen Umstand wie dem Linksverkehr abzulesen. Da Männer jahrhundertelang links am Gürtel eine Waffe trugen, bestiegen sie ihr Pferd von links und saßen auf der linken Seite des Kutschbocks. Für einen Kutscher war das Gefährlichste der Straßengraben. Deshalb führte England schon 1835, d.h. rund 65 Jahre früher als irgendein anderes größeres Land, durch einen Highway Act den obligatorischen Linksverkehr ein, weil dann für den links sitzenden Kutscher der Graben gut zu sehen war. Für den Autofahrer ist dagegen das Gefährlichste der Gegenverkehr. Um den sicher im Blick zu haben, wäre Rechtsverkehr günstiger. Da aber der Linksverkehr durch Gesetz bereits festgelegt war, löste man das Problem durch Verlagerung des Fahrersitzes nach rechts.

Die zweite technische Errungenschaft, die die Alltagskultur von Grund auf veränderte, war das Telefon. Obwohl es der Kommunikation dient, fördert es doch zugleich die gesellschaftliche Vereinzelung. Man braucht sich nur die literarische Widerspiegelung der alten und der neuen Kultur anzusehen, um diese Auswirkungen wahrzunehmen. Romane des 18. und 19. Jahrhunderts sind durchweg Gesellschaftsromane, in denen Menschen in ihrer sozialen Einbettung dargestellt werden. Sie kommunizieren miteinander durch Briefe und Konversation. Beides sind Kommunikationsformen, die nach einem gesellschaftlich normierten Code erfolgen, weshalb es im 18. Jahrhundert für das Briefschreiben wie für das geistvolle Gespräch gedruckte Ratgeber gab. Beim Telefongespräch hingegen unterhalten sich zwei Menschen über eine große Entfernung hinweg unter Ausschluß der Öffentlichkeit. Folglich brauchen sie dabei keine Regeln einzuhalten, sondern können sich ganz ungezwungen und privat geben.

Auto und Telefon haben die Privatisierung des bürgerlichen Subjekts vollendet, mit der Folge, daß nun die soziale Entfremdung zum Problem wurde. Romane des 20. Jahrhunderts handeln nahezu ausschließlich davon. Leopold Bloom, der Held von James Joyces *Ulysses*, erlebt einen einzigen Tag in seiner Heimatstadt Dublin wie die Irrfahrt des Odysseus. Interessant ist dabei, daß das Buch von einem Iren stammt und daß auch die anderen typischen Darstellungen des Problems – z. B. Dos Passos' *Manhattan Transfer*, Musils *Der Mann ohne Eigenschaften* und Döblins *Berlin Alexanderplatz* – von Nichtbriten geschrieben wurden. Gerade die Engländer haben länger als die übrigen Nationen an dem sozialen Integrationsmodell des 19. Jahrhunderts festzuhalten versucht. So sehr sie die Entwicklung durch ihre industrielle Revolution befördert hatten, so sehr stemmten sie sich später gegen ihre Auswirkungen.

Im Fall des Automobils zeigte sich die Ablehnung des allzu Technischen lange Zeit in der allgemein als typisch englisch empfundenen Vorliebe für Autos, die entweder sonderbar altmodisch wirken, wie z. B. die Londoner Taxis, oder ein Armaturenbrett aus Edelholz haben und damit dem Lebensstil des Landadels entsprechen. Vielleicht ist dieses im 19. Jahrhundert aufgekommene Bestreben, die von der Industrialisierung geschlagenen Wunden durch *gentrification* zu heilen, der Grund dafür, daß England erst sehr spät mit dem Bau von Autobahnen begann. Bis in die sechziger Jahre wickelte sich der gesamte Motorverkehr auf schmalen und meist sehr gewundenen Landstraßen ab. Trotzdem lagen die Zahlen der Verkehrstoten weit unter den deutschen. Die Ursache dafür lag in der grundsätzlich anderen Einstellung der Briten. Während die Deutschen entsprechend ihrer Leistungsethik das Drängeln für völlig legitim halten, empfinden die Briten es als Gesichtsverlust, da sie eine Haltungsethik verinnerlicht haben, die es ihnen verbietet, sich den Frust über Verkehrsbehinderungen anmerken zu lassen. Das gab dem Autoverkehr in Großbritannien bis vor kurzem einen viel entspannteren Charakter, ja beinahe einen Hauch von Muße. In ländlichen Regionen gibt es auch heute noch das rücksichtsvolle Verkehrsverhalten, das kontinentale Besucher, die den ungewohnten Linksverkehr eigentlich als Streß erleben müßten, paradoxerweise als entspannend empfinden. Inzwischen ist aber auch die britische Insel von einem Netz von

Autobahnen überzogen, und der Verkehr auf ihnen unterscheidet sich kaum noch vom deutschen. Hier gibt es die gleichen Überholmanöver und immer häufiger auch die gleiche Drängelei wie in Deutschland. Eine Besonderheit des heutigen englischen Straßenverkehrs ist der Kreisverkehr anstelle der hierzulande üblichen Kreuzungen. Es mag eine zufällige verkehrspolitische Entscheidung sein, doch scheint es nicht ganz abwegig, auch darin einen Ausdruck englischer Mentalität zu sehen. Ein durch Ampeln geregelter Kreuzungsverkehr muß auf einen Briten wie ein massiver reglementierender Eingriff des Staates wirken. Ein Kreisverkehr dagegen, in den man sich einfädelt, funktioniert nach dem typisch englischen Prinzip des Fair play.

Solche Erklärungsversuche haben immer etwas Fragwürdiges, zumal sie sich prinzipiell nicht beweisen lassen. Doch wenn in einer Nation gewisse Invarianzen in unterschiedlichsten Bereichen hartnäckig wiederkehren, spricht einiges dafür, daß sie Ausdruck nationaler Mentalität sind. So zeigt z.B. die englische Kulturgeschichtsschreibung, daß die Briten stets mehr Interesse am individuellen Einzelfall als an allgemeinen Prinzipien hatten. Das gilt für ihre Rechtsprechung ebenso wie für ihren philosophischen Empirismus. In ihrer Kulturgeschichtsschreibung zeigt es sich in ihrer Skepsis gegenüber Epochenbegriffen, die den Eindruck vermitteln, als seien ,die Romantik' oder ,der Realismus' Wesenheiten. Wenn dies ein so durchgängiges nationales Merkmal ist, dann ist es nicht ganz abwegig, auch die sonderbare Art der elektrischen Sicherung in den Privathaushalten als Ausdruck der Mentalität zu deuten; denn anders als in Deutschland sind elektrische Anschlüsse in einem Haushalt nicht zentral durch einen Sicherungskasten, sondern einzeln an jeder Steckdose gesichert.

Ihre tiefgreifendste Auswirkung auf die Kultur hatten Auto und Telefon dadurch, daß sie den gesellschaftlichen Stoffwechsel um ein Vielfaches beschleunigten. Das 20. Jahrhundert unterscheidet sich von allen früheren durch die enorme Geschwindigkeit auf allen Gebieten der Innovation und des Konsums. In ihm machte die technische Zivilisation größere Fortschritte als in den vorangegangenen neunzehn Jahrhunderten zusammengenommen.

Das *Edwardian Age*

Die Zeit Eduards VII., des Nachfolgers Viktorias, wird als eine eigene Epoche angesehen, die mit dem Beginn des Ersten Weltkriegs zu Ende ging. Die Grundstimmung dieser knapp anderthalb Jahrzehnte läßt sich am besten mit dem englischen Begriff *Indian summer* ausdrücken. Es herrschte eine gelassene, ein wenig melancholische und schicksalsergebene Entschlossenheit, die Abendsonne einer untergehenden Hochkultur zu genießen, bevor die Nacht der neuen Vulgärkultur hereinbricht. Auf die zurückliegende viktorianische Epoche blickte man mit milder Verachtung herab. Man empfand sie als engherzig und *philistine,* ein Wort, mit dem schon Matthew Arnold das Bürgertum seiner Zeit schmähte. Wer das Geld hatte, konnte ohne Paß in jedes europäische Land reisen. Dort herrschte die gleiche Grundstimmung, weshalb man diese Zeit, meist unter Einschluß des *Fin de siècle,* als Belle Époque bezeichnet.

In der Malerei knüpfte der gebürtige Amerikaner John Singer Sargent an die große Tradition der englischen Porträtmalerei an und bediente seine Auftraggeber mit Bildnissen von hoher Malkultur. In der Musik schwelgten Elgar, Holst und Vaughan Williams in Spätromantik; und in der Literatur schuf Henry James seine späten Romane, die voll subtiler Psychologie, doch zugleich eigentümlich zahnlos sind. Auch die frühen Werke von E. M. Forster hatten wenig Biß. Der Bestseller des Jahrzehnts war ein Roman, der 1902 von allen Verlagen abgelehnt und deshalb in ein Theaterstück umgewandelt wurde. Als dieses 1903 in Nottingham mit großem Erfolg aufgeführt wurde, kam 1905 der Roman heraus und wurde ein sensationeller Erfolg. Es war *The Scarlet Pimpernel* der Gräfin Orczy. In der Gestalt dieses Kämpfers gegen die Französische Revolution feierte sich England noch einmal als das Land von Gentlemen, die Siege erringen, ohne sich die Finger schmutzig zu machen. Im Theater schien selbst der bissigste Dramatiker die Zähne verloren zu haben; denn Shaw, der sich im Jahrzehnt davor mit *Mrs. Warren's Profession* noch ein Verbot des Zensors eingehandelt hatte, schrieb jetzt Stücke, die allenfalls den Geist erregten, doch die moralischen Gefühle kalt ließen. Die Lyrik, die in Frankreich mit Baudelaire, Rimbaud und Mallarmé längst Kurs auf die Moderne genommen hatte, orientierte sich in England weiterhin am romantischen Belcanto, das zu Beginn des Weltkriegs noch einmal mächtig anschwoll, als man Trost in einer heilen Kunst suchte. Der 1896 publizierte Gedichtband *A Shropshire Lad* von A. E. Housman war anfangs ein Flop und wurde dann zu einem der erfolgreichsten Bestseller des 20. Jahrhunderts. Auf der Gesellschaft im ganzen lag ein Hauch von Überreife. Während in Paris und Berlin schon die Moderne begann, genoß England den viktorianischen Sonnenuntergang.

Die einzige modernistische Bewegung in England war die, die der Maler und Schriftsteller Wyndam Lewis 1913 unter dem Namen *vorticism* ins Leben rief. Der Name bezieht sich auf einen Ausspruch des italienischen Futuristen Boccioni, der sagte, daß jede künstlerische Schöpfung aus einem emotionalen Vortex (lat. ‚Strudel‘) hervorgehen müsse. Die von den Vortizisten gepflegte Malerei entsprach dem abstrakten und kubistischen Stil, der seit 1907 in Paris aufgekommen war. Doch die von den Vortizisten herausgegebene Zeitschrift *Blast* kam nicht über die zweite Nummer hinaus, und auch die Bewegung selber kam nach Ausbruch des Krieges rasch zum Erliegen. Der Versuch, sie 1920 wiederzubeleben, blieb erfolglos.

Halbherzige Moderne

Betrachtet man das kulturelle Europa des ausgehenden 19. Jahrhunderts aus großer Distanz, dann wirkt England wie ein trutziger Fels, gegen den die Wellen der Moderne vergeblich anbranden. In Frankreich war der Modernisierungsprozeß schon um die Mitte des Jahrhunderts in vollem Gange. Als 1857 Flauberts *Madame Bovary* und Baudelaires *Fleurs du mal* erschienen, hätte es nicht der juristischen Anklagen gegen die beiden Bücher bedurft, um jedem wachen Leser zu signalisieren, daß eine neue Epoche in der Literatur angebrochen war. Die sechs Jahre später folgende erste Ausstellung der Impressionisten im *Salon des refusés* kündigte das gleiche in der bildenden Kunst an. In Deutschland blieben Literatur und Kunst zwar in traditionellen Bahnen, dafür waren es hier die Musik Richard Wagners und die Philosophie Nietzsches, die als revolutionär empfunden wurden. Neuerungen in der Kunst hat es immer gegeben; und seit im späten 17. Jahrhundert in Frankreich darüber gestritten wurde, ob die zeitgenössischen Dichter sich mit den antiken Klassikern messen könnten, war durch diese *Querelle des Anciens et des Modernes* das Wort ‚modern‘ zu einem Kampfbegriff geworden, der von jeder neuen Stilepoche reklamiert wurde. Doch erst die Stilepoche, die sich in der zweiten Hälfte des 19. Jahrhunderts zu formieren begann, nahm den Begriff so entschieden für sich in Anspruch, daß er zu ihrem Namen wurde.

Heute gilt die Moderne als eine abgeschlossene Epoche, die durch die Postmoderne abgelöst wurde. Das wirft die Frage auf, was die Epoche so paradigmatisch modern macht, daß sie diesen Namen verdient. Da die Antwort darauf einen historischen Rückgriff bis zur Romantik erfordert, soll erst einmal eine andere Frage gestellt werden, nämlich die, weshalb sich England so hartnäckig gegen den Modernisierungsprozeß stemmte. Im ganzen 19. Jahrhundert gibt es hier kaum etwas, was sich als Vorbereitung der Moderne bezeichnen läßt, jedenfalls nicht in den Künsten. In der Wissenschaft hingegen hatte Darwins *Origin of Species* einen Modernitätsschub beigesteuert, dessen Folgenschwere sich nur mit der durch Kopernikus ausgelösten Wende im Weltbild vergleichen läßt. Da Darwins Buch im eigenen Land breit diskutiert wurde, ist es um so verwunderlicher, daß Literatur und Kunst nahezu unbeirrt den alten Traditionen folgten. Selbst Autoren wie Thomas Hardy, die aus ihrer viktorianischen Sicherheit geschüttelt wurden, zogen daraus allenfalls inhaltliche, doch kaum künstlerische Konsequenzen. In der Malerei stemmten sich die Präraffaeliten – wie die Impressionisten in Frankreich – gegen die blutlos gewordene akademische Tradition; doch anstatt wie die Franzosen voranzuschreiten, griffen sie weit zurück und versuchten eine Renaissance der Vorrenaissance. Auf dem Gebiet der Musik kam es nicht einmal zu einem solchen rückwärtsgewandten Erneuerungsversuch. Hier begnügte man sich mit spätromantischem Epigonentum. Die Philosophie schließlich war ganz aus dem Rennen. Mit Hume hatte der englische Empirismus seine Möglichkeiten ausgeschöpft, so daß man sich danach nur noch den konkreten Fragen der Soziologie, Ökonomie und Psychologie zuwandte. Wen es dennoch nach Metaphysik gelüstete, der schloß sich der kleinen Schule von Hegelianern an, die in der zweiten Jahrhunderthälfte ohne große Wirkung aktiv waren.

Als die Moderne endlich die Insel erreichte, waren es hauptsächlich Ausländer, die das Neue an Land brachten. Erst 65 Jahre nach den *Fleurs du mal* wurden 1922 in England zwei Leuchtfeuer der Moderne entzündet, Joyces *Ulysses* und T. S. Eliots *The Waste Land*. Doch bezeichnenderweise war der erste ein Ire und der zweite ein Amerikaner. Noch weniger Modernität findet sich in der bildenden Kunst. Der Impressionist Alfred Sisley stammt zwar von englischen Eltern, doch geboren wurde er in Paris, wo er die meiste Zeit seines Lebens verbrachte. J. A. McNeill Whistler, der andere Moderne mit englischem Namen, war Amerikaner. Walter Richard Sickert, der wichtigste Vermittler zwischen französischem und englischem Impressionismus, wurde in München als Sohn irischer und dänischer Eltern geboren. Modernitätsimpulse gingen auf britischem Boden allenfalls von Schottland aus, wo Charles Rennie Mackintosh die Glasgower Schule des Art Nouveau begründete, die den kontinentalen Jugendstil nachhaltig beeinflußte. Auch als die kontinentale Moderne längst ihren Durchbruch hinter sich hatte, folgten ihr die Engländer nur halbherzig und mit großer Verspätung. Erst nach dem Zweiten Weltkrieg gewann die Insel vollen Anschluß an die europäische Entwicklung und stellte sich mit Henry Moore und Francis Bacon an die Spitze der nun schon zu Ende gehenden Bewegung.

Der Grund für Englands Verspätung liegt auf der Hand. In Frankreich wurden die Modernitätsschübe durch die Revolutionen von 1830 und 1848 und durch das Ende des zweiten Kaiserreichs und den Beginn der dritten Republik nach der Niederlage gegen Preußen 1870/71 ausgelöst. In Deutschland war es die 1848er Revolution, auch wenn sie politisch scheiterte. Richard Wagner, der in Dresden auf den Barrikaden gekämpft hatte, war nicht der einzige, der danach den politischen Kampf aufgab und statt dessen seine revolutionäre Energie auf die Schaffung einer „Zukunftsmusik" richtete. Die in der Reichsgründung kulminierende politische Reaktion hemmte den Modernisierungsprozeß vor allem in der bildenden Kunst, die von kaufkräftigen Auftraggebern abhängig war. Um so heftiger entlud sich der aufgestaute Druck in den Krisenjahren um den Ersten Weltkrieg. Von 1910 bis 1925 erlebte die deutsche Kultur ihren eruptivsten Umbruch, der Literatur, Theater, bildende Kunst und Musik gleichermaßen erfaßte.

Ganz anders in England. Hier hatte das Reformgesetz von 1832 wie ein Ventil den revolutionären Druck entweichen lassen, ein Vorgang, der sich 1867 und 1884 noch zweimal wiederholte. Selbst der Erste Weltkrieg brachte keinen Umbruch, da England aus ihm als triumphierender Sieger hervorging. Ein solcher Triumph, der die Überlegenheit Großbritanniens bestätigt hatte, war kaum dazu angetan, den Wunsch nach Modernisierung zu wecken. Nur dem Verlangen der Frauen nach dem Wahlrecht wurde gleich nach dem Krieg stattgegeben, und auch das nur halbherzig, da ihnen das Recht erst ab 30 gewährt wurde.

Die zwanziger Jahre

In Deutschland, zumal in Berlin, waren die zwanziger Jahre eine Dekade von vibrierender Unruhe und explodierender Kreativität. Das gleiche gilt für Amerika, wo der Begriff der *Roaring Twenties* geprägt wurde. Ganz anders in Großbritannien. Zwar wurde auch hier das Jahrzehnt von Arbeitskämpfen durchzogen, die 1926 sogar in einem Generalstreik kulminierten, doch kulturell war vom wilden Leben Berlins und New Yorks wenig zu spüren. Die vorherrschende Stimmung war eher eine Mischung aus Hedonismus, Zynismus und Melancholie.

Typisch für dieses gemäßigte Klima ist der Bloomsbury-Zirkel, der sich schon 1905 formiert hatte und nach dem Krieg noch bis in die dreißiger Jahre die einflußreichste Schaltstelle der englischen Kultur blieb. Der Zirkel traf sich im Haus Virginia Woolfs und ihrer Schwester Vanessa Bell im gutbürgerlichen Londoner Stadtviertel Bloomsbury. Die beiden Töchter Leslie Stephens, die mit Thackeray und Matthew Arnold verwandt und durch ihren Vater, den berühmten Gelehrten und Herausgeber des *Dictionary of National Biography,* von Anfang an mit dem Zentrum der englischen Bildungswelt verbunden waren, konnten schon aus diesen Gründen keine radikalen Neuerer sein, ebensowenig die übrigen Mitglieder des Zirkels, so der Biograph und Essayist Lytton Strachey, der Nationalökonom John Maynard Keynes, der Maler und Kunsthistoriker Roger Fry und der Romancier E. M. Forster. Bezeichnenderweise war der aufsässigste Zeitgenosse, nämlich D. H. Lawrence, nur sehr peripher mit der Gruppe verbunden. Der

Abb. 50: Plakat zu einer Ausstellung von 1924

von der Bloomsbury-Gruppe gepflegte Geist entsprach noch ganz der englischen Gentry-Kultur, wie sie sich in der zweiten Hälfte des 19. Jahrhunderts ausgebildet hatte. Bezeichnend dafür ist, daß Virginia Woolfs berühmtestes Buch, *To the Lighthouse,* nicht wie Joyces *Ulysses* in einer labyrinthischen Großstadt, sondern in einem idyllischen Ferienort spielt.

Zwei Romanautoren haben die Stimmung der zwanziger Jahre in ihren Werken wie Seismographen aufgezeichnet, Aldous Huxley und Evelyn Waugh. Beide stellen die englische Gesellschaft dieser Zeit als einen Tanz auf dem Vulkan dar. Während Huxley satirisch die intellektuelle Leere an den Pranger stellt und implizit nach einer neuen Sinngebung sucht, die er in den dreißiger Jahren im östlichen Mystizismus zu finden glaubte, trauert Waugh, ebenfalls satirisch, der aristokratischen Vergangenheit Englands nach. Bei beiden Autoren ist die amphibische Kultur Englands allenthalben präsent, was schon darin zum Ausdruck kommt, daß ein großer Teil der Romanhandlungen auf Landsitzen spielt. Noch nostalgischer ist die Klage um die untergehende Gentry-Kultur in P. G. Wodehouse' komischen Romanen um den tumben Toren Bertie Wooster und seinen Butler Jeeves.

Während Huxley, Waugh und den meisten ihrer Zeitgenossen die Londoner Stadtkultur als ein Pandämonium darstellen, führt die Suche nach einer gesunden Gegenwelt zu einem wachsenden Interesse am Primitiven. Somerset Maugham hatte bereits in seinem 1919 erschienen Roman *The Moon and Sixpence* einen dem Maler Gauguin nachempfundenen Künstler sein Heil in der Südsee suchen lassen. Andere Autoren wie z. B. Mary Webb fanden die gesunde Gegenwelt im englischen Landleben. Auch D. H. Lawrence suchte nach einer von der Zivilisation noch nicht korrumpierten Lebensform, die er zuerst ebenfalls im bäuerlichen Milieu Englands, später dann in exotischen Regionen und zuletzt wieder in England zu finden hoffte. In seinem letzten Roman *Lady Chatterley's Lover* repräsentiert ein Wildhüter die Gegenwelt zur impotenten und verkrüppelten Industriezivilisation.

Vor dem Krieg hatte Baden-Powell 1908 die Organisation der Boy Scouts gegründet, die als eine Art vormilitärische Ausbildung mit patriotischer Zielsetzung konzipiert war. Nach dem Krieg nahm England Impulse der deutschen Jugendbewegung auf, die das Wandern in freier Natur betonte. Nach deutschem Vorbild wurden nun auch in Großbritannien Jugendherbergen eingerichtet. Zu dieser neuen Form des Naturtourismus leistete das Fahrrad einen wesentlichen Beitrag. Im 19. Jahrhundert war es nur ein kurioses Sportgerät für Individualisten. Jetzt wurde es zu einem weitverbreiteten Fortbewegungsmittel für die Jugend und für die ärmeren Schichten. Vor allem aber war es ein Gerät, das den Menschen in die freie Natur transportieren konnte, die durch andere Verkehrsmittel nicht zu erreichen war. Auch in Großbritannien zeigten sich Ansätze dessen, was in Deutschland mit der Formel ‚Blut und Boden' bezeichnet wird. Das änderte sich in den dreißiger Jahren. Vielleicht war es der Widerstand gegen den heraufziehenden Faschismus, der die englische Lust am Primitiven abkühlte. Jedenfalls fand Stella Gibbons mit ihrem Roman *Cold Comfort Farm* (1932), einer Satire auf die *primitive school* à la Mary Webb, ein zustimmendes Publikum. Die Gentry-Kultur wirkte aber dennoch fort und machte erst in der Postmoderne unter Thatcher einer neuen Urbanität Platz.

Die dreißiger Jahre

Die dreißiger Jahre vibrierten von Kriegsfurcht. Ganz Europa befand sich im Spannungsfeld von Faschismus und Antifaschismus, wobei letzterer mangels einer anderen Option meist mit Sozialismus gleichgesetzt wurde. Obwohl der Faschismus durch die von Sir Oswald Mosley 1932 gegründete *British Union of Fascists* auch auf der Insel zum Ausbruch kam, fand er wenig Zulauf. Bei einem Marsch von 1900 faschistischen Schwarzhemden 1936 durch das Londoner East End standen diesen 100 000 Gegendemonstranten gegenüber. Auch für den Sozialismus, jedenfalls den stalinistischer Prägung, fand sich wenig Unterstützung. England saß auf der Zuschauerbank und beobachtete irritiert die Geschehnisse auf dem Kontinent.

Während die große Masse sich eher für das Problem der Arbeitslosigkeit interessierte, genoß die Mittelschicht ein Kulturleben, das das Weltgeschehen kaum zur Kenntnis nahm. So wurde das Theater von typischen Westend-Komödien beherrscht, deren großer Meister Noël Coward war. Die Mehrzahl der Stücke war aber von seichterer Art. Typisch für das ernsthafte Lager waren nicht politisch engagierte Autoren, sondern der inzwischen zum Anglo-Katholizismus konvertierte T. S. Eliot, der sich um die Wiederbelebung des poetischen Dramas bemühte. Sein erster großer Erfolg auf diesem Felde war das oratorienhafte Stück *Murder in the Cathedral (Mord im Dom)*, das 1935 an der Stelle uraufgeführt wurde, wo nach der Überlieferung der historische Kern des Stückes, die Ermordung Thomas Beckets, stattfand, nämlich in der Kathedrale von Canterbury. 1939 ließ Eliot mit *The Family Reunion (Der Familientag)* ein weiteres Versdrama folgen. Es ist der Versuch, einer Handlung aus der englischen Alltagswelt durch Bezugnahme auf eine Tragödie des Aischylos die Würde des Allgemeingültigen zu geben. Das Stück, in dem die Figuren mit hölzerner Steifheit agieren und mit feierlichem Ton rhythmisierte Prosa von sich geben, nimmt sich in jener Zeit höchst sonderbar aus, wenn man bedenkt, daß ein halbes Jahr nach der Uraufführung der Krieg ausbrach.

Während Eliot die hohe Kultur vor dem herannahenden Weltbrand zu retten versuchte und während die Mittelklasse so tat, als sei alles beim Alten, diskutierten linke Zirkel an den Universitäten von Oxford und Cambridge, was man gegen den Faschismus tun könne. Einige entschlossen sich zum Handeln und gingen wie George Orwell und W. H. Auden nach Spanien, um auf der Seite der Republik gegen Franco zu kämpfen, andere wie Cecil Day-Lewis traten der kommunistischen Partei bei. Die meisten aber beschränkten sich auf die kritische Beobachtung aus politisch linker Sicht. Bezeichnend ist, daß sie fast alle aus dem privilegierten Bürgertum stammten.

Während Oxford mit den Namen der Dichter MacNeice, Spender, Auden und Day-Lewis verbunden ist, die Roy Campbell, der Dichterkollege vom rechten Lager, zu *MacSpaunday* zusammenzog, erwarb sich Cambridge den Ruhm, die vier Cambridge-Spione Philby, Burgess, Maclean und Blunt zusammengeführt zu haben, deren Arbeit für den russischen KGB erst 1979 vollständig aufgedeckt wurde. Auch sie waren Söhne der privilegierten Klasse, die für ihre Überzeugung, daß es gegen den Faschismus nur den Sozialismus als Alternative gebe, nicht offen eintraten, sondern den Kampf auf die ‚feine englische Art‘ als Gentlemen aufnahmen, so wie der Held von *The Scarlet Pimpernel.*

Bei allem Engagement wirken die englischen Intellektuellen der dreißiger Jahre sonderbar weltfremd. Den größten Weitblick bewies Aldous Huxley. In seinem Roman *Brave New World (Schöne neue Welt,* 1932) überspringt er die historische Phase des Faschismus und Kommunismus und antizipiert bereits das, was danach kommen sollte, die Gesellschaft einer hedonistischen Scheinfreiheit, die das liberal-demokratische Credo des *pursuit of happiness* ad absurdum führt. Glück durch Drogen, Genmanipulation, gewaltlose Repression und manch andere zweifelhafte Errungenschaften der modernen Technik werden hier vorausgesehen bis hin zum Hubschrauber, den es damals noch nicht gab. Von den beiden utopischen Träumen der Menschheit, dem Gottesstaat auf Erden und dem Schlaraffenland, ist der erste ein ethischer, der vom Einzelnen Askese verlangt, der zweite ein hedonistischer, der das permanente Glück verheißt. Huxley entlarvt die hedonistische Glücksutopie, wie sie die USA in ihre Verfassung geschrieben haben. Orwell beginnt zu ahnen, daß auch die ethische Utopie totaler Gleichheit in ein totalitäres Herrschaftssystem umschlagen muß. Allerdings findet er für das, was er in seinem Roman *Coming up for Air (Auftauchen, um Luft zu holen,* 1939) und dem Essay *Inside the Whale (Im Innern des Wals,* 1940) als Ahnung ausspricht, erst nach dem Krieg prägnanten Ausdruck, als er in *Animal Farm (Farm der Tiere,* 1945) und *Nineteen Eighty-Four (1984,* 1949) seine Abrechnung mit dem Totalitarismus vornimmt.

Vom Zweiten Weltkrieg zum Wohlfahrtsstaat

Während des Krieges standen Volk und Parlament geschlossen hinter der Regierung, wie dies seit langem englischer Brauch war. Doch kaum war der Krieg vorbei, brachen die alten Gegensätze wieder auf mit der Folge, daß der siegreiche Kriegsherr Churchill noch 1945 aus dem Amt gewählt wurde. Jetzt machte sich die neue Labour-Regierung daran, all die überfälligen Reformen durchzuführen, die wegen des Krieges unterbleiben mußten, obgleich sie zum Teil schon unter Churchill vorbereitet worden waren. So hatte beispielsweise der Konservative R. A. (,Rab') Butler in seinem *Education Act* von 1944 bereits viel von dem vorweggenommen, was die Labour Party auf dem Felde der Erziehung reformieren wollte. Tiefgreifender waren die Reformmaßnahmen, die der Labour-Politiker William H. Beveridge in den nach ihm benannten Reports von 1942 und 1944 vorbereitet hatte und die nun im Rahmen eines grundsätzlichen Umbaus der Gesellschaft zum Wohlfahrtsstaat durchgeführt wurden. Beveridge hatte fünf Grundübel benannt – Mangel, Krankheit, Elend, Schmutz und Untätigkeit –, die durch staatliche Maßnahmen behoben werden sollten. Kernstück der Reformen war die Einführung eines nationalen Gesundheitsdienstes. Daneben gab es Maßnahmen zur Beseitung des Wohnungsmangels und der Arbeitslosigkeit sowie ein soziales Stipendienwesen, das auch Kindern der Unterschicht den Zugang zu den Universitäten eröffnete. All dies erforderte ein hohes Maß an staatlicher Reglementierung und sehr viel Geld. Der Finanzbedarf erhöhte sich noch dadurch, daß die Labourregierung wichtige Wirtschaftsbereiche wie Kohle, Stahl, Elektrizität und Eisenbahn verstaatlichte. Da England hochverschuldet und seine Wirtschaft durch Kriegszerstörung schwer angeschlagen war, mußten die Finanzmittel durch rigorose Steuererhöhungen vor allem von den Besserverdienenden eingetrieben werden, was zu entsprechend rigorosen Einschränkungen des Konsums führte. Die erste

Labourregierung ist deshalb unter dem Schlagwort *austerity* in die Nachkriegsgeschichte eingegangen. Der Kraftakt, das im Krieg ausgeblutete Land innerhalb von fünf Jahren in einen Wohlfahrtsstaat zu verwandeln, überforderte die Opferbereitschaft des Volkes, das deshalb 1951 die Konservativen in die Regierung zurückwählte, die in ihrem Wahlprogramm die Aufhebung einzelner Verstaatlichungsmaßnahmen angekündigt hatten. Wesentliche Bestandteile des Wohlfahrtsstaats, so vor allem der nationale Gesundheitsdienst, blieben zwar erhalten, doch mit der Aufhebung anderer Maßnahmen der Labourregierung wurde eine *Stop-and-go*-Politik eingeleitet, die bald zu einem Merkmal der englischen Nachkriegspolitik wurde.

Wirtschaftlich wurde das Land durch die über das Ziel hinausschießenden und dann von der Gegenpartei wieder zurückgestutzten Reformen sicher geschwächt, doch sozial und kulturell hat der von der Labourregierung eingeführte Wohlfahrtsstaat bei aller Unvollkommenheit eine längst überfällige Umwälzung bewirkt. Aus einer Gesellschaft, die in der Zwischenkriegszeit noch stark von der oberen Mittelschicht und deren spätviktorianischen Idealen geprägt war, wurde nun eine, in der die untere Mittelschicht und die Arbeiterschaft die Wert- und Geschmacksvorstellungen bestimmten. Damit war der Weg frei für eine neue Populärkultur, die mit den Beatles, Carnaby Street, den Rolling Stones und der Rocky Horror Picture Show zur Weltspitze des Pop vordrang. Stück für Stück wurden traditionelle viktorianische Bastionen geschleift. Mit der Freigabe von D. H. Lawrences Roman *Lady Chatterley's Lover* wurde 1959 auch Mrs. Grundy, die personifizierte viktorianische Prüderie, aus der Kultur ausgetrieben.

Stipendien und neue Universitäten

Das von „Rab" Butler eingebrachte *Education Act* von 1944, das danach von der Labourregierung umgesetzt wurde, hatte sich zum einen eine bessere Organisation des Schulwesens und zum anderen eine stärkere Angleichung der Bildungschancen zum Ziel gesetzt. Als Grundsatz galt, daß je nach Alter, Fähigkeit und Eignung den Schülern ein besonderer Schultyp anzubieten sei. Bis zum Alter von 11 Jahren sollten sie die *primary school* besuchen, danach konnten sie nach Bestehen des sogenannten *Eleven-plus*-Examens sechs Jahre eine *grammar school* oder bei Nichtbestehen vier Jahre eine *secondary modern school* besuchen. Schon in den fünfziger Jahren begann man mit der Einrichtung von *comprehensive schools,* in denen *modern* und *grammar school* zu einer Gesamtschule zusammengefaßt waren und die Trennung nicht mehr durch die Guillotine des *Eleven-plus*-Examens, sondern durch das *streaming,* d. h. durch abgestufte Niveaus, erreicht wurde. Als die Labourpartei 1964 erneut an die Macht kam, forcierte sie die Einrichtung von Gesamtschulen, so daß diese in den neunziger Jahren rund 90 Prozent aller Sekundarschulplätze anboten. Die *modern school* endet mit dem O-Level-Examen (= *ordinary level),* die *grammar school* mit dem A-Level-Examen (= *advanced level).* Das Prüfungssystem wurde danach mehrfach reformiert, wobei das O-Level-Examen durch das *General Certificate of Education* (GCSE) ersetzt wurde. Bis 1963 bestand Schulpflicht bis zum Alter von 15 Jahren. Danach wurde sie auf das Alter von 5 bis 16 Jahren festgelegt.

Der Ausbau des Sekundarschulwesens führte zu einer starken Vermehrung von Absolventen, die ein Hochschulstudium aufnehmen wollten. Dafür reichten die vor 1952 existierenden *red brick universities* und Oxford und Cambridge nicht aus. So wurde die Gründung von neuen Universitäten beschlossen. Da diese nicht mehr aus Backstein, sondern aus Glas und Beton gebaut wurden, nennt man sie im Unterschied zu den älteren Neugründungen oft *Glass-and-concrete*-Universitäten. Während die älteren in den großen Industriestädten lagen, versorgten die neuen Gründungen vor allem die weniger industrialisierten und wirtschaftlich zurückgebliebenen Regionen mit einem tertiären Bildungsangebot. So kamen alte Kathedralstädte wie Exeter, Canterbury, Norwich, Coventry und York nach Jahrhunderten der Provinzialität erneut zu der Ehre, Zentrum geistiger Ausstrahlung zu sein. Um 1967 gab es in England 46 Universitäten, zu denen 1992 noch einmal 32 hinzukamen, als durch Gesetz alle Technischen Hochschulen, die sogenannten *polytechnics,* und die Pädagogischen Hochschulen, die *Colleges of education,* in Universitäten umgewandelt wurden.

Die Neugründungen waren zwar nicht wie Oxford und Cambridge in Colleges organisiert und hatten infolgedessen auch nicht die intensive Betreuung der Studierenden durch persönliche Tutoren, doch das dreijährige Studium zum *Bachelor of Arts* (B. A.) mit der Möglichkeit eines Aufbaustudiums zum *Master of Arts* (M. A.) und weiter zum *Doctor of Philosophy* (Ph. D.) wurde von allen beibehalten. Nur die Aufteilung des Studienjahrs in drei Trimester wurde von einigen zugunsten von Semestern aufgegeben. Daß aus dem noch im 19. Jahrhundert rückständigen englischen Universitätswesen im 20. Jahrhundert und besonders nach dem Zweiten Weltkrieg ein sehr leistungsfähiges Bildungs- und Forschungssystem wurde, wird durch die beachtliche Zahl von Nobelpreisen für englische Forscher dokumentiert.

Die Gründung neuer Universitäten reichte freilich nicht aus, um die alte Benachteiligung der Unterschicht aufzuheben. Dazu mußten Kinder dieser Schicht auch finanziell in die Lage versetzt werden, von dem Bildungsangebot Gebrauch zu machen. Die erste Labourregierung versuchte dies durch ein flächendeckendes Stipendienwesen zu erreichen, das von den *Local Educational Authorities* (LEA) verwaltet wurde. In den fünfziger Jahren vermehrte sich der Prozentsatz von Arbeiterkindern an den Universitäten erheblich, wenngleich er, bezogen auf die Gesamtzahl von Arbeiterfamilien, immer noch niedrig blieb. Für die Kinder selber, denen der Aufstieg in die einst dem privilegierten Bürgertum vorbehaltene akademische Region gelang, war dies nicht selten mit Frustration verbunden. Sie hatten am Ende zwar dasselbe Diplom in der Tasche, mußten aber dennoch feststellen, daß sie wegen ihrer sozialen Herkunft nicht voll akzeptiert wurden.

Der auffälligste Unterschied gegenüber deutschen Studierenden ist das niedrigere Alter der englischen. Sie kommen oft schon mit 18 an die Universität und verlassen sie nach dem Erwerb des B. A. mit 21. Das prägt die Studienkultur insgesamt, die sich durch ein hohes Maß an Verschulung auszeichnet. Wer in England mit dem Studium beginnt, weiß – wie in Deutschland jeder Auszubildende, doch kein Student – auf die Woche genau, wann er sein Diplom erhalten wird. Trimester werden mit kleineren Tests, Studienjahre mit Zwischenprüfungen abgeschlossen. Die Betreuung ist intensiv; die Leistungskontrolle geschieht kontinuierlich; Anleitung zu eigener Forschung erfolgt im *Undergraduate*-Bereich, also vor dem B. A., so gut wie nicht. Außerdem studiert man, anders als in deutschen Magister- oder Lehramtsstudiengängen, nur ein einziges

Fach, und selbst das oft nur sehr eingeschränkt. So umfaßt ein neusprachliches Fach in der Regel nur die Literatur und nicht auch Sprachwissenschaft. Das führt zu einer gewissen Schmalspurigkeit, andererseits aber zu großer Belesenheit im gewählten Fach.

Was im englischen Bildungssystem bis vor kurzem ganz fehlte und inzwischen als das folgenschwerste Manko erkannt wurde, ist der Bereich der beruflichen Ausbildung, der in Deutschland durch das duale System von Ausbildung und Berufsschule geregelt ist. Weder gibt es eine Berufsschulpflicht noch überhaupt ein organisiertes Angebot an beruflicher Ausbildung. Wer einen Beruf unterhalb der akademischen Ebene lernen will, muß sich auf die Suche nach einem College oder einer Abendschule machen, die das theoretische Wissen vermittelt. Der Großteil manueller Berufe, der in Deutschland eine dreijährige Lehre mit einer Abschlußprüfung vor der Industrie- und Handelskammer erfordert, wird in England noch immer auf der Basis einer informellen Anlernphase ausgeübt.

Klassengesellschaft

In keiner westlichen Gesellschaft wird so obsessiv über Klassenzugehörigkeit diskutiert wie in der englischen. Das geht so weit, daß ein 1994 erschienenes Buch von Greg Hartfield und Mark Skiworth unter dem Titel *Class. Where do you stand?* exakte Listen aufstellt, wie Städte, Berufe, Automarken und andere Alltagsphänomene in ihrem Statuswert eingeschätzt werden. Obgleich inzwischen Stimmen laut werden, die eine scharfe Klassentrennung in England bestreiten, sprechen doch die meisten noch von einer *class-ridden society*. Das Problem beginnt mit der Definition des Klassenbegriffs. In Deutschland wird er kaum noch verwendet. Hier spricht man von Einkommensgruppen und sozialen Schichten. Auch englische Soziologen und Sozialstatistiker ziehen solche Begriffe vor, da sie leichter zu handhaben sind. Differenziert man die englische Gesellschaft nach Einkommen, ist das Ergebnis nicht viel anders als in Deutschland. Man erhält dann eine Oberschicht, eine obere Mittelschicht, eine untere Mittelschicht, eine Unterschicht mit gesichertem Einkommen und eine Unterschicht unterhalb der Armutsgrenze. Anders sieht es bei einer Differenzierung nach sozialen Funktionen aus. Hier gibt es zwar in beiden Ländern die Oberschicht der Unternehmer und die obere Mittelschicht der Freiberufler und Angestellten mit Führungsaufgaben, doch darunter zeigen sich erhebliche Unterschiede. Die in Deutschland sehr große Klasse der Beamten ist in England viel kleiner und ebenso die der Angestellten; denn viele, die bei uns als Angestellte gelten, zählen sich in England zur Arbeiterklasse. Es sind *white-collar workers*. Daran zeigt sich bereits, daß Klassenzugehörigkeit im wesentlichen eine Frage der Identifikation ist. In eine Einkommens- oder Funktionsgruppe steigt man entsprechend dem beruflichen Erfolg auf oder ab; zu einer Klasse gehört man, weil man sich ihr zugehörig fühlt.

Da im englischen Adel von jeher nur der älteste Sohn den Titel erbte und die jüngeren Söhne rechtlich *commons* blieben, wies die englische Gesellschaft schon im Mittelalter eine charakteristische Durchlässigkeit auf, die allerdings nur von oben nach unten wirkte; denn ein Aufstieg gelang nur in Ausnahmefällen. Trotz der Einseitigkeit hat diese Durchlässigkeit dazu geführt, daß Adel und Bürgertum mit der Zeit durch vielfältige verwandtschaftliche Beziehungen verknüpft waren. Da die Standesgrenze durchlässig war, bildete sich anstelle des Standesbewußtseins ein kulturelles Klassenbewußtsein aus, das auch den bürgerlichen Söhnen des Adels gestattete, sich weiterhin als adlig zu betrachten, während sich ökonomisch gleichgestellte Bürger ihnen ebenbürtig fühlen durften. So entstand die spezifisch englische Mittelschicht, in der sich die adlige Gentry und das Stadtbürgertum trafen und sich am gleichen Autostereotyp, dem Ideal des Gentleman, orientierten. Ein Gentleman ist ungeachtet der Geburt jeder, der die Werte dieser Mittelschicht verinnerlicht hat und sie in seiner Haltung zum Ausdruck bringt.

Zu dieser Haltung gehört neben gepflegten Umgangsformen und einer stoischen Gelassenheit in kritischen Situationen vor allem die Beherrschung eines als Standard akzeptierten Akzents. Während in Deutschland jeder regionale Dialekt sozial akzeptiert ist, gilt er in England als Soziolekt und damit als soziales Stigma, das die Herkunft aus der Unterschicht anzeigt. Da dieses Stigma fast so schwer abzuschütteln ist wie das der Hautfarbe, hat es wesentlich dazu beigetragen, daß sich in England eine kulturelle Klassenidentifikation hielt, die in der übrigen westlichen Welt weitgehend durch die ökonomische Schichtenzugehörigkeit ersetzt wurde.

Erst in jüngster Zeit zeichnet sich eine Auflösung dieser traditionellen Klassenidentifikation ab. Durch die erfolgreichen Plebiszite in Schottland und Wales, die den beiden Teilen des Vereinigten Königreichs mehr Selbständigkeit bringen werden, verlieren auch ihre regionalen Dialekte den Makel, nicht dem Standard zu entsprechen. Das wird mit der Zeit auch die Stigmatisierung der übrigen Akzente abschwächen, was jetzt schon durch eine bewußte Sprachpolitik der BBC gefördert wird. Die Subkulturen der ethnischen Minderheiten werden ein weiteres dazu tun, um die Normierung der als Standard verinnerlichten Mittelklasse aufzubrechen.

Der Rigidität des englischen Klassensystems steht auf der anderen Seite eine berufliche Mobilität gegenüber, die deutlich größer ist als in Deutschland. Während sich hierzulande Bezahlung und Aufstiegschancen oft mehr nach der formalen Qualifikation als nach der tatsächlichen Leistung richten, ist es in England umgekehrt. Margret Thatchers radikale Umkrempelung der Gesellschaft hat ein aufstiegsorientiertes Yuppietum hervorgebracht, das das alte Klassensystem weitgehend ignoriert. Was die erste Labourregierung nach dem Krieg mit ihren Stipendien für die Unterschicht nicht erreichte, werden vermutlich das neoliberale Wirtschaftssystem und der innereuropäische Wettbewerb über kurz oder lang bewirken. Bis dahin aber werden Aufsteiger aus der Unterschicht damit leben müssen, daß sie wegen ihres Akzents vom Establishment nicht akzeptiert werden.

Verspätete Moderne in Kunst und Musik

Während auf dem Kontinent die erste Hälfte des 20. Jahrhunderts von den Namen großer Maler, Bildhauer und Musiker geradezu überquillt, hat England in dieser Zeit nur Traditionalisten in gemäßigt modernem Gewand wie den Maler Stanley Spencer, den Bildhauer Jacob Epstein und die spätromantischen Komponisten Ralph Vaughan Williams und William Walton zu bieten. Den vollen Anschluß an die Moderne fand es erst nach dem Zweiten Weltkrieg, wenngleich der Maler Graham Sutherland und der Musiker Benjamin Britten ihre Karrieren schon vor dem Krieg begannen. Dann aber stieß die englische Kunst mit dem Bildhauer Henry Moore und dem Maler Francis Bacon gleich zur Weltspitze

Abb. 51: Henry Moore, *König und Königin* (1952)

vor. Moore dürfte vorerst der letzte Künstler sein, der auf dem Felde der Plastik noch einmal Werke von monumentaler Ausdruckskraft schuf, die ihn in eine Reihe mit Michelangelo, Bernini und Rodin stellen. Auch Bacons Malerei zeichnet sich durch Expressivität aus, allerdings eine, die durch den unbewegten, mitleidlosen Blick auf die menschliche Kreatur geprägt ist. In dieser Hinsicht könnten man ihn den Samuel Beckett der Malerei nennen.

Während die beiden genannten noch mit unverminderter Kraft jene Seriosität anstrebten, die für die klassische Moderne charakteristisch war, machten sich um sie herum bereits die Anfänge der Postmoderne bemerkbar, deren Kennzeichen das genaue Gegenteil, nämlich ein zwischen Spiel und Gimmick schwankender, provokativer Unernst war. Fast gleichzeitig mit amerikanischen Künstlern kreierten Richard Hamilton, Peter Blake und Richard Smith die englische Version von Pop Art, der die inzwischen weltberühmten Maler David Hockney und R. B. Kitaj ihre persönliche Handschrift aufdrückten. Seitdem blieb die englische Kunst in der vorderen Reihe der Weltkunstszene präsent, bis in den achtziger Jahren die *Young British Artists* sogar als die avantgardistischsten der westlichen Welt galten.

Weniger Aufmerksamkeit zog die englische Musik auf sich, doch auch hier wurden Michael Tippett und vor allem Benjamin Britten international bekannt.

Das zweite elisabethanische Zeitalter

So wie die Deutschen nach Kriegsende zu Autoren wie Hans Carossa, Ernst Wiechert und Hermann Hesse griffen, um an eine nicht kompromittierte nationale Tradition anknüpfen zu können, so setzten auch die Engländer zunächst ihre Tradition fort, zumal dort die Vorkriegsautoren ihre Produktion kaum unterbrochen hatten. Im Theater wurden weiter unterhaltsame Boulevardstücke gespielt, während T. S. Eliot mit Stücken wie *Die Cocktailparty* (1949) und *Der Privatsekretär* (1953) seine Bemühungen um die Erneuerung des Versdramas fortsetzte. Unterstützt und an Erfolg zeitweilig übertroffen wurde er darin von Christopher Fry, der mit seinen poetischen – vielleicht auch nur poetisierenden – Stücken *Die Dame ist nicht fürs Feuer* (1949) und *Venus im Licht* (1950) auch in Deutschland ein großes Publikum fand. Die Erzähler, zumal die älteren, schrieben weiter die für England typischen Gesellschaftsromane in der viktorianischen Tradition, und selbst die jüngeren knüpften daran an. Der Bruch erfolgte erst in den fünfziger Jahren. Was *Die Blechtrommel* von Günter Grass für die deutsche Literatur bewirkte, leistete für die englische drei Jahre früher John Osbornes Stück *Blick zurück im Zorn*. Ein neuer Ton hatte sich zwar schon vorher in Kingsley Amis' *Lucky Jim* (*Glück für Jim*, 1953) und John Wains *Hurry on down* (*Runter mit dir*, 1953) angekündigt, doch erst Osbornes Stück hatte die Schockwirkung, die dem Publikum den Beginn einer neuen Epoche signalisierte. Der Kritiker Kenneth Allsop prägte dafür 1958 den Begriff *the angry decade,* während sich für die Hauptautoren der Dekade die Bezeichnung *Angry Young Men* einbürgerte.

Dabei hatten die der Gruppe zugerechneten Autoren – Kingsley Amis, John Wain, John Braine und Alan Sillitoe – wenig miteinander gemein. Was sie als Gruppe erscheinen ließ, war einzig die in ihren Werken artikulierte Grundstimmung der Unzufriedenheit mit einer Gesellschaft, die nostalgisch alten, unglaubwürdig gewordenen Werten nachhing und sich sträubte, der neuen Wirklichkeit ins Gesicht zu sehen. Durch das Stipendienwesen war eine ganz neue soziale Gruppe in die bis dahin privilegierte Welt der akademischen Bildung vorgedrungen, die von der alten Mittelschicht nicht voll akzeptiert wurde. Diese *scholarship boys* spielen als Autoren wie als literarische Figuren in der englischen Nachkriegsliteratur eine wichtige Rolle. Wie sehr ihre soziale Außenseiterrolle das Klima der fünfziger Jahre bestimmte, zeigt sich daran, daß das heute fast vergessene Buch *The Outsider* (1956) von Colin Wilson damals ein Kultbuch war.

Mit den Dramatikern Brendan Behan, John Osborne, Arnold Wesker und John Arden beginnt eine Epoche des englischen Dramas, die in ihrer Produktivität nur mit der Shakespearezeit vergleichbar ist, weshalb man oft von einem „zweiten elisabethanischen Zeitalter" spricht. Abseits von den Genannten, die ihre Sozialkritik entweder direkt oder mit ironischer Brechung artikulierten, stand Harold Pinter, der vielfach dem absurden Drama zugerechnet wird, obwohl das Absurde bei ihm anders ist als bei Ionesco, dem typischsten Vertreter dieser Richtung auf dem Kontinent. Im Unterschied zu Ionesco bleibt bei Pinter der logische und kausale Zusammenhang der dargestellten Wirklichkeit erhalten. Was fehlt, ist nur der vertraute gesellschaftliche Kontext. Pinter läßt seine Figuren in einer ihnen fremden Welt mit- und gegeneinander ums Überleben kämpfen, wobei der Kampf mit den Mitteln einer von unterschwelliger Grausamkeit knisternden Sprache geführt wird. Dank dieser universaleren Thematik waren Pinters Stücke weniger zeitbedingt als die von Osborne, Wesker und Arden und haben sich infolgedessen viel länger auf den Spielplänen gehalten.

Der „ersten Welle" bedeutender Dramatiker folgte bald eine zweite mit Namen wie Edward Bond, Tom Stoppard, Peter Terson, Nigel Williams, Howard Brenton und vielen anderen. Nach einer vorübergehenden Tendenz zur „Rekonventionalisierung", wie es eine Disseration aus jüngster Zeit bezeichnete, deutet sich inzwischen eine dritte Welle an, deren hervorstechendstes Merkmal die Darstellung exzessiver Grausamkeit ist, wofür die 1999 durch Selbstmord aus dem Leben geschiedene Sarah Kane ein typisches Beispiel ist.

Für die außergewöhnliche Fruchtbarkeit des englischen Nachkriegsdramas gibt es zwei Gründe. Zum einen holte das englische Theater erst nach dem Zweiten Weltkrieg den Umbruch nach, den das deutsche schon nach dem Ersten erlebte. Zum anderen waren die Londoner Theater – und nur sie hatten Auswirkungen auf das dramatische Schaffen – rein kommerzielle Unternehmungen, so daß sich kaum ein der Klassikerpflege verpflichtetes Repertoiretheater ausbilden konnte. Deshalb brauchten hier die jungen Dramatiker nicht gegen die Konkurrenz von Klassikern anzutreten. Sie fanden statt dessen ein Publikum vor, das unvoreingenommen auch die neue Kost goutierte, sofern sie nur den nötigen Unterhaltungswert hatte. Allerdings wurde daneben auch immer lauter die Forderung nach einem staatlichen Theater gestellt, das unabhängig von kommerziellen Überlegungen dem Publikum anspruchsvollere Stücke zumuten konnte. Bis in die fünfziger Jahre war das berühmte Old Vic das einzige Theater, das ein klassisches Repertoire anbot, wobei es sich an bewährte Stücke hielt. Nach hundertjährigem Ringen kam es 1962 endlich zur Gründung eines Nationaltheaters, das aber noch weitere 14 Jahre auf ein eigenes Haus warten mußte. Erst 1976 wurde am Südufer der Themse das Royal National Theatre mit seinen drei Spielstätten eröffnet, das qualitätvolle Aufführungen klassischer und moderner Stücke anbietet und sich dabei gegen die Konkurrenz der ebenfalls staatlich geförderten Royal Shakespeare Company behaupten muß, die durch ihre Aufführungen in Shakespeares Geburtsstadt Stratford berühmt wurde und ab 1982 im Barbican Arts Centre auch in London eine feste Spielstätte erhielt.

Während man in London das Theater am liebsten ganz dem Wettbewerb privater Unternehmer überlassen hätte, kam es in der Provinz dank der Unterstützung des Arts Council zum Bau zahlreicher Theater, die teilweise eigene subventionierte Ensembles unterhielten oder für Gastspiele Londoner Truppen zur Verfügung standen. Diese Provinztheater hatten auf die Entwicklung des modernen englischen Dramas großen Einfluß, weil sie als Probebühne für neue Stücke benutzt wurden und weil das Publikum hier noch unvoreingenommener als in London war, da es vielfach überhaupt keine Erfahrung mit Theater hatte. Dies erklärt die anhaltende Produktivität des englischen Dramas. Der auffälligste Unterschied des englischen Theaters gegenüber dem deutschen ist der, daß ihm nicht der Geruch der Bildungseinrichtung anhaftet. Das zeigt sich äußerlich schon daran, daß sich das Publikum für den Theaterbesuch nicht „in Schale wirft", was das deutsche – mit abnehmender Tendenz – noch immer tut. Den Mantel gibt man in London selten an der Garderobe ab, sondern steckt ihn zusammengerollt unter den Sitz. Auch das ganze Umfeld des Theaters ist mehr auf eine den Arbeitstag abschließende Unterhaltung abgestellt. So findet man im National Theatre Bars, Cafeterias, Buchhandlungen und Lounges, so daß man sich die Zeit bis zur Aufführung mit Essen, Trinken oder Lesen vertreiben kann. Was den Aufführungsstil betrifft, so gibt es zwar in Einzelfällen, vor allem bei der Royal Shakespeare Company, das für Deutschland typische Regietheater, doch die große Mehrheit englischer Theateraufführungen wird von den Schauspielern dominiert. Auch das dürfte ein Grund dafür sein, daß das englische Theater der Gegenwart vitaler ist als das deutsche.

Pop-Kultur

Das auffälligste Merkmal der Nachkriegskultur in allen entwickelten Ländern der Erde ist das Aufblühen einer Pop-Kultur, neben der die elaborierte Hochkultur immer mehr zum Luxus einer kleinen Minderheit zu werden scheint. Natürlich gab es zu allen Zeiten neben der Hochkultur eine populäre Volkskultur, doch erst seit Film, Rundfunk, Fernsehen und Tonträger die einst sehr kostenträchtigen performativen Künste zu niedrigem Preis noch in den letzten Winkel der Erde tragen, konnte die Pop-Kultur ihre elitären Vorbilder so überflügeln, daß diese ohne staatliche Subventionen kaum noch existieren können. Die Pop-Kultur ist zuerst und vor allem eine Jugendkultur. Die Jugend war nach der Emanzipation des Bürgertums und der Arbeiterschicht die letzte große Bevölkerungsgruppe, die sich noch nicht in diesem Sinn emanzipiert hatte.

Was ihr im politischen Leben vorenthalten wurde, setzte sie im kulturellen um so heftiger durch.

Auch dies war kein spezifisch englisches Problem. Doch während in Deutschland die Jugendbewegung schon nach der Einführung der Weimarer Demokratie einsetzte, kam es auf der Insel erst unter der Labourregierung nach dem Zweiten Weltkrieg zu einer breiten Emanzipationsbewegung der jungen Generation. Den Anfang machten die Teddy Boys, deren Erkennungszeichen Röhrenhosen und lange Koteletten waren. Ihren Namen verdanken sie der Tatsache, daß sie sich modisch an der Zeit Eduards VII. orientierten, der letzten Epoche, in der die englische Welt noch in Ordnung war. Den geschniegelten Teddy Boys folgte in den sechziger Jahren eine entschieden ruppigere Generation, die sich in ein moderates und ein rabiates Lager spaltete, weshalb sie unter der Bezeichnung Mods und Rockers in die Mediensprache einging. Die beiden Gruppen lieferten sich heftige Schlachten, oft in den saturierten Seebädern, wo ihre Einfälle gefürchtet waren. Danach differenzierte sich die Jugendszene immer weiter aus, bis in den siebziger Jahren mit den Punks eine besonders extreme Variante hinzukam.

Das kulturelle Medium der Jugend war in erster Linie die Musik. Anfangs war auch in England der amerikanische Einfluß dominant, doch mit dem Aufstieg der Beatles übernahm Großbritannien selber die Führung. Während die Beatles eher dem Lebensstil der Mods entsprachen, fanden ihre Konkurrenten, die Rolling Stones, mehr Anklang im Lager der Rockers. Auch auf dem Feld der traditionelleren Popmusik hielten sich Briten wie Tom Jones lange Zeit in den Charts. Vor allem in den unruhigen siebziger Jahren mit ihren Streiks, politischen Kämpfen und dem stetig sinkenden Pfund kam die Jugend aus aller Welt nach London, um in der einstigen Metropole viktorianischer Wohlanständigkeit nach Herzenslust über die Stränge schlagen zu können.

Selbst in der Mode, wo ‚englisch‘ früher gleichbedeutend mit ‚konservativ‘ war, übernahmen die Briten die Führung, zumindest in der Jugendmode. Carnaby Street, wo Ende der fünfziger Jahre die ersten Jugendboutiquen aufmachten, wurde bald zum Wallfahrtsort der europäischen Jugend. Da sich unter dem Einfluß Amerikas auch die Erwachsenen immer stärker am Ideal einer perpetuierten Jugendlichkeit orientierten, wurde der ohnehin schon große Markt der Jugendkultur noch größer. Die Theater des Londoner Westends übernahmen amerikanische Rock-Musicals oder führten britische Produktionen auf, die nicht nur die Jugend, sondern auch sehr viele Erwachsene anzogen. Die *Rocky Horror Show,* die 1973 auf der kleinen Studiobühne des Royal Court Theatre Premiere hatte, wurde bald zu einem Kultereignis, das in der Filmversion *The Rocky Horror Picture Show* (1975) durch die Kinos der Welt ging. Ein spezifisch englischer Beitrag zur Populärkultur der Gegenwart wurde dank dem Fernsehen zu einem Welterfolg. Es ist *Mounty Python's Flying Circus,* der überall als Ausdruck typisch englischen Humors gilt. In puncto Humor scheint die englische Populärkultur noch immer unerschöpflich zu sein, auch wenn vieles davon inzwischen in einem allgemein westlichen Humor aufzugehen scheint. In den Thatcher-Jahren verlor London allmählich den Glamour des Provokativen. An die Stelle des Blumenkinder-Schmuddel-Looks trat die modische Gepflegtheit der Yuppies, die in der City das schnelle Geld machten und nicht in Wohngemeinschaften, sondern in Luxus-Appartments der Docklands wohnten. Der Ausbau dieser einstigen Industriebranche zu einem supermodernen Stadtviertel, der 1979 beschlossen und in den achtziger und neunziger Jahren durchgeführt wurde, machte London zur englischen Boomtown, bis die Insolvenz des Canary-Wharf-Projekts 1992 auch der Yuppie-Kultur einen herben Schlag versetzte.

Film

Mindestens ebensosehr wie Auto und Telefon hat das Kino die moderne Kultur verändert. Die grundsätzlichen Auswirkungen des neuen Mediums waren in Großbritannien die gleichen wie anderswo. Unterschiede gibt es nur in Umfang und kultureller Wertschätzung. Als die Brüder Lumiere 1895 die ersten bewegten Bilder zeigten, die man auf Englisch *moving pictures* und später kurz *movies* nannte, wurde der Film allgemein als eine Kuriosität mit Unterhaltungswert angesehen. Im Ersten Weltkrieg bewies er, daß er außer amüsieren auch noch propagieren und dokumentieren kann. Dieser Krieg war der erste, der auf allen Seiten von einer Flut von Propagandafilmen begleitet und auf unzähligen Filmrollen aufgezeichnet wurde. Kaum war der Frieden wiederhergestellt, stürzten sich ambitionierte Künstler auf das neue, bis 1929 noch stumme Medium und führten es zu seiner ersten Blüte.

Aus der großen Zeit des Stummfilms und der Frühzeit des Tonfilms ragen vor allem deutsche, russische, französische und amerikanische Namen heraus. Nach einem britischen Gegenstück zu Murnau, Lubitsch, Lang, Eisenstein, Pudowkin, Rene Clair, Jean Renoir, Buster Keaton und Frank Capra sucht man vergebens, wenngleich zwei der berühmtesten Vertreter ihres Faches, Charlie Chaplin und Alfred Hitchcock, aus England kamen. Doch ihre Karrieren machten sie in Amerika. Die Kulturstatistik weist aus, daß von den 749 Filmen, die 1926 in England gezeigt wurden, nur 34 aus britischer Produktion stammten. Diesem Mangel versuchte die Regierung abzuhelfen, indem sie 1927 das *Cinematograph Films Act* erließ, das die Kinos verpflichtete, einen Mindestanteil britischer Filme zu zeigen, der bis 1935 von siebeneinhalb auf zwanzig Prozent steigen sollte. Filme von dauerhafter künstlerischer Qualität sind aber auch dadurch nicht entstanden.

Über die Gründe läßt sich nur spekulieren. Im englischen Theater stand traditionell der Schauspieler und nicht der Regisseur im Vordergrund. Der Film ist aber eine regiebetonte Kunstform, weshalb er vom Regietheater in Deutschland und Rußland produktiv aufgenommen wurde. Es dürfte kaum abwegig sein, hierin einen Ausdruck der ideologischen Traditionen der drei Nationen zu sehen. Deutschland und Rußland hatten stets eine autoritätsbetonte Tradition, weshalb sich hier auch im Theater die Autorität des Regisseurs durchsetzte. Englands Betonung des Individuums stand dem Regietheater von Anfang an im Wege. Erst nach dem Zweiten Weltkrieg traten auch in England bedeutende Regisseure hervor, die sich international einen Namen machten. Der bekannteste unter ihnen ist David Lean, der den Wettkampf mit Hollywood aufnahm und ihn etliche Male gewann, sofern man den Gewinn eines Oscar als Siegesbeweis ansehen darf. Die beiden Filme, die ihm diese Auszeichnung einbrachten, waren *Bridge on the River Kwai* (1957) und *Lawrence of Arabia* (1962). Weitere Welterfolge waren *Dr. Schiwago* (1965), *Ryan's Daughter* (1970) und *A Passage to India* (1984). Dem britischen Publikum prägte er sich außerdem durch seine frühen Dickensverfilmungen *Great Expectations* (1946) und *Oliver Twist* (1948) ein. Während Leans Filme die Sprache Hollywoods sprechen, haben die in den Ealing Studios produzierten Filmkomödien, die man deshalb *Ealing Comedies* nennt, ein unverwechselbar englisches Aroma. *The La-*

vender Hill Mob und *Passport to Pimlico* (1949) fanden wegen ihrer Thematik nur auf der Insel ein großes Publikum, während *Kind Hearts and Coronets* (1949) unter dem Titel *Adel verpflichtet* auch in Deutschland ein großer Erfolg war. Noch erfolgreicher war *Ladykillers* (1955). Dies dürfte die bekannteste und beliebteste englische Filmkomödie überhaupt sein.

Neben solchen perfekt gemachten Leichtgewichten kam nun auch eine ambitoniertere Filmkunst auf, in der Regisseure ihre unverwechselbare Handschrift zeigten. Bezeichnenderweise war der erste ein gebürtiger Amerikaner, Joseph Losey, der als Linker während der McCarthy-Ära sein Land verließ und in England eine Reihe bedeutender Filme drehte. Sein Stil ist durch einen kühlen, klassisch strengen Realismus geprägt, der eher an französische als an amerikanische Vorbilder erinnert. Neben Filmen wie *Accident* (*Zwischenfall in Oxford*, 1966), der ihn in Deutschland bekannt machte, schuf er eine Literaturverfilmung, die durch ihre atmosphärische Dichte beeindruckt. Es ist *The Go-Between* (*Der Mittler*, 1970) nach dem gleichnamigen Roman von L. P. Hartley.

Der kühlen Bildersprache Loseys steht der expressiv-provokative, vor Geschmacklosigkeiten nicht zurückschreckende Stil Ken Russells gegenüber, der vor allem Musikerbiographien schuf, die er teils fürs Fernsehen, teils fürs Kino produzierte. Auch er widmete sich der Literaturverfilmung, wobei die Vorlage für seinen Film *Women in Love* (1969) von D. H. Lawrence stammt, in dem Russell einen Geistesverwandten fand. In den achtziger und neunziger Jahren schloß England ganz zur europäischen Avantgarde auf, wobei nun auch hier Regisseure auftraten, die eine sehr idiosynkratische Handschrift entwickelten. Die Filme von Peter Greenaway und Derek Jarman wurden zu Kultfilmen der Cineasten. Doch auch in ihnen steht bei aller Betonung der Regie die schauspielerische Leistung im Vordergrund. Wie sehr dies dem englischen Geschmack entspricht, zeigt der große Erfolg, den der Schauspieler Kenneth Branagh mit seinen Shakespeareverfilmungen hat, bei denen er Regie führt und zugleich die Hauptrolle spielt.

Das Fernsehen hatte in England die gleichen sozialen Auswirkungen wie in Deutschland, nur daß hier die Privatisierung früher einsetzte. Schon 1955 bekam die BBC Konkurrenz durch den privaten Kanal *Independent Television* (ITV). Da beide Kanäle um die Gunst des Publikums buhlen mußten, gaben sie der Unterhaltung mehr Raum als das deutsche Fernsehen vor Einführung des ZDF. Während ITV und die inzwischen hinzugekommenen privaten Sender nach kommerziellen Gesichtspunkten betrieben werden, ist die BBC unabhängig, wird aber in ihrem Bestand durch den Staat garantiert. Da zu ihrer Finanzierung Gebühren erhoben werden, die von der Regierung bewilligt werden müssen, ist zumindest hier eine gewisse Möglichkeit der Einflußnahme gegeben, wenngleich sich die BBC bisher durch Neutralität und manchmal übertriebene Vorsicht auszeichnete.

Was die Qualität der Sendungen betrifft, so sticht aus deutscher Sicht besonders die enorme Fülle von humoristischen Unterhaltungssendungen ins Auge. Inzwischen hat das deutsche Fernsehen zwar auf diesem Gebiet fast Gleichstand erzielt, doch in den fünfziger bis siebziger Jahren gingen Sendungen über die englischen Bildschirme, die noch heute als Inbegriff englischen Humors gelten. Komiker wie Spike Milligan, Peter Sellers und Harry Secombe, die im Radio mit der *Goon Show* ein Massenpublikum erreichten, wechselten bald zum Fernsehen über. Von 1969 bis 1974 prägte die BBC mit *Monty Python's Flying Circus* weltweit das Bild vom englischen Humor. Zahllose andere Humoristen, die international nicht so bekannt wurden, beglückten ihr heimisches Publikum, so Morecambe und Wise, die über zwei Jahrzehnte – zuerst auf ATV, später BBC – ein treues Stammpublikum hatten.

Über die Auswirkung des Fernsehens auf die Kultur der Gesellschaft läßt sich nur spekulieren, da es zur Alltagswelt gehört wie das Wetter; und auch über dessen Auswirkung auf die Mentalität eines Volkes gibt es nur Vermutungen. Da es nicht öffentlich und kollektiv wie ein Film im Kino, sondern privat und individuell genossen wird, ist anzunehmen, daß es den durch das Auto und das Telefon geförderten Individualisierungsprozeß weiter vorantreibt, während auf der anderen Seite Sport und Pop-Konzerte das Bedürfnis nach Kollektiverlebnissen befriedigen, das zu Shakespeares

Zeiten vom Theater und bis in die sechziger Jahre vom Kino befriedigt wurde.

Sex

Wenn im nächsten Jahrhundert die Kulturhistoriker auf das gegenwärtige zurückschauen, werden sie es vermutlich als das Jahrhundert des Sex bezeichnen. So wie das Mittelalter durch den Glauben, die Renaissance durch die Entdeckung des Individuums, das 18. Jahrhundert durch Vernunft und Gefühl und das 19. durch das Streben nach Respektabilität gekennzeichnet waren, so das 20. durch die Befreiung der Sexualität. Selbst im relativ freizügigen 18. Jahrhundert wären die Menschen schockiert gewesen, wenn ein Zeitreisender ihnen die Illustrierten aus dem Jahre 1999 mitgebracht hätte, ganz zu schweigen von den Film- und Fernsehproduktionen. Sex ist inzwischen alles in einem: Grundnahrungsmittel, Droge, Statussymbol, Lockmittel der Werbung, Produktionsfaktor und Religionsersatz. Was einst durch die Schamschranke geschützt war, wird nun bis auf kleine Reste öffentlich zur Schau gestellt. Der moderne Mensch zeigt vor laufender Kamera eher seinen nackten Körper als seinen Bankauszug. In der Film- und Fernsehbranche ist man offensichtlich überzeugt, daß das Publikum in jedem Film nach Beischlafszenen verlangt wie im 19. Jahrhundert nach Balletteinlagen in der Oper.

All dies ist in Großbritannien nicht anders als in Deutschland, nur daß auf der Insel die sexuelle Repression des 19. Jahrhunderts stärker war, so daß die Befreiung später einsetzte und sich demonstrativer vollzog. Bis zur Jahrhundertmitte galt das Vereinigte Königreich als die Bastion der Prüderie. 1946 schrieb George Mikes, der ungarische Immigrant und witzige Beobachter englischer Mentalität, in *How to be an Alien:* „Auf dem Kontinent haben die Menschen ein Liebesleben, in England haben sie Wärmflaschen." Heute würde das niemand mehr behaupten wollen; denn spätestens mit der Freigabe von *Lady Chatterley's Lover* 1960 brachen alle Dämme, die bis dahin die englische Libido in den Grenzen viktorianischer Wohlanständigkeit gehalten hatten. Unter der Oberfläche hatte es freilich auch damals schon Pornographie, Prostitution, Promiskuität und jede nur erdenkliche Perversion gegeben, allen voran das *vice anglais,* die Neigung zu masochistischen Praktiken.

Wie stark das Gefühl der Befreiung gerade in England war,

läßt sich daran ablesen, daß dort in den Medien und vor allem auf der Bühne ein geradezu zwanghaftes Bedürfnis nach körperlicher Entblößung und nach Verwendung der einst tabuisierten *four-letter words* zu beobachten war und noch immer ist. Durch die Internationalisierung der Unterhaltungsindustrie ist all dies natürlich auch auf deutsche Bildschirme und Leinwände gelangt, doch es scheint so, als sei es hier nur ein notwendiges Gewürz, das den Absatz der Produkte fördert, während in England die gezeigten Obszönitäten meist noch wie bewußt provozierende Befreiungsakte wirken. Besonders deutlich zeigt sich das im englischen Theater der neunziger Jahre, das in Stücken wie *Shopping & Fucking* von Mark Ravenhill seine provozierende Absicht bereits im Titel ankündigt. In *Typisch englisch* versucht der Verfasser unter dem Titel „Die englische Art zu fluchen" zu erklären, weshalb Engländer vorzugsweise Flüche aus der Genitalsphäre gebrauchen, während Deutsche die Analsphäre bevorzugen. Ob die dort gegebene Erklärung stichhaltig ist, mag der Leser selber entscheiden.

Multikultur

Während Deutschland aufgrund seiner historischen Zersplitterung eine Vielfalt von Regionalkulturen besitzt, die durch die religiöse Teilung weiter vermehrt wurde, wies die englische Kultur wegen der Staatskirche und der Dominanz Londons über viele Jahrhunderte hinweg eine große Homogenität auf. Zwar gab es auch hier seit der Reformation eine konservative und eine fortschrittliche Ausprägung, doch als kulturellen Unterschied wird man dies kaum ansehen können. Wenn man unter Kultur die geistige Wohnung einer Gesellschaft versteht, also das, worin sie sich zu Hause fühlt, dann gab es auf britischem Boden nur noch in Schottland eine zweite. Das änderte sich nach dem Zweiten Weltkrieg, als mit der Entlassung der Kolonien in die Selbständigkeit ein Strom von nichtweißen Inhabern britischer Pässe und von Bewerbern um solche ins Land kamen. Diese Menschen wurden politisch britische Bürger, doch kulturell blieben sie meist ihrer ethnischen Tradition treu. Selbst wer sich assimilieren wollte, wurde wegen seiner anderen Hautfarbe von der monolithischen englischen Gesellschaft nicht akzeptiert.

Die ca. 100 000 Nichtweißen vor 1950 waren zunächst nicht mehr als ein bunter Farbtupfer, der von der heimischen Bevölkerung mit freundlicher Distanz aufgenommen wurde. Das änderte sich, als die Zahl der Andersfarbigen bis 1990 auf etwa drei Millionen stieg. Jetzt war es nicht mehr nur ein Tupfer, sondern in manchen Regionen die dominante Farbe. Die größte Gruppe bilden die Inder mit 840 000 Menschen, dicht gefolgt von den Westindern mit 500 000 und den Pakistanis mit 477 000. Eine weitere Million setzt sich aus Chinesen, Bangladeshis, Afrikanern und Menschen gemischtrassiger Herkunft zusammen. Da diese Immigranten das natürliche Bedürfnis haben, unter ihresgleichen zu leben, bildeten sich mit der Zeit viele geschlossene Siedlungsgebiete aus, die wie ethnische Enklaven innerhalb der englischen Gesellschaft existieren. Das gilt vor allem für die südöstlichen Bezirke Londons und für einige Industriestädte im Norden. Während die erste Generation ihre ganze Kraft darauf verwenden mußte, im fremden Land Fuß zu fassen, besuchte die zweite bereits englische Schulen und wuchs in die englische Kultur hinein, doch ohne von dieser wirklich aufgenommen zu werden. So bildeten sich ethnische Subkulturen aus, die in ihrem politischen Denken die Werte der Gesamtgesellschaft vertraten, doch in Religion, Familienleben, Gesellschaftigkeit und allgemeiner Ästhetik ganz andere Ausdrucksformen pflegten. Bei einer so großen Zahl waren natürlich auch literarische und künstlerische Talente darunter, die ihr eigenes kulturelles Bewußtsein gegen das englische artikulierten. Vielleicht wären diese Stimmen kaum beachtet worden, wenn es nicht außerhalb des Landes im übrigen Commonwelath die gleiche Entwicklung gegeben hätte. Hier hatte sich vor allem im karibischen Raum in den einstigen Kolonien eine selbstbewußte postkoloniale Kultur ausgebildet, die sich in Ermanglung einer anderen entwickelten Hochsprache oder aus praktischen Erwägungen des Englischen bediente. Inzwischen berühmte Autoren wie der in Bombay geborene Salman Rushdie, der aus Trinidad kommende V. S. Naipaul und der von pakistanischen Eltern abstammende Hanif Kureishi haben der Literatur nichtweißer Briten so viel Achtung verschafft, daß sich nun auch in Städten wie Liverpool dunkelhäutige Menschen der Unterschicht zu Wort melden und das Recht auf eine eigene Kultur einfordern.

Die „englische Krankheit" und der Thatcherismus

Nach dem Zweiten Weltkrieg folgte die englische Wirtschaftsentwicklung einem *Stop-and-go*-Muster, das oft als „englische Krankheit" bezeichnet wurde. Die Wurzel des Übels reicht weit zurück. Seit dem frühen 19. Jahrhundert hatte England stets eine negative Handelsbilanz. Es importierte mehr, als es exportierte. Doch bis zum Beginn des Zweiten Weltkriegs konnte es das Defizit in der Handelsbilanz mühelos durch Einnahmen aus Investitionen in den Kolonien sowie durch die Dienstleistungen seiner Banken und Versicherungsinstitute in der Londoner City und der Handelsflotte ausgleichen. Als nach 1945 die Billigflaggen den Seehandel an sich rissen und die Wallstreet in New York zum ersten Finanzplatz der Welt aufstieg, konnte das traditionelle Loch in der Handelsbilanz nicht mehr gestopft werden. Versuche, den Export anzukurbeln, führten über kurz oder lang zu inflationärem Preisanstieg, dem die Regierung nur durch eine Pfundabwertung entgegenwirken konnte. Doch eine Abwertung bedeutete, daß das Land für die gleiche Menge Exportgüter weniger einnahm und für die gleiche Menge Importgüter mehr ausgeben mußte. Zwar sorgte die Abwertung für einen kurzfristigen Preisvorteil gegenüber der Konkurrenz im Ausland, doch den konnten die englischen Firmen nicht nutzen, da sie durch Hunderte von kleinen, aber mächtigen Gewerkschaften daran gehindert wurden. So war der Vorsprung schnell verspielt und mußte durch eine erneute Abwertung wiederhergestellt werden. Erst als das Nordseeöl ab Ende der siebziger Jahre die Lücke schloß, die der Wegfall der Handelsflotte gerissen hatte, kam das verhängnisvolle Wechselspiel von Inflation und Abwertung zum Stillstand. Nach dem *winter of discontent* 1978/79 gab der englische Wähler der eisernen Lady Margaret Thatcher den Auftrag, es mit einer radikalen Rückkehr zu einem hemdsärmligen Manchester-Liberalismus zu versuchen. Die achtziger Jahre waren geprägt durch ökonomische Gesundung, allerdings auf einem niedrigen Ausgangsniveau, und ein hohes Maß an sozialem Unfrieden; denn Margaret Thatcher predigte das viktorianische *Self-Help*-Credo. Ihr erklärtes Ziel war es, die lahmen Enten untergehen zu lassen, damit nur noch die wettbewerbsfähigen den Teich für sich haben. Um dies zu erreichen, mußte sie erst einmal die Macht der Gewerkschaften brechen, was ihr mit dem Ausgang des Bergarbeiterstreiks 1984/85 tatsächlich gelang. Damit waren günstige Bedingungen für ausländische Investitionen geschaffen.

Wirtschaftshistoriker streiten über die Gründe der „englischen Krankheit". Manche meinen, es sei nur natürlich, daß die erste Industrienation der Welt auch als erste die Geburtswehen der postindustriellen Gesellschaft durchmachen müsse. Andere sehen die Ursache schlicht in inkompetenter Politik. Wieder andere meinen, daß das Mutterland eines Imperiums von der Größe eines Viertels der Welt wie ein von seinem Körper getrennter Kopf erst einen neuen Blutkreislauf ausbilden müßte, um für sich existieren zu können. Im Kontext einer Kulturgeschichte ist eine andere Erklärung plausibler, die am entschiedensten von dem amerikanischen Historiker Martin J. Wiener vertreten wird. In seinem Buch *English Culture and the Decline of the Industrial Spirit 1850–1980* legt er sehr überzeugend dar, was wir schon im Zusammenhang mit dem Viktorianismus ausgeführt haben, daß sich nämlich das obere Bürgertum in zunehmendem Maße von der Industrie ab- und der Kultur der Gentry zugewandt habe. Dieser Prozeß der *gentrification* läßt sich in vielen Bereichen beobachten und hat sicher zur Lähmung des industriellen Unternehmergeists beigetragen. Allerdings dürfte er kaum die alleinige Ursache der „englischen Krankheit" sein; denn die Gentry-Kultur blieb weitgehend auf den saturierten Süden des Landes beschränkt, während im industriellen Norden ein ganz anderer Geist herrschte und herrscht, der dem puritanisch geprägten liberal-kapitalistischen Ethos anhängt. Für das Fortbestehen dieses hemdsärmeligen Pragmatismus, der den Engländern im 19. Jahrhundert von französischer und deutscher Seite die Bezeichnung „Krämerseelen" und „Pfeffersäcke" eingebracht hatte, war Margaret Thatcher der lebende Beweis, während ihre konservativen Vorgänger im Amt als *true blue Tories* eher der Gentry-Tradition nahestanden.

Als der Labour-Führer Tony Blair nach John Major das Erbe Margaret Thatchers übernahm, war er in der glücklichen Lage, daß seine Vorgängerin all die Grausamkeiten begangen hatte, für die er seine Partei nie hätte gewinnen können, die aber die Voraussetzung einer grundsätzlichen Kursänderung waren. Noch ist nicht entschieden, ob die Roßkur der Eisernen Lady das Land auf den richtigen, zukunftsträchtigen Kurs gebracht hat, oder ob sie nicht womöglich nur mit der radikalen Privatisierung aller staatlichen

Abb. 52: Millennium Dome (2000)

Betriebe das Familiensilber verschleudert hat, wie der stereotype Vorwurf ihrer Kritiker lautete. Erst das nächste Jahrtausend wird zeigen, ob die wirtschaftliche Erholung der achtziger und neunziger Jahre ein vorübergehendes Strohfeuer oder der Beginn einer dauerhaften Gesundung war. Dann wird sich herausstellen, ob der pompöse Millennium Dome, der zur Feier der Jahrtausendwende in London errichtet wurde, dem Kristallpalast der Weltausstellung von 1851 gleicht, der den Beginn einer triumphalen Epoche ankündigte, oder ob er illusionärem Wunschdenken entspringt wie die Empire-Ausstellung von 1924 (Abb. 52).

Irischer Pfahl im englischen Fleisch

Ein Zufall der Geschichte will es, daß auch das 20. Jahrhundert – wie seine vier Vorgänger – mit einer Zuspitzung des anglo-irischen Problems zu Ende geht, wobei diesmal Aussicht auf eine friedliche Beilegung besteht, wenngleich eine endgültige Lösung noch nicht in Sicht ist. Zu Beginn des Jahrhunderts hatten die Iren mitten im Ersten Weltkrieg wieder einmal den Moment englischer Schwäche genutzt, um das jahrhundertealte Joch abzuschütteln. Doch der zu Ostern 1916 losbrechende Aufstand wurde erneut blutig unterdrückt. Als sich aber nach dem Krieg überall im Empire Tendenzen der Auflösung bemerkbar machten und die Iren 1919 deshalb noch einmal den Waffengang mit der Kolonialmacht wagten, gab diese nach zweijährigem Krieg endlich nach und entließ den neugegründeten Irischen Freistaat in die Selbständigkeit, allerdings ohne Ulster, dessen protestantische Mehrheit das Verbleiben beim Mutterland durchgesetzt hatte.

Solange der Freistaat Mitglied des Commonwealth war, blieb das Ulster-Problem eine Familienangelegenheit. Doch als Irland 1948 aus der Gemeinschaft austrat und sich zur unabhängigen Republik erklärte, wurde das Problem virulent. Zwischen 1956 und 1962 kam es zu militärischen Aktionen der *Irish Republican Army* (IRA), die politisch wirkungslos blieben. Nach einer kurzen Pause flammten die Unruhen ab 1967 erneut auf. Fanatismus auf beiden Seiten heizte das Klima stetig an. Auf protestantischer Seite provozierte der geheime Orden der Orangemen mit seinen Prozessionsmärschen zur Erinnerung an die Schlacht am Boyne die Katholiken, indem er die Märsche durch deren Gebiet führte. Auf katholischer Seite betrieb eine Splittergruppe der IRA, die *Provisional IRA*, blutigen Terror, den auf protestantischer Seite die 1972 gegründete *Ulster Defence Association* (UDA) mit gleicher Münze erwiderte. Alle Versuche, das Problem am Verhandlungstisch zu lösen, scheiterten. Die britische Regierung stand und steht einem Anschluß Ulsters an die irische Republik nicht ablehnend gegenüber, kann aber die nordirischen Protestanten, die Bürger des Vereinigten Königreichs sind, nicht im Stich lassen. In den siebziger und achtziger Jahren wurde die nordirische Bevölkerung durch den immer wieder aufflammenden Terror demoralisiert und die englische Regierung diskreditiert. Erst in den neunziger Jahren kam es zu einer Annäherung. Die Verhandlungen zwischen John Hume, dem Repräsentanten der nordirischen Regierung, und Gerry Adams, dem in England mehrfach inhaftierten Vertreter von Sinn Fein, dem politischen Arm der IRA, führten schließlich zu einem Waffenstillstand, der eine Weile hielt, aber dann doch mehrfach gebrochen wurde. Einen erneuten Anlauf unternahm 1998 Tony Blair, doch bisher ohne durchschlagenden Erfolg.

Auf die englische Nachkriegskultur konnte der Nordirlandkonflikt nicht ohne Auswirkung bleiben. Schon 1954 erinnerte der Ire Brendan Behan das Londoner Theaterpublikum mit seinem Stück *The Quare Fellow* an das Problem. Zwei Jahre später tat er es noch einmal mit großem Erfolg mit dem Stück *The Hostage (Die Geisel)*. Danach begleitete der Konflikt das Kulturleben und machte sich als schwärende Wunde immer wieder bemerkbar. Anders als bei der deutschen Teilung gab es hier für die Intellektuellen kaum eine Veranlassung zur Parteinahme, außer für die Absage an Terror und für eine Lösung der Vernunft. Das führte dazu, daß der Konflikt zwar immer wieder Gegenstand aufwühlender Romane und Filme wurde, daß diese aber kaum Möglichkeiten einer Lösung aufzeigten. Beobachter von außen werden sich des Eindrucks kaum erwehren können, daß auch hier ein gewisses Maß an nationaler Scham im Spiel ist; denn der Konflikt ist schließlich die letzte Auswirkung einer Jahrhunderte währenden, mehr oder minder brutal betriebenen Kolonialpolitik gegenüber Irland.

Jeder Reisende, der nach dem Krieg in Abständen Großbritannien besucht hat, wird festgestellt haben, daß vieles von dem, was einst als typisch englisch galt, im Schwinden begriffen ist. Natürlich traf das, was man für typisch hielt, nie auf alle Engländer zu. Das Ideal des Gentleman, das die Mittelschicht verinnerlicht hat und das der Tourist, zumal der deutsche, in Form von immer wieder überraschender Höflichkeit bei Engländern erlebt, war nie so allgemein verbreitet, daß man nicht auch den ruppigen John Bull angetroffen hätte. Englands Geschichte ist geprägt durch eine fast ununterbrochene Tradition von Aufsässigkeit und Rebellion, die nur in der zweiten Hälfte des 19. Jahrhunderts unter dem Einfluß der *Public School* vom Bild des Gentleman verdeckt wurde. Heute tritt die verdeckte Tradition wieder stärker hervor und stiftet bei ausländischen Beobachtern Verwirrung, die nicht glauben können, daß sich vermeintliche Gentlemen im Fußballstadion wie Barbaren benehmen können. Auch in der Wirtschaft ist die einst so vielgerühmte Selbstdisziplin der Briten auf dem Rückzug. Jetzt tritt wieder der wettbewerbsorientierte Kapitalist hervor, der die Industrielle Revolution hervorgebracht hat und dem noch im frühen 19. Jahrhundert niemand besondere Höflichkeit nachgesagt hätte.

Dennoch sind gewisse Grundzüge, die sich im Laufe der Jahrhunderte ausgebildet haben, noch immer zu beobachten. Zumal in den stadtfernen Regionen ist England noch fast so englisch wie vor vierzig Jahren, während London und die großen Industriestädte eine kulturelle Buntheit aufweisen, in der die englische Farbe nur noch schwer auszumachen ist. Nicht alles kann hier näher betrachtet werden. Doch sollen wenigstens die Dinge genannt werden, die sich aus der zuvor aufgezeigten kulturellen Entwicklung erklären lassen.

Das vielleicht Charakteristischste ist die eigentümliche Verbindung von ländlicher und urbaner Kultur. Obwohl in England bereits ab der Mitte des 19. Jahrhunderts die Mehrheit der Menschen in Städten lebte, während es in Deutschland noch nicht einmal ein Viertel war, und obwohl England heute eines der am stärksten urbanisierten Länder Europas ist, trägt seine Kultur nicht durchgängig urbane Züge. Sie trägt aber auch nicht die Züge jenes regionalen Provinzialismus, der für die deutsche Kultur charakteristisch ist. Provinz hat in England eine andere Bedeutung als hierzulande. Für Deutsche meint es ein Leben in Bauerndörfern und kleinen Städten. Englische Dörfer sind aber nicht Provinz, sondern Rückzugsgebiete von Pensionären, also im Grunde weit entfernte Vororte, die oft den Charakter von Villenvororten haben. Auch die kleinen Städte, meist sehr alte Kathedralstädte mit mittelalterlichem Kern, sind nicht das, was Engländer mit Provinz assoziieren. Sie werden dabei eher an die ausgefransten Randgebiete der Industriestädte denken.

Dieser eigentümliche Unterschied hat etwas damit zu tun, daß sich die englische Mittelklasse historisch aus zwei unterschiedlichen Hälften zusammensetzt, aus dem städtischen Bürgertum und aus der *landed gentry*. Da letztere, wie ausgeführt wurde, im 19. Jahrhundert zur geheimen Utopie der gesamten englischen Mittelschicht wurde, blieb auf diese Weise ein ländliches, manchmal geradezu pastorales Element in der englischen Kultur konserviert. Das vielleicht augenfälligste Indiz dafür ist die englische Liebe zum Garten. In ihm verbindet sich das Urbane mit dem Ländlichen. Deshalb widmen sich ihm die Engländer mit Hingabe und lesen dazu Bücher, die in Buchhandlungen eine ganze Sonderabteilung füllen.

Eine weitere englische Besonderheit ist die noch immer zu beobachtende Vorliebe für das Individuelle und die Ablehnung systematischer Ordnung. Das weitgehende Fehlen des Staatsbegriffs im geistigen Haushalt der Nation ist dafür ein charakteristisches Zeichen. Die Engländer haben ihn seit dem 18. Jahrhundert durch Gesellschaft ersetzt. Während der Staat eine das Individuelle auflösende Totalität darstellt, setzt sich Gesellschaft aus der bunten Vielfalt der Individuen zusammen. Selbst in der Geschmacksgeschichte läßt sich dieses Prinzip beobachten. Wenn David Watkin recht damit hat, daß das Pittoreske *the English vision* ist, dann wäre dies ein weiterer Beweis für das eben Gesagte; denn im Pittoresken wird das sperrige Einzelelement weder in die Harmonie des schönen Ganzen eingeschliffen noch in der Totalität des Erhabenen aufgelöst.

Als letzte Auffälligkeit sei noch etwas genannt, was der Autor dieses Buches für so typisch hält, daß er es in zwei anderen Büchern zu erklären versuchte. In *Typisch englisch. Wie die Briten wurden, was sie sind* deutete er an, weshalb seiner Meinung nach

der Humor für Engländer so wichtig ist, und in *Max und Monty.*
Kleine Geschichte des deutschen und englischen Humors versuchte
er zu zeigen, worin das spezifisch Englische des englischen Humors besteht. Daß es in England vermutlich ebensoviele humorlose
Menschen gibt wie in Deutschland, ist zwar nicht beweisbar, aber
anzunehmen. Dennoch nehmen die Engländer den Humor als
nationale Eigenschaft für sich in Anspruch wie kein anderes Volk
der westlichen Welt. Offenbar hat er in ihrem sozialen und kulturellen System eine so wichtige Funktion, daß sie ihn zur nationalen
Selbstidentifikation brauchen. Wenn das oben Ausgeführte richtig
ist, ergäbe sich dafür die folgende Erklärung: Eine Gesellschaft, die
seit dem Hochmittelalter in ihrer Rechtsprechung immer dem Einzelfall gegenüber der systematischen Lösung den Vorzug gab,
deren politische Sympathien immer dem Individuum gegenüber
dem Anspruch des Staates galten, die also das Urproblem jeder
Gesellschaft, nämlich die Spannung zwischen dem Einzelnen und
dem Ganzen, immer zugunsten des Einzelnen zu lösen versuchte,
eine solche Gesellschaft braucht den Humor als Schmiermittel, um
die sich frei bewegenden Teile innerhalb des Ganzen vor dem
Heißlaufen durch allzu große Reibung zu bewahren. Mit diesem
Bild verschlingt sich der Faden dieses Buches mit den Fäden der
beiden anderen zu einem Knoten, der das vorliegende abschließen
könnte, wenn nicht alles hier Aufgeführte so deutliche Anzeichen
des Schwindens aufwiese.

In den Thatcherjahren hat sich ein tiefgreifender Wandel vollzogen. Seitdem befindet sich die für England so typische Gentry-Kultur auf dem Rückzug. Bis in die frühen siebziger Jahre spielten
noch viele englische Romane in der gleichen Welt wie seinerzeit bei
Huxley und Waugh. Danach aber machte deren amphibische Kultur einer postmodernen Urbanität Platz. Jetzt spielen die Romane
in London oder einer der großen Industriestädte. Damit einher
geht der Rückzug all dessen, was mit der Gentry-Kultur zusammenhängt. Das ist zuallererst die im 19. Jahrhundert kodifizierte
Haltungsethik, die im Gentleman-Ideal ihren Ausdruck fand. Sie
ist inzwischen schon weitgehend der allgemein westlichen Leistungsethik gewichen. Das bedeutet aber, daß auch die damit kausal verbundenen Merkmale wie Höflichkeit, Selbstdisziplin und
Understatement im Schwinden begriffen sind. War einst der englische Stil durch Einfachheit, Prägnanz und Anschaulichkeit charak-

terisiert, so schreiben englische Intellektuelle inzwischen schon fast den gleichen elaborierten Stil wie in der übrigen westlichen Welt. Auch der Code des Fair play ist kaum noch verbindlicher als bei anderen Nationen. Im internationalen Umgang, vor allem bei den vielen EU-Streitpunkten, beklagen sich die europäischen Partner inzwischen über den Mangel an Fairneß auf britischer Seite. Selbst der Humor scheint den Briten bei Themen wie BSE und Euro zu vergehen. Kurz, die Briten scheinen auf dem Wege zu sein, ganz normale Europäer zu werden.

Was sie dennoch zögern läßt, sich Europa mit ganzem Herzen anzuschließen, sind die hier aufgezeigten Unterschiede in ihrer Kultur. Im Verlauf unserer Darstellung hatten wir wiederholt kulturelle Phänomene aus materiellen Sachverhalten erklärt. Das heißt aber, daß umgekehrt auch hinter der Kultur die Unterschiede der Basis gesehen werden müssen. Was Großbritannien grundsätzlich von den übrigen Staaten Europas unterscheidet, ist, daß es keine Verfassung hat, jedenfalls keine im Sinne eines Grundgesetzes. Zwar hat es das älteste gesetzlich begründete parlamentarische Staatswesen, doch besitzt es kein Gesetz, das wie das deutsche Grundgesetz allen übrigen Gesetzen vor- und übergeordnet ist. Jedes britische Gesetz kann vom Parlament mit einfacher Mehrheit geändert oder aufgehoben werden. Selbst Grundrechte, die unter der deutschen Verfassung nicht einmal mit den Stimmen aller Abgeordneten angetastet werden dürfen, könnten im Vereinigten Königreich mit einfacher Mehrheit abgeschafft werden. Daß die Briten dennoch unbesorgt sind, daß dies geschehen könnte, liegt an ihrem Vertrauen in das Funktionieren eines historisch gewachsenen Systems, in dem ungeschriebene Regeln und Rituale ebenso wichtig, ja noch wichtiger sind als die gesetzlich niedergelegten.

Deutsche Bürger brauchen nicht zu fürchten, daß Brüssel ihre Verfassung aushebelt; denn was diese nicht zuläßt, kann keine europäische Bürokratie erzwingen. Die Briten haben nicht den Schutzschild einer geschriebenen Verfassung zwischen sich und Brüssel, sondern nur ihr Parlament. Das aber ist auf Grund der Bedingungen des Beitritts zur Europäischen Union gehalten, sich an den gesetzlichen Vorgaben Brüssels zu orientieren. Deshalb ist es nicht insulare Dickköpfigkeit, sondern berechtigte Furcht, was die Briten von Europa zurückhält. So werden sie wohl kam umhin können, sich in naher Zukunft eine geschriebene Verfassung zu geben, wenn sie nicht auf Dauer der europäische Zaungast bleiben wollen. Im Kontext unserer Kulturgeschichte heißt das, daß die kulturellen Widerstände gegenüber Europa erst schwinden werden, wenn sich die materielle politische Basis, also die Verfassung, ändert.

Am Ende des Millenniums sieht es nicht so aus, als würde sich Großbritannien bei dem von Tony Blair für die nächste Legislaturperiode versprochenen Referendum für die Übernahme des Euro entscheiden. Auf dem Brüsseler Standesamt hat es den Ehevertrag mit Europa unterzeichnet, doch gegen den Vollzug der Ehe sträubt sich die Braut noch. Wenn der europäische Bräutigam darüber ärgerlich wird, sollte er an die Mitgift denken. Sie mag in klingender Münze nicht sonderlich eindrucksvoll sein, doch kulturell ist sie eine der reichsten in Europa. Von diesem Reichtum wollte das vorliegende Buch einen Eindruck vermitteln, aber auch davon, was Europa schon in früheren Jahrhunderten der englischen Kultur zu verdanken hatte.

Anhang

Quellen

Zitate

Die Zitate von César de Saussure, Wilhelm von Archenholtz und Georg Friedrich Lichtenberg stammen aus Henning Schlüter, *Ladies, Lords und Liederjane* (Die bibliophilen Taschenbücher, Dortmund 1981). Die Zitate von Nikolai Karamsin stammen aus dessen Buch *Briefe eines russischen Reisenden*, 2. Aufl. (Rütten & Loening, Berlin 1981; in der Übersetzung von Johann Richter von 1798).

Abbildungen

Abb. 1: Stonehenge. Photographie des Verfassers.

Abb. 2: Der Hügel von Silbury. Photographie des Verfassers.

Abb. 3: Der Riese von Cerne Abbas. Zitiert nach: Peter A. Clayton (Hg.), *A Companion to Roman Britain*. Oxford 1980.

Abb. 4: Der Hadrianswall. Ebd.

Abb. 5: Römisches Mosaik. Ebd.

Abb. 6: Bearbeitung einer Karte aus: Martin Gilbert, *The Dent Atlas of British History*. 2. Aufl. London 1993.

Abb. 7: Das Chi-Rho-Blatt des Lindisfarne-Evangeliars. British Library London.

Abb. 8: Bearbeitung zweier Karten aus: Martin Gilbert, *The Dent Atlas of British History*. 2. Aufl. London 1993.

Abb. 9: Die Burg von Caerphilly in Wales. Aerofilms. Zitiert nach: *The Country Life Book of the Living History of Britain.* Hg. v. W. G. V. Balchin. London 1981.

Abb. 10: Die Ruine des Klosters Rievaulx. Aerofilms. Ebd.

Abb. 11: Klosterbauten. Bearbeitung einer Graphik aus: Richard Morris, *Cathedrals and Abbeys of England and Wales.* London 1979.

Abb. 12: Bauvorhaben an Kathedralen und größeren Kirchen. Bearbeitung einer Graphik aus: ebd.

Abb. 13: Kathedrale von Ely. Nach einem Dia von Woodmansterne Ltd., Watford.

Abb. 14: Kathedrale von Salisbury. Photographie von A. F. Kersting. Zitiert nach dem Umschlag von: Paul Johnson, *British Cathedrals.* London 1980.

Abb. 15: Der Engelschor der Kathedrale von Lincoln. Nach einem Dia von Woodmansterne Ltd., Watford.

Abb. 16: Westfront der Kathedrale von York. Zitiert nach: Lucy Beckett und Angelo Hornack, *York Minster*. London 1981.

Abb. 17: Kapelle von King's College, Cambridge. Nach einem Dia von Jarrold.

Abb. 18: Hampton Court. Photographie von Michael Braid. Zitiert nach: Patrick Montague-Smith und Hugh Montgomery Massingberd, *The Country Life Book of Royal Palaces, Castles and Homes.* London 1981.

Abb. 19: Kirby Hall. Nach einem Dia von A. F. Kersting.

Abb. 20: Miniatur von Nicholas Hilliard. Victoria & Albert Museum.

Abb. 21: Das Armada-Porträt Elisabeths I. von George Gower. Woburn Abbey.

Abb. 22: Das Globe-Theater. Bearbeitung einer Abbildung aus: *The Times London History Atlas.* Hg. v. Hugh Clout. London 1991.

Abb. 23: Inigo Jones' Banqueting House in Whitehall. Nach einem Dia des Department of the Environment.

Abb. 24: Blickling Hall. Zitiert nach dem Umschlag der Besucherbroschüre des National Trust (1982).

Abb. 25: Titelbild zu Francis Bacons *Instauratio Magna.* Zitiert nach: R. W. Gibson, *Francis Bacon. A Bibliography of His Works and Baconiana to the Year 1750.* Oxford 1950.

Abb. 26: Frontispiz zu Thomas Hobbes' *Leviathan.* Zitiert nach: *The Oxford Illustrated History of English Literature.* Hg. v. Pat Rogers. London 1987.

Abb. 27: St. Pauls-Kathedrale. Nach einem Dia von Woodmansterne Ltd., Watford.

Abb. 28: Greenwich Hospital. Zitiert nach: Basil Greenhill (Hg.), *National Maritime Museum. Das Britische Schiffahrtsmuseum in Greenwich bei London.* London 1982.

Abb. 29: Castle Howard. Nach einem Dia von Castle Howard, Yorks.

Abb. 30: Chiswick House. Photo Royal Commission on the Historical Monuments of England, London.

Abb. 31: Bibliothek von Kenwood House. Nach einem Dia von Woodmansterne Ltd., Watford.

Abb. 32: Sir Joshua Reynolds, *Zeit der Unschuld.* Tate Gallery.

Abb. 33: Thomas Gainsborough, *Die Gräfin Howe.* Kenwood House, London.

Abb. 34: George Stubbs, *Die Familien Milbanke und Melbourne.* National Gallery London.

Abb. 35: William Hogarth, *Beer Street.* Zitiert nach: *William Hogarth 1697–1764* (Ausstellungskatalog). Berlin 1980.

Abb. 36: William Hogarth, *Gin Lane.* Ebd.

Abb. 37: Englischer Garten von Blenheim Palace. Nach einem Dia von Trans-Globe.

Abb. 38. Edinburgh. Photographie des Verfassers.

Abb. 39: Fonthill Abbey. Zitiert nach: Peter Sager, *Südengland von Kent bis Cornwall. Architektur und Landschaft, Literatur und Geschichte.* Köln 1977.

Abb. 40. Royal Pavilion in Brighton. Zitiert nach John Dinkel, *The Royal Pavilion Brighton.* London 1983.

Abb. 41: William Blake, *Elohim erschafft Adam.* Tate Gallery.

Abb. 42: John Constable, *Der Heuwagen.* National Gallery London.

Abb. 43: Joseph Mallord William Turner, *Regen, Dampf und Geschwindigkeit.* National Gallery London.

Abb. 44: Dante Gabriel Rossetti, *Ancilla Domini.* Tate Gallery.

Abb. 45: Dante Gabriel Rossetti, *Astarte Syriaca.* City Art Gallery Manchester.

Abb. 46: Die Brücke über den Forth. Photographie des Verfassers.

Abb. 47: Sir Edwin Landseer, *Würde und Dreistigkeit.* Tate Gallery.

Abb. 48: George Frederick Watts, *Hoffnung.* Tate Gallery.

Abb. 49: Eyre Crowe, *Mittagspause in Wigan*. City Art Gallery Manchester.
Abb. 50: Plakat zur British Empire Exhibition 1924. Zitiert nach: *Die englische Welt*. Hg. v. Robert Blake. München 1983.
Abb. 51: Henry Moore, *König und Königin*. Ebd.
Abb. 52: Der Millennium Dome. Ausschnitt einer Photographie von Hayes Davidson/Chorley Handford. Zitiert nach der Broschüre *Millennium. Time to make a difference*. The New Millennium Experience Company. London 1998.

Ausgewählte Bibliographie

I. Gesamtdarstellungen

Nachschlagewerke

Bamber Gascoigne, Encyclopedia of Britain. London 1993. Ausgezeichnete Informationsquelle zu allen Bereichen.

Collins Encyclopaedia of Scotland. Hg. v. John Keay und Julia Keay. London 1994.

The Oxford Companion to British History. Hg. v. John Cannon. Oxford 1998.

Zur Einführung

Hans-Dieter Gelfert, Typisch englisch. Wie die Briten wurden, was sie sind. München 1995.

Wissenschaftlich fundierte coffee-table books

The Country Life Book of the Living History of Britain. Beratender Herausgeber Prof. em. W. G. V. Baldwin. London 1981. Sehr anschaulich und informativ.

The Scottish World. History and Culture of Scotland. Hg. v. Harold Orel, Henry L. Snyder und Marilyn Stokstad. London 1981. Gut illustriert und informativ.

The English World. History, Character and People. Hg. v. Robert Blake. London 1982. Deutsche Ausg.: Die englische Welt. München 1983. Gut illustriert und informativ.

The Arts of Britain. Hg. v. Edwin Mullins. Oxford 1983. Gut illustrierte Darstellung der bildenden Kunst und des Kunsthandwerks.

Knappe Gesamtdarstellungen

Friedrich Wild, Die Kultur Großbritanniens und Irlands. 2. neu bearb. Aufl. Konstanz 1963. (In: Handbuch der Kulturgeschichte. Begr. von Heinz Kindermann. Neu hg. von Eugen Thurner.)

N. J. G. Pounds, The Culture of the English People. Iron Age to the Industrial Revolution. Cambridge 1994. Keine Kulturgeschichte, sondern die Geschichte einzelner Kulturphänomene wie Hausbau, Nahrung usw.

Kulturgeschichte der Neuzeit

Dietrich Schwanitz, Englische Kulturgeschichte 1500–1914. 2 Bde. Tübingen 1995. Illustrierte Ausg. in einem Bd. Frankfurt/M. 1996. Gut lesbare Darstellung; sehr eigenwilliger Versuch einer systemtheoretischen Deutung der Kulturgeschichte.

Sozialgeschichte

G. M. Trevelyan, English Social History. A Survey of Six Centuries, from Chaucer to Queen Victoria. 3. Aufl. London 1978. Wissenschaftlich überholt, aber noch immer ein ‚Klassiker‘.

Christopher Hibbert, The English. A Social History 1066–1945. London 1987. Nach Sachgebieten geordnete Darstellung, für den Laien geschrieben.

Asa Briggs, A Social History of England. New Edition. From the Ice Age to the Channel Tunnel. London 1994. Gut illustrierte Darstellung auf neuestem Stand.

Literaturgeschichte

Hans-Ulrich Seeber (Hg.), Englische Literaturgeschichte. Stuttgart 1991. Mehr für Studienzwecke geeignet.

Hans-Dieter Gelfert, Kleine Geschichte der englischen Literatur. München 1996. Mit Zeittafeln und Literaturangaben. Für den allgemeinen Leser gedacht.

Zum Englischen in der englischen Kunst

Dagobert Frey, Englisches Wesen im Spiegel seiner Kunst. Stuttgart 1942.

Nikolaus Pevsner, The Englishness of English Art. London 1956.

Architektur

Doreen Yarwood, The Architecture of Britain. London 1976. Wie ein gutes Lehrbuch aufgemacht, zahlreiche Abbildungen.

J. M. Richard, The National Trust Book of English Architecture. London 1981. Reich illustriert.

Kathedralen

Werner Schäfke, Englische Kathedralen. Ein Reise zu den Höhepunkten englischer Architektur von 1066 bis heute. Köln 1983 (DuMont Kunst-Reiseführer). Reich illustriert, sehr informativ.

Inneneinrichtung

Doreen Yarwood, The English Home. London 1979.

Kunsthandwerk

Paul Atterbury (Hg.), English Pottery and Porcelain. An Historical Survey. London 1980.

Geoffrey Beard, The National Trust Book of English Furniture. Harmondsworth 1985.

Malerei

William Gaunt, A Concise History of English Painting. London 1964.

Jean J. Mayoux, Die englische Malerei. Von Hogarth bis zu den Präraffaeliten. Genf 1972.

Humor

Hans-Dieter Gelfert, Max und Monty. Kleine Geschichte des deutschen und englischen Humors. München 1998.

II. Zu den einzelnen Epochen

ALTERTUM UND FRÜHMITTELALTER

Ralph Arnold, A Social History of England 55 B.C. to A.D.1215. London 1967. Sehr informativ.

HOCHMITTELALTER

Geschichte
Edmund King, Medieval England 1066–1485. London 1988.

Wirtschaft
Edward Miller und John Hatcher, Medieval England, Rural Society and Economic Change 1086–1348. London 1978. (In: Longmans Social and Economic History of England.)

Kunst
J. Bony, The English Decorated Style: Gothic Architecture Transformed, 1250–1350. London 1979.

Literatur
J.A. W. Bennett, Middle English Literature. Ed. and completed by Douglas Gray. Oxford 1986.

SPÄTMITTELALTER

Gesellschaft
Nicholas Orme, English Schools in the Middle Ages. London 1973.
Maureen H. Keen, English Society in the Later Middle Ages, 1348–1500. Harmondsworth 1990.

Wirtschaft
J.L. Bolton, The Medieval English Economy, 1150–1500. London 1980.

Literatur
H.S. Bennett, Chaucer and the Fifteenth Century. Oxford 1947 (Oxford History of English Literature Bd. 2,1).
Derek Brewer, English Gothic Literature. London 1983.
Carol M. Meale (Hg.), Women and Literature in Britain 1150–1500. Cambridge 1993.

Kunst
John Harvey, Gothic England. A survey of National Culture 1300–1550. London 1947.
Ders., The Perpendicular Style. London 1978.

Geschichte (Politik, Gesellschaft)

Joyce Youings, Sixteenth Century England. Harmondsworth 1984 (Pelican Social History of Britain). Sehr komprimierte, informationsreiche Darstellung der Wirtschafts- und Sozialgeschichte.

Jasper Ridley, The Tudor Age. London 1988. Gut illustriertes, facettenreiches Zeitgemälde.

The Oxford Illustrated History of Tudor and Stuart Britain. Hg. v. John Merril. Oxford 1996. Reich illustrierte, sehr informative Darstellung.

Zur Reformation

A. G. Dickens, The English Reformation. London 1964 (ab 1967 Fontana Library; zahlreiche Nachdrucke).

Elisabethanische Kultur

L. B. Wright, Middle-class Culture in Elizabethan England. Chapel Hill 1935.

Lu Emily Pearson, Elizabethans at Home. Stanford 1957.

M. St. C. Byrne, Elizabethan Life in Town and Country (1925). Rev. ed. London 1961.

Ulrich Suerbaum, Das elisabethanische Zeitalter. Stuttgart 1989. Klar, informativ, gut lesbar.

Zum elisabethanischen Weltbild

E. M. W. Tillyard, The Elizabethan World Picture. London 1943. Betont das mittelalterliche Erbe etwas zu einseitig, ist aber trotzdem die beste Einführung in den Gegenstand.

Drama

Wolfgang Weiß, Das Drama der Shakespeare-Zeit. Stuttgart 1979.

Ulrich Suerbaum, Shakespeares Dramen. Tübingen 1996. Als Einführung sehr zu empfehlen.

Uwe Baumann, Shakespeare und seine Zeit. Stuttgart 1998. Als Studienbuch konzipiert.

Zur Tragödie

Hans-Dieter Gelfert, Die Tragödie. Theorie und Geschichte. Göttingen 1995.

Miniaturmalerei

Roy Strong, Artists of the Tudor Court. The Portrait Miniature rediscovered 1520–1620. Katalog einer Ausstellung des Victoria & Albert Museums 1983.

Architektur

John Summerson, Architecture in Britain 1530 to 1830. 7. rev. und erw. Aufl. Harmondsworth 1983.

Geschichte

Christopher Hill, Reformation to Industrial Revolution. Harmondsworth 1969 (The Pelican Economic History of Britain. Vol. 2).

Lawrence Stone, The Causes of the English Revolution 1529–1642 (1972). 2. Aufl., erw. um das Kap. „Second Thoughts in 1985", London 1986.

Blair Worden (Hg.), Stuart England. London 1986. Informatives, vorzüglich illustriertes *coffee-table book* zu allen Aspekten einschließlich der Kultur.

Mark Kishlansky, Monarchy Transformed: Britain 1603–1714. London 1997. (In: The Penguin History of Britain.)

Geistes- und Sittengeschichte

Christopher Hill, The World Turned Upside Down. Radical Ideas During the English Revolution. London 1972.

Lawrence Stone, The Family, Sex and Marriage in England 1500–1800. New York 1977.

Graham Parry, The Seventeenth Century. The Intellectual and Cultural Context of English Literature 1603–1700. London 1989.

Religion

Ole Peter Grell, Jonathan Israel und Nicholas Tyacke (Hgg.), From Persecution to Toleration. The Glorious Revolution and Religion in England. Oxford 1991.

Philosophie

S. Mintz, The Hunting of Leviathan. Seventeenth-Century Reaction to the Materialism and Moral Philosophy of Thomas Hobbes. Cambridge 1962.

P. Rossi, Francis Bacon. From Magic to Science. London 1968.

G. R. Cragg, Freedom and Authority. A Study of English Thought in the Earlier 17th Century. Philadelphia 1975.

J. W. Yolton, Locke. An Introduction. Oxford 1985.

Drama

Una Ellis Fermor, Jacobean Drama. An Interpretation. London 1936. Verb. Aufl. 1961.

Alexander Leggatt, English Drama: Shakespeare to the Restoration 1590–1660. London 1988.

Bonamy Dobrée, Restoration Comedy 1660–1720. London 1924.

Richard Bevis, English Drama: Restoration and Eighteenth Century 1660–1789. London 1988.

Kunst

J. A. Lee-Milne, The Age of Inigo Jones. London 1953.

J. Hook, The Baroque Age in England. London 1976.

18. JAHRHUNDERT

Geschichte

Roy Porter, English Society in the Eighteenth Century. Harmondsworth 1982. Revidierte Aufl. 1990 (Pelican Social History of Britain). Sehr informative Einführung in alle Bereiche.

Paul Langford, A Polite and Commercial People. England 1727–1783. London 1989. (In: The New Oxford History of England.)

Gesellschaft

G. E. Mingay, English Landed Society in the Eighteenth Century. London 1956.

Ders., The Gentry. The Rise and Fall of a Ruling Class. London 1976.

Peter Earle, The Making of the English Middle Class. Business, Society and Family Life in London, 1660–1730. London 1989.

K. M. Rogers, Feminism in Eighteenth-Century England. Hassock 1982.

Landwirtschaftliche Revolution

J. D. Chambers und G. E. Mingay, The Agricultural Revolution 1750–1880. London 1966.

Industrielle Revolution

S. D. Chapman und J. D. Chambers, The Beginnings of Industrial Britain. London 1970.

M. St. J. Parker und D. J. Reid, The English Revolution 1750 1970. A Social and Economic History. London 1972. Didaktisch vorzügliches Lehrbuch.

Kultur

Leslie Stephen, History of English Thought in the Eighteenth Century (1876). 2 Bde. Nachdruck der 3. Aufl. London 1962. Noch immer sehr lesenswert.

Max von Boehn, England im achtzehnten Jahrhundert. Berlin 1920. Wissenschaftlich überholt, aber eine Fundgrube an Fakten und Anekdoten.

B. Sprague Allen, Tides in English Taste (1619–1800). A Background for the Study of Literature. New York 1936. Sehr informative Darstellung der Geschmacksentwicklung in allen Bereichen der Kultur.

Zum Schönen, Erhabenen und Pittoresken

W. J. Hipple, The Beautiful, the Sublime, and the Picturesque in Eighteenth-Century British Aesthetic Theory. Carbondale 1957. Zusammenfassende Darstellung der drei ästhetischen Zentralbegriffe des 18. Jahrhunderts.

David Watkin, The English Vision. The Picturesque in Architecture, Landscape and Garden Design. London 1982. Sehr aufschlußreich.

Augustäisches Zeitalter

John Butt, The Augustan Age. London 1950. Knapp, klar, informationsreich.

Roman

Ian Watt, The Rise of the Novel. London 1957. Ein Klassiker.

Erwin Wolff, Der englische Roman im 18. Jahrhundert. Wesen und Formen. Göttingen 1964.

Dieter Mehl, Der englische Roman bis zum Ende des 18. Jahrhunderts. Düsseldorf 1977.

Ingeborg Weber, Der englische Schauerroman. Eine Einführung. München 1983.

Vom Klassizismus zur Romantik

Francis Gallaway, Reason, Rule & Revolt in English Classicism. Lexington 1940. Zeigt die Vorbereitung der Romantik schon im Klassizismus.

Walter Jackson Bate, From Classic to Romantic. Premises of Taste in Eighteenth-Century England. New York 1946.

Kunst

J. Burke, English Art, 1714–1800. Oxford 1976.

Architektur

Kenneth Clark, The Gothic Revival. An Essay in the History of Taste (1928). 3. Aufl. London 1962.

Dan Cruickshank, A Guide to the Georgian Buildings of Britain & Ireland. London 1985.

Malerei

William Gaunt, The Great Century of British Painting: Hogarth to Turner. London 1971.

Karikatur

Jürgen Döring, Eine Kunstgeschichte der frühen englischen Karikatur. Schriften zur Karikatur und kritischen Grafik. Bd. I. Hildesheim 1991.

Landschaftsgarten

John Dixon Hunt und Peter Willis (Hgg.), The Genius of the Place. The English Landscape Garden 1620–1820. London 1975.

Adrian von Buttlar, Der Landschaftsgarten. Gartenkunst des Klassizismus und der Romantik. Köln 1989.

Mode

C. W. und P. Cunningham, Handbook of English Costume in the Eighteenth Century. Rev. ed. London 1972.

Tourismus

Christopher Hibbert, The Grand Tour. London 1987.

Malcolm Andrews, The Search for the Picturesque: Landscape Aesthetics and Tourism in Britain, 1760–1800. Stanford 1989.

Grand Tour. The Lure of Italy in the Eighteenth Century. Hg. v. Andrew Wilson u. Ilaria Bignamini. Katalog einer Ausstellung der Tate Gallery 1996.

19. JAHRHUNDERT

Geschichte

Asa Briggs, The Age of Improvement 1783–1867. London 1959.

W. L. Burn, The Age of Equipoise. A Study of the Mid-Victorian Generation. London 1964.

Geoffrey Best, Mid-Victorian Britain 1851–75. London 1971. Donald Read, England 1868–1914. London 1979. Enthält sehr informative Statistiken.

Gesellschaft und Kultur

Raymond Williams, Culture and Society 1780–1950. London 1958 (ab 1961 bei Penguin).

F. M. L. Thompson, English Landed Society in the Nineteenth Century. London 1963.

Keith Robbins, Nineteenth-Century Britain. Integration and Diversity (The Ford Lectures Delivered in the University of Oxford 1986–1987). Oxford 1988. Sehr facettenreiche Darstellung, die auch Schottland und Wales berücksichtigt.

The Cambridge Social History of Britain 1750–1950. Hg. v. F. M. L. Thompson. 3 Bde. London 1990.

Religion

Kenneth Stanley Inglis, Churches and the Working Classes in Victorian England. London 1963.

William Reginald Ward, Religion and Society in England 1790–1850. London 1972.

Thomas Walter Lacqueur, Religion and Respectability. Sunday Schools and Working Class Culture 1780–1850. London 1976.

Erziehungswesen

Edward Clarence Mack, Public Schools and British Opinion since 1860. The Relationship between Contemporary Ideas and the Evolution of an English Institution (1941). Repr. Westport, Conn. 1917.

William Reginald Ward, Victorian Oxford. London 1965.

Anne Digby and Peter Searby, Children, School and Society in Nineteenth-Century England. London 1981.

Viktorianismus

Walter F. Houghton, The Victorian Frame of Mind 1830–1870. New Haven 1957. Zum Verständnis des viktorianischen Denkens und Fühlens sehr zu empfehlen.

Imperialismus

John MacDonald Mackenzie (Hg.), Imperialism and Popular Culture. Manchester 1986

Prüderie und sexuelle Aufklärung

Peter Fryer, Mrs. Grundy: Studies in English Prudery. London 1963.

Steven Marcus, The Other Victorians. A Study of Sexuality and Pornography in Mid-nineteenth-Century England. New York 1966.

Ronald Pearsall, Public Purity, Private Shame. London 1976.

Eric Trudgill, Madonnas and Magdalens: The Origins and Development of Victorian Sexual Attitudes. London 1976.

Angus McLaren, Birth Control in Nineteenth-Century England. London 1978.

Judith R. Walkowitz, Prostitution and Victorian Society. Women, Class and the State. Cambridge 1980.

Michael Mason, The Making of Victorian Sexuality. Oxford 1994.

Romantische Dichtung

Eudo C. Mason, Deutsche und englische Romantik. Eine Gegenüberstellung. Göttingen 1959. 3. Aufl. 1970. Aufschlußreicher Vergleich.

Marilyn Butler, Romantics, Rebels and Reactionaries. English Literature and its Background 1760–1830. Oxford 1981.

J. R. Watson, English Poetry of the Romantic Period. London 1985.

Jean Raimond und J. R. Watson (Hgg.), A Handbook to English Romanticism. Basingstoke 1992.

Viktorianische Literatur

Mario Praz, Liebe, Tod und Teufel. Die schwarze Romantik. Aus dem Ital. übers. v. Lisa Rüdiger. München 1970. Ital. Original zuerst 1930. Eine motivgeschichtliche Studie zu der das ganze 19. Jahrhundert durchziehenden Unterströmumg der „schwarzen" Romantik.

Heinz Reinhold, Der englische Roman des 19. Jahrhunderts. Düsseldorf 1976.

Michael Wheeler, English Fiction of the Victorian Period 1830–1890. London 1985.

Bernard Richards, English Poetry of the Victorian Period. London 1988.

Architektur

John Gloag, Victorian Taste. Some Social Aspects of Architecture & Industrial Design from 1820–1900. Newton Abbot 1962.

R. Dixon und S. Muthesius, Victorian Architecture. London 1978.

Mark Girouard, The Victorian Country House. New ed. London 1979.

Malerei

Graham Reynolds, Victorian Painting. New York 1966.

Jeremy Maas, Victorian Painters. London 1969.

The Pre-Raphaelites. Ausstellungskatalog der Tate Gallery 1984.

Wolfgang Lottes, Wie ein goldener Traum. Die Rezeption des Mittelalters in der Kunst der Präraffaeliten. München 1984.

20. JAHRHUNDERT

Geschichte

Peter Clark, Hope and Glory: Britain 1900–1990. London 1996. (In: The Penguin History of Britain.)

Das Edwardian Age

Samuel Lynne Hynes, The Edwardian Turn of Mind. London 1968.

Paul Thompson, The Edwardians: The Remaking of British Society. London 1975.

Wohlfahrtsstaat

Derek Fraser, The Evolution of the British Welfare State. London 1973.

Reginald Charles Birch, The Shaping of the Welfare State. London 1974.

Gesellschaft

John Stevenson, British Society 1914–45. Harmondsworth 1984. (In: The Pelican Social History of Britain.)

Arthur Marwick, British Society Since 1945. Harmondsworth 1982. (In: The Pelican Social History of Britain.)

G. Marshall, D. Rose, H. Newby und C. Vogler, Social Class in Modern Britain. London 1988.

A. H. Halsey (Hg.), British Social Trends since 1900. London 1988.

Klassengesellschaft

John Harry Goldthorp, Social Mobility and Class Structure in Modern Britain. Oxford 1980.

Ivan Reid, Social Class Differences in Britain. Life Chances and Life-styles. 3. Aufl. London 1989.

Kultur

Martin J. Wiener, English Culture and the Decline of the Industrial Spirit 1850–1980. Cambridge 1981. Augenöffnende Studie zum Problem der *gentrification* der englischen Mittelklasse.

Arthur Marwick, Culture in Britain since 1945. London 1991.

Robert Hewison, Culture and Consensus: England, Art and Politics since 1940. London 1995.

Medien

Jeremy Turnstall, The Media in Britain. London 1983.

Dan LeManhieu, A Culture for Democracy: Mass Communication and the Cultivated Mind in Britain between the Wars. Oxford 1988.

Colin Seymour-Ure, The British Press and Broadcasting since 1945. Oxford 1991.

Erziehung

P. Dale, The State and Education Policy. Milton Keynes 1989.

Universitäten

John Carswell, Government and the Universities in Britain: Programme and Performance 1960–1980. London 1985.

Multikultur

Peter Fryer, Staying Power: The History of Black People in Britain. London 1981.

Zig Layton-Henry u. Paul B. Rich (Hgg.), Race, Government and Politics in Britain. Basingstoke 1986.

Freizeitkultur

K. Roberts, Leisure. London 1970.

James Walvin, The People's Game. A Social History of British Football. London 1975.

Alan Howkins u. John Lowerson, Trends in Leisure 1919–1939. London 1979.

Pop-Kultur

George Melly, Revolt into Style. The Pop Arts in Britain. London 1970.

Kenneth Leech, Youthquake: The Growth of a Counter-Culture through two Decades. London 1973.

Lesekultur

Joseph McAleer, Popular Reading and Publishing in Britain, 1914–1950. Oxford 1993.

Drama

Heinz Kosok (Hg.), Drama und Theater im England des 20. Jahrhunderts. Düsseldorf 1980.

Peter Paul Schnierer, Modernes englisches Drama und Theater seit 1945. Eine Einführung. Tübingen 1997.

Roman

Rüdiger Imhof und Annegret Maack (Hgg.), Der englische Roman der Gegenwart. Tübingen 1987.

Willi Erzgräber, Der englische Roman von Joseph Conrad bis Graham Greene. Tübingen 1998.

Malerei und Skulptur

Englische Kunst im 20. Jahrhundert. Malerei und Plastik. Hg. v. Susan Compton. München 1987. Buchausgabe des sehr informativen, reich illustrierten Katalogs einer Ausstellung in Stuttgart.

Kino

Roy Armes, A Critical History of the British Cinema. London 1978.

Jörg Helbig, Geschichte des britischen Films. Stuttgart 1999.

Thatcherismus

David Simpson, Understanding Mrs Thatcher: Conservative Economic Policy 1979–1987. Edinburgh 1988.

Margaret Thatcher, The Revival of Britain. Speeches on Home and European Affairs. Comp. by A. B. Cooke. London 1989.

Christopher Johnson, The Economy under Mrs Thatcher, 1979–1990. London 1991.

Shirley Robin Letwin, The Anatomy of Thatcherism. London 1992.

Monarchie

Tom Nairn, Enchanted Glass: Britain and its Monarchy. London 1989.

Edgar Wilson, The Myth of the British Monarchy. London 1989.

Anthony Holden, The Tarnished Crown. London 1993.

Elizabeth Longford, Royal Throne: The Future of the Monarchy. London 1993.

Großbritannien heute

Peter Nonnenmacher, Das blau-rote Königreich. Nachrichten und Geschichten aus Großbritannien. Darmstadt 1988.

Anthony Sampson, The Essential Anatomy of Britain. Democracy in Crisis. Rev. Ausg. Sevenoaks 1993.

Will Hutton, The State We're In. Vollständig rev. Ausg. London 1996.

Namenregister

Nicht aufgenommen wurden die Namen aus den Zeittafeln.

Buchanzeigen

Kulturgeschichte in der Beck'schen Reihe

Verlag C. H. Beck München

Kulturgeschichte in der Beck'schen Reihe

Jacques Le Goff
Das alte Europa und die Welt der Moderne
1996. 110 Seiten. Paperback
Beck'sche Reihe Band 1169

Heidi Peter-Röcher
Mythos Menschenfresser
Ein Blick in die Kochtöpfe der Kannibalen
1998. 180 Seiten mit 11 Abbildungen. Paperback
Beck'sche Reihe Band 1262

Jacques Rossiaud
Dame Venus
Prostitution im Mittelalter
Aus dem Italienischen übertragen von Ernst Voltmer
Mit einem Vorwort von Georges Duby
Nachdruck der im Verlag C.H. Beck erschienenen gebundenen deutschen
Ausgabe von 1989. 1994. 298 Seiten mit 28 Abbildungen. Paperback
Beck'sche Reihe Band 1044

Udo Sautter
Das Buch der Jahrestage
Geschichte und Kultur in Daten
1999. 256 Seiten. Paperback
Beck'sche Reihe Band 1290

Georg Schwaiger (Hrsg.)
Teufelsglaube und Hexenprozesse
4., durchgesehene Auflage. 1999. 203 Seiten mit 15 Abbildungen. Paperback
Beck'sche Reihe Band 337

Reinhard Wittmann
Geschichte des deutschen Buchhandels
2., durchgesehene und erweiterte Auflage der 1991 in gebundener Form
erschienenen Ausgabe. 1999. 496 Seiten mit 25 Abbildungen. Paperback
Beck'sche Reihe Band 1304

Verlag C.H. Beck München